"四人帮"兴亡

③ 横行

（增订版）

叶永烈 著

当代中国出版社

2019年·北京

本卷目录

第十五章 "得志便猖狂" // 777

姚文元与王、关、戚并驾齐驱 // 777

煽起打倒陶铸狂潮 // 780

清除中央文革异己刘志坚 // 782

所谓"二月逆流" // 786

千里迢迢揪"海瑞"——彭德怀 // 791

施毒计离间刘少奇家庭 // 796

恶作剧"智擒王光美"的幕后指挥 // 799

"项链事件"前前后后 // 801

江青"负担着第一个大专案" // 803

王光美被打成"战略情报大特务" // 804

刘少奇被打成"大叛徒" // 808

利用"伍豪事件"整周恩来 // 812

怀疑狂·迫害狂 // 817

宋庆龄怒斥江青 // 819

在"砸烂常溪萍"的日子里 // 820

张春桥的突然袭击 // 824

触目惊心的一刹那 // 826

四支秃笔倒了三支 // 833

第十六章 疯狂的复仇 // 840

"不知名的红卫兵"夜半敲门 // 840

"歼七"追抄一封信 // 842

教导队冒充红卫兵 // 843

郑君里成了江青的眼中钉 // 845

江青追抄什么信 // 849

王莹惨遭江青迫害 // 851

恩将仇报，阿桂蒙尘 // 853

周恩来干女儿孙维世屈死狱中 // 860

江青报复严朴和扬帆 // 863

公安部副部长许建国的厄运 // 865

专机押送王芳赴京受审 // 868

毛泽东儿媳刘松林上海蒙尘 // 871

唐纳挚友横遭株连 // 876

谁泄露了狄克的秘密 // 878

鲁迅当年曾痛斥"狄克" // 880

密告信提供了重要线索 // 881

上海图书馆的钟楼成了"炮楼" // 884

费毓龙做了一场噩梦 // 886

"炮打张春桥"的主炮手安在 // 889

他查出"狄克"是谁 // 891

囚首垢面的葛正慧 // 893

行踪诡秘的"扫雷纵队" // 895

无孔不入的"福尔摩斯" // 898

上海藏书楼里的斗争 // 902

另一支兵马杀进藏书楼 // 905

主炮手被关进秘密监狱 // 908

"扫雷纵队"游雪涛自食苦果 // 910

张春桥妹妹猝死成了"通天大案" // 914

手术前兴师动众费尽心机 // 917

尚未动刀，患者突然死去 // 920

一封密告信飞到徐景贤手中 // 925

"有缝就查，有洞就钻" // 928

王洪文重申"此案要严肃处理" // 943

周总理当面质问张春桥 // 946

姚蓬子戴起"工总司"袖章 // 947

"太岁头上动土"——抄姚蓬子的家 // 950

审查姚蓬子惊动了江青 // 954

审查者受到反审查 // 958

一手遮天，销毁"防扩散"材料 // 959

姚蓬子之死 // 962

第十七章　王洪文横行上海 // 965

罕见的"半周年"纪念 // 965

冒出了新对手——"支联总站" // 967

充满辣味的"全向东" // 969

静坐于上海市公安局前 // 971

王洪文后发制人 // 973

震动上海的解福喜之死 // 975

冒出了"压勿煞战斗队" // 977

"888"秘密会议 // 979

大战的前奏 // 981

上海血泪横飞的8月4日 // 983

张春桥"完全支持"王洪文 // 986

毛泽东的"最新最高指示" // 988

"王司令"乔迁"上只角" // 990

马天水卖身求荣 // 991

上海市革会的"三驾马车" // 994

王洪文的"小兄弟"成了"纳新"对象 // 996

"先进典型"陈阿大入党 // 998

陈阿大其人 // 1000

"小兄弟"们"布尔什维克化" // 1005

王洪文跃为中共中央委员 // 1007

张春桥拿"上海党"炮轰陈毅 // 1010

王洪文成为上海"中南海"的新主人 // 1015

上海国棉十七厂成了"红色堡垒" // 1018

第十八章　与林彪又握手又踢脚 // 1022

与组长陈伯达的争斗 // 1022

"四一二"第二次炮打张春桥 // 1025

林彪救了张春桥 // 1028

权力膨胀的"中央文革" // 1032

江、张、姚进入中共中央政治局 // 1035

江青跟林彪的微妙关系 // 1036

陈伯达倒向了林彪 // 1040

在庐山浓雾遮掩下的搏斗 // 1043

林彪把张春桥作为攻击目标 // 1045

上海冒出另一个"王"——王维国 // 1050

陈伯达遭到"全党共讨之，全国共诛之" // 1051

"峻岭"为林彪拍摄了《孜孜不倦》 // 1055

毛泽东在专列上接见上海"二王" // 1058

噩梦连连 // 1060

毛泽东致江青的信提高了江青的声望 // 1062

姚文元取代陈伯达成为"舆论总管" // 1064

姚文元"左"眼看画 // 1068

第十九章　毛泽东一度选定王洪文接班 // 1072

北京盛传"江青要当副主席" // 1072

毛泽东突然休克 // 1073

张玉凤眼中的江青 // 1075

秘书眼中的江青 // 1078

江青看电影 // 1082

护士眼中的江青 // 1084

美国总统尼克松眼中的江青 // 1086

英籍女作家韩素音婉拒为江青立传 // 1087

江青寻觅着自己的"斯诺" // 1089

《江青同志》与《红都女皇》 // 1094

毛泽东面临着第三次挑选接班人 // 1102

毛泽东没有选择江、张、姚接班 // 1104
邓小平得到毛泽东重新起用 // 1108
毛泽东调来王洪文、华国锋、李德生 // 1111
毛泽东称赞王洪文是"工农兵"干部 // 1112
王洪文成为筹备中共十大的负责人 // 1115
王洪文晋升中共中央副主席 // 1117
王洪文陪同毛泽东十六次会晤外国首脑 // 1121

第二十章 四人结帮斗"周公" // 1126

江青"迫不及待"攻击周恩来 // 1126
王海容、唐闻生成为特殊的"桥梁" // 1129
郭沫若忽地成了政治斗争的焦点 // 1131
江青抓住毛泽东的话"做文章" // 1132
"江记写作组"大造舆论 // 1135
江青把手伸进部队 // 1136
批林批孔批"周公" // 1140

第十五章
"得志便猖狂"

姚文元与王、关、戚并驾齐驱

像穿梭似的,张春桥和姚文元来来回回,往返于上海和北京之间。

他们不能放掉上海,因为上海是他们的老巢,是"基地"。

他们不能丢掉北京,因为不在北京称雄,无法夺得中央大权。

"炮轰张春桥"的浪潮像地火在上海滩运行,不时喷射出火光,震颤着张春桥、姚文元在上海的根基。

北京,大搏斗在持续,江青时时需要她的"军师"和"棍子",而张春桥和姚文元也时时需要"第一夫人"的提携,觊觎着中南海新华门里的交椅。

上海——北京,北京——上海。张春桥和姚文元几乎要买京沪之间的"飞机月票"了。

就在上海的"一月革命"闹得地覆天翻之际,北京也大风大浪,大起大落:"中南地区专揪王任重革命造反派"开进北京。江青和康生正在为打倒王任重而筹划于密室,闻讯大喜,当即在人民大会堂接见。顿时,"打倒王任重"的大字标语铺天盖地,贴满京城。

紧接着,江青推波助澜,大声疾呼:"王任重的后台是谁?是陶铸!他是刘邓的新的代表人物!"于是,"打倒中国最大的保皇派陶铸"的大字标语,又刷满北京的大街小巷。

中共中央政治局常委、国务院副总理陶铸下台了,仅次于毛泽东、林彪、周恩来的"第四号人物"被打倒了。

中共中央书记处停止了活动。中央文革小组取而代之。这样,中央文革小组升了一级。

1967年2月在中央政治局生活会上,谭震林、陈毅、叶剑英、李富春、李先念、徐向前、聂荣臻等对"文化大革命"的错误做法,表示了强烈的不满,被林彪、江青一伙诬为"二月逆流"。这以后,中共党史上出现了史无前例的现象:中央文革小组取中央书记处而代之!

中央文革小组碰头会,成了中国的政治核心,成了最高决策中心!

直到这时,虽然它还叫中央文革小组,还只不过是个"小组",但它已成了至高无上的"小组"。这正如毛泽东所说:"不在于名称,而在于实质。"

随着这个"小组"一步步登天,"小组"不是越来越大,反而越来越小:顾问陶铸被打倒了,只剩下康生;副组长王任重、刘志坚被打倒了,只剩下江青、张春桥;组员谢镗忠、尹达等也被打倒了,只剩下四枝秃笔——姚文元、王力、关锋、戚本禹。

这个"小组"成了名副其实的"小组",加上组长陈伯达,全组不过八个人而已。

当然,这八个人是中央文革小组的正式成员。"小组"之下的办事机构、办事人员却随着中央文革小组的鼎盛而不断扩大、增加。

这时候姚文元的头衔,依然是中央文革小组组员。然而,这个"组员","不在于名称,而在于实质"——实质上已相当于中共中央政治局委员的地位了。

四名"秀才"并列为"组员",姚文元与王、关、戚并驾齐驱。

王力、关锋、戚本禹跟姚文元一样,都是从墨水瓶里爬出来的"大人物",都是把棍子当作撑竿跃入中央文革小组。

王力[1]是江苏淮安县人,比姚文元大九岁。他年轻时便已加入中国共产党,曾在东北军里从事秘密工作。抗日战争胜利之后,调往山东《大众日报》,担任记者。不久,出任中共山东渤海区党委宣传部副部长;而当时的中共山东分局书记兼渤海区党委书记便是康生。

新中国成立后,王力在上海担任中共华东局宣传部宣传处长。60年代初,调往越南,做民兵工作的顾问。回国之后,升任中共中央对外联络部副部长。1965年9月,为了纪念抗日战争胜利20周年,中央决定以林彪的名义发表《人民战争胜利万岁》一文,由康生定稿,而执笔者便是王力。从此,王力得到林彪、康生的赏识。王力写《人民战争胜利万岁》之际,正是姚文元写《评新编历史剧〈海瑞罢官〉》之时。一个依靠康生接近了林彪,一个依仗张春桥接近了江青,他们的"登龙术"何等相似。

关锋原名周玉峰[2],号秀山,比姚文元大12岁,是四名"秀才"中最年长的一个。1919年7月,他生于山东北部与河北交

■ 王力在"文革"中

---

[1] 从1988年11月3日起,叶永烈采访王力达十多次。
[2] 1988年3月3日,叶永烈在北京采访关锋。

界的庆云县，他的杂文曾常用"庆云"为笔名。1933年，他在庆云中学加入中国共产党。1938年担任中共乐县县委书记。1939年改名关锋。1944年担任中共山东分局渤海区教育科长。1947年任山东回民师范学校校长。1950年任中共山东分局理论教育处长。1952年任山东政治学校校长。1955年担任中共中央第四中级党校副校长，校长为夏征农。1956年，调来北京，在中共中央政治研究室，与艾思奇、胡绳等共事。对于关锋来说，这一调动，从地方进入了中央。1958年6月1日《红旗》杂志创刊，关锋调入《红旗》杂志社，编辑供毛泽东参阅的《思想理论动态》内刊。不久，成为《红旗》编委，从事中国哲学史研究。据关锋自云，他在《光明日报》上发表的一篇短文《中国哲学史的研究方向》，提及要在毛泽东思想指导下研究中国哲学史，引起了毛泽东的注意。从此，得到毛泽东的垂青。关锋喜欢写杂文，1962年起，以笔名"庆云"（也有用"何明"）在《光明日报》上发表许多杂文。有人把关锋写的杂文送到毛泽东那里，说他反毛泽东思想。

1966年2月8日，毛泽东看后说："这点杂文有什么了不起，何明的文章我早看过，还不错。"于是，关锋被保护过关。作为"左派"，关锋如同姚文元一样，也曾写过许多"棍子"文章；还曾与戚本禹联名写过诬陷彭德怀的信，说彭德怀"到三线后还在积极进行不正当活动"，"直到现在还是修正主义的一面黑旗"，提出"要彻底清除这个隐患"，以致彭德怀被撤回北京，惨遭揪斗。

戚本禹[①]是山东威海市人，跟姚文元同龄，都生于1931年。

戚本禹早年的经历有点类似姚文元。他是在1942年随父亲从山东来到上海，父亲在上海报关行工作，他进入上海南洋模范中学读书。上海解放前夕——1948年，戚本禹加入中国共产党，而姚文元也是在那一年在上海成为中共地下党员。

笔者曾问戚本禹，据传他毕业于山东大学历史系？他大笑，他的最高学历就是高中，没有上过大学。

比姚文元幸运的是，上海解放后，戚本禹被选送到北京劳动大学学习。劳动大学名为大学，其实就是共青团中央团校的前身。

经过劳动大学的短期培训，1950年5月4日，19岁的戚本禹被分配到中南海工作。他的工作单位是中共中央书记处政治秘书室，主任为师哲，副主任为江青、田家英。戚本禹最初主要是处理信访。后来，戚本禹成为田家英的助手，为《毛泽东选集》一至三卷做校对工作。戚本禹回忆说，收入《毛泽东选集》一至三卷的文章，他差不多每篇都读过五六十遍。

戚本禹告诉笔者，1957年至1958年，中南海发生"八司马案件"。"八司马"原本是指唐朝顺宗永贞年间韦执谊、柳宗元等八人遭贬，至边远地区担任州司马。由于中南海中共中央办公厅政治秘书室（即原中共中央书记处政治秘书室）当时在反右派运动中有八名科级干部被批判，成了挨整的"八司马"。其中之一便是戚本禹。

戚本禹还说，有一次，毛泽东在散步时，偶然遇见戚本禹。戚本禹向毛泽东诉说了"八司马"之冤。毛泽东令田家英细查。不久，毛泽东为"八司马"平反，戚本禹便成了中南

---

① 1988年8月20日，叶永烈在上海采访戚本禹。

海受人注意的人物。

戚本禹向来喜欢历史,业余钻研历史。戚本禹真正引起毛泽东的注意,是他在1963年第四期《历史研究》上发表的《评李秀成自述——并同罗尔纲梁岵庐吕集义等先生商榷》,向太平天国史专家罗尔纲等发起挑战。于是双方在《光明日报》上展开论战。毛泽东看后,赞扬了戚本禹。据戚本禹说,毛泽东并在一张刊有他的文章的报纸空白处批曰:"白纸黑字,铁案如山。忠王不忠,不足为训。"戚本禹也因此在史学界一举成名。

于是,戚本禹调入《红旗》杂志社,担任历史组编辑,后来成为历史组组长。

在田家英遭贬、自杀之后,戚本禹取而代之,一度成为毛泽东、江青的秘书,担任中共中央秘书局副局长、中共中央办公厅代主任。虽然"王、关、戚"依次,戚排在最末,实际上戚当时最接近毛泽东,手中的实权远远超过王与关。

1967年4月1日,他在《红旗》杂志第五期发表《爱国主义还是卖国主义?——评反动影片〈清宫秘史〉》,对刘少奇开了猛烈的一炮。刘少奇曾风闻戚本禹要就影片《清宫秘史》发难,于1967年3月28日给毛泽东写信,阐述自己对于影片《清宫秘史》的看法。戚仍执意发表那篇文章。戚本禹的文章,成为公开声讨中华人民共和国主席刘少奇的信号弹。

这四支笔杆,各有各的"登龙术":王力替林彪捉刀,关锋批杨献珍起家,戚本禹攻刘少奇夺取"头功",姚文元则是以评《海瑞罢官》进入中央文革小组。

笔杆子们之间,有过你呼我应:在批《海瑞罢官》时,关锋和戚本禹曾一起专程来沪,跟张春桥、姚文元密商[①]。不久,关锋在《红旗》杂志上发表了《海瑞骂皇帝》和《〈海瑞罢官〉是反党反社会主义的大毒草》,戚本禹发表了《〈海瑞骂皇帝〉和〈海瑞罢官〉的反动实质》,跟姚文元南北配合,"围剿"吴晗。

煽起打倒陶铸狂潮

江青要整倒她的一个个怨敌、私敌,更着力于打倒她的一个个政敌。

一个明显的讯号,从江青1966年11月28日在"首都文艺界无产阶级文化大革命大会"上的讲话发出。

江青说道:"毛主席和他的亲密战友林彪同志,恩来同志,伯达同志,康生同志,以及其他许多同志,都肯定了我们的成绩,给过我们巨大的支持和鼓舞!"

江青在这里没有提及陶铸。这不是疏忽,也并不意味着陶铸包括在"其他同志"之内。在中共八届十一中全会公布的政治局常委名单中,陶铸名列第四,在陈伯达、康生之前,怎会"疏忽"了他?何况,陶铸是分工管文艺工作的常委。

这是江青有意"怠慢"陶铸的信号!

江青本来是看中陶铸的,以为"陶铸厉害",要用陶铸压住邓小平。不过,没多久,江青就发现,陶铸是"保皇派",他保刘少奇,保邓小平,也保王任重。

[①] 1988年3月3日,叶永烈在北京采访关锋。

王任重本是中央文革小组的副组长,武汉的造反派却要打倒他,说他是湖北的"走资派"。

陶铸夫人曾志这样回忆:"转眼到了12月底,1966年只剩下最后几天了。这年的冬天,真是寒冷得很啊!

"大约二十六七日,陶铸很晚才回来,面色阴沉,刚在饭桌旁落座,就十分严肃地说:'曾志,告诉你一件事,今天中央开会,江青他们批评我犯了方向路线性错误,很严重。'这一天终于还是来了!我反倒显得很平静,'江青为什么突然批判你呢?'陶铸愤愤地答道:'说来话长,不是一两句话说得清楚的。不过这次的事情,要从王任重同志说起。'……"①

陶铸眼看着王任重受到武汉造反派的围攻,而王任重患肝炎、肝硬化,身体又不好。陶铸想给王任重解围,便写报告给毛泽东,建议王任重辞去中央文革小组副组长的职务,回中共中央中南局工作,而目前的首要任务是治病。

毛泽东批示:"王任重同志是文革小组副组长,离开文革小组,请政治局和文革小组开个联席会,对任重提提意见。"

遵照毛泽东的批示,政治局和中央文革小组召开了联席会议。

这个会,毛泽东定下的主题是"对任重提提意见",不料中央文革小组的成员们在批评了王任重几句之后,火力集中到陶铸身上。据陶铸告诉曾志,"先由王力、关锋、戚本禹打头阵,然后张春桥、姚文元横扫,最后主将出马——江青、陈伯达和康生重点批判"。他们加给陶铸的罪名是"中国最大的保皇派"、"没有刘邓的刘邓路线代理人"。如此猛烈的炮火,差一点把陶铸击倒了!

不过,事情发生了戏剧性的变化,如曾志所忆:"只隔了一天,陶铸回来,一进门就兴高采烈地大声嚷道:'曾志,我的问题没有那样严重,今天主席保了我!'接着,他讲了事情的经过:那天上午,毛主席召开政治局常委扩大会议,陶铸一走进会议室,主席就冲他说:'陶铸,你为什么不说你是犯了很不理解这一条错误呢?'接下去,主席又说:陶铸来中央后,工作是积极负责的,忙得很,做了许多工作。主席还批评江青太任性,说陶铸是政治局常委,未经中央正式讨论,就说他犯了方向路线错误,随便在会议上批判,是违反党的组织原则的。会后,主席把陶铸留下,单独谈了一个来小时,态度十分亲切。主席说:'江青这个人很狭窄,容不得人,对她的言行不必介意。'主席还批评陶铸:'你这个人啊,就是说话不注意,爱放炮,在中央工作不比地方,要处处注意谦虚谨慎。'"②

毛泽东一席话,那一阵密集的批判排炮,似乎烟消云散了。

陶铸舒心地笑了。

可是,云眼中露出的一缕阳光飞快地过去,滚滚乌云密布苍穹。

几天之后——1967年1月4日晚9点,夜色浓重的北京街头,忽地爆发出一阵阵"打倒

---

① 曾志:《陶铸在最后的岁月里》,《笔祭陶铸》,人民出版社1990年版。
② 曾志:《陶铸在最后的岁月里》,《笔祭陶铸》,人民出版社1990年版。

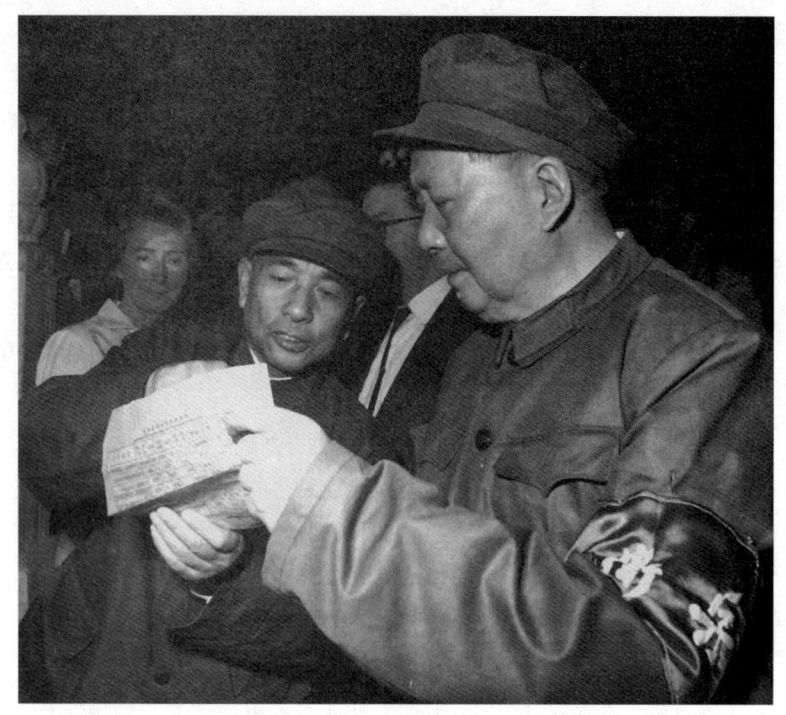

■ 陶铸（左一）与毛泽东在一起（孟昭瑞 摄）

陶铸"的呼喊声！

原来，中央文革小组在人民大会堂接见了武汉"专揪王任重革命造反团"，江青、陈伯达、康生齐上阵。

江青说陶铸是"中国最大的保皇派"，"独断专行"。陈伯达、康生也发表了反陶演讲。

他们的讲话，飞快地印上传单，标以"中央文革小组首长讲话"的标题，撒遍北京街头，煽起了倒陶的狂潮。

江青不仅煽动了红卫兵，她也在毛泽东那里进行了煽动。

曾志这样回忆："（1月5日）凌晨2点多钟，总理电话召见陶铸，总理说江青他们的讲话他也是才知道的。陶铸问主席是否知道？总理说：'不清楚。不过昨天我去主席那里，主席曾问我，江青说陶铸镇压群众。这是怎么回事？我向主席汇报了那天事情的经过（指陶铸在12月30日接见'专揪王任重革命造反团'时对他们蛮横无理的要求发火。——引者注），我说不是镇压群众，是陶铸的态度有些不好。主席说：哦，是态度不大好。也就再没有讲什么了。'"

"文革"是怪事层出的岁月。作为"第四号人物"的陶铸，经江青、陈伯达、康生这么一轰一煽，居然被打倒了！

清除中央文革异己刘志坚

1967年1月4日是多事之日：这天，《文汇报》"星火燎原"革命造反总部夺权，成为上海"一月风暴"的开端；这天，中共中央政治局常委、国务院副总理、"第四号人物"

陶铸被突然打倒；也就在这一天，刘志坚——当时除担任总政副主任外，还担任中央文革小组副组长、全军文化革命小组组长，一下子也成了打倒对象。

前一天——1月3日，刘志坚还正处于高度忙碌之中。那天，许多"红卫兵"要揪斗陈毅。叶剑英知道了，急召刘志坚，要他做工作，不许揪斗陈毅。刘志坚刚到叶帅那里，周恩来总理来了电话，要刘志坚火速赶往钓鱼台。到了钓鱼台，周恩来也要刘志坚出面做工作，劝造反派们不要开批斗陈毅大会，希望刘志坚对学生们讲几句话。

这天晚上，49所大专院校派出100多名代表，来到人民大会堂，要求召开批陈大会。根据周总理的指示，刘志坚出面劝导。谈了一晚上，未能完全说服学生代表。于是，1月4日晚，在人民大会堂继续跟学生代表谈话。周恩来总理发表了讲话，劝告学生们不要组织批陈大会。刘志坚也讲了话，赞同总理的意见。然后，刘志坚又说，陈毅同志对部队的讲话如有不妥之处，首先的责任在于他——因为他是全军文化革命小组的组长。他正在说着，忽听得康生拍了桌子，厉声道："刘志坚，你是刘、邓资产阶级反动路线在军队里的代表。要揭开军队里阶级斗争的盖子，首先要批判刘志坚，打倒刘志坚！"

康生是中央文革小组的顾问。康生这么一发威，那些学生代表就大轰大嗡起来，高呼口号"打倒刘志坚"。接见会成了打斗会。一直折腾到5日凌晨，"打倒刘志坚"之声仍不绝于耳。当刘志坚好不容易回到家中，天已蒙蒙亮了。

那些学生代表迅速把康生的"号令"传遍各校。5日，五千"红卫兵"前往国防部，要求叶剑英、萧华接见并交出刘志坚。叶剑英、萧华拒不接见。刘志坚闻讯，怕波及他们，便给叶帅打电话："我去国防部见学生。"叶帅叹了一口气，说道："你去了就回不来了！"

冒着严寒，刘志坚还是去了。到了那里，刘志坚立即陷入重围之中。他的帽徽、领章被揪了下来，一顶高帽子按在他的头上，"打倒刘志坚"的口号声震耳欲聋。

果真，刘志坚去了就回不来了。批斗之后，当天晚上，刘志坚被关押在一辆大卡车上。接着，被弄到一间空房子里关了起来，那房子原是总政一位副处长住的。

1月8日，刘志坚被转送到北京卫戍区部队，关押在北京顺义县。此后，大会批、小会斗，他头上的"帽子"也越来越多，从"资产阶级反动路线在军队的代表"，升级到"两面派"、"反革命修正主义分子"、"三反分子"，以至升级到"叛徒"。

刘志坚被打倒，导火线是陈毅问题。其实，中央文革小组要把刘志坚"端"出来，已经筹划多日了。

那位中央文革小组的第一副组长江青，早已感到刘志坚"不听话"。她发觉，刘志坚常在叶剑英、陈毅那里汇报工作。江青便说刘志坚这人"不可靠"。

1967年1月4日，中央文革小组的"大左派"们一齐上阵，向刘志坚开火。除了康生开了头炮之外，江青说："像刘志坚这样的人物，我们帮你们揭发。我名义上是军队的文化顾问，但是他从不同我汇报……他是典型的两面派。"江青还说："在军内贯彻资产阶级反动路线的就是刘志坚为首的全军文革小组……刘志坚不向中央文革小组请示。全军文革小组必须改组。"

陈伯达则"揭发"说："刘志坚是叛徒！"

不久，林彪发话了："全军文革小组要改组。刘志坚犯了大错误，实际上是资产阶级反动路线在军队的代理人。他发表不少不正确的指示。撤工作组，本来他同意伯达同志的意见，以后又反对。"

这样，1967年1月11日，中央军委下令改组了全军文化革命小组，宣布撤销刘志坚的组长职务。一时间，"打倒刘志坚"的大字报、大字标语，撒满全国各地。

这里先按下当时强加在刘志坚头上的种种不实之词不表，单说说那所谓的"叛徒"问题。

在"文革"中，动不动给人扣上一顶"叛徒"帽子，是流行的"整人术"之一。

其实，刘志坚出身贫苦，要过饭，做过六年长工，参加过举世闻名的二万五千里长征。

他的双腿，在那战火纷飞的岁月，曾三次受了重伤：1934年在与国民党军队作战时，1935年在长征途中，1942年与日本军队作战时。

三次重伤，使他双腿变得行走不便。但是，他一直在军队工作。

他，怎么忽地被说成"叛徒"了呢？

后来，徐向前元帅曾这样说明了事实的真相："陈伯达说刘志坚同志是叛徒，其实根本不是那么回事。那是在抗日战争时的一次战斗中，我们的部队遭到敌人袭击，刘志坚同志被俘了。冀南部队司令部接到地下情报组织的消息，说日本人在某时通过某地。根据这个情报，我们的部队在敌人通过的路上打了一个伏击，当天就把刘志坚同志救出来，根本无所谓叛变。"

刘志坚长期在部队担任领导工作，参加了土地革命、抗日战争、解放战争，作出许多贡献。因此，他在1955年被授予中将军衔。

穿军装的刘志坚，本来跟中央文革小组的那些"大左派"秀才们无缘。只是因为历史的偶然，他作为总政第一副主任，不能不参加那个以"林彪委托"名义召开的江青"一人谈"座谈会，从此跟江青有了工作上的来往。也正因为这样，他成了中央文革小组的副组长，全军文化革命小组组长。

刘志坚毕竟是将军，是在中央军委领导下工作的。虽说在《五一六通知》下达之后，全国处于大动乱之中，但他在叶剑英、萧华支持下，仍努力维护军队的稳定，对军队的"文革"作出种种限制性的规定。例如，"文革"初期，毛泽东不在北京，根据刘少奇指示，在叶剑英元帅的主持下，刘志坚协助、起草文件，把部队的"文革"限定于"五界"之内，即院校、文艺团体、体工队、军乐队、八一电影制片厂。规定师以下不准搞"四大"（即大鸣、大放、大字报、大辩论），不久又改为军以下不准搞"四大"，并规定大军区如果要搞"四大"，必须报中央军委批准。

也正因为这样，1966年8月，刘志坚出席中共八届十一中全会时，建议"十五条"中增加一条，变成了"十六条"。刘志坚执笔，补写了这新增的一条："部队：部队的文化革命运动和社会主义教育运动，按照中央军委和总政治部的指示进行。"

这一条被一字不易补入《决定》，使"十五条"变成"十六条"，被全会通过。

由于补充了这一条，强调了部队与地方的不同，使部队的"文革"受到严格的限制，诸如不许组织"红卫兵",不许成立"战斗队",不许搞串连,坚持正面教育,运动必须在党委领导下进行,等等。

江青日渐不满于刘志坚。那时,中央文革小组设在钓鱼台。刘志坚住在二号楼。但是,他是军队的干部,是在中央军委副主席兼秘书长叶帅领导下工作。叶帅住在北京西山,常要找他谈话。他干脆从钓鱼台搬到了西山去住。那时,聂荣臻元帅也住在那里。陈毅元帅则常去西山。由于刘志坚跟几位老帅的关系密切,江青便要整掉刘志坚。

最使江青不满的是1966年11月13日、29日,中央军委副主席叶剑英、陈毅、徐向前、贺龙一起在北京工人体育场接见军队院校师生代表,就军队"文革"问题作了重要讲话。叶剑英指出:真理是真理,跨过真理一步,就是错误,就变成了谬论。学习毛泽东著作,不是学耶稣基督教的圣经,不是迷信。他指出,军队少数人在"文革"中表现不好,明明看到有的老同志心脏病发了,还要抓来斗,这些人是在败坏我军光荣传统。

据刘志坚回忆,陈毅元帅是萧华打电话请来的。叶、徐、贺三帅讲话时都有稿子,叶帅有时离开稿子讲些话,而陈毅没有讲话稿。心直口快的陈毅,尖锐地批判了那些"大左派"们,而且明确地说:"我的讲话是有意得罪人的。"

于是,江青迁怒于刘志坚,要刘志坚检查。刘志坚不得不在12月中旬写了检查,江青看后骂道:"隔靴搔痒!"

此后,造反派们要批斗陈毅。周总理找刘志坚谈话,要刘志坚出面做劝阻工作,终于导致1967年1月4日晚康生拍桌子那一幕的发生。

刘志坚在顺义被关押了三个月,受到许多次批斗,然后,被押回拐棒胡同家中看管。一个排警戒着那座四合院。刘志坚被关在一间空空的小屋里,一张小床,一张三屉桌,床前一盏一百瓦的灯泡通宵达旦亮着,时时受到严密的监视——他,一位久经沙场的中将,已道道地地地成为囚徒——在没有经过开庭,没有审判,没有依据任何法律的情况下。

不久,萧华也被打倒,张春桥出任总政治部主任。

刘志坚的夫人刘莱瑛被关押在另一处,两年后,她才获释。但是,她不能探望丈夫。在林彪"折戟沉沙"之后,她才被允许每个月回家一次,看望刘志坚。

在刘志坚被打倒之后,中央文革小组的副组长只剩下江青和张春桥了——另一副组长王任重在刘志坚之前便被打倒了。

打倒了陶铸,中央文革小组的顾问只剩康生了。

组员之中,谢镗忠、尹达、穆欣也先后被打倒。

这么一来,中央文革小组中的"异己"被逐一清除,剩下的是清一色的"左派"阵营:

组长:陈伯达。

顾问:康生。

第一副组长:江青,副组长:张春桥。

组员:王力、关锋、戚本禹、姚文元。

所谓"二月逆流"

自从1967年2月5日,"上海人民公社"宣告成立,上海的党政大权落入张春桥手中之后,张春桥的目光便转向北京。野心勃勃的他,觊觎着中央党政大权。

2月12日上午,一架银色的专机从上海起飞。机舱里坐着一身绿军装的张春桥、姚文元。自从毛泽东在"文革"中脱下中山装、穿上军装,他们也马上效仿了。此刻,他俩的脸上漾着微笑——"一月革命"的胜利微笑。

专机刚刚降落在北京机场,红旗牌轿车便载着他们直奔钓鱼台——那里,已成为"中央文革"的领地。江青已在那里等候他俩的到来。

当天晚上,张春桥和姚文元便坐在毛泽东的书房里,向最高领袖汇报"一月革命"的"盛况"。

张春桥身上那"一·二八"冷汗早已干了。他,得志又得意,今非昔比了。

就在张春桥回到北京的第四天——2月16日,他又在怀仁堂挑起一场大论战。

坐落在中南海之畔的怀仁堂,原本是清朝所建的"仪鸾殿"。1949年9月,中国人民政治协商会议第一届全体会议在此召开,使怀仁堂著名于世。此后,中央的许多重要会议,也在此召开。这里的气氛如同它的名字一样,一直是和谐、欢悦的。

2月16日下午3时,一辆辆红旗牌轿车接连驶往怀仁堂。周恩来在这里召集中央碰头会,不料却爆发了一场唇枪舌剑之战。

最初的火星,是这样碰撞产生的:当张春桥刚从轿车里钻出来,另一辆红旗牌轿车来到了,从车里出来的是"大谭"。

"大谭"、"小谭"曾闻名于华东。"大谭"即谭震林,"小谭"乃谭启龙。谭震林是张春桥的老上级,解放初,当张春桥担任华东新闻出版局副局长的时候,谭震林便是中共中央华东局书记。

尽管成了"新贵"之后,张春桥再也不把谭震林放在眼里,而在"大谭"看来,张春桥还只是张春桥罢了。

"陈丕显同志来了吗?"谭震林见到张春桥,头一句话便使张春桥不快。

陈丕显是谭震林当年的新四军老战友。谭震林知道毛泽东批准的进京省、市委书记的名单中有陈丕显,理所当然地这么问张春桥。

张春桥呢?他的"一月革命"的"伟大成果",就在于打倒了陈丕显。他傲然回答了谭震林的问话:"他来不了,群众不答应呀!"

谭震林一听,反驳道:"群众?党组织可以做工作嘛!"

张春桥冷笑:"党组织?党组织不管用了。在上海,科长以上干部统统靠边站了。"

"大谭"报以讥笑:"喔,原来靠边站,打击一大片,都是你领导的呀!"

张春桥眼睛一翻,气嘟嘟地管自走进会场。

周恩来刚刚宣布会议开始,谭震林就第一个发言:"陈丕显同志从小参加革命,是个

'红小鬼',他有什么问题?几个大区书记,许多省委书记又有什么问题?为什么不让他们来北京?"

谭震林的目光逼视着坐在斜对面的张春桥。

张春桥重弹老调:"群众不答应嘛!"

谭震林再也忍耐不住了,霍地站了起来,当着众人面前,痛斥张春桥:

"什么群众?老是群众、群众,还有没有党的领导?你们不要党的领导,一天到晚,老是群众自己解放自己,自己教育自己,自己闹革命。这是什么东西?这是形而上学!"

"你们的目的,就是要整掉老干部。你们把老干部一个一个打掉。40年的老革命,落得家破人亡,妻离子散。"

"这一次,是党的历史上斗争最残酷的一次,超过历史上任何一次!"

这边,谭震林的两侧坐着叶剑英、陈毅、李先念、徐向前、李富春、聂荣臻、余秋里。

那边,张春桥的两侧坐着康生、陈伯达、谢富治、姚文元、王力。本来,这样的场合,江青是必定要出马的。但是,就在前些天,江青"批判"陶铸时,讲了一些出格的话,毛泽东批评她"眼高手低,志大才疏"。她一生气,说自己"生病"了。

两军对垒,阵线竟是那样的分明。

谭震林说罢,一肚子气,走过去穿衣服,看样子要走。他手中拿着大衣,指着对面的那一帮子人说道:"就让你们这些人干吧!我不干了!砍脑袋,坐监牢,开除党籍,我也要斗争到底!"

这时候,周恩来站了起来,劝住"大谭",拿下他手中大衣。

陈毅也站了起来说:"不要走,要在这儿斗争!"

谭震林一听,回过身来,又坐到自己的椅子上,大声地说:"陈老总,我不走!我,讲就不怕!怕就不讲,我哪儿也不走!"

这时,陈毅怒火中烧,放炮了:"延安整风的时候,就有许多老干部挨整。'抢救运动'搞错了许多人。挨整的还有我们这些人。总理不是挨过整吗?我们一定要记取这个教训。现在,不能再重复这些错误!"

陈毅的话,直刺对面那个戴着深度近视眼镜的康生。康生的脸,一阵红、一阵白。

陈老总快人快语,继续放炮:"虽然没有人选我当老干部的代表,我也要为老干部说话。如果说,我们解放军是在'大军阀'、'大土匪'领导下打仗的,怎么能解释人民解放战争取得的伟大胜利?"

张春桥的脸,像冻住了一般,毫无表情,唯有他的眼珠在转动。谁"放炮",他的眼珠子就朝谁瞪。他竭力用脑子记住对方的每一句话,他并不马上"回击"。他一言不发,他有充分的"涵养"。在姚文元的评《海瑞罢官》的文章之后,他曾主动"邀请"一批历史学家开座谈会,"虚心"地"征求意见"。历史学家们指着他鼻子痛骂,他也毫不动气。他向来的策略是"后发制人"。

坐在张春桥一侧的姚文元、王力,则仿佛成了记录员似的,两支笔在本子上刷刷地记着,记下对面射来的每一发"炮弹"。

在陈毅猛烈地放了一通炮之后，叶剑英说话了："老干部是党和国家的宝贵财富，哪有随便打倒的道理？照这样，人身都不能保证，怎么做工作？"

余秋里也说："这样对待老干部，怎么行呢？"

李先念上阵了。他往日讲话总是那样不紧不慢，此刻他的语气显得急促："我们党一贯强调大多数干部和群众是好的。现在这样搞，团结两个百分之九十五还要不要？老干部都打倒了，革命靠什么？现在是全国范围内的大搞逼、供、信！"

听到这里，谭震林又激动起来，他大声地说："我从来没有哭过，现在哭过三次！我连哭都没有地方哭！在办公室里，跟前有秘书；回去到家里，跟前有孩子。我只能背地里流泪！"

李先念深有同感，说道："我也哭过三次！"

这时，坐在对面的谢富治，再也忍不住了，插嘴道："不要从个人出发嘛，要从全局出发。"

听了谢富治这话，谭震林猛然又站了起来，怒目圆睁，缓缓地说，每一个字都重千钧："我不是为自己哭，是为全体老干部！是为整个党！"

这场由张春桥引起的中央碰头会上的大论战，便被称为"大闹怀仁堂"。

张春桥果真"后发制人"。当天夜里，他和姚文元、王力一起，驱车来到人民大会堂，在那里一起核对了笔记，由王力连夜写出了《2月16日怀仁堂会议》。

第二天，在江青的安排下，张春桥手持那份记录，和姚文元、王力一起到毛泽东那里，告老帅们的状。张春桥知道，只有毛泽东的话，"一句顶一万句"，才能压得住那班老帅、老将军、老干部。

江青没有去，张春桥领着头。毛泽东抽着烟，靠在沙发上，静静地听着张春桥那添油加醋的汇报。毛泽东毕竟熟知他的老战友们的脾气，只是听着，并没有说什么话。

但是，当张春桥汇报到谭震林拿起大衣要走的时候，毛泽东克制不住自己的感情，说了一句话："他不愿干，让他走嘛！"

姚文元和王力，又一次充当记录员。他俩立即记下这句"最高指示"。

当张春桥提及陈毅批评延安整风运动，毛泽东深深地激怒了。

两支笔沙沙的同时记下另一段"最高指示"："怎么，难道延安整风错了吗？要想翻案吗？要把王明请回来吗？"

从毛泽东那里出来，张春桥坐在红旗牌轿车宽敞而舒适的座位上，得意地笑了。他马上要成为"最新最高指示"的发布官。有了毛泽东的支持，别说陈丕显不在话下，那谭震林、陈毅也马上被赶入打倒之列。

也就在这一天——2月17日，当毛泽东在与张春桥等谈话的时候，谭震林在奋笔疾书。"大谭"忧民忧国如焚，把心中的积愤倾注于纸上。当时，"大谭"尚不识林彪的真面目，把一封长信写给了此人：

> 他们根本不作阶级分析，手段毒辣是党内没有见过的。一句话，把一个人的政治

生命送掉了，名之曰"冲口而出"。陶铸、刘志坚等等，一系列人的政治生命都是如此断送的。……老干部、省以上的高级干部，除了在军队的，住中南海的，几乎都挨斗了，戴了高帽，坐了气机（指"喷气式飞机"，比喻挨斗时低头、弯腰、双臂后曲的样子。——引者注），身体垮了，弄得妻离子散、倾家荡产的人不少，谭启龙、江华就是如此。我们党被丑化到无以复加了。北京的《百丑图》出笼后，上海、西安照办。真正的修正主义分子、反革命分子倒得到保护。

我想了好久，最后下决心，准备牺牲，但我决不自杀，也不叛国。但决不允许他们再如此。要斗下去，拼下去。

在谭震林的信中，还有一段直接谴责江青的话：

他们不听毛泽东的指示，当着毛泽东的面说："我要造你的反。"他们把毛主席放在什么地位，真比武则天还凶。

这里指的便是江青。
直言不讳，"大谭"的信充分显示了他磊落耿直的性格。
他没想到，林彪跟江青坐在一条板凳上！
林彪收到谭震林的信，写下一段批示："谭震林最近之思想竟糊涂堕落到如此地步，完全出乎意料之外。"
谭震林的信，被林彪转送给毛泽东。
2月18日深夜，毛泽东紧急召见了李富春、陈毅、叶剑英。毛泽东请来了周恩来。康生、江青、叶群也在座。
这天夜里，毛泽东直截了当地当面批评了自己的老战友李、陈、叶。康生用这样一句话形容当时的毛泽东："发了无产阶级的震怒！"
毛泽东拥有最高权威，他的这次"震怒"，成为转折点。
从此，老帅、老将军、老干部们的"二月抗争"，被说成是"二月逆流"。
"打倒谭震林！""反击二月逆流！""用鲜血和生命保卫中央文革小组！"箩大的字，写在纸上，贴满了北京城。
2月24日，张春桥和姚文元在上海露面。那话里充满着得意。下面是当时传单上所印的张春桥讲话记录稿：

同志们，战友们，你们好！
刚才姚文元同志说了，我们最近到北京去了。我们是12号去的，是毛主席要我们去的。（鼓掌，毛主席万岁！毛主席万万岁！）有一张大字报问张春桥为什么又到北京了呢？那我现在可以答复：是毛主席要我们去北京的。（掌声）
我们到了北京以后，毛主席当天很快就接见了我们。后来，主席又召集了中央会议，讨论了上海的工作，还有其他的问题。在我们离开以前，毛主席又接见了我们。刚才姚文元同志说了，我们首先应该向同志们汇报的就是：主席的身体非常非常健康。（群众呼喊，听毛主席的话，不折不扣实行毛主席的最新指示！）我们每一次谈话的时间都是很长的，但是主席的精力非常旺盛，始终都很愉快。每一次谈话，他对上海的情况非常熟悉，好多上海的情况只要我们提一句，主席就知道了，他就可以讲一些地方的情况，非常关心上海的文化大革命。我们在北京一个星期，每天都感觉到这一点。我们知道，主席在短短的时间里面一再地接见我们，这不只是对我们两个人来说感到光荣，我们知道我们是代表上海的革命造反派去的，我们代表在座的同志们去向毛主席汇报的。（掌声。众呼，毛主席最坚决地支持上海革命造反派！毛主席万岁！毛主席万万岁！）

此时的张春桥，已在扮演"钦差大臣"的角色。他借用毛泽东的崇高威望，抬高了自己，保护了自己。他的头上，已经戴着金灿灿的光圈，成为上海至高无上的权威。

在反"二月逆流"的大轰大嗡之中，中共中央政治局常委被刷掉了好几个，中央政治局陷于瘫痪。

姚文元兴高采烈，居然"诗兴"大发，在1967年3月26日的日记中写道：

反对资本主义复辟逆流斗争已经取得胜利，群众起来了，很高兴。感而赋诗一首。

贺反"二月逆流"胜利
画皮恶魔现原形，红日喷薄夜气沉。
敢横冷眼驱白虎，岂畏热血洒黄尘！
雄文四卷擎天柱，人民七亿镇地金。
大海自有飞龙起，跳梁小丑岂足论。

字里行间，姚文元咬牙切齿之声可闻。

1967年，是张春桥直线上升的一年。

在掀起全国性的"批判二月逆流"的高潮之后，中共八届十一中全会所选出的中央政治局常委11人之中，倒掉了6人，即陶铸、邓小平、刘少奇、朱德、李富春、陈云，只剩下5人，即毛泽东、林彪、周恩来、陈伯达、康生。中共中央政治局委员贺龙、陈毅、李先念、谭震林、叶剑英、徐向前、聂荣臻也被打倒，中共中央政治局和中央书记处，陷于瘫痪状态，中央文革小组取而代之——八届十一中全会原只是规定，中央文革成员列席政治局会议。这时，列席者居然代替了出席者！于是，在中共党史上出现了从未有过的怪事：一个在党章上都查不到的中央文革小组，代替了中央书记处。作为中央文革小组副组长的张春桥，一下子成为地位显赫的人物。从那以后，中央文件均用"中共中央、国务院、中央军委、中央文革小组"四者并列的形式发出。中央文革权重一时。

也就在这一年，中央文革小组中的三员大将也倒了——王力、关锋、戚本禹。因为毛泽东批评1967年8月1日《红旗》杂志社论是大毒草，"揪军内一小撮"是反动口号。三个秀才成了炮制这一口号的林彪、江青的替罪羊。这下子，中央文革小组只剩江青、陈伯达、康生、张春桥、姚文元五人。张春桥大权在握了。

千里迢迢揪"海瑞"——彭德怀

1966年12月24日凌晨3时，凛冽的寒风在成都街头奔突，一群不速之客坐着吉普车，忽地在永兴巷七号的大门前"嘎"的一声刹住。

这群不速之客来自北京。他们跟门口的卫兵吵着，硬要冲进大门。

秘书綦魁英闻声披衣出来，挡不住这批蛮横无理的红卫兵，反而遭到拳打脚踢。

一个瘦削的老人从内屋出来，还没有问清怎么回事，就被北京红卫兵团团围住。他们千里迢迢赶来成都，正是为了抓捕这个老人——彭德怀！

自从1959年庐山会议之后，彭德怀销声匿迹，几乎被人们遗忘了。姚文元的评《海瑞罢官》的长文，"彭德怀就是海瑞"，一下子把彭德怀推到了斗争的旋涡之中！

江青，不仅要批吴晗的《海瑞罢官》，而且还要把活"海瑞"——彭德怀，斗个落花流水！

彭德怀下了庐山之后，被撤国防部长之职。彭德怀给毛泽东去信，要求下放劳动。

毛泽东于1959年9月9日批示："我热烈地欢迎彭德怀同志的这封信。他的立场和观点是正确的，态度是诚恳的。倘从此彻底转变，不再有大的动摇（小的动摇是必不可免的），那就是'立地成佛'，立地变成一个马克思主义者了。我建议，全党同志都对彭德怀同志此信所表示的态度，予以欢迎。"[①]

不久，彭德怀搬出了中南海，住到远离北京市区的西北郊——西苑，中共中央党校东面的吴家花园。

从此，彭德怀在那里过着隐居生活，但毛泽东仍保留彭德怀的国务院副总理、中共中央政治局委员的职务。

彭德怀在吴家花园度过六个春秋，他给毛泽东写了一封罕见的长信，长达八万字。1965年9月22日，毛泽东收到彭德怀的长信，翌日便会见了他。

彭德怀当天便根据自己的记忆，追记了毛泽东和他的谈话：

> 主席：早在等着，还没有睡。昨天下午接到你的信，也高兴得睡不着，你这个人有个犟脾气，几年也不写信，要写就写八万字。今天还有少奇、小平、彭真同志，等一会就来参加，周总理因去接西哈努克，故不能来。我们一起谈谈吧！
> 现在要建设战略后方，准备战争。按比例西南投资最多，战略后方也特别重要，

[①] 据《中国共产党执政四十年》，中共党史出版社1989年版，第173页。

你去西南区是适当的。将来还可带一点兵去打仗,以便恢复名誉。

(在庐山会议时,主席问到对我的决议案如何,当时我向主席作了三条保证)

主席问:哪三条?(我说:在任何情况下不会做反革命;在任何情况下,不会自杀;今后工作是不好做了,劳动生产,自食其力。)

主席说:"后面两条我还记得,也许真理在你那边。战略后方最重要的是西南区,它有各种资源,地理也适宜,大有作为。彭德怀同志也许会搞出一点名堂来。建立党的统一领导,成立建设总指挥部,李井泉为主,彭为副,还有程子华。"①

就这样,彭德怀赴西南走马上任。这表明,毛泽东已在为彭德怀恢复名誉。

不料,姚文元那篇评《海瑞罢官》的文章一发表,打乱了彭德怀的工作,他的脚下响起了炸雷!

就在《五一六通知》下达整整一个月——1966年6月16日,戚本禹、关锋就给江青、康生、陈伯达写了一信,提到了远在千里之外的彭德怀:

我们觉得,分配给彭德怀做这个工作(指大三线建设副总指挥)是不恰当的。据我们了解,彭德怀到三线以后,还在积极进行不正常活动。因此,我们再一次提出意见,希望中央考虑撤销他的三线副总指挥的职务。

从这次文化大革命揭发的许多事实看,彭德怀到现在还是修正主义的一面黑旗。

为了在广大群众中揭穿他的丑恶面目,为了彻底清除这个隐患,我们希望中央能够考虑在适当时机在群众中公布彭德怀的反党反社会主义的罪恶活动。

由于这场夺权斗争,是革命和反革命的斗争,是我们推翻一个地方的、部门的反动政权的斗争。因此,必须当机立断,采取断然手段。和平共渡,是不行的。

这"断然行动",在半年之后,终于以突然袭击之举实行了。

那来自北京的红卫兵,是由江青通过戚本禹秘密派遣的。

自从清华大学附属中学在1966年5月29日首先发起"红卫兵",毛泽东写信表示热烈支持后,红卫兵运动风起云涌,席卷全国。北京的红卫兵之中,出现了"五大领袖":北京大学的聂元梓(虽说她已45岁了)、清华大学的蒯大富、北京航空学院的韩爱晶、北京地质学院的王大宾、北京师范大学的谭厚兰。

1966年12月20日,戚本禹给20岁的韩爱晶打了电话:"现在开展文化革命越来越深入,海瑞一直没有批判,你们应当把海瑞弄回来进行批判。"

韩爱晶一愣,海瑞是明朝人,怎么个"弄回来进行批判"?

戚本禹进行了"注释",说道:"海瑞就是彭德怀,他现在在四川,是大三线的副总指挥,那里没人敢动他。要把他揪回北京,打翻在地。"

---

① 《彭德怀自述》,人民出版社1981年版,第288—289页。

■ 陈伯达（左）与"红卫兵领袖"韩爱晶（右）

韩爱晶茅塞顿开。来自中央文革小组的特别使命，让"天派"红卫兵异常兴奋。那时，北京航空学院"红旗战斗队"号称"天派"（"航空"在天），在北京颇有影响。韩爱晶派出最能干的部将，组成"特遣小队"，扑向大西南，扑向成都。

不料，从成都打来的长途电话，使韩爱晶震惊：到手的彭德怀，被人抢走了！

是谁抢走彭德怀呢？

是"地派"！

所谓"地派"，亦即北京地质学院"东方红公社"的红卫兵，他们也是奉中央文革之命，前来"揪海瑞"！

那是江青直接给他们打了电话："你们红卫兵这也行，那也行，怎么就不能把彭德怀揪出来呀？让他在大山里头养神，天天还打太极拳，将来回来好反我们，把我们打入十八层地狱！"

江青给"地派"红卫兵打电话是在戚本禹给"天派"红卫兵打电话之前约一个月。"地派"红卫兵早已到达成都。无奈，他们跟成都军区的关系没搞好，未能弄清彭德怀在哪里。

"天派"红卫兵显然更为"能干"，一到成都就摸清了情况，一下子抓住了彭德怀。"地派"红卫兵闻讯，岂肯让"天派"红卫兵抢了头功！立即从"天派"那里夺走了彭德怀。

"天派"又反过来袭击"地派"，要重新夺回彭德怀。正在争执之际，"中央文革小组"来电："不要闹纠纷，可以一起搞。"

于是，彭德怀被交给了"天派"红卫兵。

来自大西南的凶讯，迅速被周恩来获知。周恩来立即报告了毛泽东。

周恩来致电西南建委、成都军区、北京卫戍区及北航"红旗"：

中央同意彭德怀同志回京。但要严格执行以下三条：

一、由成都军区派出部队和红卫兵一道护送彭德怀同志到京，沿途不许任何人截留，不得对他有任何侮辱性的言行，绝对保证他的安全；

二、不许坐飞机，由成都军区联系火车来京；

三、由北京卫戍区派出部队在北京车站等候，并负责安排彭德怀同志的生活和学习。

各单位必须严格执行，绝对保证彭德怀同志的安全，对他的生命各单位要向中央负责。①

就这样，彭德怀在12月25日晚离开成都，上了一节软卧车厢，由成都部队和北京红卫兵共同护送。

到了北京，正当北京卫戍部队根据周恩来指示前来迎接时，一大群红卫兵却根据江青、戚本禹的密令涌上软卧车厢，前去劫走彭德怀！

在周恩来的一再坚持下，江青、戚本禹才不得不同意由北京卫戍区、"天派"和"地派"红卫兵共管彭德怀。

江青庆幸自己的"胜利"，她表扬了戚本禹："现在就是打仗，你戚本禹是个聪明人，指挥有方，等文化大革命胜利后，我们也要评功论赏，封你将军，封你元帅！"

从此，戚本禹得一诨号，曰"戚大帅"。

1979年，戚本禹在受审时曾写下笔供："彭德怀在'三线'，是我叫去四川串连的学生把他带回北京的。江青当时是力主此议的。康生也是这个主张。"

本来，彭德怀一到北京，戚本禹就准备煽动红卫兵斗争他的。1966年12月26日，戚本禹致信江青："彭德怀现在已经被红卫兵抓住，1、2日即要押送回京。北京的学生，已经作了斗争的准备。"

由于周恩来的干涉，保护了彭德怀，红卫兵未能公开批斗他。彭德怀在1967年1月1日，给毛泽东写了一信：

主席：

您命我去三线建委，除任第三副主任外，未担任其他任何工作，辜负了您的期望。12月22日晚（应为24日凌晨——引者注），在成都被北京航空学院红卫兵抓到该部驻成都分部。23日（应为25日——引者注）转北京地院东方红红卫兵。于27日押解到京，现被关在中央警卫部队与该红卫兵共同看押。向您最后一次敬礼！祝您万寿无疆！

彭德怀
1967年1月1日

彭德怀此信，显然是向毛泽东报告自己眼下的处境。他已预感到难逃劫难，所以向毛

---

① 据马辂、佩璞、马泰泉：《国防部长浮沉记》，昆仑出版社1989年版，第259页。

泽东致"最后一次敬礼"!

彭德怀回京后,由于有中央警卫部队守卫,红卫兵不能把他拉出去斗,但是不断纠缠他,审问他。

1967年第一期《红旗》杂志发表了姚文元的长文《评反革命两面派周扬》。1月3日,《人民日报》和首都各报都转载了此文。红卫兵要彭德怀写"认罪读后感"。

彭德怀答曰:"姚文元发表文章是他的自由,我写不写也是我的自由。"

红卫兵逼着要彭德怀写,彭德怀无奈,只得提起笔来。

■ 造反组织连续揪斗彭德怀

他干脆写了一封给姚文元的信:"姚:读3日人民日报《评反革命两面派周扬》的大作后,红卫兵要我表态。……如果照这样宣传有益,就这样宣传吧。如果需要更实事求是一些,我可以供给一些材料。"

一连两个"如果",彭德怀反话正说,挖苦了这位《评新编历史剧〈海瑞罢官〉》的"大左派"!

江青日益得势,彭德怀的日子越来越不好过。

江青通过那个"戚大帅",在1967年7月12日,给北航"红旗"的韩爱晶下达了"战斗任务":"你们要彭德怀交待反毛主席的罪行,应当要他低头认罪。他要是不老实,得对他厉害点,对他不能客气。"

7月18日,戚本禹对彭德怀专案组作了一番"战斗动员":"毒蛇僵了,但没有死。纸老虎彭德怀杀人不眨眼。彭德怀是军阀。不要看他装可怜相,如壁虎一样,装死。实际没有死,是本能的反应。动物、昆虫都有保护自己的本领,何况这些吃人的野兽。要打翻在地,踏上几双脚。"

对彭德怀的批斗立即升级了。这升级,是升到了拳打脚踢的"级别"!

彭德怀,这位元帅在7月19日受斗之后,北京卫戍区不得不向中央文革小组这样报告悲惨的情况:"昨天北航开了三四十人的小会斗彭德怀。会上打了彭德怀,打倒七次。前额打破了,肺部有些内伤。明天还要斗。"

7月19日至20日的《监护情况》如下:

"自19日参加批斗会后,食欲大大减少,精神很苦闷……进室后就躺在床上休息,胸部疼痛,呼吸困难,不断发出哎哟、哎哟的声音,当晚未吃饭,不能吐痰。让他写材料时说:

'我现在不能写。'我们说,那不行。他又说:'写不了,要不杀头算了。'"

"今天(20日)胸部疼的面积扩大,而且又重了些。从床上起很疼,也非常困难,起时需要哨兵拉一下,不然的话起不来。经医生检查,胸部左右两侧第五根和第十根肋骨骨折,脉搏和血压都有增加。"

经受这样的精神、肉体的双重折磨,这位昔日威震疆场的彭大将军,在1973年春末患上直肠癌。

1974年11月29日,彭德怀含恨死于狱中,终年76岁。

如果不是批《海瑞罢官》,如果不是把海瑞等同于彭德怀,如果不是"文革",彭德怀不至于死得那么凄惨。

施毒计离间刘少奇家庭

1967年1月3日,《人民日报》及首都各报所载姚文元的《评反革命两面派周扬》,是姚文元的"三评"之一——评《海瑞罢官》,评"三家村",评周扬。在这篇评周扬的文章即将发表时,姚文元根据"形势需要",在文末添加了一段长注。长注的末句,发出了新的"战斗讯号":"鼓吹《清宫秘史》的'大人物'当中,就包括有在当前这场无产阶级文化大革命中提出资产阶级反动路线的人,他们反毛泽东思想的反动资产阶级世界观,他们保护剥削阶级、仇恨革命的群众运动的本质,早在建国初期吹捧《清宫秘史》时就表现出来了。"

不言而喻,姚文元所说的"大人物"就是刘少奇!

这时,刘少奇还是中华人民共和国主席,中共中央政治局常委,而姚文元不过是"中央文革小组"组员。

这是在报刊上第一次未点名公开攻击刘少奇!

这段匆匆加上的话,是为了配合正在北京掀起的反刘少奇、邓小平的恶风浊浪。

那是在十多天前——12月18日下午,张春桥在中南海约见了清华大学"井冈山"红卫兵头头蒯大富,暗示道:"中央那一两个提出资产阶级反动路线的人,至今仍不投降。你们革命小将应该联合起来,发扬彻底革命精神,痛打落水狗,把他们搞臭,不要半途而废……"

21岁的蒯大富,本是清华大学化工系学生,在"文革"中造反起家,不仅成为清华大学"井冈山"红卫兵头头,而且成了"首都红卫兵第三司令部"(人称"红三司")的"司令",得了"蒯司令"之称。

张春桥口中几句话,到了"蒯司令"那里变成了一阵狂风。人称"红三司"是"中央文革"的"铁拳头"。12月25日,首都首次出现"打倒刘少奇"、"打倒邓小平"的巨幅标语。"红三司"到处张贴大字报,呼喊着打倒刘少奇、邓小平的口号。

正在这时,姚文元赶紧加上那长注。姚文元的文章出现在中共中央机关刊物《红旗》杂志、《人民日报》上,富有"权威性",一下子使打倒刘少奇、邓小平的呼声提高了十倍、百倍。

在一片倒刘声中,江青出马了,来到了清华园。那是1966年岁末。在那里,江青发表煽

■ 1966年10月1日，江青与刘少奇在天安门城楼含笑握手。这笑背后隐藏的内容，恐怕只有当事人清楚。（孟昭瑞 摄）

动性讲话："刘少奇问题的性质早就定了，是反党反社会主义，对他的处理只是时间问题。现在是怕老百姓一下子转不过弯来，得一步一步来。"

江青选中清华大学来讲这番话、张春桥找清华大学的蒯大富密谈，内中有一重要原因：清华大学原本是刘少奇的"点"！

"文革"开始不久，1966年6月19日下午，王光美出现在清华大学，去看大字报。学生们发现了熟悉的面孔，欢呼着，要她讲话。王光美说道："我是按照刘少奇同志的盼咐来看大字报的。"

两天之后，王光美悄然再去清华大学。刘少奇要她在那里蹲点，以求摸清基层的"文革"情况。

刘少奇、王光美看中清华大学，是因为刘少奇的第四个孩子——女儿刘涛正在清华大学上学。刘涛在那里，人头熟，内情熟，自然便于王光美了解那里发生的一切。

就在王光美到了清华大学不久，6月27日，清华大学召开批判蒯大富的会议。王光美没有在会场露面，但是在清华园里收听了大会实况转播。刘涛和贺龙的儿子贺鹏飞在会上发言，批判蒯大富。

蒯大富仗着自己"根正苗红"——他爷爷是新四军老战士，父母都是40年代中共党员，在那"老子英雄儿好汉"的岁月，他并不畏惧刘涛、贺鹏飞这样的高干子女，并不畏惧清华大学工作组。

一次又一次会上较量，蒯大富坚持反工作组的立场。后来，他宣布绝食，以抗议工作组。

来自江青、来自"中央文革小组"的支持，一下子使蒯大富成了反工作组的"英雄"，成了清华园内红卫兵的领袖人物。这样，蒯大富手下的"井冈山"红卫兵，也就成了"中央文革小组"的"嫡系部队"。

就像多米诺骨牌似的，一倒皆倒，以叶林为首的清华大学工作组倒了，刘涛倒了，王光美倒了，刘少奇也倒了。

就在张春桥秘密约见蒯大富之后，就在清华园里"打倒刘少奇"之声沸沸扬扬之时，就在刘涛像泄了气的皮球似的时候，忽地有一个神秘的人物来找她。来者自称是奉江青之命，约她聊聊。

刘涛不知"江阿姨"找她何事，也就去了。一到那里，她的弟弟——刘少奇的第五个孩子刘允真也在呢！

"江阿姨"怎么忽地"关心"起他们呢？

"江阿姨"在跟他们海阔天空地聊了一阵"革命形势"之后，终于点出了话题："涛涛，丁丁（刘允真的小名），你们知道你们的生母是谁吗？"

哦，江青在施展毒计：因为刘涛、刘允真系刘少奇的第三个妻子王前所生，江青要这两个孩子去见王前，"跟你们的生母一起揭发刘少奇"！

孩子不知这是江青的政治圈套，果真去见王前，果真"一起揭发刘少奇"。

刘涛写出了长篇大字报，揭发父亲刘少奇，顿时清华大学为之轰动，北京为之震动，全国为之惊动！大字报马上被印成传单，飞向四面八方。大字报从生活上丑化刘少奇，说刘少奇和王前结婚时"瞒了十岁"，说他"截留党费，买了金鞋拔、金带子"……这张女儿的大字报，比蒯大富的"红三司"的震天响的"打倒刘少奇"之声要厉害得多！

"后院起火！心脏爆炸！"江青得意地大笑。她这一毒计，一箭三雕：丑化了刘少奇；挑拨了刘涛、刘允真和刘少奇的关系；使王光美难堪。

■"文革"初期刘少奇和毛泽东在天安门城楼（孟昭瑞 摄）

那张大字报,如同在刘少奇正在流血的伤口上撒了一把盐!

刘少奇无法容忍对于他的人格的侮辱,尚是中华人民共和国主席的他说了这么一番话,为自己严正辩证:"要是说我在政治上犯了错误,我可以反省,可以自我批判。但是,从生活作风方面这样诽谤、中伤我,这是不可能容忍的。多年来,人们对我生活作风的印象是非常好的。我虽然结过五次婚,但每次都是正大光明地正式结婚的。迄今为止,我没有淫乱的男女关系。另外,我也根本没有对王前隐瞒年龄。把党费留下来买金带子是根据党的规定做的。当时,党有一个规定,党在白区工作的重要领导人,必须在身边保留某种值钱的东西,以便在突发事件出现后,贿赂敌人。金带子已被王前拿去了。金鞋拔子则是毫无根据的捏造。至于吃小亏占大便宜的说法,那是随便地把片言只语拼凑起来的东西,牵强附会,根本不符合原意!"

刘少奇的申辩,据理据实驳斥。可是,在那种荒唐的年月,黑白颠倒,是非混淆,共和国的主席眼看着要遭遇没顶之灾。

恶作剧"智擒王光美"的幕后指挥

就在姚文元的那条长注见报后的第三天——1967年1月6日,一幕惊险剧在北京发生。那天下午,快要吃晚饭的时候,中南海刘少奇家中,电话铃声响了。

王光美和刘少奇正在家中。王光美接电话,耳机里传来急促的声音:"是刘平平家吗?你是刘平平的亲属吗?刘平平刚才被汽车撞伤了,大腿骨折,正在我们医院里抢救,请你们马上来!"

王光美的心,一下子收紧了。

刘平平,刘少奇和王光美所生的女儿,刘少奇的第六个孩子。刘少奇和王光美婚后,共生四个孩子,即刘平平(女儿)、刘源源(儿子)、刘亭亭(女儿)、刘潇潇(女儿)。

王光美正想细问,对方把电话挂断了。

刘少奇听说女儿出了车祸,也很着急。

就在这时,电话铃声再度响起。这一回,是公安局交通大队打来的,说刘平平骑自行车在六部口附近被一辆汽车撞伤,正在抢救,要求亲属尽快赶往医院。

王光美打算马上去医院,但是,周恩来为了她的安全,曾下过指示,要她不得离开中南海,以防不测。这样,王光美让女儿刘亭亭和警卫班长骑自行车去医院。

刘亭亭走后,王光美还不放心,又叫儿子刘源源骑自行车去医院。

过了一会儿,电话又响了。那是亭亭打来的,讲话似乎很犹豫,说一句,停一下。亭亭说,平平是"粉碎性骨折"。接着,是一位"大夫"的话音,要求家长尽快赶往医院。

这下子,王光美决定赶往医院。刘少奇一听,站了起来,跟她一起去。于是,在警卫的随行下,刘少奇和王光美的轿车离开了中南海。

谁知,到了那家医院,他们立即处于清华大学"井冈山"红卫兵的包围之中。

原来,这是清华大学"井冈山"红卫兵"精心设计"的圈套,假称平平遇上车祸,引

■ 1951年刘少奇与王光美在南京

诱王光美上钩。亭亭和源源去了之后,被他们扣留,作为"人质"。他们逼迫亭亭给王光美打电话,说平平"粉碎性骨折"。

不过,红卫兵没有想到,刘少奇也来了!

警卫迅速报告上级,得到的答复是:"刘少奇立即回中南海,王光美可以去清华。"

这样,刘少奇在警卫们保护下,登车回到中南海。

王光美落到了红卫兵手中,被连夜拉到清华大学审问、批斗。

刘少奇一回到中南海,马上给周恩来打电话。

周恩来一听,立即给清华大学"井冈山"红卫兵下了死命令:无论如何,明晨5点之前,必须让王光美回到中南海!

王光美到了清华大学的情景,刘平平、刘源源、刘亭亭三人后来在联名回忆文章中如此记述:妈妈严肃地对造反派说:"你们为什么用这种手段骗我出来?"造反派望着头顶的天花板,一字一句地说:"这是江青同志支持我们搞的,嗯……"①

清华大学"井冈山"红卫兵的话,说出了他们的"后台老板"——江青。没有"江青同志支持",他们怎敢用欺骗手段去戏弄中华人民共和国的主席刘少奇和夫人王光美?

翌日,所谓"智擒王光美"的传单,就从清华大学飞向四面八方,成为"爆炸性新闻"!

江青很是得意,因为她利用红卫兵,羞辱了王光美,出了积在心中多年的怨气!

江青一直嫉妒着王光美,特别是王光美作为刘少奇夫人,一次次出访:

1963年4月12日至20日,刘少奇和夫人王光美访问印尼;

1963年4月20日至26日,刘少奇和夫人王光美访问缅甸;

1963年5月1日至5月6日,刘少奇和夫人王光美访问柬埔寨;

1966年3月26日至3月31日,刘少奇和夫人王光美访问巴基斯坦;

---

① 刘平平、刘源源、刘亭亭:《胜利的鲜花献给您——怀念我们的爸爸刘少奇》,1980年12月5、6、8日《工人日报》。

1966年4月4日至4月8日，刘少奇和夫人王光美访问阿富汗；

1966年4月17日至4月19日，刘少奇和夫人王光美访问缅甸。

这六次出访，使王光美名声大振。拍电影，上电视，各报、各电台竞相报道，尤其是印尼街头，出现巨幅王光美画像。

江青的心中不是个滋味儿。中国的"第一夫人"，明明是她，可是王光美却四面风光，在海外出尽"第一夫人"的风头。尤其是王光美英语精熟，又擅长交际，海外声誉颇佳。

王光美在党内的影响，也曾使江青极为眼红。1963年11月底起，王光美化名"董朴"，到河北唐山专区抚宁县户王庄公社桃园大队蹲点抓"四清"，担任工作组副组长。1964年春节，王光美回京，刘少奇跟她谈了"四清"问题（谈话内容被整理成《同王光美谈"四清"》）。3月27日，刘少奇又给"董朴同志"写了一封长信，谈了他对"四清"工作的意见。4月底，王光美结束了在桃园大队的工作，回到北京。7月5日，王光美在中共河北省委工作会议上作了《关于一个大队的社会主义教育运动的经验总结》。这份总结，经刘少奇审阅，于1964年9月1日由中共中央转发各地，人称"桃园经验"。这份文件下达各级党组织，使王光美在党内赢得了颇高的声望（尽管"桃园经验"后来被毛泽东批评为"形左实右"）。

江青决心要与王光美比高低。江青在《人民日报》上以毛泽东夫人的身份出现在与外国贵宾的合影中，是这种比高低的初次尝试。江青在上海搞《纪要》，借毛泽东的支持和声望，以中共中央文件形式下达全党，实际上是效法王光美的"桃园经验"，借刘少奇的支持和声望，以中共中央文件形式下达全党！

"文革"，使天平朝江青倾斜：江青崛起而为"中央首长"，王光美则随刘少奇的垮台而一落千丈。

江青，终于借助红卫兵的"恶作剧"，使王光美第一次受到凌辱。这样的"恶作剧"，在中共党史上，堪称"史无前例"！

"项链事件"前前后后

"恶作剧"开了个恶例。在所谓"智擒王光美"后几天，1月12日，中南海的造反派冲进了刘少奇家中，在刘少奇的办公室里贴满大字报，而且召开了第一次对刘少奇的批斗会！

毛泽东风闻此事，在翌日——1月13日深夜，在人民大会堂会见刘少奇。

一见面，毛泽东的第一句话居然是："平平的腿好了吗？"

刘少奇一听，明白毛泽东被蒙在鼓里，解释道："根本没这回事，是个骗局！"

坐定之后，刘少奇郑重其事地向毛泽东提出："一、这次路线错误的责任在我，广大干部是好的，特别是许多老干部是党的宝贵财富，主要责任由我来承担，尽快把广大干部解放出来，使党少受损失；二、辞去国家主席、中央常委和《毛泽东选集》编委会主任职务，和妻子儿女去延安或老家种地，以便尽早结束文化大革命。"[1]

---

[1] 据《中国共产党执政四十年》，中共党史资料出版社1989年版。

毛泽东听罢，沉吟不语，不住地抽烟。

过了一会儿，毛泽东劝刘少奇认真读几本书，如德国动物学家海格尔写的《机械唯物主义》、狄德罗的《机械人》。

这是毛泽东和刘少奇的最后一次谈话。

谈毕，毛泽东送刘少奇到门口，叮嘱他道："好好学习，保重身体。"

刘少奇回家，面带喜色，因为毛泽东对他很客气，并没有彻底打倒他的意思。

刘少奇才高兴了两天，受江青、戚本禹唆使的中共中央办公厅秘书局的造反派，又冲进刘少奇家中，要刘少奇和王光美站在一张桌子上接受批斗！

刘少奇的电话线也给扯断了。从此，刘少奇失去了和毛泽东、周恩来的电话联系。

4月1日，对于刘少奇是难忘的。这天，各报都刊载了戚本禹的长文《爱国主义还是卖国主义？——评反动影片〈清宫秘史〉》，指责刘少奇"假反帝、真投降"、"仇恨历史上的革命群众运动"、"美化资产阶级"、"日夜梦想着复辟资本主义"、"根本不是什么'老革命'，而是"假革命"、"反革命"，是"睡在我们身边的赫鲁晓夫"。戚本禹的文章，是姚文元那长注的继续，更是江青当年"初出茅庐"，头一回批判影片《清宫秘史》的继续。

刘少奇看了报纸，愤愤地说："这篇文章有许多假话，我什么时候说过那个电影是爱国主义的？什么时候说过当'红色买办'？不符合事实，是栽赃！党内斗争从来没有这么不严肃过。我不反革命，也不反毛主席，毛泽东思想是我在七大提出来的，我宣传毛泽东思想不比别人少！"

然而，戚本禹的文章，在全国煽起了批判刘少奇的狂潮。中国大陆的大街小巷，刷满了"打倒刘少奇"的大字标语。

这个狂潮的第一个浪头，朝王光美扑去！

4月8日，王光美接到通知，去清华大学作检查。

4月10日，在江青、陈伯达的支持下，在清华大学举行了30万人批斗王光美的大会。

且不提批斗会上那荒唐的种种批判，王光美在众目睽睽下，最为招人注意的是被红卫兵戴上一长串用乒乓球串成的项链！

这起因，是因为王光美在随刘少奇访问缅甸时，在晚宴上，戴了一条金项链。戴根金项链，本是不足大惊小怪的，何况那是缅甸联邦革命委员会主席、革命政府部长会议主席奈温将军赠送的，王光美戴上它也是表示礼貌。

江青在看电视新闻时，居然注意到王光美脖子上细小的项链。她大为不悦，因为她在王光美出国时关照过："依我看，有时不戴首饰效果反而好。你穿一身黑丝绒，就像安娜·卡列尼娜那样，显得别致、出众！"她，仿佛把王光美当成她的"样板戏"中的演员似的，连戴不戴首饰都作了"规定"！

当她见到王光美违反了她的"规定"，就记在了心中。这本是芝麻绿豆之类小事，她在接见红卫兵的领袖们时却说："王光美出国访问时戴项链，完全是资产阶级的作风。我本来不让她戴，她也答应我不戴了。后来，在看电视时，我却见她戴了项链！"

■ "文革"中批斗王光美的大会

幕后导演的几句话,便使红卫兵们想出主意:给王光美戴上用乒乓球串成的大项链,对她进行羞辱!

江青"负担着第一个大专案"

光是侮辱人格、丑化形象、败坏名声,江青还觉得远远不够,她要置王光美于死地!

江青要对王光美进行政治审查,建立"刘少奇、王光美专案组"。这个专案组,属中央专案组领导。

据王力回忆:"中央专案组,是同'中央文革小组'平行的,都直接对常委、实际上是对主席负责。江青宣布改组专案组时,除王力一人外,中央文革小组的成员都参加专案组,还加上谢富治、汪东兴、叶群、杨成武。小平同志被打倒以后,是康生抓的。中间空了一段,汪东兴实际抓。江青说:'康老有延安整风的经验,他当组长。专案我要直接抓,戚本禹当我的秘书,具体工作由谢富治、汪东兴负责。'江青多次强调:'专案组我要抓,我直接对毛主席负责。'"

王力还回忆:"江青要康生向主席建议请示建立刘(少奇)案、邓(小平)案,陶(铸)案。主席说,不能立,都是八届十一中全会选的常委,不好立。回去后,康生告诉我,说江青在专案组中说:'不能立,也要立,那就都放到彭(真)案里头一起整。'"

就这样,江青还是设立了刘少奇、王光美专案,虽说是"混"在彭案之中。

1967年6月3日,刘少奇、王光美专案组正式成立,由"地下"转为公开。

关于江青负责刘少奇、王光美专案一事,1980年12月3日上午,最高人民法院特别法庭第一审判庭在审问江青时,记录如下:[①]

审判员审问被告人江青:"你是不是控制指挥了刘少奇、王光美专案组?"

江青答:"我是分工在这个专案组里。"

[①] 《中华人民共和国最高人民法院特别法庭审判林彪江青反革命集团主犯纪实》,法律出版社1982年版,第195页。

法庭宣读1968年2月26日谢富治在"王光美专案组"报告上的批语:"大叛徒刘少奇一案,主要工作都是由江青同志亲自抓的。今后一切重要情况的报告和请示,都要直接先报告江青同志。"

法庭还宣读了原中央专案小组第一办公室副主任兼刘少奇、王光美专案组组长萧益的证言:"在1967年5月(应为6月——引者注)刘少奇、王光美的专案组刚成立时,康生、谢富治在中南海西楼一次专案组负责人会议上宣布,刘、王专案组由江青负责,其领导成员还有谢富治、戚本禹等。康生虽没有列为该专案组领导成员,但他是直接插手这个专案的,经常出谋划策。"

法庭两次播放了江青1967年9月18日接见中国京剧团等单位的讲话录音。其中有江青说:"我现在负担着第一个大专案,有一天,我搞了五六个小时,……我现在可以告诉你们,刘少奇是一个五毒俱全的大反革命、大内奸、大叛徒、大特务。太恶劣了……我觉得,他应该千刀剐,万刀割……"

被告人江青听了播放的录音后说:"没有什么要说的。这是我对艺术家们谈别的问题,大概插了这么一段。"

江青"负担着第一个大专案",从王光美下手。她要从王光美那里打开缺口,进而彻底打倒刘少奇。

江青加给王光美的罪名,是令人触目惊心的:"是一个美国特务!战略特务!战略情报特务!"

虽说"欲加之罪,何患无辞",不过,要"求证"王光美是"美国战略情报局的大特务",毕竟还不那么容易。

荒唐的岁月,用荒唐的逻辑,编织着荒唐的故事:王光美是"美国战略情报局的特务",1946年"打入"了北平军事调查处执行部担任中共方面的翻译,此后又嫁给了刘少奇,"埋伏"在中共核心圈之中,"窃取"最为重要的"战略情报"。

为了"证实"如此荒唐的故事,就从王光美当年求学的辅仁大学下手了。

王光美被打成"战略情报大特务"

王光美的母校辅仁大学,原本是意大利罗马教廷在中国开办的辅仁社,建校于1925年。辅仁社是大学预科,后来改为辅仁大学,开设文、理、教育三院。

1949年,中国人民解放军高射炮部队驻扎在北平庆王府,对面便是辅仁大学。那时,辅仁大学里确实有特务,他们发出的关于高炮部队的情报被截获了。

辅仁大学在1950年被接管,不久并入其他学校。这所在北京一度颇有名气的大学,也就逐渐被人淡忘,以致后来已很少有人知道辅仁大学。

审查王光美,使辅仁大学一下子变成了"热点"。1967年7月15日,中国人民大学教授杨承祚和妻子袁绍英突然遭到拘捕,其原因是杨承祚原是辅仁大学教授,跟王光美有点瓜葛。

拘捕杨承祚夫妇是"先斩后奏"的。拘捕之后,"王光美专案组"于1967年7月18日向戚本禹、江青递交了报告。

戚本禹在7月19日批:"此事重要,应送江青同志批准执行。"

同日,江青批:"照办。"

同日,戚本禹又批:"立即执行。"

于是,杨承祚夫妇成了重要案犯,受到"王光美专案组"的反复审问。

杨承祚夫妇是怎么忽地遭捕?内中的瓜葛,不过是如此而已:王光美在辅仁大学读书时,跟杨承祚妻子袁绍英的妹妹熟悉,也就常去杨家。袁绍英的弟弟袁绍文,在美国从事航空工业研究。在"王光美专案组"的眼里,这是极为重要的一条线索,因为航空工业即"军工工业",在美国从事"军工"研究那就很可能是"美国特务"。倘若袁绍文是"美国特务",杨承祚夫妇理所当然也可能是"美国特务"。王光美常去杨家,可能是前去"交换情报",加入了"美国特务组织"!何况,在辅仁大学发生过特务情报案。

依据这般荒唐的推理,杨承祚夫妇成了"要犯"!

杨承祚教授患有心脏病、动脉硬化等多种疾病,入狱后,日夜受到折磨。后来,在审判江青时,特别法庭曾出示原"王光美专案组"工作人员周耀澄于1967年12月16日听中央专案组华蕴山传达江青指示的原始笔记:"江青同志对我们管的三个犯人都作了指示。杨承祚问题,我们提到做脑血流图,江青同志不让。江青同志讲,一方面要治疗,一方面要突击审讯,把我们要的东西,在杨死前搞出来。江青同志讲,杨是重要案犯,一定要抓紧,一定要加强,要突出重点。"

周耀澄1980年12月5日出庭作证,说了以下证词:"通过审查杨承祚、袁绍英,来证实王光美同志所谓的美国特务问题,是为了说明美国战略情报局特务打入我们党中央,与刘少奇同志结合,很明显是为了打倒刘少奇同志服务的。原中央专案组的华蕴山传达江青的所谓指示,我当时作了记录,这个记录本我已经提供法庭作为证据。"

"王光美专案组"逼着杨承祚承认自己是"美国特务",接着,再承认王光美是"美国特务"。1967年9月7日,"王光美专案组"给谢富治、江青的报告中写道:"遵示,我们加强了对王光美特务问题的审查工作,昨天对美特杨承祚进行突击审讯。杨犯进一步交待了王光美与美国战略情报局的情报关系。"

江青看了报告,批道:"富治同志:请提醒专案的同志,杨承祚可能不单纯是一个美国特务,应多想想,再进行调查研究。"

江青"启发"专案组"多想想",杨承祚还可能是"日本特务"、"国民党特务"!照此推理,王光美也可能是"三料特务"——"美、日、蒋特务"!

杨承祚经受不了百般折磨,终于死于狱中。中国人民解放军总医院1970年2月3日的《关于杨承祚死亡报告》中写道:"杨承祚病情时好时坏。1970年1月19日突然发生急性心肌梗死,心力衰竭及酸中毒加重,合并肺部感染,经多方抢救治疗,心力衰竭仍未能控制,于1970年2月3日8时03分死亡。"

就在杨承祚夫妇被审讯之际，张重一教授也处在受苦受难之中。

张重一是北京师范学院外语系教授，他跟王光美并不熟悉。当年，他担任辅仁大学代理秘书长。只是由于他跟杨承祚夫妇熟悉，也被牵涉进去，居然成了王光美一案的"关键人物"。

1967年，当张重一教授被拘捕时，年已六十有七。他的身体比杨承祚更差，已是肝癌晚期病人。

1967年10月24日，"王光美专案组"写了这样的报告：

"案犯张重一肝癌恶化，据医生诊断，随时有死亡的危险，即使送医院治疗也活不了多久，我们同意北京市公安局军管会意见，仍在狱中一面治疗延长其生命，一面突击审讯。当否，请批示。"

谢富治批："送江青同志一阅。"

江青批："同意。"

既然江青同意"突击审讯"，专案组就对这垂危的病人"穷追紧逼"。

1967年11月9日经江青圈阅的专案组的报告如下："因张犯患肝硬化癌变、腹水，为争取时间获取口供，经领导批准，请解放军总医院在监内采取了医疗监护和急救措施。10月26日张犯病情急剧恶化，28日移入解放军总医院，经大力抢救，给我们创造了多审七天的条件。至11月1日死亡。张犯是十足的带着花岗岩脑袋进棺材的家伙。……对于这样一个死顽固，我们组织了一个强有力的审讯小组，持续地发动政治攻势，在拘留27天中，突审了21次，穷追紧逼，终于迫使他断断续续地交待了有关王光美特务问题的几个情况。"

一个在死亡线上挣扎的老人，在被"紧逼"的生命的最后27天中，竟被"突审21次"！

他，怎么个终于"交待"呢？

现存的审讯录音带，记录了"突审"时张重一含混不清的声音，颠三倒四的话语：

问：你说说王光美是什么人？

张：王光美我说不清楚。

问：你知道多少说多少，说说她过去的情况！

张：说说，叫我慢慢说……

问：你现在说说！

张：哎，……玄啊，有这个人国家很"传染"呐，很危险呐，哎……这个人不是那么简单的人。王光美这人，这人实在是个特务，这个人虽然本身是个特务，这个人还不是一般特务，是个很具体特务。……这个人很显然的是个特务，这个家伙是很严重得很厉害的特务。

问：你听谁说的王光美是特务？

张：我……有个具体印象。

问：你怎么知道王光美是特务呢？

张：嗯，我是从那封信知道的。

问：谁的信？

答：还不是信，就是从咱们政府的公报上我知道的……

弄了半天，张重一是从"咱们政府的公报"上知道王光美是"特务"的！这真弄得专案组哭笑不得！在张重一临死之际，专案组对他进行的最后一次审问，记录如下：

问：你交待王光美搞过什么特务活动？

张：我希望给我一个机会。

问：现在就是一个机会。你想把问题带到棺材里去吗？

张：不能。这问题我真是搞不清楚，我也不造谣言。

问：你在捣乱，失败，直到灭亡啊！

张：我没想这个问题。

问：你为什么不交待？你与人民顽抗到底吗！——王光美是什么人？

答：她是个共产党员。

问：你又在向党进攻！

张重一硬是被专案组所逼死，专案组居然宣称，从张重一的口中，"交待了有关王光美特务问题的几个情况"！

专案组的成员们其实也明白，从杨承祚、张重一那里，得到的只是逼、供、信所制造出来的伪证。他们不能不这么逼，不能不这么乱编，那是因为在一个来月前，曾受到江青的严厉的批评。

那是1967年9月3日晚上，"王光美专案组"组长萧孟接到康生的电话，要他马上去钓鱼台。萧孟赶到那里，上了楼，见江青和康生在等他。

萧孟回忆道：

> 江青说，今天晚上你们专案组就要写一个逮捕王的报告，明天早晨把这个报告交给我。康生说，王光美的特务问题可以定了，逮捕王的报告要很快搞出来。当时我和专案组的同志都感到这个布置很突然，因为没有确凿的材料证明这个问题。还有很多调查工作没有进行。专案组连夜突击拼凑了一个报告，送上去后，江青在报告的第一页上划了一个大"×"，并批上"报告搞得不好，退回专案组"。专案组看到退回的报告，知道江青生气了，决定由我拿上报告去问康生究竟怎么办？康生看后，他说你们写的这个报告根本不能用，你们没有体会我和江青同志的意思，不能说明问题。他说算了，报告由我亲自来写好了。事后我看到康生9月8日写的逮捕王光美的报告，给王光美加上了"美国战略情报局的特务、日本和蒋匪特务"。在这个报告上有江青的签名。由此可见，迫害、逮捕王光美同志，完全是江青、康生亲自预谋，一手策划的。

原来,江青的目的是要把王光美打成"美、日、蒋"三料特务!她提出了这样的假设,要专案组去求证!

这样,专案组也就变本加厉地逼问杨承祚,逼问张重一。

北京市副市长崔月犁也被捕了。王光美1946年到军调部任中共方面翻译,是崔月犁介绍的。崔月犁根本不认识杨承祚。专案组拿来杨承祚的照片,背面写着"杨承祚",叫他"认识"。"认识"之后,硬是要把崔月犁打成杨承祚介绍王光美作"特务"的"证人",而他自己也就成了把王光美这么个"特务""打入"中共代表团的"介绍人"!

在1946年任中共北平市委书记的刘仁、武光,也被牵涉进来,投入监狱。他们的罪名是让"特务"王光美"打入"军调部,并"拉入"党内。刘仁在狱中戴了五年多手铐,磨得露出骨头,1973年10月26日死于狱中。武光关了七年半监狱,又流放了三年半,被折磨11年之久!

江青把王光美打成了"大特务"。中共九大之后,林彪下令判处王光美死刑,要"立即执行"。判决书送到毛泽东那里,他批了"刀下留人"四个字,才算保住王光美一命!

1972年8月18日,王光美的子女刘平平、刘源源、刘亭亭第一次获准去监狱见妈妈。这时,王光美在狱中已被关押五年。见面时,他们惊呆了,因为出现在他们面前的母亲王光美如此这般:"五年不见,妈妈已经瘦弱不堪,满头灰白头发,连腰也伸不直,穿着一身旧军装染的黑衣,神情麻木、迟钝……"

刘少奇被打成"大叛徒"

打倒王光美,是为了打倒刘少奇。

欲置王光美于死地的罪名是"特务",欲置刘少奇于死地的罪名则是"叛徒"。

在"文革"中,"叛徒"成了最时髦、最流行的政治帽子。要打倒谁,只要此人曾被敌人捕获过,那么"叛徒"的帽子就"奉送"一顶。

掀起"抓叛徒"浪潮的始作俑者是康生。早在1966年8月,康生就要"彭真专案组"办公室调查所谓"六十一人叛徒集团"。于是,南开大学"八一八"、"卫东"红卫兵,北航"红旗"红卫兵,新北大公社等都成立了"抓叛徒战斗队"。9月16日,康生致函毛泽东:"我长期怀疑少奇同志要安子文、薄一波等人'自首出狱'的决定。最近我找人翻阅了1936年8、9月间的北京报纸,从他们所登的《反共启事》来看,证明这决定是完全错误的,是一个反共的决定。"康生随信附上了《反共启事》。

当时,刘少奇作为中共中央代表在天津主持北方局工作。有一批共产党重要干部被捕,关在狱中。考虑到干部缺乏,北方局组织部长柯庆施向刘少奇建议,让狱中干部履行监狱规定的手续出狱。刘少奇接受了这一建议,并报告中共中央。当时担任中共中央总负责的张闻天同意了这个决定。于是,柯庆施通过徐冰,把这一决定告知狱中的中共支部书记孔祥祯。

根据这一决定,薄一波、刘澜涛、安子文、杨献珍等61人,履行了监狱规定的手续出狱,投入新的工作。

此后,他们当中的一些人被选为中共七大、八大代表,均作过审查,作出"本人不能负责,符合代表资格"的结论。

康生却借"文革"浪潮,把这一旧案翻了出来,借此可给一大批中共重要干部戴上"叛徒"帽子,而且借此可以给刘少奇定下一大罪状。1967年3月16日,中共中央印发《薄一波、刘澜涛、安子文、杨献珍等六十一人的自首叛变材料》。这一文件分批示和附件两部分。批示指出:"在反对刘少奇、邓小平资产阶级反动路线的斗争中,揭发了薄一波、刘澜涛、安子文、杨献珍等六十一人的叛徒集团。"把薄一波等经组织决定出狱,说成了"自首叛变",说成是"刘少奇招降纳叛的组织路线"。江青、康生、谢富治等借此在全国掀起了"揪叛徒"浪潮。

自称"负担着第一个大专案"的江青,以为光是给刘少奇安上"招降纳叛"的罪名,还远远不够,能不能给刘少奇也戴上一顶最为"流行"的"叛徒"之帽呢?

细细推敲刘少奇的历史,专案组找到了突破口:刘少奇1929年曾经被捕。只要是被捕过,那就不难给安上一顶"叛徒"的帽子!

那是1929年8月22日,担任中共满洲省委书记的刘少奇,和中共满洲省委组织部部长孟用潜一起来到沈阳奉天纱厂,尚未进门,便受到该厂厂卫队的盘问,以为可疑,当场拘捕。内中的原因,是该厂有人向厂方密告中共活动,使该厂中共地下支部书记被捕,因此门口对外来人员的盘查也骤然加紧了。

刘少奇和孟用潜,只是因厂卫队以为"形迹可疑"而被捕。审问了一番,没问出什么名堂。半个多月后,两人"取保释放"。其中孟用潜的判决是:"煽动工潮,证据不足,不予起诉,取保释放";刘少奇是"不予起诉,取保释放"。

为了"证明"刘少奇是"叛徒",孟用潜一下子成了"要犯",在1967年5月22日被隔离审查。

孟用潜面对专案组的审讯,据实答复,如此"顶牛"了一个月。

专案组着急了,在6月22日报告:"孟用潜一个月来,根本不交待实质问题,态度极不老实。"

康生批:"继续审讯,不要为他所骗。"

江青在该专案组5月29日的呈阅件上则批:"富治、东兴同志:当心孟用潜骗我们的审讯人员,他在演戏给我们看。"

这下子,专案组对孟用潜的"攻势"一下子加强了。

专案组副组长巫中曾这样叙述当时的情景:"一到现场摆好阵势,气氛紧张,我就按事先拟好的提纲一一提问。孟用潜同志有的讲不出来,或者讲的不合专案的需要,大家就打他的态度,说他不老实,威吓他不交待就要升级(逮捕),谩骂他老顽固,还拍桌子,总之采用了各种手段,对他施加压力,逼他交待问题。这个会整整搞了一天,中午也未休息。但孟用潜同志还是不承认有自首叛变的问题。后来,一连搞了七天……在这种情况下,孟用潜同志违心地讲了被捕叛变的话,但过后就申诉翻案了。"

孟用潜从1967年8月到1969年3月，写了20次申诉，否定自己因被逼而讲的违心的话。

孟用潜在1968年1月22日写的申诉材料中说："1929年在沈阳被捕，我没有叛变。在隔离审查过程中，我确实也交待过刘少奇和我1929年被捕后的叛党罪行。但是这些交待都是编造的，并没有事实根据。"

专案组火了，当着孟用潜的面，撕毁了其中的五份申诉材料。孟用潜1968年1月22日写的这份申诉，因未被撕毁而得以保存下来。

专案组威胁孟用潜道："再对1929年叛党提意见，就以现行反革命论处。"

除了孟用潜之外，当年许多在中共满洲省委工作过的人员也受株连，一个个被拘捕，受审讯，逼着他们作伪证。

内中有：

河北省副省长杨一辰，原在中共满洲省委工作，于1967年7月27日被捕，被关押了八年多；原中共中央临委专职委员，对于专案组要他写证明刘少奇是叛徒的材料说"枪毙了我也写不出来！"他在1967年10月31日被拘捕，当时正患肺癌，1968年3月26日就死于狱中。

丁觉群在1967年9月写道："刘少奇在省工会工作，我在市党部工作，除了工作接触，没有特殊关系。"可是，他在狱中受到"逼供信"，讲了违心的话。翌日，他就声明："这些都是假的，昨天你们逼问了，所以我才说。"

就连当时担任奉天纱厂协理的王广恩，并不知道刘少奇怎么被捕，也在1967年7月19日被拘捕。江青把王广恩说成是"策划逮捕刘少奇的当事人"。王广恩在狱中受到12次"突击审讯"，始终未说过刘少奇是叛徒，于1968年8月27日死于狱中。

江青在1968年3月"八个专案组会议"上，讲了一番狠毒的话："要审讯，死就死！""要狠狠地斗，集中火力，几个人不行，要一二十人狠狠斗。有的要死，是他自己要死，阎王请他吃烧酒！"

江青甚至还发动300名红卫兵在沈阳大查国民党时期的档案，想查到刘少奇"叛变"的"证据"。查了两个多月，一无所获！

经过两三年的"呕心沥血"，江青终于把她所"负担着第一个大专案"结案，在一大堆伪证之上，给刘少奇戴了三顶大帽子："大叛徒"、"大内奸"、"大工贼"。

1968年9月16日，江青在用伪证写成的《关于叛徒、内奸、工贼刘少奇罪行的审查报告》上，大笔一挥，写下这么一段"批示"：

"我愤怒！我憎恨！一定要把无产阶级文化大革命进行到底！刘少奇是大叛徒，大内奸，大工贼，大特务，大反革命，可说是五毒俱全的最阴险，最凶狠，最狡猾，最歹毒的阶级敌人。"

一连串的"大"，一连串的"最"，道出了江青对刘少奇的刻骨之恨！她比那《审查报告》多给刘少奇安了两顶帽子，即"大特务"、"大反革命"。

9月29日，林彪看了这份《审查报告》，写信表示完全同意江青的"批示"，而且说"向出色地指导专案工作并取得巨大成就的江青同志致敬"！

10月13日至31日，中共八届十二中全会在北京举行，在极不正常的情况下，全会批准了江青、康生、谢富治等用伪证写成的《关于叛徒、内奸、工贼刘少奇罪行的审查报告》，作出了把刘少奇"永远开除出党，撤销其党内外一切职务"的错误决议。

面对政治高压，难能可贵的是，中共中央委员陈少敏勇敢地拒不同意这一决议，举座皆惊。66岁的陈少敏，1928年加入中共，当时担任中华全国总工会副主席。除了陈少敏公开表示反对之外，更多的人是敢怒不敢言。

中共八届十二中全会之后，在全党、全国宣读那份《关于叛徒、内奸、工贼刘少奇罪行的审查报告》。1968年11月6日，张春桥在上海市革命委员会上举着那份《审查报告》说道："不要小看这么一本，里面做了许多艰苦细致的调查研究工作，这个工作是江青同志抓的，几乎每天都要找她，搞出这一本审查报告，就要叫刘少奇永世不得翻身！"

张春桥的话，道出了江青在陷害刘少奇中所起的关键性的作用。

向刘少奇本人传达中共八届十二中全会决议，是在会议结束后的第24天——1968年11月24日。选择了这一天，让刘少奇知道他被"永远开除出党"，是因为这一天正是刘少奇70岁的生日！

听罢决议，刘少奇发烧到摄氏40度！

1969年10月17日，根据林彪所谓"一号手令"，刘少奇从北京被押往河南开封。那时刘少奇正在重病之中，鼻子里插着鼻饲管，喉咙里通着吸痰器，身上扎着输液管，白发长达一尺多！病中的他，没穿衣服，用棉被一裹，抬上担架，送上飞机。

深秋的寒气，使本来病重的刘少奇着凉，肺炎并发。到了开封，他陷于持续高烧之中。

1969年11月12日6时45分，这位中华人民共和国主席，惨死在开封一座用来隔离审查的楼房中！

当天深夜，他的遗体被抬上一辆吉普车，拉往火化场，他的脚都露在车外！

专案组人员在火化单上这么填写：

"姓名：刘卫黄；职业：无业；死因：病死。……"

就这样，在无声无息中，刘少奇的遗体被推进了火化炉。

顺便提一笔，随着张春桥在政治上日益显赫，他也日益担心妻子文静的变节问题影响自己的前途。张春桥在去北京参加筹备中共八届十二中全会时，便曾经向江青谈起自己的苦衷，透露出打算与文静离婚的心思。江青对他说："你以为离了就干净了吗？退一步就没法收拾了？"江青这句话，使张春桥暂时打消了与文静离婚的念头。

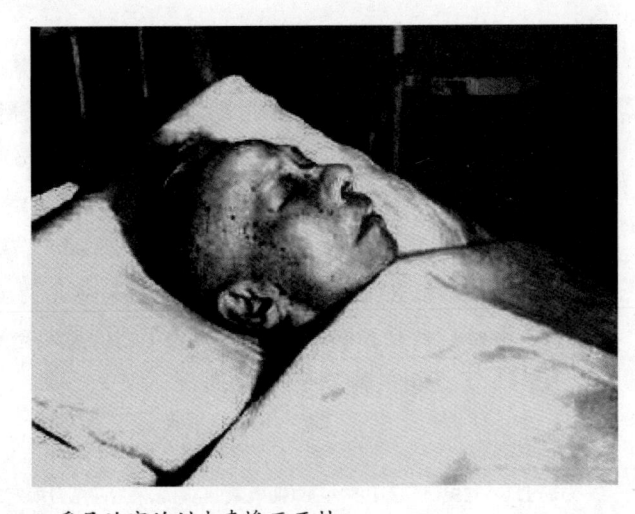

■ 受尽迫害的刘少奇惨死开封

回到上海时,张春桥对文静说:"他们也不会为这个问题打倒我。"张春桥所说的"他们",指的是毛泽东、江青。

从那以后,张春桥提出文静不再担任任何工作,让文静称病长期躲在家里。但是所有中央文件,仍由专人送到家里给文静。文静虽然不在上海抛头露面,但是仍在幕后为张春桥在上海"看家"。文静不时通过电话向张春桥报告上海的动向。

利用"伍豪事件"整周恩来

打陶铸,抓彭德怀,判王光美"死刑",整死刘少奇……

江青意犹未尽,居然觊觎周恩来!红卫兵提供的一份旧报纸影印件,曾使江青欣喜若狂,以为有了击倒周恩来的重磅炮弹!

那是在1967年3月16日中共中央印发《薄一波、刘澜涛、安子文、杨献珍等六十一人的自首叛变材料》之后,"揪叛徒"的浪潮席卷全国。在"文革"中,原本"门前冷落车马稀"的图书馆,一下子变得门庭若市。戴红袖章的红卫兵、造反派们,扑在那些发黄的旧报纸上,仔仔细细寻找那些《脱离共党声明》、《自首启事》。

天津的一些红卫兵在1967年夏,忽地在旧报纸上查到了《伍豪等脱离共党启事》。"伍豪"是谁?有人告诉他们惊人的答案:"伍豪"是周恩来!

原来,在五四运动时期,周恩来在天津成立和领导了学生进步团体"觉悟社"。社员抽签编号,周恩来抽到五号,便以"五号"的谐音取了个化名"伍豪"。此后,周恩来发表文章,多次用"伍豪"作笔名。邓颖超抽到一号,以"逸豪"为化名、笔名。

周恩来怎么会发表《脱离共党启事》?难道他也是"大叛徒"?

于是,天津红卫兵赶紧把那启事影印件在5月13日送给江青。江青一看,如获至宝,对周恩来发动了突然袭击。那份启事曾在1932年2月20日、21日《申报》,2月18日、19日《新闻报》,2月16日、21日《时事新报》,2月16日、17日《时报》号外版刊载。启事全文如下:[①]

伍豪等脱离共党启事

敝人等深信中国共产党目前所取之手段,所谓发展红军牵制现政府者,无异消灭中国抗日之力量,其结果必为日本之傀儡,而陷于中国民族于万劫不回之境地,有违本人从事革命之初衷。况该党所采之国际路线,乃苏联利己之政策。苏联声声口口之要反对帝国主义而自己却与帝国主义妥协。试观目前日本侵略中国,苏联不但不严守中立,而且将中东路借日运兵,且与日本订立互不侵犯条约,以助长其侵略之气焰,平时所谓扶助弱小民族者,皆为欺骗国人之口号。敝人本良心之觉悟,特此退出国际指导之中国共产党。

[①] 引自《党史研究》1980年第1期所载、经周恩来生前亲自编定的《关于国民党造谣污蔑地登载所谓"伍豪启事"问题的文件》。

江青在收到天津红卫兵送来的启事的第四天——5月17日,给林彪、周恩来、康生写了一封信,附上了启事。

江青在信中写道:"他们查到了一个反共启事,为首的是伍豪(周××),要求同我面谈。"

显然,江青下了一着咄咄逼人的棋,使周恩来处于极度不利的地位。

周恩来当即作出坚决回击,于5月19日连夜写信给毛泽东,说明了事情的真相,答复江青的"挑战"。

周恩来的信,全文如下:[①]

主席:

连日因忙于四川和内蒙问题,并同内蒙军区请愿战士分批谈话,直至今天才抽出一天工夫翻阅上海各报,江青同志也于昨日转来各件,现在弄清楚了所谓"伍豪等启事",就是1932年2月18日的伪造启事,它是先在《新闻报》2月18日登出的。登后,同天,上海临时中央方面就向申报馆设法,结果,《申报》20日、21日登出伪造的启事,22日登了广告处给伍豪先生另一广告启事的拒登回答,大概这是当时所能做到的公开否认伪造启事的办法。我在记忆中,有通过申报馆设法否认的处置,但结果不明,16日午间已向主席这样说了。不过我原来将伪造的伍豪启事记在通缉杀人凶犯周恩来、赵容(康生)之前,现在证明是我记错了,查遍1931年顾顺章、向忠发相继叛变后的上海各报,并无另一个所谓伍豪启事,而红卫兵也未发现另一启事。可见在我记忆中的伪造启事和通过申报馆设法的处置,均在我到江西后发生的,所以我只能从电报和来信中知道,也就不全了然了。

现在,把四中全会后与此有关的编为大事记送阅,同时,送上报道最详的上海《时报》1931年11月12日合订本一册,《申报》1932年1月2日合订本两册,请翻阅。

此事需否专写一报告,待主席、林彪、康生、江青各同志传阅送上各件后,请再约谈一次,好作定夺。

敬礼!

周恩来
5月19日夜

也就在5月19日,周恩来在江青的信上写了一段话,予以回击:"伍豪等脱离共党启事,纯属敌人伪造。只举出二百四十三人,无另一姓名一事,便知为伪造无疑。我当时已在中央苏区,在上海的康生、陈云等同志均知为敌人所为,故采取了措施。详情另报。"

毛泽东看了周恩来的信、材料后,作了批示:"送林彪同志阅后,交文革小组各同志阅,存。"[②]

---

① 《党史研究》,1980年第1期。
② 《党史研究》,1980年第1期。

所谓的《伍豪等启事》，究竟是怎么回事？

那是1931年4月，中共中央政治局候补委员顾顺章在汉口被捕、叛变。顾顺章是中共中央特科负责人之一，知道中共中央在上海的机关和主要领导人的住处，对中共威胁极大，由于国民党中统头子徐恩曾的秘书钱壮飞是中共地下党员，获知这一紧急情报飞速从南京赴沪，周恩来、瞿秋白等连夜转移，才算使中共中央避免了一次全军覆没。

当时，除了顾顺章之外，顾在上海的家属也知道许多中共中央领导人情况及中央机关地址。特别是在中共中央机关转移后，他们知道了新址，写信向顾顺章告密。为此，中共中央决定采取非常措施，中共中央特科在周恩来、赵容（康生）领导下，于1931年5月处理了顾顺章家属十余人。

1931年11月，外号叫"老先生"的中共特科成员王世德（化名李龙章）被捕，供出了顾顺章家属被杀的情况。于是，11月21日，国民党下令发掘被埋的顾顺章家属尸体，在上海法租界姚主教路爱棠村37号、33号，在胶州路，武定路修德坊6号，在新闸路，麦特赫斯脱路陈家巷91号，经一周发掘，掘出男女尸身各8具，共16人。

一时间，上海报界轰动，《时报》、《申报》、《新闻报》、《时事新报》、《民国日报》竞载新闻，刊登照片，报道顾顺章家属被处死的详况。

紧接着，各报又纷载《顾顺章悬赏缉拿杀人凶手周恩来等紧要启事》，悬赏"洋三千元"，捉拿"共党首要周恩来、赵容。"

周恩来在上海处境危急，中共中央决定他于12月上旬离沪，沿着广东汕头——闽西——赣南秘密交通线，进入江西瑞金中央苏区。

在周恩来离开上海两个多月后，国民党中央党部调查科得知周恩来进入中央苏区，已无法"缉拿"，便伪造《伍豪等脱离共党启事》，在上海各报刊登，进行反间。

当时在上海中共临时中央工作的陈云看见启事，当即派人前往申报馆，送去《伍豪启事》，要求刊登，以驳斥那个伪造的《伍豪等脱离共党启事》。申报馆不敢刊登。几经交涉，才于2月22日在《申报》上登一"曲笔"广告："伍豪先生鉴承于本月18日送来广告启事一则，因福昌床公司否认担保，手续不合，致未刊登。申报馆广告处启。"

这表明"伍豪"已送来另一则"广告启事"，只是"手续不合"，而"致未刊登"，间接地否定了那则伪造的启事。

3月4日，《申报》刊出"周少山"启事。那是中共临时中央借助于在上海开户营业的法国律师巴和，终于得以公开否定那个伪造的启事：

巴和律师代表周少山紧要启事

兹据周少山君来所声称：渠撰投文稿曾用别名伍豪二字；近日报载伍豪等二百四十三人脱离共党启事一则，辱劳国内外亲戚友好函电存问；惟渠伍豪之名除撰述文字外，绝未用作对外活动，是该伍豪君定系另有其人；所谓二百四十三人同时脱离共党之事，实与渠无关；事关个人名誉，易滋误会；更恐有不肖之徒颠倒是非藉

端生事;用特委请贵律师代为声明,并答谢戚友之函电存问者云云前来。据此,合行代为登报如左。

事务所
法大马路四十号六楼五号

"周少山",是周恩来在中共党内常用别名。这则启事"构思"颇为巧妙,声明那个发表"脱离共党启事"的"伍豪","系另有其人",非我"周少山",亦即周恩来!采用如此巧妙的行文,终于以"合法"的面目,在《申报》上登了出来,以正视听。

与此同时,1932年2月27日在上海秘密出版的中共中央党报《实报》,刊登《伍豪启事》,指出:"最近在各报上看到'伍豪等脱离共党启事'一则,说出许多国民党走狗常说的话,这当然又是国民党造谣污蔑的新把戏!"

"伍豪事件"有关消息,传入江西中央苏区。2月下旬,毛泽东以中华苏维埃临时中央政府主席的名义贴出布告,郑重声明:"事实上伍豪同志正在苏维埃中央政府担任军委会的职务,不但绝对没有脱离共产党的事实,而且更不会发表那个启事里的荒谬反动的言论,这显然是屠杀工农兵士而出卖中国于帝国主义的国民党党徒的造谣污蔑。"①

毛泽东当时的这一声明,把那个伪造的启事痛加驳斥。因此,毛泽东本人,对此事的来龙去脉,是清清楚楚的。

另外,当事人康生、陈云对此事也是清清楚楚的。

"伍豪事件",也就随风而逝,变成了历史,只是偶尔还提及一下:

比如,国民党特务黄凯在1953年6月受审主导时供称,伪造伍豪启事,"丝毫未达预期的效果","好久并无人来向各机关秘密自首"。黄凯道出了伪造伍豪启事的本意,除了离间周恩来之外,还在于企望中共党员们来自首——怪不得那伪造的启事署"伍豪等二百四十三人"以壮气势!

此外,在1962年10月31日和1963年12月27日,康生曾在两个提到《伍豪等脱离共党启事》的材料上,写下这样的话:"这完全是造谣污蔑……实际上,当时周恩来同志老早已到苏区去了,根本不存在这样的事。""当时在上海的同志都知道这样的事。"

在"文革"中,江青忽地借红卫兵之口,做起"文章"来,使周恩来不能不认真对待——尽管那伪造的启事真相早已大白,但是落在江青手中,说不定会弄出什么风波出来,如同当年巴和律师启事中所言"恐有不肖之徒颠倒是非藉端生事"!周恩来深知,江青便属"不肖之徒",她能制造伪证把刘少奇打成"大叛徒",难道就不能利用那启事把他也打成"大叛徒"!

江青果真不死心。1967年10月,她在钓鱼台对吴法宪说:"我这里什么人的材料都有。"她指了指道:"这一口袋是周总理的材料!"江青这话,透露了她整周恩来之心。这些"材料"何时抛出,要看"形势"了。

---

① 金冲及主编:《周恩来传》,人民出版社1989年版,第249页。

也就在这时，张春桥、姚文元把持的"上海市革命委员会"，把"伍豪等脱离共党启事"列入了《抓叛徒》简报之中。

1968年5月，上海档案馆造反派头头刘和德，把有关诬蔑周恩来的档案材料，密封交给了吴法宪。

种种迹象表明，江青仍要用那伪造的启事，耍弄阴谋诡计。

周恩来不能不提防。他在1967年10月和11月，嘱咐工作人员把载有伪造启事的报纸和他给毛泽东的信拍照存档，以备日后还击江青之用。

果真，此事在1967年12月22日又起风波。这天，北京大学"六四〇六信箱"某学生给中央写信，重提"伍豪事件"。江青又借此攻击周恩来。

1968年1月10日，周恩来致函江青，告知她已将有关报纸以及他给毛泽东的信件拍照存档，还强调指出："此事在1931年、1932年，凡熟习上海政情和共运的，均知其为伪造。我在1943年延安整风、下半年开的中央座谈会上已原原本本谈过，今年有暇，我当在小碰头会上再谈此事，并予录音，记入中央档案"①。

看了周恩来的信和那个北京大学学生的信，毛泽东于1968年1月16日作了如下批示："此事早已弄清，是国民党造谣污蔑。"②

毛泽东的批示，一言九鼎，为平息"伍豪启事"风波起了"最高裁判"的作用。

1968年5月8日，毛泽东在一次谈话中又一次提到："像许世友这样六十多岁的人，他都不知道这件事是敌人伪造的，可见了解当时历史情况很不容易。"③

考虑到"像许世友这样六十多岁的人"都不知道，毛泽东拟在一定范围内，让周恩来把事件的前前后后讲一讲，只是当时诸事繁忙，耽搁下来了。

由于毛泽东已作明确表态，连谢富治和康生也讲了实话。

谢富治是1972年3月26日病死的。据其家属记载，谢富治病重期间，在1971年9月20日曾说："所谓'伍豪启事'是国民党伪造的，毛主席讲过这启事是假的，毛主席和康生等同志早就知道这件事的真相。"

康生也在1972年2月18日，口授一份记录："所谓'伍豪启事'完全是国民党特务的伪造，用来攻击诬蔑我们党和周总理的。"

重要的当事人之一陈云，在"文革"中"靠边站"。自1969年起，陈云被"下放"到南昌，在江西石油化工机械厂接受"工人阶级教育"。④直至1972年4月23日陈云才终于得以离开南昌，返回北京。

一回到北京，陈云便参加了中共中央批林整风汇报会议，毛泽东要周恩来在会上讲

---

① 中央党史资料征集委员会、中央文教研究室、中央党史研究室：《伍豪事件的前前后后》，《中共党史资料》1983年第5辑。

② 中央党史资料征集委员会、中央文教研究室、中央党史研究室：《伍豪事件的前前后后》，《中共党史资料》1983年第5辑。

③ 中央党史资料征集委员会、中央文教研究室、中央党史研究室：《伍豪事件的前前后后》，《中共党史资料》1983年第5辑。

④ 叶永烈：《1969—1972：陈云在江西》，《知音》1992年第3期。

一讲所谓的"伍豪启事"。6月13日,陈云以当事人身份,在会上说道:"我当时在上海临时中央,知道这件事的是康生同志和我。对这样历史上的重要问题,共产党员要负责任,需要对全党、全世界共产主义运动采取负责的态度,讲清楚。这件事完全记得是国民党的阴谋。伍豪二百四十几人的脱党声明,是在恩来同志已经到达中央苏区之后。"

当天,陈云还写下书面证明:"我现再书面说明,这件事我完全记得,这是国民党的阴谋。"

6月23日,周恩来在中共中央批林整风汇报会上作了《关于国民党造谣污蔑地登载所谓"伍豪启事"问题》的专题报告,并宣布根据毛泽东和政治局的意见,把报告的录音和根据录音整理的录音记录稿以及有关文献资料作为档案,保存在中央档案处,同时由各省、市、自治区党委各保存一份,以便党内都知道这个问题的真相,避免今后有人利用这伪造的启事制造事端。

会后,毛泽东和政治局的意见没有得以贯彻,周恩来的录音带以及有关文献资料并未发往各省、市、自治区党委。

周恩来深知,江青仍可能"利用这个伪造的启事制造事端"。1975年9月20日,周恩来病重,在进入手术室之前,周恩来仍牵挂着此事。周恩来要来他1972年6月23日报告的记录,在记录稿的第一页末的"1972年6月23日"之后,用颤抖的手补充了一行字:

进入手术室　　1975年9月20日

周恩来在生命垂危的时刻还念念不忘澄清"伍豪事件"一事,他的担心不是多余的:在他去世之后,在毛泽东去世之后,江青会采用瞒天过海的手法,利用那个伪造的启事把他打成"大叛徒"!

怀疑狂·迫害狂

江青是个怀疑狂,迫害狂。她把怀疑的目光投向了聂荣臻元帅。

那是1968年10月,中共八届十二中全会在北京举行。会议刚刚结束,聂荣臻得了肺炎,住进北京301医院。

陈毅前来看望他,说道:"聂老总,我看到那个简报,毛发悚然,真为你捏一把冷汗!"

聂荣臻懵了,不知陈毅讲的是什么简报。

原来,那份简报是八届十二中全会结束后补发的。由于聂荣臻在会议一结束就住院了,未见到那份简报。

简报记载的是江青的发言内容。江青说:1948年,毛主席刚到阜平县城南庄,不几天就遭受敌机轰炸,炸死了许多人,毛主席险些遇害。事后查明,这是有人阴谋暗害毛主席,指挥敌机轰炸的特务电台就设在军区司令部,后来又把与此事有关的特务分子处决灭口。

江青旧事重提，含沙射影，那矛头直指华北军区司令部聂荣臻！又是"特务电台就设在军区司令部"，又是把特务"处决灭口"，那不就是在说幕后指挥是聂荣臻吗？

聂荣臻听罢陈毅讲述的简报内容，虽然对江青的诬告非常气愤，但心中却很坦然，他说："这件事，毛主席很清楚！"

江青那里一阵风，北京就是一阵浪。没多久，北京街头就出现触目惊心的大字标语："聂荣臻谋害毛主席罪责难逃！"

在那种年月，"谋害毛主席"的罪名，足以置聂荣臻于死地！

江青对聂荣臻咬牙切齿，无非是因为1967年2月在北京怀仁堂，聂荣臻和谭震林、陈毅、叶剑英、李富春、李先念、徐向前一起，同"中央文革小组"的陈伯达、康生、张春桥以及谢富治等展开面对面的斗争，被称为所谓的"二月逆流"。于是，江青覆手为雨，翻出城南庄旧事，颠倒黑白，加害于聂荣臻！

红卫兵们贴大字报，撒传单，炮轰聂荣臻。倒是如同聂荣臻所说，毛泽东对城南庄事件很清楚，所以尽管江青加在聂荣臻头上的罪名很吓人，仍无济于事。

江青耿耿于怀。1971年1月3日在华北会议上，江青又一次提起城南庄事件。这一回，她干脆指名道姓，点了聂荣臻夫人张瑞华："聂荣臻的老婆可能是特务。1948年主席由延安到华北，住在华北军区司令部驻地阜平县陈南庄（又称城南庄——引者注），结果遭到国民党飞机的轰炸，是否张瑞华告的密？"

毫无事实根据，仅仅凭借"推测"，江青就诬指聂荣臻夫人"可能"是"特务"！

也就在这次讲话中，江青还说："我怀疑徐向前的老婆黄杰是叛徒！"

信口开河，凭借"怀疑"，就诬指徐向前夫人是"叛徒"！

那年月，江青手握"专案"大权，不可一世，随意在各种场合，给人加上种种"大帽子"。1968年9月18日，江青在接见中国京剧团、中央乐团代表时，称陆定一是"军统特务"。她的原话是："陆定一作为一个部长、中央委员，一个屁也不答，说明问题，陆定一是军统特务。我现在才知道，可能还要复杂。"

也就在这次讲话中，江青称周扬是"日本特务、美国特务、国民党特务"，诬指胡乔木是"叛徒"。

1970年7月3日，江青在人民大会堂东大厅接见"周扬专案组"时，又一口气点了许多"特务"："王昆仑、钱俊瑞、曹亮、廖沫沙也是证据很厉害的特务。萧望东呢？历史反革命，有没有现行反革命？他调到文化部做文化部长，他成了'武化部'了。萧望东枕头底下有一支手枪。"

她还说："齐燕铭这个问题很容易，现行反革命嘛！那厉害得很呢！凶得很呢！"

江青还诬称荣高棠、田汉、阿甲、王昆等是"特务"、"叛徒"、"反革命"、"里通外国分子"。

其中田汉在1967年2月17日被关入秦城监狱，后因冠心病和糖尿病被化名"李伍"送进301医院。1968年12月10日田汉病逝于医院，终年70岁。

深知江青早年情况的赵太侔，于1968年4月24日在青岛投海自尽，终年79岁。

在中国戏曲研究院的俞珊,遭到红卫兵的抄家,于1968年去世,终年60岁。顺便提一句,俞珊与赵太侔结婚之后生下两个女儿,在抗战胜利之后与赵太侔离婚。

江青信口雌黄一句话,就会使一个人无端被投入狱中好多年,甚至被迫害致死。

据特别法庭统计,仅从江青1966年底至1970年7月的部分讲话录音中,查出江青直接点名诬陷的有172人!其中有中共八届中央委员和候补中央委员28人!

1968年7月21日,康生写给江青的一封"密件"中,开列了中共八届中央委员、候补中央委员中"叛徒"、"特务"、"里通外国分子"名单。除了由江青在各种场合点名之外,据特别法庭统计,在"文革"中,由康生直接点名诬陷的多达592人之多!

《红楼梦》第五回中有两句诗:"子系中山狼,得志便猖狂。"江青"得志",无比"猖狂"!

宋庆龄怒斥江青

江青甚至把攻击的矛头指向受人尊敬的宋庆龄。

1949年10月1日,中华人民共和国主席毛泽东在天安门广场升起第一面五星红旗。宋庆龄作为中华人民共和国副主席,与毛泽东一起登上了天安门城楼。

宋庆龄是应毛泽东盛情邀请前往北京的。

1949年8月28日,当宋庆龄应毛泽东之邀从上海坐火车到达北平时,毛泽东亲自前往火车站迎接,朱德、刘少奇、周恩来也一起去欢迎她。如此高规格的欢迎仪式,在当时也是少见的。这表明宋庆龄作为孙中山夫人,具有崇高的声望。

11月,宋庆龄因事要从北京回上海。毛泽东委派江青到北京火车站为宋庆龄送行。

当时,宋庆龄对江青的印象不错。宋庆龄曾对别人这么说起江青:"有礼貌,讨人喜欢。"

此后,1956年,宋庆龄在上海宴请印尼总统苏加诺,邀请江青以及刘少奇、王光美夫妇作陪。宋庆龄称江青"举止文雅、服饰得体",依然对江青保持良好的印象。

不过,那天席间江青忽地说起,毛泽东从不穿西装,不合世界潮流。她说,孙中山先生就常常穿西装。

江青说,她劝过毛泽东,在接待外宾时能否穿西装,以改变外界对中共领导人服装单一的不良印象。毛泽东不以为然。

江青希望宋庆龄能够劝说毛泽东穿西装。在江青看来,毛泽东非常尊重宋庆龄,也许会听进宋庆龄的劝说。

宋庆龄对此笑而不答,不置可否。

随着"文革"的逼近,江青成了"无产阶级文化大革命的英勇旗手"。江青的政治野心大大地膨胀起来,开始做"女皇梦"。这时,江青开始嫉妒宋庆龄在中国妇女界的崇高地位。宋庆龄以她高尚的人品和漫长的革命道路,无可辩驳地成为中国20世纪最伟大的女性,中国妇女界当之无愧的领袖。然而,江青却把宋庆龄视为"障碍",要取代宋庆龄的中国妇女领袖地位。

宋庆龄受到红卫兵的猛烈冲击。红卫兵贴大字报,"批判"宋庆龄的"资产阶级生活方式",扬言要把宋庆龄的头发剪成短发。

宋庆龄听说之后,非常愤怒。她说:"要是他们碰我的头发,我就把他们的头发全剪掉!"

宋庆龄一直把头发朝后梳,在后脑勺盘成一个圆髻,这本是中国一种传统的发型。宋庆龄曾经对母亲说,她将一辈子保持这一发型。

更令宋庆龄震怒的是,红卫兵竟然冲进她在上海的住宅,抄她的家!

最令宋庆龄不能容忍的是,红卫兵居然毁坏宋庆龄父母在上海的坟墓,而且在被毁坏的坟墓上贴了批判宋氏家族的大字报!

中国人向来视"挖祖坟"为最大的侮辱。宋庆龄遭此奇耻大辱,内心如焚。

周恩来得知,立即下严令加以制止:"绝对不允许攻击宋庆龄同志!"

周恩来指派部队保卫宋庆龄住宅和宋庆龄父母墓地。

周恩来下令紧急修复宋庆龄父母的坟墓,并把复原后的宋庆龄父母坟墓拍照,派专人送给宋庆龄,并征询她对修复工作是否满意。

毛泽东派出江青去看望宋庆龄。宋庆龄客气地接待了江青。在谈话中,宋庆龄提出,该对红卫兵的行动有所控制。江青闻言,却置之不理,反而一味称赞"红卫兵小将"的"革命行动"。从此,宋庆龄非常厌恶江青。

江青异想天开,希望宋庆龄以孙中山夫人的身份公开表态,支持"无产阶级文化大革命"。宋庆龄以年老体衰为由,拒绝了江青的无理要求。

在"文革"中,宋庆龄长期保持缄默。看着江青一步步走向"女皇"宝座,宋庆龄嗤之以鼻。

向来儒雅、从不骂人的宋庆龄,开始骂江青为"泼妇"。

在1978年6月5日,宋庆龄在写给美国理查德·杨的信中,斥骂江青为"无耻婊子",足见宋庆龄对江青的无比愤懑。

宋庆龄写道:"……我的所有西式衣服都给我的表弟的几个女儿了。在那个无耻婊子江青炮制的'文化大革命'期间,她们都被红卫兵从家里赶出来,所有衣物也都被抄走了。"[①]

宋庆龄的这封信是用英文写的,但是"婊子"二字却特地用中文写出来。

这也许是宋庆龄一生中唯一一封骂人的信。她对于江青的刻骨之恨,真可谓溢于言表了!

在"砸烂常溪萍"的日子里

高高的上海国际饭店,从上至下,挂出了长幅大标语:"火烧陈丕显!揪出曹荻秋!打倒杨西光!砸烂常溪萍!"

[①] 爱泼斯坦:《宋庆龄》,人民出版社1992年版,第601页。

上海"大世界"主楼,也挂出了同样的长幅大标语:"火烧陈丕显!揪出曹荻秋!打倒杨西光!砸烂常溪萍!"

全市许多高楼、许多围墙上,都出现了这样的大字标语。

这四句口号,还印在传单上,响在人们的嘴巴上。

1966年12月,上海全市性批斗常溪萍大会召开了。这四句口号,被确定为大会的"主题"。

在那特殊的年代,"火烧"、"揪出"、"打倒"、"砸烂",有着特殊的含义,仿佛在逐步升级。喊口号的时候,调门也是越喊越大,越喊越响。喊到"砸烂常溪萍"的时候,造反派们都伸长了脖子,发出最响亮的声音。

可惜还没有一本《文革辞典》,还无法给"砸烂"下确切的定义。不过,有一点是明白无误的,"砸烂",意味着常溪萍的问题最严重,已进入"彻底打倒"的范畴。

1967年1月,张春桥在上海曾洋洋得意地吹嘘过:"毛主席对上海很关心,主席对'火烧陈丕显,揪出曹荻秋,打倒杨西光,砸烂常溪萍'这个口号都背得熟极了。我还背不出来呢!"

奇怪,张春桥在讲话的时候,怎么就一口气背出来呢!他不是说"我还背不出来"吗?

哦,一直到1977年12月9日,徐景贤交代了这个口号的来历,人们才知道原来是张春桥审定的:

> 我第一次接触常溪萍的问题,是在1966年12月筹备召开批斗常溪萍的大会。当时得到师大红卫兵的支持。当时,是我同郭仁杰、朱永嘉一起商量,提出反动口号:"火烧陈丕显,揪出曹荻秋,打倒杨西光,砸烂常溪萍。"把常溪萍作为第四档,即要砸烂的。这个口号,张春桥、姚文元是很赞赏的。当时,我们把这一口号印在市委机关造反联络站第一期简报上。1966年12月12日后,姚文元直接打电话告诉我说,赞成这个口号。1月初,张春桥、姚文元都说:"这个口号好,分四档,把常溪萍作为第四档,表示是有区别的。"此后,常溪萍就一直被我们作为砸烂对象。

常溪萍成了"砸烂"对象之后,他蒙受了多少次"砸",已经无法统计了。据当年的"常溪萍专案组"成员告知,那时候常溪萍"忙"得很,不论是市里、局里、校里、系里、班里,不论是关于教育、关于人事、关于体育以至关于卫生的批判会,都要把常溪萍"揪"来,低头弯腰,接受批斗。最高纪录是一天出席了八个批斗会!造反派们在他的胸前挂黑牌,那黑牌的铅丝深深地嵌在常溪萍的脖子上,脖子肿了,出血了,化脓了……

在"砸烂常溪萍"的那些日日夜夜,常溪萍受了巨大的痛苦。下面的一行行文字,是用血和泪写成的。我一一写明目击者的真名实姓——因为那一桩桩迫害常溪萍的暴行,都有人可以作证,都是确凿的事实:

> 1967年初,我听到有个学生告诉我说常溪萍被人用绳子牵着走,我就走过去看。

这时发现真的有人用麻绳套在常溪萍同志的脖子上，共有七、八根绳子，从各个方向各自拖拉，常溪萍弄得站都站不住，哪边力大就向哪边拉，往哪边走。开始向北朝第二宿舍方向走，后来又向南朝地理馆方向走。我们都不忍心再看，认为这样做太残忍了，但又不敢讲。

还有一次我亲眼看到常溪萍的一条腿坏了，不能走路，用一根木棍撑着走路。常溪萍到厕所大便，学生到房间一看就说常溪萍逃跑了，从厕所里拖出常溪萍拳打腿踢，打倒在地上，再拖起来打。（目击者：郭振翔，华东师大工人。）

大约是1967年夏天的一个晚上，我从文史楼底楼走过时，听见呼叫声。我隔着玻璃窗向里望去，见一个学生一面对着常溪萍同志喝问，一面用小榔头狠狠地向他头部敲去，于是鲜血从他头部直往下流。常溪萍同志忍受着，未吭一声。（目击者：吴怀德，华东师大教师。）

常溪萍的腿被打拐了，批斗时他要求跪下来，打人凶手还不允许，还要拳打脚踢。甚至演戏时还要把他拉出来，踩在脚下，充当活的被打翻在地的"走资派"的角色，进行人格污辱。（原华东师大"校革会主任"L交代。）

我在进新二教室时，见到门外有一伙学生围着常溪萍同志，骂他"大叛徒"，打了他许多耳光。（目击者：冯契，华东师大教授。）

我一进牛棚，气氛极其紧张、恐怖。D事先准备好扫把柄、拖把柄，打常溪萍同志。打折了几根扫把柄后，就换上木拖把柄打，打得常溪萍同志在地上打滚，常溪萍同志在地上不断凄声呼唤着："求求小将，你别打了，你别打了，我吃不住了，我吃不住了。"凄惨的声音，使人毛骨悚然，不忍听闻。D边打边骂："打死你这条老狗！打死你这条老狗！"打得常溪萍同志脸青鼻肿，然后又朝常溪萍同志身上猛踢几脚，常溪萍同志被踢得再也站立不起来了。

就在此时，牛棚的门呼的一声突然被踢开了，闯进一个人来，此人是四年级的Da。也有事先准备好的武器——一根头上带有铁钉的三尺多长的木棒。他朝常溪萍同志身上打去，又打得常溪萍呼天不灵，呼地不应，直在地上打滚惨叫，惨不忍闻。他们是要把人往死里打。我看到他此时已是面目全非了，瘦瘦的脸突然肥胖起来，脸青鼻肿，肿得眼睛几乎都张不开来，嘴角上还淌着血……（目击者：黄澄河，华东师大教师。）

真的是"砸烂常溪萍"呵！他们真的是要把常溪萍往"死里打"！

当江青被押上审判台的时候，说过这么一句话："我就是和尚打伞——无发（法）无天！"

那年月，真的是"无法无天"：打手是"英雄"，挨揍是"活该"。法律被"英雄"们践踏在脚下！

然而，那个华东师大"校革会主任"居然不知羞耻，在《新师大战报》上发表如此肉麻的文章：

敬爱的张春桥同志,是毛主席无产阶级司令部里的人。他最坚决最坚定地支持我们新师大无产阶级革命派。是他,将揭发大叛徒常溪萍出卖北大社教的大字报转到了上海,燃起了我校革命造反的熊熊烈火;是他,在毛主席的身边亲自授给我们"文筹会"的大印,宣判了常家王朝的死刑;又是他,……

唉,真是唱不完的"颂歌"——一声声"是他",变成一阵阵鞭打,劈头盖脑落在常溪萍身上……

就在常溪萍不断挨打的日子里,又一次大规模的"斗常大会"要在复旦大学举行,"勒令"常溪萍按时前往"候审"。

突然,传出惊人消息:常溪萍失踪了!

一连好几天,造反派们四处搜寻常溪萍,仍杳无音讯。他们抓住了常溪萍的司机庞学友,这才查明:原来,小庞看见常溪萍天天挨打,而即将召开的"斗常大会"意味着又是一次毒打,他于心不忍,把常溪萍塞上汽车,直奔上海远郊的松江县城。小庞的小姨子在那里开饭店。常溪萍在那里总算喘了一口气,疲倦不堪的身体得到休养。

造反派们狠狠地把小庞斗了一通,骂他是"铁杆保常"。

其实,在华东师大,"铁杆保常"岂止小庞。常溪萍深得人心,许多同志在暗地里照料他,保护他。

光是凭借聂元梓的两张大字报,毕竟还无法"砸烂"常溪萍。

光是依仗拳打脚踢,也未能从常溪萍的口中挖出什么够上"敌我矛盾"的材料。

怎么办?

查历史!于是,外调人员走遍天南地北。

关于常溪萍历史的外调,可以称得上"上海之最",几乎把常溪萍身上的每一个汗毛孔都用放大镜仔仔细细查过一遍。

原来,常溪萍并不姓常,而姓昌,叫昌德兰,山东莱阳西南乡王屋庄人,生于1917年10月。1937年参加革命,1938年加入中国共产党,是一位"三八"式干部。入党的时候,他才21岁。

新中国成立前,常溪萍担任过中共山东黄县县委组织部长,胶东区党委秘书长,西海地委委员,西海专署专员。

新中国成立后,常溪萍担任过华东军政委员会人民监察委员会秘书长,中共中央山东分局副秘书长兼办公厅主任。

他的历史清清楚楚。即使想在鸡蛋里挑骨头,也很难,因为鸡蛋里毕竟没有骨头!

按照当时最为"时髦"的外调方法,首先查党籍,看看能不能打成"假党员"。

常溪萍的两个入党介绍人,都找到了,一个在江苏,一个在广西。

就在那样的年月,两位入党介绍人都明明白白地答复外调人员。

梁辑卿说:"常溪萍入党是我介绍的。常在入党方面没有问题,当时还是进步青年。"

吴青光说:"我和常溪萍是同学,他入党是我介绍的。"

得了,"假党员"的帽子,无法戴到常溪萍头上去。

于是,又来个"时髦"的外调:查一查常溪萍是不是"叛徒"。

尽管常溪萍那时戴着"大叛徒"的帽子,但是谁都明白,那是聂元梓给他硬安的。就凭他给邓小平写了一封信,能算是"大叛徒"?

外调人员查起常溪萍是否曾经被捕来了。

他们几乎找遍了能够找到的,曾与常溪萍共过事的人。非常遗憾,谁也未曾听说常溪萍被捕过。

一份份外调材料上,都清楚地写着:"我没有发现常溪萍有被捕、被俘的事。"

可惜,"叛徒"的帽子又与常溪萍无缘!

事与愿违,许多外调材料上,反而记载着常溪萍的先进事迹:

"常溪萍对党忠诚老实,勤勤恳恳,埋头苦干,生活简单朴素,不特殊化,态度和蔼,能深入群众。"

"胶东区委曾表扬过常溪萍。"

"常溪萍工作一贯积极,对敌斗争直接深入边缘地区,支援前线工作一贯抓得很紧。"

"常溪萍曾被誉为'西海模范专员'。"

须知,这些话,出自"四人帮"高压政策时期,面对前来抓"叛徒"的专案人员,常溪萍的战友们实事求是,的确难能可贵。

一次次外调,一次次"竹篮子打水——一场空",没有抓到常溪萍任何把柄。

就连常溪萍改名,也曾作为疑点,查了一番:那是因为他被派往敌后工作,他的原名昌德兰是敌人熟悉的,只得化名。"常"与"昌"音近,改为姓常。溪萍是临时随便取的。不料,后来一直沿用常溪萍这名字,就连子女也姓常。他的改名是党的地下工作的需要而改,并非外调人员曾大胆"想象"过是敌特化名钻进革命阵营。

一个人的历史,毕竟是用他的双脚一步一步走过来的,不像演员脸上的油彩那样可以任意涂抹。

常溪萍打而不倒。

经历了数百次批斗会,经历了铺天盖地般的大字报"围剿",经历了上百人次的内查外调,常溪萍岿然不动。

就连"常溪萍专案组",也渐渐对常溪萍失去了兴趣。

张春桥的突然袭击

1968年1月15日下午,华东师大革委会的头头们慌了手脚:张春桥突然出现在他们面前!

他们赶紧一边向张春桥"汇报"工作,一边广播通知全校师生在"九一五"广场紧急集合。

张春桥还是用他那阴阳怪调,在广场上发表了即兴演讲。

以下是当时根据录音整理而成的张春桥的讲话,给造反派们上紧了"批常"的发条:

同志们,你们好!(鼓掌,口号。)

很早就想来看望同志们。我这个人实在糟糕,这么个大名鼎鼎的华东师大,我从来没有来过(笑声)。所以,我很早就想来。

今天下午嘛,我们那里改文件,改得实在头昏脑涨了,我就不愿意再干了。我就出去,突然袭击,来到你们这里了。

非常感谢同志们对我这么关心。我走得一身汗(笑声)。

没有想要说的话,因为根本没有精神准备开这么个群众大会。

华东师大在我们上海是很有名的,刚才已经讲过了。这个有名无非是两个方面的原因,一个是出了常溪萍,有了常溪萍这个对立面就有了红卫兵,事物的发展就是这样,总是有对立面出来,才有打倒他的力量出来。

经过一年半的文化大革命,你们现在走得比较靠前了……走在前面可以发生另外的问题,就容易骄傲啊,会说我们多先进啊,那么厉害,有打常溪萍的战功,这是很先进的吧!

张春桥谈笑风生,却在笑声中隐伏着杀机。

他的突然袭击,其实是"无事不登三宝殿"。

他私下里对红卫兵头头说:"要把队伍清理好,不能认为校革会成立了,太平无事了。"他甚至说:"打是可以理解的,小将出于气愤嘛!"

张春桥的突然袭击,果真是再次掀起"批常"高潮的信号。

1968年4月4日,张春桥踏上上海市"积代会"的讲台,在全市又一次点了常溪萍的名:"我们上海有没有为'二月逆流'翻案?……我们说有的!最近几天我看到材料,华东师大不是有人起来为常溪萍翻案吗?常溪萍这样的人,我看在全市大家都应该知道这个人了。现在居然有人跳出来,要给他翻案,说常溪萍是好同志。"

第二天,早被造反派"夺权"的上海《文汇报》发表社论《右倾翻案是当前运动的主要危险》,马上把张春桥的意思融了进去:"最近,在一个大学堂,还有人公然跳出来为臭名昭著的反革命修正主义分子常××鸣冤叫屈。这样一系列的严重事件,难道还不值得我们警惕吗?"

一个星期后——4月11日,上海《文汇报》发表了华东师大造反派的所谓"群众来信",加了耸人听闻的"编者按":

那些认为走资派已是"死老虎"的人,请看看华东师范大学揭露的这个典型的右倾翻案事件。那一小撮走资派,我们虽然罢了他们的官,撤了他们的职,但他们没有死心,他们时时刻刻准备翻案、复辟。值得深思的是像常××这种投靠彭真的大叛徒,为什么居然还有人为他翻案呢?这说明,要彻底打倒这一小撮凶恶的敌人,还要花很大的力气。因此,我们要牢记毛主席的教导:"千万不要忘记阶级斗争"!我们要高举革命大批判的旗帜,把他们批倒批臭,使他永世不得翻身。谁想为他们翻案,那就和他们一起上"西天"!

这一阵密锣紧鼓,使华东师大一时成了上海批判"右倾翻案风"的重点单位,常溪萍成了万箭齐射的"翻案典型"。

张春桥一直念念不忘常溪萍,不斗倒斗臭决不甘休!

华东师大"革委会"当然闻风而动,立即下令改组"常溪萍专案组",批判"右倾观点",加强"专案力量"。

新建的"常溪萍专案组",办起了"学习班",反复讨论一个问题:常溪萍有没有彻底打倒?

在专案组成员一本迄今尚在的工作笔记上,有着当时"学习班"的记录:

"反复明确为什么要拉起这个组织?"

"任务:彻底打倒常溪萍!"

常溪萍又挨斗、挨打了,斗得比原先更厉害,打得比原先更凶!就连他在检查中写了一句"我们的伟大领袖毛主席"也被说成是"翻案",又招来批斗——因为你常溪萍是"阶级敌人",怎么可以称"我们的伟大领袖毛主席"呢?真是欲加之罪,何患无辞!

触目惊心的一刹那

触目惊心的一刹那:他从三楼窗口坠下,砰的一声,摔在坚硬的水泥台阶上。

他足踝跌断,双目紧闭,殷殷鲜血立即从面额涌出……

离他坠地处两米的水泥方柱上,刷着醒目的大标语:"把无产阶级文化大革命进行到底!"

时间——1968年5月25日下午1点40分。

地点——上海华东师范大学丽娃河边的数学馆。他从三楼301阶梯教室最末一个窗口坠下。

华东师大震惊了,上海震惊了。

当天,一辆小轿车急急地驶出华东师大校门,把一份报告送往上海市"革命委员会"。

白纸黑字:"我校党内头号走资派常溪萍与党与人民为敌到底,竟于1968年5月25日下午跳楼自杀身亡。"

"常溪萍"这三个字,曾被写成比斗还大得多,打上红"×",贴在上海的高楼大厦上,贴在公共汽车上,或者用石灰水刷在柏油马路上,几乎家喻户晓。他是中共上海市委教育卫生部部长、中共华东师范大学党委书记兼副校长。

那惊心动魄的一幕的目击者,是当时华东师大数学系的学生俞珠屏、汤惠娟。在发黄

的档案里,有着她俩1968年5月29日写下的目击记录的原文:

> 5月25日(星期六)中午,我俩在九一五广场骑自行车。大约1点20分左右,我们看见大叛徒常溪萍由西面走进数学馆。一点三刻校广播站响音乐后(约五分钟)我们刚巧在数学馆前的马路上,这时我们看见数学馆有一个人脸朝下掉下来,然后就听得一声响,这个人就掉在数学馆台阶最后一格。我们看到这情景迟疑了一下,就推着自行车走过去,看到这人脸朝数学馆,头朝西(翻身下来的)。我们中的一个先走上台阶看了一下,认出是常叛徒,这时周围还没有人。过了一会,数学馆里出来一(3)班的三个女同学,以后人就逐渐多了。

另一目击者、教师孙建英,回忆如下:

> 那天中午,我去地理馆审定一期大字报刊稿,走近地理馆,见有一人从数学馆上跌下来。由于我不要看跳楼自杀的现场,所以就站定了。此后听说是"常溪萍自杀",才跑过去看。当时约有四五个同学在场。常溪萍在地上为俯身,有轻微的"哼"声。以后有两个同学(数学系的)跑上楼去,看楼上有没有人,为什么不小心让常跳楼了?不一会儿下楼来说,一个人也没有,真正麻痹大意,并有一人去校部找人报告。此时已有近十人在场。后来来了一个数学系造反大队的同学,说常死有余辜,并把常拉着手臂翻过身来。此时,常开始发出"啵啵啵"的声音,并两次想把眼睛开,口角有血,不多,下颔有些跌开,血也不多。额上有擦伤,估计是脚着地后,向外扑出去的结果。以后人愈多,有人看到常的头在台阶上不好受,把他拉在地面。有人用脚踢踢他,看他还活着否……

造反派头头Z跑来了,校医赶来了,救护车开来了。人们七手八脚,把常溪萍放上担架,抬上救护车。鲜血染红了担架上的帆布。

救护车在宽阔的中山北路急驶,直奔华东师大的劳保医院——上海第六人民医院。

造反派头头Z亲自押车,紧坐在担架旁,用他那乌鸡眼凶狠狠地注视着常溪萍。此人乃是华东师大"最早起来造反"的"老工人",有着"校革委会委员"荣衔。

校医李荣武大夫曾作如下回忆:

> 当时Z抢先上车,把门一关,迫我坐在前面,其目的是控制我,不让我靠近常溪萍,但我仍然注意常溪萍的伤情和叫唤。我摸他脉搏,跳动较弱。当时汽车开得很快,摇动较大。这时常溪萍靠外边一只手掉下来了,我看见Z拎起常溪萍的手一扔,还恶狠狠骂了两句:"你还想找死?死不了!"

那年月,医院最忙碌,特别是外科,而外科中要数骨科最忙。

就在常溪萍被送进第六人民医院之前一个多小时,也是一辆华东师范大学的校车,急匆匆驶进医院大门。司机陆永洲清楚记得：

> 1968年5月25日中午，我开了福特小汽车去第六人民医院，送一个跳楼自杀的学生。过了一会儿，我在走廊里看到我校司机周孔谦。我问："你怎么来了？"他说，送常溪萍来的。"常溪萍怎么啦？""跳楼了！"这时，我就快步冲向急诊室去看，发现他已睡在一张活动床上，头部向进门处，医生正在给他缝颈部的伤口，嘴巴里还发出轻微的叫声："啊呀，啊呀……"正在这时，旁边突然有人骂起来："他妈的，还装呢，老实点！"我一看，原来是Z！当时，他眼珠突出，紧握拳头，杀气腾腾，还对医生说，"他就是大叛徒常溪萍！"

有Z这尊凶神在那里，看来常溪萍只能在那里等死。因为那时的医院，把"大叛徒"、"走资派"之类当贱民，往往见死不救。

然而，居然出现了奇迹：医院委派名扬世界的骨科专家陈中伟大夫亲自出马，和吴道权、王爵鸮、陈尧南、王智金、王琰、卞蓉仙、姜锡英等，共同抢救常溪萍。

是哪个"菩萨"忽然发了慈悲？

原来，"市革会"有令："尽力抢救常溪萍！"

为什么呢？"为了运动的需要，不能让常溪萍把材料带走！"

哦，是这么回事！这是"市革会"接到华东师大造反派电话以后，下达的"指令"。

当然，第六人民医院接到如此重要的电话"指示"，不敢怠慢。

以下是陈中伟等八位参加抢救常溪萍的医护人员在当天下午共同签署的《常溪萍救治经过》，可以说是一份珍贵的史料：

> 1968年5月25日下午2时20分，患者由数人送至本院急诊外科。
>
> 急诊体检：痛苦病容，神志清，苍白冷汗，脉细弱，96～120次/分，血压测不出。头面部染有血迹，鼻根及颌部皮肤裂伤二处1~2cm长，瞳孔对称，对大光反射存在。右尺桡骨下端闭合性骨折，左肱骨下端及尺骨上端闭合性骨折，左跟骨骨折。
>
> 诊断：
>
> （一）创伤性休克（重度）；
>
> （二）多发性四肢骨折；
>
> （三）头面部软组织挫裂伤；
>
> （四）呼吸循环衰竭。
>
> 救治经过：
>
> （一）抢救休克，补液、输血、升压药物；
>
> （二）扩创缝合皮肤裂伤，T.A.T,注射抗菌素；
>
> （三）骨折夹板固定；
>
> （四）给以氧气吸入；

（五）呼吸循环兴奋药物；

（六）死亡前积极救治措施：气管插管控制呼吸，胸外心脏按摩，心内注射肾上腺素，胸腔切开心脏按摩，心内输血，心内注射异丙肾素，均未获效。

自下午2：20抢救至下午4：25，无效，患者死亡。

"常溪萍专案组"一位成员在下午3点多赶到医院。他的工作笔记本如今尚在。下面是他当时的现场记录：

3：10到医院

常：气闷

多发性骨折"不是自杀"

创伤性休克

处于危险期

3：20会诊骨科

左手手臂骨折

右手手腕处骨折

陈中伟："血压听不出，有危险。"

3：53瞳孔大

希望不大，脉微弱

脚跟着地

3：53脑外科参加抢救

心跳已停

3：56心跳已停，决定切开心脏按摩

4：00按摩无反应

4：08无反应

4：14停止抢救

就这样，常溪萍离开了人世。他才51岁，正处于年富力强的时候！

常溪萍含冤死去——坠楼而死，这是毫无疑义的。然而，留在那专案人员笔记本上的常溪萍垂危时讲的一句话，却是极为重要的："不是自杀"！

这是"常溪萍专案组"成员在现场亲笔记下来的话。他不可能听错，不可能记错，更不可能偏袒常溪萍。

如果常溪萍不是自杀，那么就有两种可能：或者是他杀，或者是不慎坠楼。常溪萍之死，竟是什么原因？

宣传机器操纵在权势者手中。常溪萍临死的辩白"不是自杀"，被淹没在"常溪萍畏罪自杀，死有余辜"的一片"大批判"声浪之中。

常溪萍含冤屈死，本来已是人世间一桩催人泪下的悲剧。然而，他屈死之后，仍不得安宁。

就在他含冤死去的翌日，尸骨未寒，华东师大的造反派们居然召开了声势浩大的"批判大会"。

有人声嘶力竭地高叫："常溪萍死了好，少浪费国家的粮食！"

有人扎了稻草人，挂着"死不改悔的走资派常溪萍"黑牌，当众烧掉，象征着"焚尸扬灰"！

两天之后——5月28日，《上海红卫战报》登出大字标题：《把常溪萍焚尸扬灰——怒揭常溪萍的反革命翻案罪行》。作者：华东师大遵义兵团、工农兵突击兵团。

这篇文章，加上了黑体编者按，对常溪萍切齿痛骂。今日的读者已很难有机会读到那样的奇文了，故原文照录于下。虽然斗转星移，那字里行间腾腾杀气犹在：

编者按：臭名昭著的常溪萍带着花岗岩脑袋见上帝去了。这是出卖北大社教运动的大叛徒、反革命修正主义分子、死不悔改的走资派以自杀向革命人民作了最后的一次反扑。这是当前阶级斗争的新动向，无产阶级革命派务必保持高度的警惕性，切不可松懈麻痹。

常溪萍这个国民党反动派的死硬分子在临死之前以十倍的仇恨，百倍的疯狂，进行了猖狂的反攻倒算；常溪萍的阴魂还在作祟；活着的常溪萍们还企图为死去的常溪萍翻案。无产阶级革命派的人们，切不可以为太平无事了，一定要高举革命的批判旗帜，把常溪萍这具政治僵尸连同他的主子、伙计、奴才批深批透，斗倒斗臭，让革命大批判的烈火把他烧为灰烬。

别以为这只是红卫兵们的语言。就在同一天，"上海市革委会文教组"的一份报告中，便定下调子："常溪萍用自杀来对抗伟大的无阶级文化大革命运动，证明他是个顽固不化的走资派。"

1969年4月11日，驻华东师大工宣队、军宣队和校革会的《关于死不改悔走资派常溪萍的定案报告》，作了这样的结论："常溪萍跳楼自杀，向党、向人民作最后的反扑。"

就这样，常溪萍"自杀身亡"仿佛已经盖棺论定，毋庸置疑了。

不，不。如果说"盖棺论定"，常溪萍死后，不仅谈不上"盖棺"，连个骨灰盒都没有！他，真的被焚尸扬灰了！

当时奉命处理常溪萍后事的经办人——华东师大总务处一位工人写下了真实情况：

1968年5月27日下午，L讲：常溪萍死了，你们去个人到龙华办理火化……后来L说找造反派的人去。

第二天，一个穿黄军装的学生和我到陈波浪家（陈波浪为常溪萍之妻——引者注）。他对陈波浪的十七岁的外甥女鲁江说，要火化常溪萍，把户口簿拿出来，打埋葬证。当时陈波浪同志受折磨躺在床上,呻吟,内心难过,讲不出话来。尔后小鲁江找出户口簿……当时造反派在旁边。陈波浪同志当时未作决断。片刻,那个造反派讲:"烧掉算了。"我说,要得家属同意签字才行。最后,造反派气势汹汹地对鲁江说:"你签字,骨灰不要,和大叛徒划清界限。"当时鲁江被吓呆了……

造反派逼迫一个17岁的孩子签字,使蒙冤而死的常溪萍,连骨灰都不知去向!惨绝人寰!

就在常溪萍死后,遭到挞伐,被诬为"畏罪跳楼自杀"的时候,他的妻子陈波浪也被栽上"畏罪跳楼自杀"的可怕罪名,仿佛常溪萍夫妇俩都"爱好"跳楼!

幸亏陈波浪九死一生,劫后犹存,能够揭露事实的真相[①]。

她迈着沉重的步伐,慢慢走向沙发,坐了下来。她用带着山东口音的普通话,强忍着心中无限痛苦,向我诉说着她所谓"畏罪跳楼自杀"的真情。

她所谓的"畏罪跳楼自杀",发生在常溪萍之死以前三个多月——1968年2月1日,农历正月初三。

差不多跟本文中叙述的常溪萍被送进医院的情景一样,也是一辆汽车,也是一群造反派呼拥着,也是向医生声称患者系"跳楼自杀"。所不同的是:她是在早晨进院——上海第一人民医院,她没有得到"为了运动需要,不能让她把材料带走"之类"恩典"。

经检查,她的七根肋骨断了,其中两根插入肺中,把肺部刺破了。右脚小腿骨龟裂。

血压降到零。她已昏迷不醒。

所幸的是,主持手术的是王道民大夫——该院原副院长,"走资派"。他倾注了极大的同情。一听见她的心脏还在跳,王大夫就决定尽力抢救。

输血。当鲜血源源输进她的血管,血压回升了。

切除了断裂的肋骨,代之以不锈钢。

缝好了肺部的两个洞。

她,终于被穿着白大褂的"走资派"从死亡的边缘救回来。

然而,离开手术台,推进病房,她却落在一个造反派医生手中。他得知她是"大叛徒常溪萍的臭老婆",射来了冰冷的目光,不许家人看望,不准家人送东西给她吃。

她受到病痛和冷遇双倍的折磨。

她十几天大便不通,向那个造反派医生要几颗通便药片,他都板起面孔:"不给!"

手术后才半个月,就逼她出院!

她躺在家中,奄奄一息,断绝医疗,生活无着落。

她的历史清清白白。她在上海财经学院担任党委办公室主任多年,工作向来认认真真。仅仅因为她是"大叛徒常溪萍的臭老婆"——这十个字写在大字标语上,写在她胸前的黑牌上。

[①] 1986年4月17日,叶永烈在上海采访常溪萍夫人陈波浪。

华东师范大学"常溪萍专案组"一个成员,对于她"自杀"那天的情况,曾作如下回忆:

1968年春节,常溪萍放假回去过春节。我于年初三晚上8点多钟回到学校。刚到宿舍放下东西,有人就来告诉我,财经学院来通知,陈波浪"自杀"了,现在在市一医院抢救。常溪萍住在家里,怎么办?当时我和这人就到办公室,找学校领导汇报。记得几个常委在场。他们已经知道陈波浪"自杀"了,当即要我们到财经学院、医院去看看,了解一下情况,然后到常溪萍家里,把他带到学校里来住。当时打电话,派了一辆黑色的小轿车,我和另外两人一起上车……汽车到财经学院时,发现财经学院两派对立很严重……

我们从财经学院出来后,就到××路常溪萍家里。当时已十一点钟光景……我对常说,陈波浪自杀,你知道吗?常回答说,知道,小孩去看过了。我又说,自杀是什么性质的问题,你知道吗?常说:自杀是叛党,自绝于人民,自绝于党。我又问常的态度,常说决不走她这条路。我当时告诉他,学校要他住到学校里去。当时常溪萍拿了一包被子,就和我们一起上车……

就从那一天起,常溪萍再也没有回家。

也就从那一天起,陈波浪"自杀"的消息,传遍了医院、学校,传到了许多地方。令人吃惊的是,迄今,在我采访的时候,许多人还在说陈波浪"自杀"!

法西斯希特勒的宣传部长戈培尔说过:"谎言重复一千遍,就成了真理。"陈波浪被谣言泼上一身污水,迄今还未洗刷干净!

她用愤怒的声调,痛斥那无耻的谣言。

1968年,那是非常"革命"的年头,春节也"革命化"了:学校不放寒假,只在春节休息三天。

她被关押在学校。

就在年初三晚上,来了一群凶神似的红卫兵,用棍棒对她进行"审问"。

她的腿骨是被一群凶神似的红卫兵打断的。她的七根肋骨也是被打断的。她被打得失去了知觉。

红卫兵们不得不把她送进医院。为了遮掩自己的罪恶暴行,他们就放出了谣言:"陈波浪跳楼自杀!"

她以顽强的生命力,战胜了病痛,在棍棒下活了下来。她斜靠在沙发上,那用不锈钢支撑着的胸脯急剧地起伏着,终于说出了谣言的来由。

她说,和她一起被隔离的,还有上海财经学院的组织部长和人事科长。人事科长被打得下肢残疾,组织部长被打得尿血。她是挨打最重的一个。

就在她被驱出医院,躺在家里,生死维艰之际,传来了丈夫的死讯!

就在她如刀剜心、痛苦难言之际,那个"穿黄军装"的造反派逼着鲁江签字,不要常溪萍的骨灰。

暂且把常溪萍是不是"自杀"这个问题放一下。耐人寻思的是：为什么常溪萍夫妇一个死、一个残，蒙受如此残酷的迫害？常溪萍最大的罪名是"叛徒"，而常溪萍一生从未被敌人逮捕过，怎么会成为"大叛徒"？

这一个个问号的答案是惊叹号。一旦把一个个"？"拉直成"！"，常溪萍之死那错综复杂的政治背景，也就明朗化了。

上海是个海，这个海很深。当年的常溪萍一案所及，很深很深……

四支秃笔倒了三支

"四笔并存"的日子，维持不了多久。1967年酷夏来临，"文革"的热度也继续上升，王力、关锋、戚本禹在头脑发热中一起倒台，只剩下姚文元一支秃笔。

那是在7月13日晚，毛泽东带着杨成武、余立金登上火车，离开了北京，开始为时两个月的漫长旅行。他巡视大江南北，调查了湖北、河南、湖南、江西、浙江、上海等省市的"文化大革命"情况。

"副统帅"林彪坐镇北京，运筹帷幄，殚精竭虑，着手部署"文化大革命"的第三战役：

第一战役是打倒"彭（德怀）罗（瑞卿）陆（定一）杨（尚昆）"，已经实现了；

第二战役是打倒"刘邓司令部"，已经实现了；

第三战役是借助于批判"二月逆流"，扫掉一批老帅老将。

须知，林彪虽然名列元帅，但中国人民解放军的元帅有十个，他只是十帅之一。除了彭德怀早已扫除之外（1959年，他取彭德怀而代之，当上国防部长），尚有八帅。林彪以为只有打倒这八个老帅及其手下一批将军，才能巩固他的"副统帅"的地位。

2月，天赐良机，在北京京西宾馆，老帅老将们当面斥责"文革派"人物江青、康生、陈伯达、张春桥、姚文元，被江青等诬为"二月逆流"。林彪想乘机下手，除去军内对手。可惜，毛泽东不允，林彪只得罢休。

7月中旬，武汉两大派严重对立，一场大规模武斗迫在眉睫。谢富治和王力奉"中央文革小组"之命，于14日匆匆从重庆赶到武汉。王力虽然不过是一名"组员"，却自视甚高，仿佛钦差大臣、最高裁判。王力本该调解两大派的矛盾，而他却支一派、打一派。武汉部队的一些干部、战士同情受压的"百万雄师"派，于7月20日抓了王力，批斗了一番。消息传出，全国轰动。

江青闻讯大怒：岂可如此无视"中央文革小组"。

当王力终于"脱险"飞回北京，江青动员了20万人去机场欢迎，然后又在天安门广场举行了"百万军民欢迎中央代表团归来"大会。江青把怒火转向武汉军区司令陈再道。一时间，"打倒陈再道"、"绞死陈再道"的大字标语贴满全国城乡。

林彪微笑了，又是天赐良机！林彪借题发挥，提出了"揪军内一小撮"的口号，以此开展他的"第三战役"。

所谓"揪军内一小撮"，即"揪出军队内的一小撮走资本主义道路的当权派"。林彪要借助于这一口号,清洗军内一大批政敌。

康生、江青、陈伯达当即赞同林彪的意见。1967年第12期《红旗》杂志社论,发表了《无产阶级必须牢牢掌握枪杆子——纪念中国人民解放军建军四十周年》,提出了"揪军内一小撮"。

这篇社论由林杰[①]执笔。

1988年12月17日下午,我在北京王力家中采访时,适逢林杰在座。林杰为《红旗》编委。我请王力、林杰一起回忆。此外,1988年12月20日我在北京林杰家中采访了林杰的夫人。2001年6月1日我在北京林杰新居里与他长谈。

我问起社论的起草经过。林杰说,"最初决定社论由《红旗》社论评论小组成员卢之超起草。卢起草后给我看,我不大满意,转给关锋看,他看了觉得不行。他叫我负责起草。"

■"文革"期间《红旗》杂志编委林杰的近照(叶永烈 摄)

当时关锋是《红旗》杂志常务副总编,主持工作。那时,关锋找林杰谈话。关锋说,"八一"建军节快到了,《红旗》杂志要发篇社论,由你起草。这篇社论,要强调毛主席关于军队"文化大革命"的指示,社论可以点彭德怀、罗瑞卿的名。

我问,关锋有没有要你写"揪军内一小撮"?

林杰回答说,没有。

林杰起草的社论的题目是《无产阶级必须牢牢掌握枪杆子》。

林杰起草好社论之后,关锋看了,大体上满意。关锋又加了几段。关于"揪军内一小撮",是关锋在修改社论时加上去的。

林杰说,关锋在修改社论时加上这样一段话:

> 我们要把党内一小撮走资本主义道路的当权派揭露出来,从政治上和思想上把他们斗倒、斗臭。同样,也要把军内一小撮走资本主义道路的当权派揭露出来,从政治上和思想上把他们斗倒,斗臭。这些家伙,还在垂死挣扎。不久以前,武汉地区党内和军内一小撮走资本主义道路的当权派就勾结起来对无产阶级革命派进行镇压。事实证明,我们必须进一步地开展革命的大批判,把党内和军内一小撮走资本主义道路的当权派,彻底干净地扫进垃圾堆里去。只有这样,才能防止资本主义复辟。
>
> ……

---

① 本书初版误为关锋。

目前，全国正在掀起一个对党内，军内最大的一小撮走资本主义道路的当权派的大批判运动。这是斗争的大方向。

我在访问关锋时问他为什么在修改社论时要加上"揪军内一小撮"这一段内容？

关锋说，7月25日，林彪在天安门广场欢迎谢富治、王力的百万人大会上就讲，要"揪军内一小撮"，要批判"带枪的刘邓路线"。从那以后，"揪军内一小撮"成为全国报刊上最常见的政治口号。作为《红旗》杂志庆祝建军节的社论，理所当然要加上"揪军内一小撮"这一内容。

社论由关锋审定，再交到总编辑陈伯达手中。本来，社论由陈伯达签发就行了，跟王力无关。王力虽然是《红旗》杂志副总编辑，平时并不审看社论。

据王力告诉笔者，当时他在武汉事件中被打伤，正住在钓鱼台。

王力说，也真是巧合，社论清样送到时，陈伯达与他正在一起。陈伯达当即读了一遍给王力听。王力没有表示异议。

此文由陈伯达签发，发表了。

林杰说起关于"军内一小撮"的来源，那是当时关锋主持《解放军报》工作，王力、关锋等四人根据林彪1967年1月8日在军委常委会上关于要加强部队"文化大革命"的指示，写了《军报宣传方针》，文件中第一次提出"军内一小撮"，于1月10日上送"全军文革并林副主席"。林彪批示"完全同意的《军报宣传方针》"。这清楚表明，林彪是同意提"军内一小撮"的。

社论发表之后，毛泽东在外地见了，深为震怒。毛泽东当即作了批示："这是毒草。"

思索了一下，他又用笔大书四个遒劲的大字："还我长城。"①

长城，向来是人民对解放军的赞誉。"揪军内一小撮"、"批带枪的刘邓路线"，是乱军的口号。毛泽东怎不心急似焚？

毛泽东下令追查这篇社论。

在毛泽东追究"揪军内一小撮"时，林彪装聋作哑，江青、康生、陈伯达朝"秀才"们一推了事。王力、关锋、林杰成了替罪羊。

"秀才"们急于补救。林杰回忆说：

虽然提出揪军内一小撮与我无关，但社论毕竟是我写的。毛主席批评《红旗》"八一社论"后，我感到有些紧张，便正式问关锋，主席对社论到底怎样批评的。关说，主席说："揪军内一小撮"必然冲击军队。军队不能乱。军队是党领导的。军队的领导干部都是共产党员，不是党员不能指挥军队。"党内一小撮"包括了军内的资产阶级代表人物。另提"揪军内一小撮"是错误的，以后不要再提了。我听了关的传

---

① 毛泽东的这一批示，在当时流传甚广，但是在《建国以来毛泽东文稿》中却无记载。或是当时误传，或是《建国以来毛泽东文稿》未收，尚待考证。

达后,建议再写一篇社论以弥补12期社论的错误。经陈伯达和关锋同意后,我又写了一篇《红旗》社论。遵毛主席指示,不提"揪军内一小撮",要拥护军队。指出人民解放军是毛主席领导和指挥的人民军队,解放军不能乱。解放军是无产阶级专政和文化革命的擎天柱,是反抗美帝苏修最可靠的力量。陈伯达审批时,把题目定为《伟大的中国人民解放军是我国无产阶级专政和无产阶级文化大革命的可靠支柱》。社论这个提法同"揪军内一小撮"是对立的。8月19日由新华社播出,次日刊于《人民日报》。这篇社论,没有公开对《红旗》"八一社论"提出"揪军内一小撮"作自我批评,更缺乏对"揪军内一小撮"进行深刻批判。没有达到纠正"八一社论"错误的目的。"八一社论"以中央名义在全国范围内提出"揪军内一小撮"影响很大;但"揪军内一小撮"的提出和批发是关锋与陈伯达的责任。对《红旗》社论进行自我批判,应由陈、关决定。我虽有责任,但无权越俎代庖。

1967年8月底,王力、关锋被捕。

当时,一起被追查的还有《红旗》杂志编委林杰。1987年12月21日,已经恢复自由并正从事中国古代史研究的林杰,从中国北方某地给本书作者来信,除寄赠他以笔名发表的新作《王清任的脑髓说及其哲学贡献》之外,还在信中回忆往事:

> 对于姚家父子,我只知蓬子是叛徒,是从狗洞里爬出来的,那是从鲁迅书中看到的。文元为人,正如你所写的,眼很高,是看天的。我这种人,不在他的眼下。《红旗》发了他交来的几篇文章,是通过关锋给我的。陈伯达对我说,文元的文章,一个标点也不能错。我只有听命照发。从未与之作个别交谈过。虽然当时穆欣曾开玩笑说,我和他是一对:个子高低、年岁都差不多。正是他和陈伯达、戚本禹于1967年8月30日夜2时来《红旗》,宣布将我关起来的。过了一个星期,他发了《评陶铸的两本书》,其中一段关于"五一六"集团两大罪状:反对军队;炮打无产阶级司令部,是暗指我。从此,我的罪就定了……

在王、关、林写那篇《揪军内一小撮》社论的时候,姚文元正在上海,和张春桥一起陪同毛泽东巡视上海,未参与社论的写作,幸免于纠葛。

到了1968年初,戚本禹也站不住脚了,终于被江青从"中央文革小组"中"端"了出来。这样,中央文革小组的四支秃笔倒了三支。这样,姚文元安然无恙。

当姚文元听说王、关、戚成了阶下囚,又喜又惧:喜的是一下子除去三个劲敌,惧的是日后自己会不会也步王、关、戚的后尘?

从此,姚文元成了中央文革小组唯一的"组员"。整个小组只有五名成员:组长陈伯达,第一副组长江青,副组长张春桥,顾问康生,组员姚文元。

姚文元成了富有政治权威的"大手笔"。他不再写《不要拒绝李白游秦岭》,不再写《算命摊旁的杂感》,不再写《折卖行中的声音》,不再写《狗丢,你真是好样的!》。他不再一年发几十篇"千字文"了。

他要么不写,要写就登一整版、几大版;

他要么不写,要写就登两报一刊,全国各报一律全文转载;

他要么不写,要写就传达"毛主席的声音",体现"毛主席的伟大战略部署";

他要么不写,要写就成为全国男男女女、老老少少的"政治学习文件"。

1967年,他洋洋洒洒地发表了新的"两评":

在《评反革命两面派周扬》中,他声言周扬的"所谓'一贯正确'史,是一部反革命两面派历史"。其实,这恰恰是姚文元的精确的自我写照;

他在《评陶铸的两本书》中,称陶铸为"南霸天",具有"修正主义者的反动而丑恶的灵魂",兼有"一张投机商人的嘴巴"。其实,姚文元又如同"猴子上天平——自称自"。

■ 成为"中央首长"的姚文元

仔细研读姚文元的"四评",可以发现一个有趣的"相关定律":随着姚文元的身份逐步升级,他所"评"的对象也在逐步升级,从吴晗,而邓拓,而周扬,而陶铸。

随着姚文元的身份逐步升级,成为"中央首长",他的文章少了,话却多了。

本来,他有着"结巴"的"后遗症",何况老是戒不掉口头语"正是这样",因此,他总是以笔代言,不大在群众场合讲话。

无奈,他成了"中央首长"之后,而领导"文革"的"新潮流"便是"中央首长讲话",他不得不向打着各种各样旗号的各省各市的"革命群众组织"发表即席讲话。"接见"刚一结束,各式各样的油印机便开动起来,《中央首长姚文元讲话》风靡全国。

笔者翻阅着几十册厚厚的《中央首长讲话选》,读着一篇又一篇的姚文元讲话记录稿。其中一篇姚文元和江青等接见"浙江省革委会"张永生、杜英信的讲话纪要,颇能反映姚文元当时的形象。他,早已不是第一次走进张春桥家中那种战战兢兢的样子了,居然跟江青像唱双簧一般,江青说几句,姚文元便插一句,处处"紧跟"。

以下是当年的浙江省革命委员会副主任、造反派头头张永生的传达记录:

地点:北京,人民大会堂福建厅。

时间:1968年5月19日9时20分至20日凌晨1时整。

当我们怀着无比激动的心情走进福建厅时,敬爱的江青、伯达、文元、萧力(即毛泽东和江青的女儿李讷——引者注)同志热情地与我们握手。我们最最敬爱的江青、伯达、文元、萧力同志非常非常关心浙江省的无产阶级文化大革命。首长们十分亲切地听取了我们的汇报,给我们作了极其重要的指示。

当我们汇报到浙江美术学院清理阶级队伍工作情况时,江青同志说:"潘天寿的画很阴暗，我是不欣赏的！画的秃鹰真难看，又阴暗、又丑。"

姚文元同志插话说："画很阴暗，与他搞特务有关。潘天寿喜欢画的秃鹰，是特务的化身！"（在这里，姚文元充分显示了棍子的本色。——引者注）

江青同志又说："前几年，潘天寿的画，你们杭州怎么捧得那么高？画的卖价很贵。齐白石也一样，是个老财迷，可坏啦！"

姚文元同志补充说："黄冑这个人也很坏。"（在那种年月，姚文元这样说一句话，便意味着"中央首长点了黄冑的名"，给黄冑带来一场大灾难。——引者注）

我们要求江青同志给我们革命委员会作指示，江青同志说："不要我指示了，你们是革命委员会嘛！"

姚文元同志插话："革命委员会就是搞革命嘛！你们去干嘛！"

当我们汇报到浙江戏剧界的情况时，江青同志说："浙江有个问题，旧的剧种都有问题。绍兴大班武功基础好，样板戏是否可以移植？"

姚文元同志插话说："移植是很艰苦的改造工作。"

江青同志："越剧要改造。越剧是资产阶级的。越剧音乐很消沉。女人演男人，是六十年代的怪现象，讨厌透了！"

姚文元同志插话说："男人演女人，女人演男人，经过这次文化大革命，从此全部结束了！"

江青同志说："你们浙江演古戏、鬼戏，演到出奇的程度，甚至棺材里出僵尸鬼。还有《庵堂认母》到处都演。"

姚文元插话："那时还美其名曰'抢救遗产'。"

当我们汇报到胡乔木到杭州活动时，江青同志说："胡乔木还与陈冰搞了一个'辛文兵'！"

姚文元同志插话："胡乔木到杭州去了好几次！"

当我们汇报浙江省是国共两党斗争的焦点，阶级斗争非常激烈，姚文元同志说："浙江复杂！"江青同志说："浙江是蒋介石的老巢嘛！"

凌晨一时，接见结束了。敬爱的江青、伯达、文元、萧力同志一直亲切地把我们送到大厅门外，握手告别。

我们高呼："向江青同志学习！向江青同志致敬！"

江青同志说："谢谢同志们！"

姚文元同志说："我们高兴地看到在无产阶级文化大革命中成长起来的革命青年！"

这是中央首长对我们革命青年和浙江三千一百万军民的最大关怀！最大爱护！最大鼓舞！

这次接见，是37岁的"中央首长"姚文元在他的同乡们面前的精彩亮相。

江青和姚文元一唱一和，亦步亦趋，如影随形。真的，江青的那句话，是出自内心的："我死了，让文元当主帅！"

一次又一次的接见，留下了数以百计的姚文元讲话记录。以上只是其中的一次。虽说是"管窥一斑"，倒也可见全豹之貌。

三个多月之后——1968年8月25日，《红旗》杂志、《人民日报》、《解放军报》同时刊载姚文元的"大作"《工人阶级必须领导一切》。

同一天，中共中央、国务院、中央军委、"中央文革小组"发出《关于派工人宣传队进驻学校的通知》。

从此，"文化大革命"揭开新的一页：成千上万名工人穿着蓝色劳动布工作服，戴着"工人毛泽东思想宣传队"的红袖章，步入"上层建筑"，去"领导一切"。

这一回，不再是"评"，不再是"批"，姚文元的笔杆已成为中共中央的喉舌。他狐假虎威，威风显赫，每一个标点符号都震动着中国！

尽管所有的报纸都登载了《工人阶级必须领导一切》，这篇文章的单行本免费地发给每一个公职人员，但为了显示他今日的炫目光彩，姚文元还是不忘当年整过他的中共上海卢湾区委。喜欢写长句的他，在一册《工人阶级必须领导一切》上题词："赠给现在仍前进在毛主席革命路线轨道上的卢湾区委的同志们并向你们问好！姚文元。"

第十六章
疯狂的复仇

"不知名的红卫兵"夜半敲门

子夜,万籁俱寂。上海淮海中路的武康大楼三楼三室,响起了急骤的敲门声。

"谁呀?"保姆披衣起床,问道。

"开门!"命令式的男声。

"你是谁?"保姆又问了一句。

"开门!"毫无商量余地的命令口吻。

保姆刚把房门开了一条缝,一群凶神似的男女就拥了进来,约莫十几个人。一律便衣,男青年居多。进屋之后,立即把房门反锁。

时间:1966年10月8日午夜。

地点:著名电影导演郑君里寓中。

郑君里和夫人黄晨①都被惊醒。一人看管一个,郑家的人都失去了行动自由。

没有任何证明,没有说明来者是什么单位。在那"无法无天"的年月,他们拉上窗帘之后,就动手抄家了。

一个年纪稍大的男人,端坐在沙发上,用眼神指挥着。看得出,他是头头。

年轻人打开郑家所有的箱、柜、抽屉。看得出,这是一批训练有素的人物,语言不多,动作熟练;把每一本书卷曲,用大拇指指甲按着书页,迅速地逐页翻卷过去,查一下书中是否夹着纸头;每一本线装的书,都用事先准备好的竹片挑开,查看折页之中是否夹着什么。

---

① 1986年6月16日,叶永烈在上海采访了黄晨。

他们带来好几个米色拉链包，凡是写有文字的纸头，尤其是信件，全被装进包里。就连黄晨的工作笔记，儿子的成绩报告单之类，也都囊括一空。

直到清晨6点，头头说声"走"，这群人呼啦一下子就撤了。

郑君里和黄晨赶紧来到阳台，朝下俯瞰：只见那些人三三两两分头而走，很快消失在人群之中。

郑君里觉得这群人来得蹊跷，去得突兀，当即打电话给单位——上海红旗电影制片厂（原海燕电影制片厂）。

"红旗电影造反兵团"的头头异常震惊：赵丹刚刚来过电话，说昨夜一伙来历不明的"红卫兵"闯入上海湖南路八号三楼他的家中，一直抄至清早才走。不抄财物，唯抄信件、笔记、日记、画报之类。

紧接着，顾而已和陈鲤庭两家，也打电话向"东方红电影制片厂"（原天马电影制片厂）告急。顾而已和陈鲤庭都是"电影老人"。顾而已导演过《小二黑结婚》、《燎原》、《槐荫记》等电影，还主演过许多影片；陈鲤庭导演了《丽人行》、《结婚进行曲》等影片，写了电影剧本《鲁迅传》等。

在上海坐镇的张春桥的妻子文静，马上接到来自电影界的密报。

很快地，她又获知，著名京剧演员童芷苓昨夜也遭突然抄家。

同时行动，同样手法，抄了郑君里、赵丹、顾而已、陈鲤庭、童芷苓五家，显然有来头。

然而，文静居然事先不知道，事后也未接到抄家者的报告。

中共上海市委办公厅印发了第99期《文化大革命动态》，刊载《郑君里、黄宗英、童芷苓等家中被不知名的红卫兵搜去内部材料》。

这"不知名的红卫兵"究竟来自何方？受谁指使？

文静急告当时正在南京的张春桥、姚文元。

张春桥、姚文元也愕然，不知何方神仙突然插手上海。

文静1977年2月28日这样回忆蹊跷的"抄家事件"："1966年10月8日晚赵丹、郑君里等人家被抄，我们认为事关重大，我就写了一封信给张春桥、姚文元。张、姚未回信，仅叫警卫员带口信说，你们不要管了。"

文静答复电影界、京剧团的造反派："不要管了！"

"夜半鬼敲门"，这"鬼"来自何方？五位被抄家的上海文艺界著名人士，如同蒙在鼓中。

1969年4月23日，受尽凌辱的郑君里，死于危难之世。

一年之后，1970年6月18日，顾而已也饮恨而逝。

他俩至死不知那次神秘抄家的主谋是谁。

直到1976年10月，笼罩着中国大地的阴霾之气一扫而光，那个颐指气使、飞扬跋扈的主谋落入人民的法网。

"十八"抄家案被列为"国案"进行审查，这才终于大白于天下。

"歼七"追抄一封信

一位军人领着我,漫步在上海市区一条幽静的马路,走进一座没有任何招牌的大门。像绿绒地毯般的草地,整洁的水泥路,一幢幢小巧玲珑的两层洋房。

这儿是空军招待所——巨鹿路869号。

军人指着一幢小楼对我说,1971年3月22日,林彪之子林立果就是在那儿跟"联合舰队"的周宇驰、于新野、李伟信一起开秘密会议,写出了《五七一工程纪要》——反革命武装政变计划。

军人又指了指另一幢小楼说道,当年"十八"抄家的指挥部就设在那里。通宵坐镇指挥的,便是江腾蛟。

江腾蛟,中华人民共和国最高人民法院特别法庭在1981年进行公审的林彪、江青反革命集团10名主犯之一。他被判处有期徒刑18年,剥夺政治权利5年。

1920年,江腾蛟出生在湖北省黄安县(今红安县)。这个县出生了223名中国人民解放军将军,改名红安县。江腾蛟本是这223名之一,然而,后来他却成了将军中的败类。1971年9月8日,当林彪下达发动武装政变的手谕,策划谋杀毛泽东主席,江腾蛟担任了上海地区第一线指挥。江腾蛟得意地斟满一杯酒,对"三国四方"——上海的王维国、杭州的陈励耘、南京的周建平和从北京秘密来沪的林立果狂笑道:我们都是属羊的,头上长角的……

江腾蛟成为林彪的心腹,代号"歼七"。

江腾蛟的形象,那挺直的腰板像军人,而戴上那副黑框眼镜则像文人。他多年在上海空军担任领导,家住离巨鹿路不远的高邮路。他把女儿送入上海音乐学院附小。他已是个"老上海"了。

1964年,他出任南京军区空军副政委。此后不久,林彪之妻叶群来到江苏省太仓县洪泾大队"四清"蹲点,亲手树起那个闻名全国的"活学活用"标兵——不识字的社员顾阿桃。江腾蛟侍奉叶群左右,忠心耿耿,被叶群看中了。以致当"文革"锣鼓敲响之后,林彪唯恐子女在北京不安全,秘密地派人把儿子林立果、女儿林豆豆送到上海,交给江腾蛟,如此推心置腹,江腾蛟已死心塌地为林彪卖命了。

1966年10月初,已是南京部队空军政委兼7341部队第一政委的江腾蛟,接到空军司令吴法宪的长途电话,说有"重要任务",当即秘密来京。

夜色苍茫。一辆轿车直奔钓鱼台16号楼。车上坐着吴法宪和江腾蛟。他们刚刚进楼,叶群已坐在那里等他了。

没有寒暄,叶群开门见山:"江政委,请你来京,为的是要在上海执行一项绝密任务。"

一种特殊的信任感,使江腾蛟不由得挺直胸膛,大声地说:"我一定尽力去办!"

叶群马上压低了声音,悄然在江腾蛟耳边说道:"是这样的,这项任务是江青同志前几天交办的。考虑到部队执行任务的保密性好,所以尽管这项任务跟空军业务无关,我还是考虑让你执行。任务并不太复杂。江青同志说,她有一封信,落到了上海的电影导演郑君里手中。你设法把这封信追回来,但不要惊动别人……"

原来,就这么一桩小事,江腾蛟不由得感到轻松起来。他眉头一皱,计上心来,说道:"光是抄郑君里一家,目标太暴露了。能不能同时再抄几家?"

叶群不由得拊掌而笑,她也早已虑及这一点,只是故意不说出来。果真,精明的江腾蛟,也想到了这一步棋,跟叶群不谋而合。

于是,增加了四家,以便遮人耳目——赵丹、陈鲤庭、童芷苓、顾而已。江青曾说起,这些人也知道她在30年代的一些底细。

世上曾有过"陪斩"。然而,"史无前例"的"文化大革命",则发明了"陪抄"。

为了绝对保密,叶群给这五家取了代号"老大"——郑君里;"老二"——赵丹;"老三"——陈鲤庭;"老四"——童芷苓;"老五"——顾而已。

抄家的主要目标是"老大"。其余"陪抄"的四家,估计也有"防扩散材料"。

叶群叮嘱江腾蛟道:"把信件、日记本、笔记本、画报,凡是文字材料,统统抄回来。然后,你亲自押送到北京,交给我。直来直去,不要让任何人插手。"

江腾蛟不敢怠慢,唯唯领命。

翌日,江腾蛟就神秘地飞回上海。

后来,1980年12月9日上午,江腾蛟在最高人民法院特别法庭作如下供认:

"1966年10月初,吴法宪打电话叫我来北京,还说叫我保密。我到北京的当天晚上,吴法宪让我上他的车一同去钓鱼台见叶群,……叶对我说,江青有一封信落到郑君里、顾而已他们手里,现在这封信在哪个人手上不清楚,你可以回去组织一些人冒充红卫兵搜查郑君里、顾而已、赵丹、童芷苓等的家。凡是书信、日记本、笔记本等统统都拿来。叶群说要绝对保密。"

教导队冒充红卫兵

朝沙发下看看,拉开茶几瞧瞧,江腾蛟在仔细检查着巨鹿路那幢小洋房,生怕暗藏着窃听器。

江腾蛟的干将——上海空军部队文化处长张彪,奉命来到。紧接着,组织处长袭著显、秘书处长刘世英、保卫处副处长陶崇义、军务处副处长蒋国璋,赶来报到。

六个脑袋,几乎凑在一起。江腾蛟轻声细语,交代了来自北京的绝密任务。但是,江腾蛟只说"首长指示",并未讲明"首长"是谁,也不点明真正要追抄的是什么。江腾蛟又增添了于伶、周信芳两家,以遮掩真正的目标。

按照江腾蛟的部署,张彪负责侦察七家地形。虽然张彪的脚有点瘸,行动却疾如电,迅如风。只花了半天时间,他就把这七家周围地形、出入路线查个水落石出。神不知,鬼不觉,他的侦察不露形迹。

袭著显奉命组织抄家队伍。江腾蛟决定,这次以"上海市红卫兵总指挥部"的名义去抄家。袭著显从警卫排里挑了二十多名战士,假装红卫兵。不过,清一色的男青年,未免太"整齐"了。于是又从军内"可靠"的干部子女中,选了二十多人。

就在这时,张彪侦察回来了。他附在江腾蛟耳边,建议减去于伶、周信芳两家,原因是于伶家就在空军招待所对门,挨得太近容易暴露自己,而周信芳因主演京剧《海瑞上疏》,被当作"南方的吴晗",不知抄了多少次家,已经没有"油水"了。

江腾蛟觉得张彪言之有理,也就放弃了于、周两家。

夜幕降临。四十多名假红卫兵,穿着各色便衣,集中在上海东北角、离虹口不远的新华一村。这个新村,一排排米黄色的楼房,位于僻静之处,在上海并不显眼。其实,那儿是林彪在上海的一个秘密据点。林立果来上海,常住那里。后来,王维国为林彪反革命政变秘密训练的敢死队——"教导队",就住在新华一村,在那里进行格斗、捕俘和各种特殊训练。

秘密会议在新华一村空军图书馆里召开。夜里,那儿无人问津。张彪面对四十多个假红卫兵,下达"战斗任务":"我们空军有一份绝密文件遗失了。据侦查,落到了郑君里、赵丹、陈鲤庭、童芷苓、顾而已这五个黑帮分子手中。为了不打草惊蛇,领导决定让你们化装成红卫兵,对他们进行彻底抄家。凡属文字材料、照片,都要没收。不论在任何情况下,绝不可暴露军人身份。这是无产阶级司令部下达的紧急任务,一定要圆满完成……"

据张彪1980年9月18日在特别法庭上所作的证词,江腾蛟当时作了如下五条规定:

一、这次去抄家是革命行动,要注意政策,只要书信、日记本、笔记本、照片等物品,其他钱财、金银、存款等一概不准动;

二、拿走的东西都以红卫兵名义打收条;

三、带队的负责人可以暗藏手枪,但绝对不准动用、开枪;

四、临时行动,将军用卡车上牌照用纸糊上;

五、对警卫排战士和干部子女说是空军有一份设计蓝图或绝密文件,丢失在这些人家里,不抄回来就泄露了国家重大机密。

假红卫兵们被蒙在鼓中,唯有带队者才知道意图。迎着秋风,几辆卡车在昏黑、冷清的马路上疾驶。郑君里家是重点,由秘书处长刘世英和军务处副处长蒋国璋两人带队。

"一号"郑君里家,江腾蛟的女儿也混在假红卫兵之中。

"二号"赵丹家,由袭著显带队。

"三号"陈鲤庭家,由张彪负责。

"四号"童芷苓家,由陶崇义负责。

"五号"顾而已家,由杨启良负责。

如同作战一样,五路兵马按命令同时行动。

这五家都是上海著名的"黑帮分子",都属"不设防的城市"。五路兵马虽然没有一纸证明文书,却如入无人之境,空手而去,满载而归。

江腾蛟通宵坐镇巨鹿路,守在电话机旁。总算一切顺手,五路兵马没有遇上任何"麻烦"。

以陈丕显为首的中共上海市委当时受到猛烈冲击,但尚未被打倒。中共上海市委办公厅所印第99期《文化大革命动态》,作了这样的报道:"10月9日凌晨,黄宗英、赵丹、郑君里、童芷苓、陈鲤庭等人，几乎都在同一时间被一些不知名的红卫兵抄了家，这些人在抄家时的特点是，只搜文件文物，不抄其他，行动秘密……"

抄家的"战利品"分两次送往北京。先是江腾蛟和张彪飞去，然后刘世英、袭著显飞去。"上面"交代的任务只是抄一封信，而他们带去的"战利品"却是鼓鼓囊囊的四麻袋，另加一小包。

当时的路名已经"革命化"了，外国使馆密集的东交民巷那时被改称为"反帝路"。来自上海的四位神秘客人，一下飞机，便由空军党办二科科长卫球迎接，送往"反帝路"44号空军招待所，住入北楼六号门，江腾蛟住楼上，另三个住楼下。

郑君里成了江青的眼中钉

见不得人的事，当然也见不得光。1966年10月12日夜9时许，上海空军招待所忽地接到一个奇怪的命令：关闭所有的路灯。

路灯灭了。在一片黧黑之中，几辆轿车悄然而入，停在九楼六号门前，从车里闪出几条黑影。

据当事人张彪回忆："晚上9点多，江腾蛟把我的房门推开，叫我出来。我出来一看，是叶群、吴法宪、林豆豆，还有一个青年人模样，头一晃就被他们身影遮住未看清，因为都集中在楼梯上，我估计是林立果。送走叶群、吴法宪等以后，江腾蛟回到楼上他住的房间。我进去一看，那麻袋东西没有了。"

直到那几辆轿车驶出空军招待所之后，那里的路灯这才重放光明。

还有一个细节，不能不提及：那几辆轿车的车牌，全用纸糊上了！

那几个麻袋，放在轿车的后尾。

此后的事，当事人、原林彪办公室秘书赵根生在1980年8月8日为特别法庭所写的证词中，谈得十分详细：

回到了毛家湾，叶群让把材料送到她卧室，倒在地毯上……在分类的过程中，我看到这些材料完全是上海文艺界一些人士的，如赵丹、黄宗英、陈鲤庭、郑君里等。

（大约过了三天）叶群说，江青同志指示，要将这些材料放到最保险的地方去……我已经同吴法宪讲了，放到空军指挥所去，你和张云生一块去，放到空军指挥所去……

过了将近两个月，1967年1月初，叶群从钓鱼台打电话告诉我，空军要把那包材料退回，你收下，我马上就回去。过了一会，空军党办科长卫球把那包材料送来交给我，我一看原封未动，就放在办公室的桌子上，很快叶群就回来了，一同来的还有江青、谢富治。叶群把他们领到客厅，到办公室找我要走材料，并让我快点到后院小伙房捅开火炉子，说是要销毁这包材料。我到后院刚把火炉子捅开，叶群领着江青和谢富治也到后院来了。谢富治亲自拆封，和叶群他俩一份一份地填入火炉，中间还让我拿铁棍扎了几下，江青是在离火炉十来步远来回踱步。材料烧完以后，他们又回到前院客厅,我弄好炉子回到办公室,记得过了一会儿,江青和谢富治就走了。

毛家湾的炉火,吞没了使江青脸红心跳的30年代丑史材料。

她渐渐舒心,脚步也轻快起来。

然而,当她一想及那封落到郑君里手中的信,并没有抄来,不由得又双眉紧锁。

郑君里手中,究竟有什么信,使江青如此坐立不安?

我去采访郑君里夫人黄晨,是那样的方便,从我家的阳台上,便可以看见她家的窗口。1986年6月我去采访她。

她刚从香港回来。国恨家仇,十年风霜,在她的前额刻下深深的皱纹,黑白参半的头发成了灰色。一提起江青,她咬牙切齿:"这个蓝苹,害得我家破人亡……"

在公审"四人帮"的日子里,亿万观众都曾从电视屏幕上见到过她。

那天,她穿了灰色法兰绒上衣,拢了拢头发,非常镇静地步上原告席。

被告席上,那灰白色的铁栏杆围着一张高背木椅,江青穿着一件低领的黑上衣,套着一件黑色棉背心,上面打着一个显眼的补丁。她挺直脖子,瞪着眼睛,强装着一副"旗手"的神态。

"蓝苹!"黄晨一见到江青,眼中迸出愤怒的火花,大声地喝道。

江青不由得一惊,呆住了。自从公审以来,当着法官,当着众多的旁听者,还未曾有过叫她"蓝苹"的。不,不,已经很久很久,没有人敢当面叫她"蓝苹"的了。

江青转过脑袋,视线转向原告席,倒吸一口气,说了一句:"阿黄?"

她确实感到震惊,因为她以为黄晨早已不在人世了。

"你是什么东西,叫我阿黄?"黄晨怒不可遏,用手一拍桌子,厉声道,"你逼死我丈夫郑君里,我要控诉!我要揭发!……"

通过电视,黄晨在亿万人民面前,揭发了江青迫害郑君里致死的罪行,揭发了江青策划的"十八"抄家案。

黄晨正气凛然,义正词严,江青不得不低下了那傲视一切的脑袋。

庄严的《中华人民共和国最高人民法院特别法庭判决书》上,记下了江青的这一罪恶:"1966年10月,江青勾结叶群,指使江腾蛟在上海非法搜查郑君里、赵丹、顾而已、童芷苓、陈鲤庭五人的家,致使他们受到人身迫害。"在被迫害致死的社会各界人士名单中,提及了"著名艺术家郑君里"。

郑君里,他的名字与中国电影紧紧联系在一起:30年代,他担任了《野玫瑰》《大路》、《迷途的羔羊》、《新女性》等影片的主要演员;40年代,他和蔡楚生编导了轰动中国影坛的《一江春水向东流》,导演了锋芒直指国民党反动派的《乌鸦与麻雀》;50年代,他导演了优秀影片《宋景诗》、《林则徐》、《聂耳》;60年代,他导演的《枯木逢春》受到了人们的推崇……诚如袁文殊为郑君里的遗著《画外音》一书写的序言所说,他是"一位既有丰富的实践经验,又有广博的理论修养,才华茂盛的电影导演"。

电影演员蓝苹,本是郑君里夫妇的好友。

袁牧之（大哥）、郑君里（二哥）、唐纳（三弟）、赵丹（四弟）因志同道合，曾经结为四兄弟。蓝苹曾是唐纳之妻，跟郑君里夫妇过从甚密。

1936年，当三对新人——唐纳和蓝苹，赵丹和叶露茜，顾而已和杜小鹃，在杭州六和塔举行婚礼时，沈钧儒为证婚人，而郑君里为司仪。

黄晨与蓝苹互以"阿黄"、"阿蓝"相称。看到一块合意的料子，一起买来，做成一色的两件衣服，黄晨和蓝苹同时穿了出来。

黄晨还记得，1951年，当她出差到北京，住在电影局招待所，江青闻讯，派来了汽车，接她去中南海。那时的江青，穿着一身土蓝布列宁装，还念旧情。江青曾经说，如果她愿意，可以帮助她去苏联学剧场管理。

■ 著名电影演员、导演郑君里。

然而，江青成了"旗手"，大言不惭地自吹自擂："30年代在上海，我是第一流的演员，但这并不是我的主要工作。我做革命工作，地下党，领导工人运动……"

鲜红的历史，闪光的道路！这种连草稿都不打的牛皮，只能骗骗戴着红袖章的红卫兵。

一想到深知她的底细的郑君里夫妇，特别是落在郑君里手中的那封信，江青如坐针毡。

欲除心病，江青最初找的并不是叶群、江腾蛟，却是张春桥。

1966年6月，"文革"的大幕已经拉开。一天，郑君里回到家里，神情黯然。看得出，他遇上了不愉快的事儿。

果真，他告诉黄晨："今天，张春桥找我谈话。"

事情颇为突然，厂里通知他，到"康办"去一下。

张春桥板着面孔，在康平路市委办公室里接待他。

在说了一通端正态度、积极投入"文革"，跟30年代"文艺黑线"划清界线之类话以后，张春桥把话题一转："我知道，你跟江青同志早就认识，有过交往。江青同志现在的地位，跟过去不同了。她过去有一些信件之类的东西，还在你家里。这很不妥当。你回家清理一下，找出来，密封，交给我。"

郑君里明白，这是张春桥找他谈话的真正目的，他从张春桥的话中听出，显然是奉江青之命找他——除了江青本人之外，别人不会知道那封信的。

当张春桥找郑君里谈话时，上海市副市长梁国斌在侧。

据梁国斌回忆：

"1966年6月张春桥找郑君里谈话，曾对我说，江青现在是主席的夫人了，她有照片、信件在郑君里家，我要找郑君里谈一次，为慎重起见，你也参加一下。我答应了。张春桥找郑君里谈话时我在场……"

■ 王洪文密藏的有关江青的历史材料　　　　　　■ 张春桥密藏的有关江青的历史材料

"张春桥对郑君里说，现在江青的地位不同了，她过去还有一些信件等东西在你家里，存藏在你家不很妥当，还是交给她处理吧！郑君里完全答应。"

郑君里和黄晨一起在家中翻找，总算找出一包材料，密封，托厂里转给张春桥。

梁国斌回忆道："事隔约一个星期左右，张春桥对我说，郑君里那里的信件、照片等交出来了，已转交给江青，她当场烧了。"

这么一来，郑君里似乎"太平"了。

不料，过了些日子，张春桥又一次找郑君里谈话。

这一回，张春桥的脸上乌云密布，仿佛马上就要发出闪电和雷鸣。

他不再绕弯了，单刀直入道："江青同志有一封信在你手中，你为什么不交出来？"

从话语中可以听出来，显然，江青已经看过郑君里上一次交给张春桥的材料。

"那封信，早就不在了。"郑君里答道。

"你再好好回忆一下，把信找出来。"张春桥依然不放过他。

郑君里回到家里，忧心忡忡，他早就销毁了那封信，眼下交不出来，而江青又紧追不舍。

黄晨和他翻箱倒柜，郑君里向来很重视保存创作资料，便于写作，他保存了许多30年代电影书报、剪报。凡是其中涉及蓝苹的，都一一交出。

黄晨还找出了一张四人合影的照片——唐纳、蓝苹、郑君里，她。

她记得，那是在1936年，他们在霞飞路（淮海中路）万籁鸣兄弟所开的"万氏照相馆"里拍的。

郑君里见到这张照片，立即放入上交材料中。黄晨虑事比丈夫仔细，只见她拿起剪刀，剪去了唐纳。郑君里会意，赞许地点了点头。因为如果不剪去唐纳，更会招惹麻烦。

再也找不出别的"防扩散材料"了。郑君里深知，这一回的材料仍没有那封信，江青势必不会放过他。于是，郑君里给江青写了一封信，说明信件"没有保存，只是理出几张三十年代的老照片，请你处理吧。"他了解江青的脾气，她是一个一不做、二不休的女人。为了避免她的纠缠，他在信中还写道："运动之后，我们搬到农村去落户，搞搞文化馆的工作……"

虽然郑君里已经退避三舍了，然而，他并没有从江青的记忆中消失，恰恰相反，她已把他视为心腹之患了。

她要借刀杀人,这"刀"便是叶群。

1966年10月1日,中华人民共和国27岁的生日,成为红卫兵的盛大节日。150万红卫兵云集天安门广场,使那里成为一片红色的海洋。江青站在天安门城楼上离毛泽东只咫尺之遥,挥动着小红书,向红卫兵招手。她深深地被权力的魅力所吸引,所陶醉。

就在天安门城楼上,她见到叶群。叶群邀她到毛家湾走走,她答应了。

三天之后,江青出现在毛家湾林彪寓中。

江青和叶群在微笑中,谈成一笔肮脏的交易:"你替我拔去眼中钉,我帮你干掉私敌。"

于是,江青说起了郑君里,说起了落在郑君里手中的一封信。

于是,叶群通过吴法宪,电召江腾蛟火速来京。

于是,10月8日深夜,一伙不速之客,光临上海武康大楼郑君里家中。

据黄晨回忆,在抄家的时候:

"不准任何人进出,对我们搜身,叫我们把所有的首长的文字东西都拿出来,把我们的书翻了一地……把君里几十年积累下来的创作手稿、资料搜刮一空,连我的小儿子从幼儿园到高中作业的成绩报告单都拿走了。"

"大抄家后,在1967年9月,就把君里秘密地抓走了。在监狱里,君里同志受到惨无人道的严刑逼供,仅两年就活活被折磨死了……"

江青追抄什么信

在采访黄晨之前,我曾听到一种关于那封信的传说。

据说,江青在1958年,给郑君里写过一封信。

这封信,是因毛泽东写了那首《蝶恋花·答李淑一》引起的。

1959年4月25日至27日,上海《新民晚报》连载了《访李淑一》一文,记述了记者访问当时在上海老友钟淑贤家做客的李淑一。其中一段,详细谈及了毛泽东写作《蝶恋花》的经过。可以说,李淑一的这段话,是关于毛泽东为什么写《蝶恋花》的最权威的解释:

> 李淑一同志说,那是1957年的春节,我给毛主席写了一封贺年信去,因为我已经有三年没有写信给他,算是向他请安的。还给他寄去了一首1933年夏天的旧作求教。当时(指1933年)因为道路传闻,说直荀已不在人间,有天晚上我做了一个梦,梦见直荀回去,样子非常狼狈,我哭泣着醒来,和泪填了一首《菩萨蛮》,原词是这样的(原词中个别字,据李求知《忆李淑一老师》修改。——引者注):
>
> 兰闺索寞翻身早,夜来触动愁多少。
> 底事太难堪,惊侬晓梦残!
> 征人何处觅?六载无消息。

醒忆别伊时，满衫清泪滋！

同时，我还要求他把他从前写赠杨开慧烈士的一首词写给我。

主席回信是5月11日。他的信一开头就说："惠书收到。过于谦让了。我们是一辈的人，不是前辈后辈关系，你所取的态度不适当，要改。"（《新民晚报》所登毛泽东致李淑一信，个别字句有误，引者已据《毛泽东书信选集》更改。——引者注）意思是我不应当用"请安"的字眼。我的《菩萨蛮》他看了，信里说，"大作读毕，感慨系之。"他没有把以前赠杨开慧烈士的词再写出来，他说那一首不好，"有《游仙》一首为赠"，还说，"这种游仙，作者自己不在内，别于古之游仙诗。但词里有之，如咏七夕之类。"这就是大家已经读到的"我失骄杨君失柳"那一首《蝶恋花》。

这首词寄到学校后，（长沙）第十中学（即前福湘女中，李淑一的工作单位。）的同学争相传诵。湖南师范学院的学生也知道了，他们想在校刊上发表，写信去请示毛主席：可否在校刊上发表？后来主席亲自复信，同意发表，只是把题目改成了《赠李淑一》。后来，《人民日报》、《诗刊》和各地报刊都登了……

柳直荀是李淑一的丈夫，毛泽东的战友，牺牲于1932年湖北洪湖革命战争。杨开慧为毛泽东夫人，牺牲于1930年11月14日。

李淑一的一席话，把毛泽东写作《蝶恋花》一词的前后经过，说得清清楚楚。李淑一的信，引起毛泽东对柳直荀烈士、杨开慧烈士的怀念，写下"我失骄杨君失柳"那样充满深情的词句。

这一切，既是人之常情，也是革命之情、战友之情。然而，却触动了江青那根歇斯底里的神经。江青当着毛泽东的面狂叫："你怀念杨开慧，我想念唐纳！"

江青一气之下，给郑君里写了一封信，打听唐纳在国外的地址。

据传，江青要追索的，便是这封在1958年写给郑君里的信。

当然，这仅仅是"据说"、"据传"而已。因为关于那封信，一直是一个谜：不论是对张春桥或者叶群面授机宜的时候，江青只是说有一封重要的信落到郑君里手中，并未谈及是一封什么内容的信件。何况叶群已死，张春桥则以缄默对抗，无法从他们那里查清江青千方百计要追回的是什么信。

此事唯有江青知，郑君里知。

不过，在1980年12月1日下午特别法庭开庭审问江腾蛟时，江腾蛟的交待，提供了重要的佐证：

问："你到北京以后，叶群怎么给你具体交代任务的？"

答："叶群跟我讲，江青1958年有一封信落到郑君里、顾而已他们手上，现在要把这封信收回来……"

这里提及的顾而已，显然是江青使用的"障眼法"。她要追寻的，是落在郑君里手中的信——正因为这样，她指使张春桥找郑君里谈话，并没有找顾而已谈话。

江腾蛟的交代,明确地说出了要追查的是江青1958年的信。

在审问时,审判员高斌特地追问了一句:

问:"到底要搜查江青什么时间的信?"

答:"五八年,我记得很清楚。"

1958年,早已成为"第一夫人"的江青,怎样会"有一封信落到"上海电影制片厂导演郑君里的手中呢?

不是"落到"他的手中,是她写信给郑君里!

江腾蛟的交代,清楚地证实了江青要追查的那封信,是怎么回事。

在笔者访问黄晨时,她说郑君里怕惹事,早在张春桥找他谈话之前,已经烧掉了江青的那封信。正因为这样,张春桥一直追逼之下,他也无法交出江青所要的1958年写给他的信。

黄晨还回忆,除了1958年江青的这封信之外,在20世纪30年代,江青还曾给郑君里写过一封信,事关她、唐纳……

王莹惨遭江青迫害

蓝苹变为江青,江青终于成了"旗手"。

当菜青虫长出漂亮的翅膀,变成粉蝶之后,其实它的身子,仍保持当年菜青虫的形态。

"旗手"蜕化于蓝苹。虽然"旗手"戴上了种种炫目的光圈,仍处处流露出当年蓝苹的气质:骄横,傲慢,虚伪,阴险;志大才疏,却又从不甘居人下;反复无常,一切随我所欲,刚愎自用;历来我行我素;好吹好擂,最喜阿谀奉承。

不过,"旗手"有权有势,也有两点是当年的蓝苹所无法企及的:

第一是报复。利用手中的大权,对一切"私敌"实行报复,以致置于死地而痛快。

第二是掩饰。企图把一切不光彩的往事一笔抹掉,不择手段地封住一切知情者的口,销毁一切"防扩散材料"。

"旗手"的不光彩的过去——当年蓝苹的旧事,成为江青的一块心病。

她要遮丑。她知道,那些丑事有损于"旗手"的光彩。

上海!上海!当年蓝苹在上海,大报登,小报载,多少知情人尚在。

她首先想到的是郑君里。郑君里知道的事情实在太多。对了,还有那个赵丹!

于是,发生了本章开头所描述的"夜半鬼敲门"那触目惊心的一幕。江青借助于叶群,借助于江腾蛟,动用军人,对郑君里、赵丹等进行了秘密大抄家。

她的报复心,是那样的重。

那个王莹,眼巴巴从她手中夺走了《赛金花》,那时候她无可奈何。

如今她是"旗手",不整王莹不解气。

查!王莹在1954年底从美国回来,被安排在北京电影制片厂里。

查!王莹自1958年底起,隐居在北京香山狼见沟——她的丈夫谢和赓在1957年被划为"右派分子",送往北大荒劳改,她躲进人迹罕至的狼见沟农舍,避开京城那繁华天地。

谢和赓在北大荒劳改了一年多,终于归来,夫妇俩仍住在狼见沟,与世无争,与世隔绝。

"蓝苹"在中国政治舞台上的崛起,使王莹心中的忧虑日甚一日。王莹深知"蓝苹"的为人,必定会进行报复。

果真,1967年2月,一批戴红袖章的不速之客,突然闯进狼见沟,自称"奉中央文革小组之命"!

"中央文革小组"亦即江青的代名词。当年蓝苹和王莹争演《赛金花》已经过去30多年,江青仍深深记恨于王莹!

那批不速之客,是来自好几所大学的红卫兵。他们住在王莹家中,王莹和丈夫失去了行动的自由。

王莹遭到了大抄家。她的创作手稿、她的日记、她在美国多年所搜集到的美国报刊资料……全部被抄走了。

王莹和丈夫不断受到红卫兵的审问。经过几个月的折磨,王莹和她的丈夫已经筋疲力尽。

1967年7月1日,几辆汽车驶入狼见沟。谢和赓被捕了,被押上了汽车。

谢和赓刚押走,王莹也被捕了!王莹和丈夫双双被投入了监狱。

给谢和赓加上罪名,易如反掌,因为他本来就是"右派分子"!

王莹呢?"旗手"给她加上了"美国特务"、"叛徒"、"反革命"一连串大帽子。

"旗手"心狠手辣,终于置王莹于死地。

"江青这个一心要杀人灭口的刽子手,她哪能让王莹活下去呢?就在她的密令下,几个丧尽天良的打手惨无人道地折磨着王莹,连续对她审讯、毒打。1970年,王莹被他们折磨得下肢瘫痪,浑身抽搐,不能说话,其状惨不忍睹。可是,毒蝎心肠的江青,却迟迟不准为王莹看病!直至1972年11月,在生命垂危的情况下,监狱才把她送进医院治疗。1974年3月3日,王莹在狱中含冤逝世了!死去的当天,遗体就匆匆火化,没有让亲属和任何有关单位的人去做最后的探望和告别!有关方面交给的死亡书上甚至连姓名都没有,只有一个监狱囚徒的号码——六七四二!"[1]

仅仅因为与江青争演《赛金花》,王莹落到了为此丧生的地步。

江青闻王莹死讯微微一笑,喝下一杯红红的葡萄酒,庆贺这一"历史性的胜利"——江青为蓝苹报了仇,雪了耻!

那个华旦妮,也要查一查,整一整。

江青记得,华旦妮是开服装店的。蓝苹去做过衣服。哼,华旦妮仗着丈夫史东山是大导演,居然小看蓝苹,挑三剔四的,不给做。

虽然史东山在1955年已经死了,可是,华旦妮还在,此仇也要报,华旦妮应列为"审查对象"!

对啦,那个夏衍,成为"四条汉子"之一,早在"文革"的大幕拉开之前,已经把他

---

[1] 李润新:《洁白的明星——王莹》,中国青年出版社1987年版。

跟陈荒煤一起,作为"夏陈路线"进行批判。"文革"中,他是重点批判对象,已经把他整得只剩半条命。不过,在江青看来,那笔"托派"的账,还必须跟夏衍清算!

于是,突然有人找夏衍外调,要他交代:"1937年2月,你借反对托派为名,打击过哪些人?"

如同猜哑谜似的,夏衍不知从何说起。

在铁窗下细细回忆,幸亏夏衍的记忆力不错,总算记起,如他在《懒寻旧梦录》中所言:

记得蓝苹这个所谓"电影明星",当时也是以"左"的面貌出现,在公开的集会上表示反对和平解决西安事变。所以,我曾要于伶约她单独谈话,做一些思想工作。

当时上海的托派活动得很厉害,在谈话中于伶可能讲了一句"要不让托派利用"之类的话吧,这个以左派自居的人竟大为不满,和于争吵了一阵。……可是,奇怪的是,在十几年以后,解放初期,有一次蓝苹请赵丹、君里、楚生和我在北京一家小饭馆吃饭,杂谈中她忽然收起笑容,咬牙切齿地说:"抗战前夕有人说我是托派,这件事我一直记在心上,这是对我的政治打击。"这一突如其来的发作,不仅君里、赵丹,连参与过这件事的我也不知道她讲这些话的用意……

就那么一句话,她在十几年后的解放初记得,在30多年后的"文革"还依然记得。她要报"仇",她要报复一切"仇人"。

她,双眼发红,成了一个"复仇的女魔"。

恩将仇报,阿桂蒙尘

有仇报仇,有冤申冤。

无仇无冤,有的曾是她的好友,有的曾给她以帮助,有的为她所敬仰,有的甚至曾为她所爱,仅仅因为知道蓝苹的往事,也在"文革"中遭到她的挞伐。

郑君里和赵丹知道蓝苹的往事太多,自然在劫难逃。抄家之后被投入狱中,郑君里屈死于冤狱。

顾而已,"六和塔婚礼"中的一个,要整掉他!

于伶,"十八"抄家"候补"名单中的一个,此人知内情,该整!

史枚,当然该整。好在他蹲过国民党和军阀盛世才的监狱,1957年又划为"右派",整他不难。

章泯,任北京电影学院院长兼党委书记,就在眼前,就在鼻子底下,太容易招惹是非。不过,他是"走资派"、"三十年代黑线人物",何况北京电影学院的"主义红卫兵"的"造反精神"是闻名北京的,整他也不难。哦,终于在1975年2月4日把他整死了,了却江青一桩心事。

最令人震惊的,是秦桂贞向我讲述的故事①。

秦桂贞,不是"走资派",不是"三十年代黑线人物",只是一个极普通的妇女——解放前当佣人,解放后在幼儿园当保育员。成为"旗手"之后的江青,本来早已把阿桂遗忘。"文革"之祸,本来不会烧及秦桂贞。

可是,在1968年2月,张春桥密报江青:"上海的红卫兵在找一个保姆了解你过去的情况……"

当时,张春桥只是听他手下的密探的汇报,知道有这么一回事。他并不知道那个保姆是谁,住在什么地方。

江青一听,心中一惊:她马上意识到那保姆是秦桂贞!

江青明白,当年,她跟唐纳之间的"武斗",她跟章泯的同居,阿桂亲眼目击,一清二楚。如果红卫兵从阿桂口中知道这些,贴大字报,刷大标语,"旗手"的脸往哪儿搁。

这一回,江青不必再通过叶群了。一个电话,江青就把肥头大耳的空军司令吴法宪召来。江青向吴法宪当面交办重要任务了——尽管这次的任务,又与空军业务毫不相干。

"是这样的,你赶紧派人到上海去,给我找一个人。"

■ 张春桥写给江青的信

当年的蓝苹,如今耳提面命,向堂堂空军司令发号施令了:"这个人的名字叫秦桂贞,人家喊她阿桂。30年代,我在上海的时候,她照料过我的生活,知道我的一些情况。这个人长期被上海市公安局里的坏蛋控制利用,可能泄露过我的机密情况。听说,最近又有人找她调查。这个人不能放在外边……"

"我马上派人把她抓来!"吴司令到底是个明白人,锣鼓听音,说话听声,他听出了江青的意思。

"不过,我们多年没有联系,我不知道她现在住在上海什么地方。"江青说道,"你派人到上海,注意不要惊动上海市公安局。你要秘密调查,秘密押送,把她抓到北京来。在她手头上,可能有我的一些照片,一起拿来。"

"我用飞机押送她,又快又保密。"空军司令手底下有的是军用飞机,可以充分发挥他的"空中优势"。

---

① 叶永烈于1986年7月26日、1995年9月30日、1995年10月3日及4日多次采访秦桂贞。

江青想了一下,授予锦囊妙计:"不要明火执仗,不要当场逮捕。你借我的名义,如此如此,她一定会言听计从,乖乖地来北京……"

吴法宪连连点头,领命而去。

吴法宪找了一个姓张的心腹,面授机宜。此人坐了专机,来到上海。由于江青关照过,在上海市公安局里可能还隐藏着坏蛋,那人只得自己设法在茫茫上海滩寻找秦桂贞。

秦桂贞来上海后,调换过好几个工作单位,况且已于1967年退休,单身一人,住在上海南京西路一条弄堂的一座两层小屋的楼上。她是个小人物,不像郑君里、赵丹那样的名人容易打听。

姓张的在上海查了三四天,这才查明秦桂贞究竟住在哪里。

1968年3月2日这天傍晚,作为里弄干部的秦桂贞,正在安排几个红卫兵的住宿。

忽然,一个四十来岁、留着齐腮短发的女人,前来找她:"你是秦桂贞阿姨吗?"

"是的,我叫秦桂贞。"

那女的拿出一张纸头说:"我是上海市革命委员会的,这是介绍信。"

秦桂贞原是文盲,眼下也识字不多,看着那纸头上盖着红色圆形大印,猜想那介绍信不会是假的。

"什么事?"秦桂贞问。

"请你跟我去,到市革会,有点事情。"那女的答道。

秦桂贞随着她穿过热闹的南京路,见僻静处停着一辆银灰色的小轿车。那女的带着她上了车。

秦桂贞已经54岁了,还没有坐过这么漂亮的小轿车。她在揣测着,市里有什么要紧的事找她呢?

风驰电掣一般,那小轿车左抹右拐,驶入幽静的所在,停在一幢小楼前。

在一间宽敞的办公室里,那个姓张的满脸堆笑,请她坐在沙发上,说道:"秦阿姨,北京首长想念您,托我问您身体好!"

秦桂贞一听,心中顿时豁亮:那"北京首长",想必就是当年的蓝小姐、今天的江青。

不过,秦桂贞又一想,也许是彭真夫人找她[①]。因为彭真夫人曾希望她去他们家烧菜,

[①] 笔者在1995年10月对秦桂贞再度作了采访之后,曾写成文章,在香港《镜报》发表。当时文章中写成"秦桂贞又一想,也许是彭真或者是鲁迅的儿子找她。因为彭真以及鲁迅的儿子都曾希望她去他们家烧菜,当保姆。"文章发表后,1996年3月23日,鲁迅之子周海婴先生给笔者写了一封信,通过丁言昭女士转来。周海婴先生针对上面一段文字,在信中指出:"鲁迅只有一个儿子。所以,作为唯一的我,可以确切地肯定,不论直接、间接,都不认识她,也没有需要请她来我家当保姆、烧菜。因此,请先生今后出版此书时(或转载)把涉我的一句予以删去。谢谢。"

笔者接周海婴先生来信后,即查了采访秦桂贞的录音带,她当时确实是那样说的。于是,笔者于1996年3月29日给秦桂贞打了电话,她作如下答复:"当时,我在北京北海幼儿园工作,鲁迅的孙子在这个幼儿园。我认识鲁迅夫人。她曾对我说,希望到她家烧菜、当保姆。"

笔者在当天给周海婴先生复信,除了说明了秦桂贞的意见外,还表示:"我尊重先生的意见,删去有关先生的那一句话。"

1996年4月6日,周海婴先生又写一信给笔者。信中说:"昨天我请教了陈明先生的妹妹,她在北海幼儿园工作几十年,现已退休,住在楼下哥哥家里。她说记得很清楚,秦桂贞调入和调出。她说秦是1953年离开的,在园里时间很短。调出调入都是江青那里办的。我的孩子是三岁以后才能进北海幼儿园,那已经是1957年之后的事情了。"

当保姆。只是由于秦桂贞以为在他们家中,进进出出极不方便,所以不愿去。消息很不灵通的她,当时连彭真已经被打倒,都不知道。

姓张的又紧接着说:"北京首长派我来,接您去北京住几天,好不好?"

"什么时候动身?"

"今天晚上就走!"

事情这么突然,秦桂贞毫无思想准备。好在她孤身独居,无牵无挂,要走就走。

她想了一下,记起今天是星期六,便说:"明天是星期天,如果我今晚走,我要跟陈阿姨说一声,因为我向来是在她家过星期天的。"

"陈阿姨是谁?"

"她是我在幼儿园工作的老同事,是我最要好的朋友。她家离我家不远。"

姓张的一边记下陈阿姨的姓名,一边说:"北京首长关照,您去北京,不要告诉任何人!您赶紧回家收拾一下,马上就走。北京比上海冷,您要多带些衣服……"

小轿车送秦桂贞回家,那女的陪着她。

事有凑巧,秦桂贞刚刚进屋,陈阿姨来看她了。那女的催秦桂贞快收拾,快走。

"你要出门?上哪儿?"陈阿姨问秦桂贞。

秦桂贞支支吾吾,未敢答复。她只是说,身边总共只剩三角钱了。

陈阿姨立即掏出四元钱,借给她。

"后天发工资,你替我领一下。我出门的消息,谁也别告诉。"秦桂贞对陈阿姨说完这句话,就出门走了。

秦桂贞做梦也想不到,她前脚刚跨出家门,抄家者后脚就来了,把小屋里所有的照片和有文字的纸片抄得一干二净,全部带走。江青当年从重庆寄给秦桂贞的两张照片,也被抄走了。

那个完全无辜的陈阿姨,由于目击了秦桂贞离家的一幕,被作为"反革命"遭到审查!

夜空像锅底一般乌黑,小轿车把秦桂贞送入上海军用机场。一架专机在那里等候。

这是秦桂贞平生第一次坐飞机。当她走进机舱,那个姓张的穿着一身军装,早已坐在那里了。这次飞行,除了押送者之外,总共只有两名乘客——她和作家峻青。

作家峻青也是江青下令秘密逮捕的。

那是1968年2月27日傍晚,峻青在上海作家协会的"牛棚"里干完活,拖着疲惫的身体,沿着巨鹿路往家中走去。

(续上页注)

笔者在4月9日收到周海婴先生来信,又打电话给秦桂贞核对。秦桂贞告诉笔者,她是在1958年离开北京北海幼儿园的。她说,这有档案可查,上海的她许多同事也都可以证实她是在1958年回到上海的。所以,她说,她绝不是"1953年离开"北京北海幼儿园的。事隔多年,陈明的妹妹可能记错,而她作为当事人不会记错自己调离的日子。

笔者经过与秦桂贞多次核对,以为她的回忆是可靠的。如果她早在1953年就离开了北海幼儿园,她怎么可能知道鲁迅之孙周令飞在这个幼儿园呢?周海婴先生的指正也是正确的,因为她所说的"鲁迅之子找她"不确,应是"鲁迅夫人找她"。

虽说以上只是一件小事,笔者很感谢周海婴先生的认真指正。1996年4月13日晚,笔者在与丁言昭女士通电话时,她建议笔者写一段注释,说明核对事实的经过,附于书中。笔者以为她的意见很好,所以写了这一注释。

峻青,本名孙俊卿,作家,写过小说《黎明的河边》《胶东纪事》等,也写过许多散文,如《秋色赋》《雄关赋》等。1955年起,任中国作家协会上海分会代理党组书记、书记处书记。笔者曾与峻青有过许多交往。

当峻青走到巨鹿路与常熟路的交叉口的时候,一个戴着大口罩、穿蓝棉衣的男子走近了他。

"你是峻青同志吗?"显然,对方有备而来。

峻青点了点头。

此人自称姓张,说是有要事找他,请他一起走一趟。

峻青不知对方何意,当然不肯。来人只说吴法宪要找他。

峻青很惊讶,那位空军司令干吗要找他呢?

那人请他上车,说是到了空军招待所再详谈。

峻青上了车。后来,峻青才知道他叫张彪,空四军文化处长。

峻青随张彪到了空军招待所,见到了吴法宪,此外还有戴眼镜的人在侧。后来他才知道那人就是江腾蛟。

吴法宪要峻青上北京:"有什么事,不必问。"

峻青则坚持必须通过组织,他才去北京。

几天之后,3月2日,上海作家协会群众组织的头头通知峻青:"中央有个专案,要你去北京。"

当天夜里十时,一辆白色"伏尔加"轿车接峻青直奔上海西郊虹桥机场。到了那里,峻青非常吃惊,一架三叉戟专机在等待他。

机舱里空荡荡,只他一个"乘客"。

飞机起飞之后,峻青听见尾舱里有女人的尖叫声。后来,峻青才知道,她就是秦桂贞。

秦桂贞尖叫,是因为她心中有点害怕。那个姓张的就劝她从窗口看下面。她看见了上海的万家灯火。没多久,灯光消失了,四周一片漆黑。

北京的天,也如同墨染一般。专机在一片黑暗中降落。

早已等待在机场的小轿车,把秦桂贞送入空军招待所。

秦桂贞独自住在铺着红地毯的房间里。她向来睡硬板床,睡不惯弹簧床,只得躺在红地毯上过夜。服务员见了,只好苦笑。

她向来做惯了,一下子闲得无所事事,双手不知搁在什么地方好。她帮助服务员扫地、倒痰盂、冲刷各处的抽水马桶,连浴缸都洗得干干净净。

她盼望着"首长"早日"接见",以便可以早点回上海——她过不惯这种"红地毯生活"。

终于,有一天来了一男一女。那男的戴眼镜,讲的话很难懂。那女的讲一口普通话。

从那女的话中,秦桂贞得知,她就是叶群,而男的则是"中央文革小组"组长陈伯达。他们说,是代表江青同志前来看望。这样,秦桂贞才明白,那"想念"她的"中央首长",确实就是蓝小姐。

据云，叶群和陈伯达回去之后，把见到秦桂贞的情况告诉江青。不久，江青便对吴法宪说："我不见她。把她监押在北京。防止她泄露我30年代的情况，防止别人向她调查我的情况。"

于是，江青便以秦桂贞"同国内外阶级敌人有联系"的罪名，决定把秦桂贞投入监狱。

秦桂贞记得，3月6日，几个军人来了，说是"首长"有请，要她带上东西走。这一回，接她去的不是小轿车，却是一辆军用卡车。她刚坐定，两个军人立即分坐在她的两侧。

卡车开出了北京城，在郊区公路上开了很久很久。

高墙铁门，到处是岗哨。这是什么地方？秦桂贞进去后，她的鞋带、裤带全被没收，换上难看的黑色的衣服。

她的头发被剃掉，只在头顶留下一小撮。后来，她才明白，那在头顶留下的一小撮头发，是为了便于随时"揪"住她的脑袋，进行拷打。

她被单独关进小小的水泥屋里，窗上钉着铁条。

她这才恍然大悟：她被抓去坐牢了！

关押她的地方，便是秦城监狱——关押要犯的场所。

她的罪名，是"首长"定的——"特务"！

天哪，她怎么会成为"特务"？真是"欲加之罪，何患无辞"！

她，常州乡下一个贫苦农民的女儿，姐妹兄弟六个。母亲生下她才一个月，父亲就去世了。于是，她被说成"不吉利"、"命不好"，要送给人家。可是，没有人家愿意要她。

她出生的那年，又遇上常州乡下发大水，没办法，母亲到上海给人当奶妈。不得已，母亲把她寄养在一个邻居家，每个月贴补邻居一元钱，邻居用米汤、稀饭喂养她。

秦桂贞五岁那年，被姑妈要去当童养媳。姑妈家也穷。没多久，她又被一家裁缝要去当童养媳。那裁缝每天只有两角钱收入，也很穷。

13岁那年，听人说到上海去做"大小姐"——佣人，可以赚点钱。于是，她就由邻居陪同来到上海，进入"荐头店"——佣人介绍所。秦桂贞刚刚坐下来，就被人领走了。这样，秦桂贞赤脚随那人来到上海宁康里许家当佣人。刚到许家的那天，天那么冷，她却赤着脚，连双鞋子都没有。吃饭的时候，她光吃米饭，什么菜也不吃，使许家惊诧不已——她在乡下向来吃南瓜、山芋当饭，如今能吃上大米，在嘴里打个滚就吞下去了，还用得着吃什么菜？

秦桂贞的运气不错，遇上了好人家。许家小姐许慕贞待她很好，嘱家人给她买了衣裤鞋袜，还给她买了鱼肝油。

从此，秦桂贞安心在许家当佣人。三年之后，婆家要领她回乡下成亲，秦桂贞怎么也不肯。许小姐很同情她，为她请了律师，办了解除婚约的手续，并付给秦桂贞婆家120元银元。

秦桂贞非常感激许家，也就把许家当成自己的家。

许家从上海宁康里搬到安澜路花园村，后来又搬到环龙路上海别墅。当时，许家是租人家的房子住。由于住房还有多余，就把二楼的亭子间租出去。前来租这间亭子间的，便是蓝苹小姐。这样，许家成了蓝小姐的二房东。

秦桂贞跟蓝小姐同龄，很快就成了好朋友。她看到蓝小姐很穷，连饭都吃不饱。出于同情,她给蓝小姐送饭送菜。

她万万想不到,这个蓝小姐成了"大人物"之后,竟恩将仇报,忘恩负义!蓝小姐如今说她是"特务",她怎么会是"特务"呢?

淳朴、善良的她,说什么也想不到,蓝小姐成为"旗手",会变得那样心狠手辣!

她记得,当年蓝小姐临走的时候,她送照相册给蓝小姐,蓝小姐曾说:"将来我有出头之日,一定好好报答你。"

其实,秦桂贞并不要什么"报答"。不过,蓝小姐如今"出头"了,却把她投进监狱,这样的"报答",使秦桂贞愤怒不已。

秦桂贞记得,在蓝小姐走后,杳无音讯,她很想念蓝小姐。

终于,在1946年2月,她忽然收到一封信。拆开一看,里面有一张蓝小姐的照片,还有一张蓝小姐抱着女孩子的照片,高兴极了!

她不识字,请东家念给她听,才知道蓝小姐改了名字,叫江青。那孩子叫李讷。信是蓝小姐从延安到重庆看牙病的时候,从重庆寄来的。

东家读罢信,千叮万嘱,叫她千万别声张,因为蓝小姐已经去了延安,和毛泽东结婚!

1949年5月27日,当红旗在上海飘扬的时候,秦桂贞在街上看着打着红旗进城的部队,寻找着蓝小姐。

她还记得,1950年,东家的孩子宝宝生气喘病,要她陪着去北京看病。她住在北京大学——东家的亲戚家。她请人代笔,试着给蓝小姐写信,她不知道通讯处,就写"毛泽东转江青收"。

一个多月后,一个解放军坐着吉普车来北京大学找她,说是奉江青之命。她看见吉普车,不敢上去。倒是东家的亲戚说不去不好,她才上了车。车子进入中南海,她终于见到阔别多年的蓝小姐。

那时候,蓝小姐待人还不错,很讲旧情。蓝小姐问她有什么要求,她只是说,记得蓝小姐离开上海时曾说,要为妇女的翻身而斗争。如今解放了,她不愿再当佣人了,希望参加工作,干什么活都行。

不久,北京的北海幼儿园派人找她,这是蓝小姐为她安排的工作单位。从此她成为北京北海幼儿园保育员,干力气活,拖地板、挑水、烧水……

这个幼儿园非同一般,因为这里离中南海只一箭之遥,许多高干把子女送到这个幼儿园。这样,秦桂贞结识了许多高干的夫人,如刘少奇夫人王光美、陈云夫人于若木、彭真夫人张洁清等等。

秦桂贞没有成家。单身的她,在休息时,喜欢到北海钓鱼。钓的鱼送给幼儿园。她的认真工作态度常受表扬。

不过,秦桂贞毕竟是南方人,过不惯北方生活,患关节炎,从1958年调回上海,依旧当保育员,每月三十多元工资。

自从1950年跟蓝小姐见过一面之后,她再也没有找过蓝小姐。她也从未在别人面前说起蓝小姐。她对蓝小姐的印象还算可以——虽然她很看不惯当年蓝小姐跟唐纳、章泯的关系,但是蓝小姐毕竟成了毛泽东夫人,而且对她也还不错。

正因为这样,事隔多年,当她听说"北京首长想念你",也就跟着来人应召而去。

经过一次次提审,挨皮鞭,挨棍子,她渐渐明白了"北京首长"为什么"想念"她!

她拿出了一件血迹斑斑的上衣给我看。她说:"我差一点被打死在秦城监狱。在那里,我流的泪水要用面盆装!"

她对江青咬牙切齿,再不叫她"蓝小姐"、"江青",而是骂她"妖怪精"!

在秦城监狱,每天只有两口杯水,洗脸、刷牙、喝水全在内。她洗衣服,是在抽水马桶里洗的!

每天啃硬窝头。秦桂贞是南方人,吃惯米饭,吃不下那窝头。她记得,五个狱警来了,说是给她"喂饭"。他们把她扳倒在地,四个人分别按住她的双手、双脚,另一个人把妇科检查下身的鸭嘴板塞进她的嘴巴,再把半脸盆的米饭往里塞,说这叫"喂饭"!秦桂贞差一点给咽死。

刚"喂"完,他们就叫秦桂贞站起来跑步,跑得要快,稍慢一点就挨打,据说是为了把"喂"的饭颠下去!

向来不大生病的她,在秦城受折磨后,一次一次生大病。她的头发就是在那里变白的。她被送进了犯人医院。头一天,她痒得无法入眠。一看,臭虫成队!她不得不用手捐臭虫,手上沾满臭虫血,却无处可洗手。

她向医生说,已经几年没有吃过白菜,很想吃白菜。医院里真的给她吃白菜。可是,那白菜故意不放盐,而且顿顿是这样的白菜。吃了一个星期,秦桂贞毫无力气,起床小便时,无力地倒在地上。

在秦城监狱,她得了腰椎肥大症,这病至今仍每天折磨着她。

直到她病得气息奄奄,才放了她。

她无缘无故被关了七年多——从1968年3月6日至1975年5月7日!

出狱的时候,她已神志不清,严重的高血压、糖尿病、白内障、浮肿病,使她举步维艰。

她背着"特务"黑锅,回到上海。

她本在1941年结过婚,丈夫也是穷人,在船上当水手,没几年就病死了。她没有孩子。她艰难地独自在上海生活着。每月三十多元退休工资,考虑到姐姐在乡下生活无着落,她还省下一半寄给姐姐,自己只留十几元——她是一个平凡、坚强而又善良的女性!

她坚信这句普通的真理:"善有善报,恶有恶报。不是不报,时候未到!"

周恩来干女儿孙维世屈死狱中

在江青开列的"仇人"名单中,王莹是一个,孙维世也是一个。

1966年10月3日,江青前往毛家湾。毛家湾,北京西城一条不起眼的灰溜溜的胡同。轿车拐入一道由军人站岗的大门,在一个大院里拐个弯,便见到一幢灰砖砌成的平房。从外表看上去,这是一座很"朴素"、很普通的房子。

步入这座房子,便可发觉奇怪的建筑特点:外墙之内,有一层内墙,两墙之间隔着两米左右。外墙有窗,内墙也有窗。

这是林彪住宅的特色。不论他在哪里建造行宫,都是这个模式,据说是为了隔音,也为了安全。

江青来此,为的是跟叶群谈"交易"。江青曾对叶群说:"你替我拔去眼中钉,我帮你干掉私敌。"

江青历数自己的仇敌,除了郑君里、王莹,特地提及了北京青年艺术剧院的女导演孙维世。

关于孙维世的身世,她的丈夫金山的叙述非常清楚:

> 维世是革命先烈孙炳文同志和延安时代的"妈妈同志"任锐的女儿。孙炳文同志和朱德同志是至交,也是周恩来同志的战友。早年孙炳文同志参加辛亥革命,二十年代初与朱德同志去欧洲寻找马列真理,经周恩来同志介绍,和朱德同志一同加入了中国共产党,成为旅欧支部成员。归国后在周恩来同志领导下在广州黄埔军校工作。周恩来同志离广州时,让孙炳文同志接任黄埔军校政治部主任并兼任总教官。北伐时,孙炳文同志是国民革命军总政治部后方留守主任。1927年4月,他奉党组织命令从广东经水道赴武汉,中途,上海发生"四一二"事变,由于汉奸褚民谊告密,船抵上海时,他被蒋介石特务和法帝国主义巡捕逮捕入狱,蒋介石密令速将这位著名的共产党人处决。一周后,孙炳文同志被腰斩在上海龙华特务处。烈士临刑高呼"中国共产党万岁"!
>
> 任锐同志也是一位革命前辈。她参加辛亥革命时,来往于平津之间,为同盟会运送军火,身怀着尚未出世的幼女,在北京临时政府大门前和革命群众一道,同荷枪实弹的反动军警搏斗,腹部被踩受伤,坚持战斗。孙炳文同志罹难后,任锐同志坚持地下工作,继续和阶级敌人作斗争,历尽艰难险阻。抗日战争爆发后,她和三个子女(孙泱、孙维世、孙名世)先后到延安,留下一子一女隐蔽在国统区,由烈士的好友照料和抚养……①

金山这样写及孙维世如何成为周恩来的干女儿:

> 1937年,16岁的维世找到武汉八路军办事处,要求到延安去。办事处的工作同志不认识她,觉得她太年轻,没有同意她的要求。她站在门口不肯离去。刚好周副主席从外面回来,看见她伤心地在道旁饮泣,一经查询,才知道这个女孩子是老战友孙炳文烈士的女儿,马上把她叫进办事处,一把抱住她,仔细端详着、追忆着这个早在广州就熟识的孩子,禁不住连声叫道:"孩子!孩子!……"不久,周副主席和邓颖

---

① 金山:《莫将血恨付秋风》,《历史在这里沉思》第3册,华夏出版社1986年版,第194—195页。

超同志派专人将维世护送到延安；以后，常常写信给她，对她进行鼓励和教育。二老缅怀忠烈，对维世视同己出，并且写信给任锐同志说，愿把这个烈士遗孤当作他们自己的女儿。任锐同志很高兴。周副主席还写信告诉维世说："你是我向党负责的女儿。"维世对周副主席和邓颖超同志非常尊敬和热爱，把二老当作亲生父母一样，经常去看望或住在二老身边，每当他们团聚时，充满着革命家庭的天伦之乐。1938年，十七岁的维世光荣地参加了中国共产党……①

1939年，孙维世随周恩来夫妇飞往莫斯科。此后，孙维世在苏联学习戏剧表演和导演。1946年归来。

1949年12月，当毛泽东赴苏联会见斯大林时，28岁的孙维世担任代表团的翻译组组长，在毛泽东和周恩来身边做机要工作。

此后，在1950年，孙维世担任中国青年艺术剧院导演。同年9月，她导演的苏联戏剧《保尔·柯察金》在北京公演引起轰动。1952年，孙维世执导果戈理名剧《钦差大臣》，1954年，导演契诃夫名剧《万尼亚舅舅》，均获成功，显示了孙维世导演艺术的卓越才干。与此同时，她参与中国儿童艺术剧院的建院工作，并翻译和导演了苏联童话剧《小白兔》。她是新中国儿童戏剧的开拓者之一。1954—1956年间，孙维世兼任中央戏剧学院导演干部训练班主任，翻译了大量苏联戏剧理论教材，如米·戈尔卡柯夫《导演教程》等；翻译了哥尔多尼的名剧《女店主》、《一主二仆》，作为训练班演出剧目；培训了一批专业导演骨干。1956年夏，孙维世受命与欧阳予倩合作组建中央实验话剧院，任副院长兼总导演。她导演的《黑奴恨》、《叶尔绍夫兄弟》等，都是在导演艺术上富有创造性之作。

1964年春，创作并导演了以大庆人演大庆人的话剧《初升的太阳》，这是新中国话剧史上专家与群众相结合的一次成功的艺术创造。

孙维世曾任第一、二、三届中国人民政治协商会议全国委员会委员，中国戏剧家协会第二届理事。

孙维世怎么会成了江青的仇人呢？内中的因素错综复杂，原因颇多：

一、江青跟孙维世相识颇早。当年，蓝苹进入上海业余剧人协会时，14岁的孙维世改名换姓，也在那里，深知江青的底细。

二、1950年10月14日，孙维世跟金山结婚。金山也是江青的宿敌。当年，王莹跟江青争演《赛金花》时，金山极力支持王莹，跟王莹同台演出。

三、孙维世是周恩来的干女儿。江青把对周恩来的不满发泄在孙维世身上。

四、在延安时，任白戈写了话剧《血祭上海》。江青为了出风头，争着演资本家的姨太太，而孙维世演大小姐。首演时，毛泽东前来观看。与江青的愿望正相反，大小姐的形象大大压倒了姨太太的形象，使江青嫉恨不已。

除了以上四点缘由之外，还有一点是鲜为人知的。

---

① 金山：《莫将血恨付秋风》，《历史在这里沉思》第3册，华夏出版社1986年版，第194—195页。

据黑雁男著《十年动乱》一书中,写及江青的一段话:"青年艺术剧院的孙维世,在延安,她凭着当时的姿色,夺走了我热恋着的一个才子。"[①]

江青跟孙维世,原本是话剧界同行,从20世纪30年代结怨,旧恨加新仇,成了江青的眼中钉。

1967年12月,江青以"特嫌"的罪名,把孙维世的丈夫金山投进了监狱。借搜查金山"罪证"之名,对孙维世进行抄家,抄走孙维世大量信件照片。于是,孙维世被江青加上了"苏修特务"的罪名,于1968年3月1日戴上手铐,投入狱中,她被定为"关死对象"!

孙维世果真被在狱中"关死"。

那是她入狱不过七个来月——1968年10月14日,她惨死在囹圄之中!

周恩来闻讯大惊,知道内中蹊跷,下令解剖尸体,查明死因,因为孙维世只有47岁而已,何况平时身体是不错的。

不料,孙维世的尸体却被火化,未作解剖!

孙维世的丈夫金山在狱中关了七年零四个月,直至毛泽东说了话,他才于1975年获释。他出了监狱,才知妻子早在七年前已不在人世!

江青报复严朴和扬帆

在江青和叶群密谈时,江青还提及一个仇人的名字,那便是严朴——当年向中共中央反映江青的历史问题,内中的一个就是严朴。

严朴早已去世。1949年6月5日,严朴病逝于北平。在严朴去世后四天,陈云在《人民日报》上发表了《严朴同志传略》一文。陈云写道:

> 严朴同志一生为劳动人民的解放事业忠心耿耿,二十五年如一日。在弥留时,关于个人的事情仅仅说了一句话,而其他的遗嘱全是念念不忘于驱逐帝国主义出中国,解放全中国。临终神志不清时,犹在呼喊打倒帝国主义。严朴同志遗嘱加强党内教育,提高党员的理论水平,叮嘱妻女好好工作和学习。严朴同志谦虚和自我批评的精神是始终如一的,临终十小时前尚在遗嘱中作一生工作上个别缺点的自我批评。严朴同志并嘱死后将自己的遗体请病理专家解剖研究。
>
> 严朴同志是中国共产党的很好的党员。他艰苦朴素,只知工作,不讲地位,服从组织的分配,从不在工作上讲价钱。严朴同志的死是中国革命的一个损失。当中国人民解放事业就要全部胜利的时候,严朴同志死了,但他钢铁般的意志,奋斗不屈的革命精神是永存的。

严朴被安葬在北京万安公墓。陈云送了一个大花圈,上题:"魂归江南"。

[①] 据黑雁男:《十年动乱》,香港星辰出版社1988年版。

毛泽东、刘少奇、朱德、周恩来也献上了花圈。

"文革"的惊雷,连长眠于地下的严朴也不得安宁。他一下子成了两个女人的仇敌:除了江青之外,叶群也对他恨之入骨,因为那个一次次写化名信①攻击林彪的,正是严朴之女、陆定一之妻严慰冰!

■ 陆定一与夫人严慰冰

1968年,一群红卫兵扑向北京万安公墓。那块刻着"严朴烈士之墓"的墓碑,被砸得粉碎!

北呼南应。无锡惠山上严朴的衣冠冢的墓碑,也毁于红卫兵的铁锤之下。

江青和叶群还觉得不解气。她们扬言:严朴虽然已死了快20年,要掘墓鞭尸!

严朴之女严慰冰、严昭等,当时都已身陷秦城。严朴的外孙闻讯,赶紧写信给邓颖超。邓颖超把信转交给周恩来。

周恩来深知鞭尸之言出自江青、叶群之口,不顾她们的纠缠,写下一段近300字的批示,强调:"严朴同志是好党员,好同志,我与他共事二十年,我深知他。""三少爷毁家闹革命,尽人皆知。"②

周恩来提及的"三少爷毁家闹革命",是因为严朴出身于大地主之家,排行第三,人称"三少爷"。

周恩来的批示,终于使严朴遗骨得以保存。

曾经为项英起草过给中共中央电报,反映蓝苹历史问题的扬帆,亦是江青之仇人。

江青对于扬帆的迫害,远在"文革"之前。

扬帆,是在很偶然的机会,被江青认出来:那是1953年1月,扬帆患目疾,视野缺损,经诊断是由于脑垂体瘤引起,赴苏联莫斯科诊治。在那里,扬帆遇上蔡畅,说江青也在莫斯科治病。蔡畅要去看望江青,约了扬帆同往。

---

① 过去常说成是"匿名信",实际上严慰冰寄给林彪的信署化名,如"基度山",应为"化名信"。
② 据严怀瑾(即严慰冰):《严朴生平》,《中共党史人物传》第31卷,陕西人民出版社1987年版,第24页。

见面了,江青觉得扬帆面熟,便细问起来,她这才知道,面前的这位上海市公安局局长,就是当年的殷扬!

江青不动声色,记住了这个仇敌!

扬帆是在1954年12月31日被捕的。那天,扬帆在家中吃过晚饭,接到上海市公安局电话,说是有要事处理。扬帆赶到局里,等待他的是一副手铐!

扬帆被捕的起因,是1952年2月毛泽东来上海视察。2月6日,国民党飞机突然轰炸上海。这件事查明是军统特务罗炳乾密报台湾。可是,后来竟被说成是扬帆向台湾提供情报!

不过,在扬帆被捕前,还发生另一件事。

据扬帆回忆:"就在我被捕前的1954年3月间,曾经有人向中央写信,揭露江青问题,江青知道后大为恼火,认为这是反革命分子的恶毒攻击,而要求布置追查。当时就有人把我联系上了,说:'此信与1939年扬帆(殷扬)通过项英诽谤江青矛头指向主席是同类问题。'而我就在当年12月31日被抓了,这难道是巧合吗?"[①]

扬帆虽说早在1954年底就身陷囹圄,几乎被人遗忘。可是,江青仍一直记得这个仇人。

扬帆回忆道:"1976年'四人帮'覆灭前的几天,江青曾常到北京长辛店二七机车车辆厂去,莫名其妙地突然向该厂党委副书记钱小惠同志(他的父亲为阿英,文学家,本名钱德赋。——引者注),说'你知道反革命分子扬帆吗?这个人太坏了……'可见江青对我是仇恨满腹,耿耿于怀的……"[②]

公安部副部长许建国的厄运

江青一直没有忘记许建国。在"文革"浪潮中,许建国遭殃了。

新中国成立后,许建国历任天津市公安局长、市委书记,上海市公安局长、副市长、市委书记。

1954年11月,许建国被任命为公安部副部长。

1958年下半年,根据陈毅的建议,中央决定调许建国到外交部工作。

1959至1964年,许建国出任中国驻罗马尼亚大使。1965年起,任中国驻阿尔巴尼亚大使。

1966年5月,许建国陪同阿尔巴尼亚部长会议主席谢胡到中国进行访问之后,就留在国内参加"文化大革命"。

1967年底,江青在天津接见造反派的时候,点了许建国的名(许建国曾任天津市公安局长、市委书记),称许建国是"特务"、"叛徒",并说许建国在暗中整了她许多年。

江青一声令下,外交部造反派就对许建国实行"隔离审查",并成立了"许建国专案调查组",对许建国进行内查外调。

---

① 扬帆:《扬帆自述》,群众出版社1989年版,第59页。
② 扬帆:《扬帆自述》,群众出版社1989年版,第59页。

1968年3月11日，许建国被关进秦城监狱，关押达七年之久……

许建国得罪江青，不仅仅是当年江青在许建国手下当"网员"的时候，曾经受到许建国的严厉批评。使江青记恨在心的是，在江青要与毛泽东结婚时，中共中央政治局常委朱德、周恩来、刘少奇、任弼时就此事征求中央保卫委员会的意见，许建国明确表示反对。

1943年，在延安整风审干期间，许建国从晋察冀回到了延安主持审干工作，住在边区党校一部。尽管江青已经是毛泽东夫人，也受到审查。江青求助于许建国：

> 有一天，很久不见的江青突然来找他，还带来了两条烟、两瓶酒。寒暄了几句之后，江青迫不及待地进入了正题："老领导，现在你主持整风审干工作，所以我专门来找你，想请你当我的历史证明人。"许建国一听当即说："关于你在我这儿工作的一段，我可以负责证明，至于过去的历史，你就要再找有关的人证明了。"江青忙又说："哎呀，老领导，你全部给我证明了算了，反正我过去的历史你都了解。"许建国很严肃地说："了解只能是了解，了解的情况可能是正确的，但是也不能排除有重大的错误，对于你在上海的那一段历史，我确实无法当你的证明人，如果我当了，这就违背了组织实事求是的要求和原则。"[①]

许建国当面拒绝了江青的请求，使江青十分难堪。

新中国成立后，许建国担任上海市公安局长、副市长、市委书记，无意之中，又"冒犯"了江青。

那是1953年春，许建国到北京去开会。会议结束之后，毛泽东单独召见了他。毛泽东依然叫他本名杜理卿，说道："你是上海市的公安局长，回去之后请你把这些东西带给子珍，以后多多照顾一下。"当时，贺子珍住在上海。说完，毛泽东拿了一些钱和物品交给许建国。

不言而喻，毛泽东跟许建国有着多年的友情，正是出于对许建国的信任，才把这样私密的事拜托许建国去办。

此后，毛泽东多次请许建国转交物品给贺子珍。也正是因为毛泽东的托付，许建国在上海多次前去看望贺子珍，关心贺子珍的生活。

不料，江青得知此事，对许建国充满恨意。

使江青不快的，还有那起匿名信案件——"18号案"。这一发生于1954年3月的匿名信案件，由于信是从当时的上海寄往江青所在的杭州，而匿名信所写的又是江青在20世纪30年代在上海的丑闻，因此公安部部长罗瑞卿把破案任务交给了上海市公安局长、副市长、市委书记许建国。于是，许建国由于要侦办"18号案"而了解了江青20世纪30年代在上海的种种情况。

1954年11月，许建国调离上海，前往北京出任公安部副部长，"18号案"尚未告破。

后来，许建国的夫人方林回忆说：

[①] 经盛鸿：《演员与"网员"：江青在延安鲁艺的双重身份》，《粤海潮》2008年第1期。

1967年春,就在首都外交口闹腾着夺权,陈毅副总理处于困难的时候,许建国被周恩来叫到北京饭店,查询他在上海工作期间由罗瑞卿部长交办的关于调查江青30年代历史问题的一封匿名信的处理情况。许据实以告,并说问题没有查清他就调离上海,结果如何他不知道。

在场的张春桥狂妄地责问:"这件事我怎么不晓得?"

许建国说:"你当时是市委宣传部的一个副部长,不该你知道的事情多了。"

张春桥瞠目结舌,无言以对。

1967年底,江青在天津接见造反派时,点了许建国的名。此后,造反派几次来抄家,索要材料。许建国预感到形势将会更加严峻。为防止意外,他一方面将多年积累的材料及重要笔记忍痛销毁,一方面嘱咐我说:"我可能被捕,而且短期内回不来……要相信党,我总会回来的。"①

许建国果真被捕,被关押在秦城监狱,倍遭折磨。

直到1975年邓小平主持中共中央日常工作,大批受迫害的老干部处境有所改善。这一年的5月,被关在秦城监狱七年、年逾七旬的许建国被送往安徽六安"养起来"。

如方林所忆,由于长期的单独关押和摧残,许建国出狱时已身心憔悴,面容枯槁,行动都不那么正常了。

1977年初,许建国查出患未分化型肺癌,已是晚期。他在生命的最后时刻,向党中央提出了申诉。他在申诉书中写道:

几十年来我长期在毛主席身边和党中央周围做保卫工作,由于我在延安时期,特别是在上海工作时期了解了一些江青的问题,所以江青("四人帮")在"文化大革命"的过程中,利用审干的机会,对我进行残酷的迫害,采用"逼供信"的手段,给我扣上了叛徒、特务的大帽子,企图使我至死不能翻身。几年来,由于江青的专权横行,所以我有话不能讲,有话讲不清,以英明领袖华主席为首的党中央一举粉碎了"四人帮",我和全国人民一样是很高兴的,感到党有希望了,我们的国家有希望了,所以我再次向中央要求对我的历史进行重新审查。

目前,我身患肺癌,已经扩散,可能不久于人世了,我迫切地要求能在我死之前,看到党对我历史作出符合历史事实的正确结论……现在我虽然病重,但仍在坚决地与疾病斗争,与"四人帮"斗争,生命不息,战斗不止。

许建国在发出申诉书之后,写下一首诗:

昨夜沉思未成眠,

---

① 方林:《怀念许建国》,《人民公安》2002年第8期。

> 革命生活忆当年。
> 身患重病何时好,
> 治疗诉书迎春天。

然而当时中央遵循的是"两个凡是"。1977年10月4日,重病中的许建国盼到了中共安徽省委组织部来人,他们带来了中央的审查结论。来人宣布,经"中央三办"[①]对许建国的历史做出审查结论,认为许建国参与"黑调查"问题属实,"叛徒"问题属实,中央决定将许建国定为"叛徒",清除出党!

许建国陷入极度愤怒之中,当场气绝身亡。

直到1978年底中共十一届三中全会以后,众多的冤假错案得以昭雪。1980年3月,中共中央为许建国平反。公安部、外交部联合在北京中山公园中山纪念堂为许建国举行追悼会。邓小平、叶剑英、李先念、陈云、胡耀邦、宋庆龄、徐向前、聂荣臻、彭真、邓颖超、王震、乌兰夫等中央领导献了花圈,李先念等参加了追悼会。时任公安部部长赵苍璧致悼词。追悼会后,许建国的骨灰被安放在八宝山革命公墓骨灰堂。

专机押送王芳赴京受审

许建国的夫人方林的回忆,提供了追寻"文革"冤案的重要线索:1967年春,周恩来在北京饭店向许建国询问"18号案"时,有当时的"上海市革命委员会主任"张春桥在侧。听到许建国谈及1954年侦查"18号案"时,张春桥说了句:"这件事我怎么不晓得?"

周恩来所以向许建国询问"18号案"这一历史旧案,是因为罗瑞卿作为"彭(德怀)、罗(瑞卿)、陆(定一)、杨(尚昆)反党集团"成员之一,受到批斗。罗瑞卿是中华人民共和国首任公安部部长。江青趁机旧事重提,说罗瑞卿借侦查"18号案",收集关于她的"黑材料"。

张春桥是否向江青汇报了许建国这次谈话情况,不得而知。但是从以下的时间表可以看出,江青、张春桥当时非常关注1954年侦查"18号案"时所形成的相关档案:

> 1967年1月8日,造反派从上海市公安局副局长、党组副书记王鉴办公室保险柜中翻出已封存的有关侦破"18号案"的部分材料,立即报告张春桥。
>
> 2月23日,张春桥派秘书将"18号案"材料取走,并向"中央文革小组"报告说:"我觉得一些不利于他们的材料恐怕早已销毁了。"
>
> 4月21日,江青、叶群派人到上海,将"18号案"全部档案拿到北京。
>
> 中央第二专案办公室给江青写报告说:"这是上海公安局侦破一个案件的材料,内有三十年代出版的杂志、报刊资料和演'王老五'妻子(江青——蓝苹扮演)

[①] 即中央第三专案办公室。

的剧照等。"

江青批示说:"案子已经破了,作案人已自杀身亡,材料没有保存的必要了。"

于是,中央专案二办又奉命按江青意旨写了一份请示销毁此案材料的报告,林彪在报告上批:"由谢富治、杨成武、汪东兴等负责集体销毁。"

9月27日,在中南海勤政殿内,谢富治、汪东兴亲自动手销毁了这批查破"18号案"的档案材料。

就在"18号案"档案材料即将销毁之际,1967年9月5日,江青向造反派组织造谣说:"上海市公安局整了我一大箱黑材料"。

9月11日,张春桥在上海市革委会会议上,声色俱厉地指责说:"上海市公安局为什么不追查这件事,对无产阶级司令部抱什么态度?"

上海市公安局造反派头头马上行动起来,追查所谓"整江青黑材料事件"的"内幕"和"幕后指使者"。不久,造反派向张春桥、姚文元、王洪文上报"关于查反党集团搜集江青同志黑材料的情况报告"。这份报告颠倒黑白,将上海市公安局局长、党组书记黄赤波和副局长、党组副书记王鉴诬为"反党分子",上挂彭真、罗瑞卿、杨尚昆、徐子荣"黑线"上。

9月21日,上海市公安局6个造反派组织又联名向张春桥、王洪文、谢富治、李震、王少庸(上海市革委会负责人)上报了"关于反党黑帮搜集江青同志黑材料的调查报告",报告篡改了原办案人员的证词证言,诬陷黄赤波、王鉴、卢伯明、胡志毅(卢、胡都为上海市公安局副局长)以"借追查18号案件为名,使用各种卑鄙手段,调查搜集江青同志黑材料"。要求对此案件进行专门审查。

经谢富治、李震、张春桥等无限上纲,说什么"他们把矛头指向江青同志,实际上是指向伟大领袖毛主席"。案件涉及面逐步扩大,上海市委副书记梁国斌被关押。

1968年2月10日,"中央文革小组"碰头会决定,将所谓"反革命黑调查案"列为中央专案审查小组要案,由谢富治、吴法宪负责审查。①

王芳告诉笔者②,"文革"初期,他就被"打倒",失去人身自由,不断遭到批斗,不断转移关押场所。1968年2月28日,他正关押在杭州西大街狮虎桥浙江省公安厅的一个秘密据点。突然浙江省公安厅军管组来人通知,要他把东西收拾一下,立即转移。王芳以为,大约又是搬到杭州的什么地方。没想到,他被押上车之后,汽车直奔笕桥机场。在那里,他被押上一架空军专机。

王芳后来回忆说:"我上了飞机后,感觉气氛有些异常。座位的前后左右都用白布隔离开来,除了看见几名神情严肃的军人以外,其他乘坐的人员互相不能见面,不能说话,我不知道那白色围布里到底还有那些人。大概我是最后一个到机场,我一上飞机,飞机就

---

① 《王芳回忆录》,浙江人民出版社2006年版,第206页。
② 2003年10月31日,叶永烈在杭州采访王芳。

起飞了。直到七年后我从狱中出来才知道,同坐这架飞机的还有上海市公安局黄赤波同志,警卫处长王济普同志,还有浙江公安厅吕剑光、丛鹭丹。"

这架空军专机,总共解押17人飞往北京。这17人都是与侦查"18号案"相关的上海市公安局和浙江省公安厅的相关人员。一到北京,全部被关押,并由中央专案组进行审讯。

王芳回忆说:"在北京,由中央专案组对我进行审查。所不同的是他们不像浙江造反派那样,要我交代在公安战线长期执行所谓刘少奇反动路线的罪行,而是集中力量审问一个问题,就是你王芳到底搜集了江青多少黑材料?"

至此,王芳明白了把他用专机押送北京的原因了。

王芳说,自从"文革"开始之后,江青怕暴露她的历史问题,遂将在查破匿名信案件——"18号案"过程中积累的材料,诬陷为"反革命黑调查"。江青把当年参与"18号案"侦查的相关公安人员,打成"反革命"。

王芳回忆说:"不久专案组对我的审查升级了。参加专案组的人是空军部队的,这几个干部的思想表现得很左,调子唱得很高,反复声明自己永远忠于无产阶级司令部,誓死捍卫江青同志,谁反对江青同志,就坚决打倒谁。王芳你搜集江青黑材料,铁证如山,抵赖不了。你不仅看到了反革命匿名信,还亲自参加破案。你比朱明还朱明。你必须老实交代,你到底搜集了江青同志多少黑材料?还向什么人扩散了这些内容?"

王芳在狱中受到严酷的折磨:

我在被关押期间,伙食分两个标准。正部级的一天吃三餐,副部级的一天吃两餐。我是副省长,按副部级待遇,一天吃两餐。一餐两个窝窝头,每个只有鸡蛋大小。每餐我把窝窝头掰成两半,一半分两口吃,一餐就是八口,一天就是十六口。早上有一碗米汤,很难见到米粒。晚上有一碗大白菜是不洗的。这种菜只给我们吃,连看管我们的战士也不吃。我的牙齿就是那个时候嗑坏的。这样的伙食,连半饥半饱也达不到,每天饿得要命。每年只有到国庆节的时候才能吃上一次肉,一顿饱餐。

还有一些监规,例如每半个月洗一次澡。每天上午半小时放风,就是轮流出来,在天井里走动。规定关在这里的人,谁也不能面对面见到谁。就是上厕所也一样,先敲门报告看管的战士,战士再报告班长,允许了,亮起红灯,才可以去,看管的战士就在厕所门口守着。便后解除警报,方可返回房间。①

据曾任毛泽东机要秘书、中共北京市委书记的谢静宜后来告诉王芳:1970年冬,她在北京大学蹲点,看到了北大造反派印刷的一张小报上,刊登了王芳勾结美蒋特务、企图谋害伟大领袖毛主席的内容。她回来向毛泽东汇报了此事,还把那份小报递给毛泽东看。毛泽东右手拿起放大镜,仔细地看了小报,对谢静宜说:"是他,是王厅长。"并生气地说,

---

① 《王芳回忆录》,浙江人民出版社2006年版,第212页。

"浙江造反派反王芳,对王芳抓住不放,说王芳反对我,想害死我,我不信。王厅长我熟悉他,他哪里会反对我呢?他反对我干什么呀?他反对我,我自己怎么不知道呀?我每年都要去杭州几次,他是负责保卫我的。他要是想害死我,我不早就死了吗?还能活到今天呀?"毛泽东还对谢静宜幽默地说:"他就是有时候爱喝点酒,告诉他,以后别喝了。王芳是个好人哪!"

从毛泽东对谢静宜的谈话中可以看出,他对王芳是非常信任的。

可是,以江青为首的"中央文革小组"一直拖着,没有释放王芳。

1973年7月,毛泽东又向汪东兴查问王芳的情况,汪东兴向"中央文革小组"传达了毛泽东关于释放王芳的指示。

1973年7月12日中央专案组起草了《关于释放王芳的请示报告》。

可是,王芳依然被关在狱中。

据王芳妻子刘馨告诉笔者[1],她忍无可忍,给毛泽东主席写信,要求释放王芳。中共中央办公厅信访处于1974年10月25日把刘馨写给毛泽东的信以《来信摘要》(第1336号)呈报毛泽东。内容摘要中讲到:"原浙江省副省长的爱人致信毛主席,说王芳从1968年受审查,已七、八年。现在身患各种疾病,随时有生命危险,要求尽快作出结论,或是让其回家治病。"后附刘馨9月28日给毛泽东的原信。

1974年10月28日,毛泽东亲笔作了批示[2]:"王芳、吕剑光二同志,我看无问题,似应解放。"

毛泽东在签了日子之后,又补写了一句:"此二人我很熟悉。"

就在毛泽东亲笔批示的翌日,中央第三专案办公室向王芳出示毛泽东的批示,王芳终于获释。

由于得到毛泽东的直接关心,王芳比起许建国要幸运,在"文革"之后还能出任公安部部长。

王芳对笔者说:"1987年11月,我去秦城监狱视察,从闭路电视上看在押独犯的情况,也看到江青。听管教干部说,江青知道我当公安部长后,对监管干部说,我和王芳很熟,他当了部长也不来看我。想当年,'文革'中这个'很熟'的人整得我失去了7年人身自由和工作权利,现在居然还好意思指责别人的寡情。对这样厚颜无耻的人,还能说什么呢?"

毛泽东儿媳刘松林上海蒙尘

当江青在北京大学万人大会上点了张文秋、张少华的名之后,幸亏刘松林给毛泽东写了信,才算使母亲和妹妹免遭江青毒手。

不料,江青"盯"住了刘松林,找"岔子"整她,把她投入了监狱!

自从毛岸英牺牲之后,毛泽东把刘松林当作自己的女儿。1955年9月至1957年9月,

---

[1] 2004年3月26日,叶永烈在杭州采访王芳的夫人刘馨。
[2] 《王芳回忆录》,浙江人民出版社2006年版,第219页。

刘松林在苏联莫斯科大学数力系学习。后来,又转到北京大学俄语系学习。1961年秋,她被分配到解放军工程兵的科研部队,从事翻译工作。

毛泽东劝她再婚,要把她当女儿一样出嫁。1961年6月13日,毛泽东这样给刘松林写信[①]:

> 女儿:
>
> 　你好!哪有忘记的道理?你要听劝,下决心结婚吧,是时候了。五心不定输得干干净净。高不成低不就,是你们这一类女孩子的通病。是不是呢?信到回信给我为盼!问好。
>
> 　　　　　　　　　　　　　　父　亲
> 　　　　　　　　　　　　　　6月13日

知道毛泽东劝刘松林结婚,空军副司令兼空军学院院长刘震向毛泽东推荐了杨茂之。杨茂之是刘震手下的强击机教研室教员,苏联留学归来,为人正直老实。

毛泽东让刘松林跟杨茂之见面。一来一往,刘松林满意于这壮壮实实、朴实直率的飞行员。1962年,刘松林和杨茂之结婚,住在北京南池子,成为罗瑞卿家的邻居。

刘松林已经再婚,已不再成为江青心目中的"杨家将",离开了中南海,原本可以"太平无事"。

无奈,在刘松林的母亲和妹妹遭到江青的公开点名之后,祸水马上殃及刘松林和杨茂之。那时,老杨已是空军飞行副师长,竟被看成"不可靠的人",被"停飞",停止党内外一切职务,停职检查。从此他被剥夺了驾驶战鹰冲上碧空的权利。他陷入了深深的痛苦之中。

老杨被调到济南接受批判,然后又调往江苏盐城。刘松林在北京进不了中南海,处境也很不好,她只得带着孩子离开北京,前往江苏盐城,和丈夫生活在一起。

可是,江青仍不放过他们。1971年10月,刘松林和老杨双双被捕,投入狱中。他们成了"反革命",成了"政治犯"。

江青究竟以什么借口逮捕他们的呢?

我于1990年7月15日在北京访问了杨茂之。他身材魁梧,军人气派,非常直率。

他回忆那苦难的岁月:

他自从"停飞"以后,心情很苦闷。后来又得了肝炎。1970年,他在上海住院治疗,一住便好久。突然,有一天几个军人闯进医院,把他逮捕。押上汽车,他的两旁坐着两个看守,与刘松林被捕时同一模式。

汽车开了好一阵子,不知到了什么地方(迄今他还未查清楚),他被押进一间黑房子。房子里没有一扇窗,地上很潮湿,铺着稻草。几天之后,才算给了张小木床,晃晃荡荡的,

---

[①] 据李湘文编著:《毛泽东家世》,中国城市经济社会出版社1989年版,第322页。

■ 刘松林与丈夫杨茂之（叶永烈摄）

屋里点着耀眼的电灯。离他一米处，一直坐着一个看守。门上有观察孔，门外的看守也随时监视着屋里的一举一动。他的裤带、鞋带都被抽掉，生怕他自杀。原本吃空勤灶的他，如今吃犯人的伙食。

没多久，进来了两个军人，打开牢门，一边一个挟着他出去。他双手提着没有裤带的裤子，脚下拖着没有鞋带的棉鞋。一出门，刺眼的太阳光，使他目眩眼花。他被拖着走向一排平房。走近了，他见到门上写着绿色的三个字：提审室。

进屋之后，老杨见到在一张桌子后边，坐着好几个人。其中一个女的，50多岁，穿便衣。还有三个男的，穿军装。他很快认出其中一个男的，脸色铁青，坐在正中——那是王洪文！

屋子很深，两个军人在离桌子几米远处，让他站住，仍一左一右挟持着他，生怕他动手似的。他刚一站定，王洪文便狠狠地拍了一声桌子，把桌上茶杯的盖子都震掉了，茶水洒了出来。王洪文厉声说道："杨茂之，你知道你的罪行吗？你恶毒攻击我们敬爱的江青同志，达到了无以复加的程度！你攻击敬爱的江青同志，就是攻击以毛主席为首的党中央。你必须老实交代你的严重问题。"

老杨怒目而视，一声不吭。

王洪文见他不理不答，继续高声训斥道："你有什么了不起的？你的那些话，无非是从你老婆那里听来的。告诉你，我把你老婆也抓起来了！你不要抱什么幻想。你必须集中交代你的罪行——怎么恶毒攻击江青同志。你写出交代，不许交给别人，我派专人来取，严防扩散。"

老杨一听，这才知道刘松林也被捕了。

老杨始终沉默不语。王洪文骂骂咧咧一阵，只得结束了"提审"。

原来老杨这人，早就看不惯江青，而他又心直口快，因此他的话成了"恶毒攻击"。

比如，有一回部队里放录音，老杨听见林彪夸奖江青是"我们党内最杰出的女同志"，江青当场感谢"林副统帅"的"鼓励"，叶群则领呼口号"向江青同志学习"。

老杨听罢，直摇头，说他们在"唱双簧"。这句话，飞快地被汇报上去了，成了"阶级斗争新动向"。

老杨的"最严重"的"罪行"，是他在住院期间，听见别人在议论江青是"伟大的旗手"，一定会成为"接班人"。老杨不以为然地说："不会的，江青不可能接班。毛主席说过，'不会的，她不行'！"

老杨的话被汇报上去，气歪了江青的鼻子。江青知道，老杨所讲的毛泽东主席的话，势必来自刘松林那里。于是，作为"严重问题"，逮捕了老杨和刘松林。

刘松林被捕后，最初是与老杨关在同一监狱中。她并不知道老杨也被捕了。

有一回看病时，一位好心的大夫故意慢慢翻动病人登记表，停在老杨那一页上。刘松林看见杨茂之的名字，吃了一惊，知道了他被捕的消息。

她很想知道老杨关在哪里。可是，不久她被转移到另一处监狱。

她不明白自己犯了什么"大罪"。又是王洪文提审她，追问她怎样"恶毒攻击敬爱的江青同志"，她才知道是怎么回事。

身陷囹圄，她细细寻思，唯一的解救途径是向毛泽东主席求援！

那句所谓"恶毒攻击"的话，不是杨茂之创造的，也不是刘松林的发明，而确确实实是毛泽东亲口说的，那是刘松林和张少华终于有一次得以见到父亲——毛泽东主席时，问道："听说，江青要接班，是真的吗？"

毛泽东哈哈一笑："不会的，她不行！"

这是刘松林亲耳听见的"最高指示"。回家之后，刘松林兴高采烈地把"最高指示"告诉了杨茂之。老杨是个直肠子，心里存不住话。当别人吹嘘江青是"接班人"时，老杨实在忍不住了，说出了那句"最高指示"。江青知道了，唯恐这一"最高指示"在群众中传开，于是赶紧把老杨和刘松林关进监狱。

刘松林想写信给毛主席，可是，监视人员昼夜盯着她，她怎能悄悄写信？即便写成了，怎么寄出去呢？

左思右想，刘松林忽然心生一计：明人不做暗事，索性公开提出，要给毛泽东主席写信！写了信，托谁递上去呢？就叫王洪文转上去！她料定王洪文不敢不转上去，因为她日后总有机会见到父亲毛泽东的，一旦说起王洪文扣押她的信，王洪文担当不起。

果真，在王洪文提审她时，刘松林提出要给毛泽东主席写信，而且要由他转交，王洪文不得不答应下来。不过，王洪文提出一个条件，信不能封口。

刘松林写了给毛泽东主席的信，当面交给王洪文。

王洪文真的不敢扣压此信，转给了毛泽东。

毛泽东主席读了刘松林的信，知道发生了怎么一回事。他作了批示，说娃娃们无罪。

"最高指示"下达之后，江青、王洪文不得不放掉了刘松林和杨茂之。

那时，刘松林已在上海的监狱关押了五个月之久。她刚生了老四，在狱中被迫从早上五点钟起床，一直坐到晚上十时才能躺下睡觉。要用冷水洗衣服，手指都红肿了。她，一身是病。

经叶剑英元帅帮助,毛泽东主席同意,刘松林出狱后被送回北京治病。

粉碎"四人帮",使刘松林和老杨喜不自禁。1979年,老杨的冤案终于得到彻底平反。

1986年12月,接到刘松林打来的电话,知道她从北京来上海,下榻于空军招待所。我便去看她。时值严冬,屋里没有暖气,她戴着驼色绒线帽,穿着厚厚的咖啡色羽绒滑雪衫,已经有点发胖的她显得更胖了。

在闲谈中,她托我办一桩事:帮她寻找当年在上海关押过她的监狱。

虽说她对于上海并不陌生,她曾在上海工作过多年。不过,1971年10月,她被押往上海的那所监狱时,她的双眼被蒙上了黑布。她记得,那是一辆越野车,前座坐着上海造反派头目戴立清,她坐在后座,两侧各坐着一个押送者。就这样,她被送进一座监狱。

她被关在三楼。从窗口望下去,窗外有农田,有晒被子的地方。她常常倚在窗边,细细观看那些被子,极力想从中辨认出哪一床是丈夫的——因为丈夫也被捕了,不知关在何处,而他的被子是她亲手缝的。

没几天,那窗便被看守用纸头严严实实地糊了起来,从此她再也看不到窗外的任何景色。

据刘松林说,那窗上装着铁栅栏,这表明关押她的房子原先就是监狱,不是临时借用的房子。她被关在三楼,而且楼下晒的被子相当多,这表明监狱的规模相当大。从窗口看出去是一片农田,这又表明监狱坐落于上海郊区。我曾去上海各监狱采访。我猜想,当年关押刘松林的,可能是上海漕河泾监狱。那是一座老监狱,是从国民党手中接收下来的。

于是,改日我陪刘松林驱车前往漕河泾监狱。如今,那里已是上海市少年管教所了,看见门口的牌子,刘松林皱起了眉头:她怎么会成为"少年犯"呢?

走进狱中,刘松林觉得有点像——那楼的颜色,那窗户上的铁栅。

监狱负责同志接待了我们。根据"窗外有农田"这一点,监狱负责同志判定可能是二号楼。于是,我们一起走进二号楼。上了三楼,刘松林连声说:"很像,很像。"她信步向顶头朝南的一间走去,自言自语说:"像是这一间。"

那一间如今已经成为监狱工作人员的办公室。刘松林来到窗口,朝外望去,见到一幢幢新盖的楼房。

"那里原先是一片菜地。"监狱负责同志说。

"这儿原先是——"刘松林指着窗外一片水泥地。

"猪棚!"监狱负责同志脱口而出。

"对,对,一点也不错!"就像做地下工作

■ 刘松林重访"文革"中被关押的监狱(现为上海市少年管教所)(叶永烈 摄)

时对上了联络暗号似的,刘松林显得非常兴奋。她要找的"'文革'纪念地",终于找到了。

她在那间屋里走着,看着,陷入痛苦的回忆。她说:"当时,有两个看守成天坐在我的床前,一日三班,严密地监视着我。屋里开着大灯,夜里一片雪亮,我睡不好觉。每一回上厕所,看守就紧跟在后边……"

她还特地去厕所看了看,还是当年的模样,只是发觉电灯原先装在门口,如今改成朝里了。

"我们在前几年改装的。原先确实装在门口。"监狱负责同志说。

刘松林要我给她拍照。在那间囚室,在大楼前,在大门口,她留下一帧帧"纪念照"。刘松林说:"这些照片,比这次在上海拍的任何照片都珍贵!"

唐纳挚友横遭株连

紧急集合!全连紧急集合!

1970年11月12日下午,上海奉贤海边的上海新闻出版"五七"战士们,是按军队编制的。上海《解放日报》二百多工作人员,成了一个"连"。

全连集中在用芦席、竹子扎成的棚子里。人们一手持红色语录,一手持一张小板凳——这已成了"五七"战士开会的规矩。

望着芦席上糨糊尚湿的大字标语,人们面面相觑:"深挖现行反革命!"

一张张小板凳在泥地上放好,人们鸦雀无声地坐在那里,不敢喘一口粗气。一个陌生的军人,坐在主席台上。

工宣队头头宣布开会了。他在讲了一通全世界形势大好、全国形势大好、全上海形势大好、全干校形势大好、全连形势大好之类每会必讲的废话之后,便"但是"起来了:"但是,阶级斗争不以人的意志为转移的。在我们报社,有一个隐藏得很深、最凶恶、最狡猾的阶级敌人。这个人,就坐在你们中间!"

顿时,全场空气像凝固了似的,所有的人像电影中"定格"一般,一动不动。

沉默良久。

工宣队头头的目光,像探照灯似的在芦席棚里扫视着。他终于用尽吃奶的气力,大声地揭开阶级斗争的"谜底":"这个最狠毒的阶级敌人,现行反革命分子,究竟是谁呢?他就是夏其言!"

此时此刻,年近花甲、听力颇差的原《解放日报》副总编夏其言[1],还正在轻声地问坐在旁边的人:"谁啊?谁啊?"

突然,一只冰冷的手,使劲拎起夏其言的衣领,连操带推,把他押上台示众。

夏其言仿佛还在梦中。他想不到,自己是一个几十年党龄的老党员,怎么忽然会成为"隐藏得很深、最凶恶、最狡猾的阶级敌人"?

---

[1] 1986年7月8日,叶永烈在上海采访夏其言。

工宣队头头宣布夏其言的罪名——"用畜生般的语言恶毒攻击和诽谤无产阶级司令部领导同志"。

除了这一可怕的罪名之外,没有任何具体说明。

紧接着便宣布:对夏其言实行无产阶级专政!

这时,那个陌生的军人站了起来,押夏其言往外走。一辆汽车早已在门外"恭候"。

当汽车在海滨公路上急驰的时候,"五七"干校刷出了大字标语,每一个字比斗还大:"坚决拥护工宣队团部对现行反革命分子夏其言隔离审查的革命措施!""打倒现行反革命分子夏其言!"

顿时,在这所干校劳动的、属于出版系统的夏其言的妻子,成了人们注视的中心。

在汽车上,那军人紧紧地坐在夏其言身边,用冷冷的目光监视着。

望着那军人的脸,夏其言记起来了:一个多月前,坐着乌亮的小轿车,从上海专程来干校找他的,正是此人!

来者不善,善者不来。此人反复盘问夏其言:1956年外调,是怎么回事?外调人员是哪儿来的?问了些什么问题,你怎么答复的?

夏其言经过回忆,作了如实的答复:

那次外调,是通过上海市委组织部,按正式的组织手续,凭组织介绍信来的,找他了解唐纳的情况。他作为一个共产党员,当然应当向按照组织手续前来外调的人员如实反映情况——来者是公安部门干部。

外调者详细询问了唐纳的经历、社会关系、家庭出身等,夏其言一一作了回答。

外调者特别问及:"唐纳结了几次婚?"

"据我所知,唐纳结婚三次。"夏其言答道:"他第一次结婚在上海,妻子是电影演员蓝苹,证婚人是沈钧儒……"

根据外调者的要求,夏其言在1956年给公安部门写了一份关于唐纳情况的书面材料。

这时,那个军人从包里拿出一份材料,叫夏其言辨认:"这是不是你写的?"

一看自己的笔迹,夏其言当即点头道:"是我写的。"

军人坐着小轿车扬长而去。

夏其言并没有把那位不速之客的光临,当作一回事,以为是又一次来外调唐纳而已。

汽车渡过黄浦江之后,在宽阔的沪闵公路上疾奔。眼看上海市区就要到了,汽车却突然向左拐弯,驶入漕河泾镇附近的"上海市少年犯管教所"。那是上海"文革"中关押"走资派"、"反动学术权威"、"现行反革命"的所在,"所员"包括陈丕显、曹荻秋、赵丹、白杨、贺绿汀、闻捷……

夏其言"享受"着单独囚禁的"待遇"。不言而喻,他属于要犯。

他的名字被取消了,代之以囚号"三二一"。

经过审讯,他才终于明白:他在1956年的外调材料中提及唐纳的第一个妻子是蓝苹,成了"向公安局一小撮反革命分子提供整无产阶级司令部领导同志的黑材料"!

夏其言大惑不解:唐纳跟蓝苹结婚,即所谓"六和塔下三对"中的一对,是上海当时各报都登的新闻,"老上海"都知道的事情,怎么成了"整无产阶级司令部领导同志的黑材料"?

夏其言的辩解,遭到恶狠狠的训斥:"你现在还在炮打,胆子不小哇!"

"文化大革命",向来被标榜为"史无前例"。正因为"史无前例",富有"创造性",按照夏其言的"罪行",定下一个查遍世界各国法律都没有的"罪名",曰:"扩散罪"!

为了这亘古未有的"扩散罪",夏其言被关押于监狱达17个月,直至1972年4月,才被释放,押到干校劳动。党支部向他宣布:"留党察看两年,工资降五级!"

1973年7月,经过张春桥亲笔批阅,经过上海市委常委讨论决定,"鉴于夏其言错误严重,应予清除出党"!

就这样,一生清白的老党员夏其言,仅仅说了唐纳的妻子是蓝苹,被"清除出党"!

其实,真正的潜台词,只可意会,不可言传:夏其言是蓝苹丑史的目击者、知情人,借"扩散罪"之名,囚于囹圄,开除党籍,为的是封口!

夏其言"命"大。1976年9月中旬,在赴"五七"干校途中,汽车翻车,四个轮子朝天,邻座的女同志当即死于非命,他却安然无事。

过了半个月,他终于见到了粉碎"四人帮"后万众欢腾的场面,终于见到蓝苹成了阶下囚!

1986年盛暑,当我拜访夏老的时候,他已七十有三了。他戴着助听器,居然还天天忙于工作。

他感慨万分地说:"中国有句古话:'大难不死,必有后福。'我历大难而未死,深感晚年之幸福。我尽我的菲薄之力,为党的新闻事业添砖加瓦。"

他的冤案早已平反,党籍也早已恢复。他的老伴也是党员。噩梦过去,老夫老妻笑逐颜开。

谁泄露了狄克的秘密

我埋头于小山一般的"文革"档案之中,终日阅卷,感到有点倦怠。正在这时,信手翻开的一卷档案中,那短短的几行字,使我忍俊不禁,倦意顿消。

那是上海师范大学在1976年9月21日向中共上海市委文教组送去的《情况反映(五)》,内中写道:"……我校分部附小二年级学生(八岁)在看电视时说:'张春桥参加追悼会时,一只眼闭着,一只眼睁着,要复辟'。"

这里所说的追悼会,当然是指1976年9月18日首都百万群众在天安门广场举行的追悼毛泽东的大会。按规定,连小学生都必须收看现场转播的电视。

一个八岁小学生在看电视时说的一句话竟会印在呈报中共上海市委的内部文件上!

更令人吃惊的是,当时中共上海市委的三个头目,居然在这份文件上,为小学生的一句话写下三条批示:"继续追查,并报公安局。""对传谣攻击者,应当严肃批判。""严防扩散,进行追查,严肃批判后处理。"

随着这"追查",我看了一卷又一卷"炮打张春桥"的档案,进而又查阅了有关张春桥的档案。我走访了众多的"炮手",也走访了当年张春桥的亲朋故旧……

1968年4月12日。清晨。

刚从睡梦中醒来的上海市民们,惊喜地发现,一夜之间,街头巷尾刷出了许许多多"炮打张春桥"的大字标语:"揪出叛徒张春桥!""打倒臭名昭著的老牌叛徒文静!"

文静何许人也?上海人人皆知,文静乃张春桥之妻。文静曾变节,早已是公开的"秘密"。至于张春桥是叛徒,小道消息亦有所传闻,甚至说某人敢以脑袋担保等等。

然而,如今用比斗还大的字,写在要道通衢,众目睽睽,人们个个称快。

谁都明白,刷出这样的"炮打"大字标语,需要多大的勇气。因为在那年月,张春桥是上海飞扬跋扈、不可一世的大人物,用手轻轻一指,就可以把人碾得如同面粉。他的头上,闪耀着中央文革小组副组长、中共上海市委第一书记、上海市革命委员会主任之类炫目的光圈。"炮打"这样的"无产阶级司令部里的人",那还得了!

早在1967年1月28日,正处于"一月革命风暴"之中,张春桥尚未夺得上海的领导权,立足未稳,以复旦大学年轻学生为主,曾经掀起第一次"炮打张春桥"的高潮,被称为"一·二八事件"。不过,那一次的"炮打",还只是低水平的,只不过向张春桥提出一连串为什么:既然上海市委是"修正主义"的,为什么身为上海市委书记处书记的张春桥是"革命"的?既然上海文艺界"毒草丛生,群魔乱舞",为什么身为上海市委宣传部长的张春桥是"干净"的?……

"一·二八事件"被定为"反革命事件"。张春桥残酷地镇压了那些年轻的"炮手"。

这一回"炮打张春桥",事先经过二十多天的准备,炮火比第一次要猛烈得多,被称为"四一二"事件。真是历史的巧合:41年前——1927年,也是在4月12日,上海人民跟独夫民贼蒋介石展开了激烈的肉搏……

张春桥上台以后的倒行逆施,上海人民看在眼里,恨在心里。地火在运行。张春桥如同坐在火山口上。

地火终于在"四一二"喷发了!上海在怒吼!

徐景贤紧急电告张春桥。

张春桥强装镇定,复电:"要沉着,不反击","事情过去就算了,不要压,不要整人,有些材料也不要紧。"

张春桥真的如此"虚怀若谷"?如此"大慈大悲"?

不,不,我在1978年3月13日《人民日报》上,看到如下惊人的数字:"张春桥对曾经参与炮打张春桥的人,要搞所谓'秋风扫落叶',必欲置之死地而后快。仅上海大专院校因'炮打'张春桥而受到拘捕、隔离、批斗或者作检查、写鉴定的达三千多人……"

我又从档案中,查到徐景贤当年在"四一二"事件发生后的讲话记录稿,切齿之声,跃然纸上:

"四一二"事件的发生,是蓄谋已久的。去年(指1967年——引者注)就有一批人,把矛头指向张春桥,斗争形式虽有所改变,但更加隐蔽,而且外地也时有谣言。他们选择了张春桥开刀,正是符合国民党反动派的利益。4月11日,正是在贯彻最新指示时,他们在夜里向我们发动了进攻。这不能单单看成炮打张春桥一个人,这是直接破坏了党中央伟大的战略部署……

事件发生后,春桥很关心,文元也很关心……

"四一二"事件,是适应了走资派、叛徒、特务和牛鬼蛇神的利益。有人不是说,"张春桥倒了,你们也要倒。"这是反动思潮向我们反扑。这次进攻,是不折不扣的右倾翻案风,右倾分裂主义,分裂中央文革小组,分裂市革会,分裂革命造反派,是右倾投降。有人说,对张春桥"吃不准"。实际上是对中央讲话"吃不准",而对反动言论吃得很准。

现在,我们已处于掌权地位,要慎重。有一些人唯恐天下不乱。复旦的右派又动了(指参加"一·二八"第一次"炮打"的复旦大学师生——引者注)。

"四一二"事件,检验了我们每一个人的立场。广大的工人、贫下中农是坚定的。文教系统不坚定,到现在还有人提出"为什么"。

总之,有人灰心,有人说没有什么了不起,有人幸灾乐祸。要总结教训。犯错误的人,要找到错误的根源,要进行阶级分析,要从政治上、组织上、思想上找根源——政治上的右倾机会主义,组织上的宗派主义、闹独立性,思想上的主观唯心主义……

好家伙,炮打张春桥,还得从那么多"主义"中"找到错误的根源"!

在"四一二"事件中,有一颗"杀伤力"颇大的"新式炮弹",不仅引起了上海全市的注意,而且使张春桥颇为惊慌——揭了张春桥的疮疤!

那大字标语的内容,是前所未闻的:"狄克攻击鲁迅,罪该万死!""打倒狄克!""狄克就是张春桥。打倒张春桥!"

说实在的,狄克就是张春桥,连张春桥的档案上也无此记载。张春桥也从未向人透露过这一"机密"。

是谁泄露了这一重大"机密"?主炮手何在?

显然,这主炮手深知内情,而且必定是"长胡子"的家伙!

此人不除,乃是隐患。

一道密令自京来。张春桥要查明主炮手究竟在何方……

鲁迅当年曾痛斥"狄克"

文化革命,革尽文化。

好在鲁迅的书未在革除之列,与马、恩、列、斯、毛的著作一起,站在各个图书馆的书架上。

忽然,许许多多的人,拥进平日冷冷清清的图书馆,目光都投向《鲁迅全集》。

因为"狄克=张春桥"的大字标语,使人们记起了《鲁迅全集》,想弄明白究竟是怎么回事。

哦,鲁迅先生仿佛抽着烟,满脸严肃的神情,在那篇《三月的租界》里,痛斥着狄克:

> ……三月里,就"有人"在上海的租界上冷冷地说道——
>
> "田军不该早早地从东北回来!"
>
> 谁说的呢?就是"有人"。为什么呢?因为这部《八月的乡村》"里面有些还不真实"。然而我的传话是"真实"的。有《大晚报》副刊《火炬》的奇怪毫光之一,《星期文坛》上的狄克先生的文章为证——
>
> "《八月的乡村》整个地说,他是一首史诗,可是里面有些还不真实,像人民革命军进攻了一个乡村以后的情况就不够真实。有人这样对我说:'田军不该早早地从东北回来',就是由于他感觉到田军还需要长时间的学习,如果再丰富了自己以后,这部作品当更好。技巧上,内容上,都有许多问题在,为什么没有人指出呢?"
>
> 这些话自然不能说是不对的。假如"有人"说,高尔基不该早早不做码头脚夫,否则,他的作品当更好;吉须不该早早逃亡外国,如果坐希忒拉(即希特勒——引者注)的集中营里,他将来的报告文学当更有希望。倘使有谁去争论,那么,这人一定是低能儿。然而在三月的租界上,却还有说几句话的必要,因为我们还不到十分"丰富了自己",免于来做低能儿的幸福的时期……

鲁迅先生提到的田军,读者们熟悉——田军就是萧军。

鲁迅先生提到的《八月的乡村》读者们也熟悉——那是萧军的长篇小说,鲁迅先生推荐它,称赞它,为它写序。

然而,唯独那个骂田军,骂《八月的乡村》,进而骂鲁迅的狄克,读者们向来不知是谁。就连《鲁迅全集》中,对狄克也未加注释。

如今,读者们忽然得知,"狄克=张春桥"。

哦,那个穿上一身军装、戴着黑框眼镜、神气活现的"中央首长"张春桥,原来就是30年代的文坛小丑!

"狄克=张春桥",其实,等于掀开了"上海市委第一书记"、"上海市革命委员会主任"那很不光彩的老底。

张春桥焉能不恼羞成怒?

须知,上海市多少个单位的《鲁迅全集》忽然被争借一空。好事者甚至刻印了《三月的租界》一文,大量散发,名曰"学习鲁迅,捍卫鲁迅"。

密告信提供了重要线索

"四一二"炮打的硝烟还未曾散去,张春桥、上海市革委会、于会泳和市文教组的S忽然都收到一封检举信,内容相同,都是1968年5月7日寄出的。这一式四份的信,告发了极其重要的线索:炮弹来自上海图书馆! 真是得来全不费功夫。

急如星火。上海市革委会马上派人前往上海图书馆调查,写出了报告。

报告马上送到了张春桥手中。

张春桥微微一笑,提笔在报告的天头上写了一句话:"应查清,但不要扩散。"

多妙,既要"查清",又不要"扩散",张春桥滴水不漏,把"攻"与"防"都作了安排。

5月22日,王承龙一接到张春桥的手谕,立即写道:"请按春桥同志批示办,抓紧!"

于是一个很不醒目的所在,成了"查清"、"抓紧"的目标。

它坐落在上海徐家汇,离那座在当时被砸去尖顶的天主教堂不过一箭之遥。它犹如陶渊明当年隐居的田庄,"门虽设而常关"。即使是大门旁那扇仅容一人通过的边门,你刚一进去,便立即自动关上。

高高的围墙里,一片草地包围着一幢上了年纪的楼房。早在爱狄密勒著的《上海——冒险家的乐园》一书中,便曾提到它:"耶稣教教会办有一所图书馆,里面藏着好几千卷书,大部分已变成蠹鱼的眠食所。没有一个人到那边去看书,也没有一个人去注意那个地方。"

其实,那个地方原本是外国牧师的宿舍。清末李秀成攻入上海时,就曾到徐家汇天主教堂做过弥撒,也曾步入这个牧师宿舍。

徐家汇藏书楼创建于清道光二十七年(公元1847年),那里成了收藏教会图书的"藏经楼"。

罗马教皇为了搜集中国的情报资料,订阅了大量的中国报纸、杂志,也存放在"藏经楼"。

最初书籍不多,书库只有三间而已。到了咸丰十年(公元1860年),藏书楼开拓新址,移至不远的徐家汇肇家浜,建造了新书库。据考证:

> 光绪二十三年(公元1897年)书籍收藏大增,原有的书库又不够用了,于是请设计建造了一幢二层上下共十二间。上房仿建成具有梵蒂冈风格的西文书库,下层改建成中国古典式的中文古籍书库。现代藏书楼建成以后至1906年才将中外书籍全部移入新库。
>
> 藏书楼的创始人为道光二十二年(公元1842年)到上海的南格禄,然扩充其图书事业确定其基础的是晁德莅、夏鸣雷。臂助晁、夏二位发展此钜业者,为晁德莅高足马相伯与李问渔。继马、李二公管理藏书楼的还有徐励、茅本荃、徐允希、张若虞、张渔珊、杨维时等。二十年代末由徐若瑟、徐宗泽主管。徐宗泽乃徐光启之十二世孙,生前计划建造图书馆大厦,开放藏书楼部分图书,未能实现,生病逝世。
>
> 上海解放以后,市文化局根据中国人民解放军上海市军管会命令,将徐家汇耶稣会神学院藏书楼全部图书文物及专用器具征用。
>
> 市文化局接管以后,交上海图书馆进行管理,然后成为上海图书馆的组成部分,名为"上海图书馆徐家汇藏书楼"。藏书楼开放以后,市政府又将"上海鸿英图书馆"、

"上海历史文献图书馆"、"上海报刊图书馆"等八个各有特色的小型专业馆全部并入藏书楼，使藏书楼馆藏增至一百余万册。其中收藏解放前出版的旧报纸三千六百多种，居全国第一。①

矗立在上海南京路的上海图书馆（自1997年起已迁往上海淮海中路），大门口挂着陈毅市长题写的招牌，为广大市民所熟知。然而，徐家汇藏书楼悄然站立在漕溪北路西侧，除了一块只有一本书的封面那么小的门牌号之外，没有任何招牌。它不对一般读者开放。然而，手持组织介绍信的读者们，从四面八方、全国各地来到这里，步入那扇狭窄的边门。

其实，徐家汇藏书楼所拥有的众多的发黄了的报刊，是一面清澈的历史的镜子。美即美，丑即丑，善即善，恶即恶，一切都保持历史的本来面目，一字不易，一笔不改。公安人员那敏锐的目光扫过镜子，从那些"脱离共产党声明"、"反省宣言"中，查出叛徒的真面目。文学史专家、历史学家也都从中探究历史的真实面貌。

然而，当奉特殊使命的上海市革委会的专员进入这座藏书楼，真是不查不知道，一查吓一跳：

那里记载着蓝苹当年的丑闻；

那里记录着狄克当年的劣迹；

那里刊登着《姚蓬子脱离共产党宣言》；

那里甚至还有徐景贤之父——徐宗骏的《自首自白》……

除了王洪文太年轻，还不够格之外，那面历史的镜子，如实地映出了江青、张春桥当年的真实形象。

麻子怕镜子。经过初步清查，上海市革委会清档组于1968年5月24日，迅即草成《关于查封上海图书馆徐家汇藏书楼的紧急请示报告》。

确实"紧急"。再晚一步，如果让徐家汇藏书楼里的一篇篇文章变为"炮打江青"、"炮打张春桥"的炮弹，后果不堪设想！

5月25日，王承龙"紧急"批转报告："同意。请少庸同志审阅，报春桥同志审核。"

王少庸"紧急"批转："拟同意，并请景贤同志阅定。"

徐景贤考虑得更加周全，作了如此"紧急"批示："同意查封徐家汇藏书楼，同时把电影局、作家协会等单位的二十世纪三十年代影剧、黄色刊物封存，请春桥批示。"

最后拍板的，是张春桥。他在5月31日"紧急"批示："同意。"

张春桥为了掩藏狄克，也为了替同党江青、姚文元、徐景贤遮丑，开创了查封一座图书馆的空前纪录！

1968年6月6日，由上海市清档组和政宣组组成的特派小组，杀气腾腾进入幽静的徐家汇藏书楼，以上海市革命委员会的名义，查封了旧中国20世纪30年代的全部图书报刊资料。

---

① 黄志伟：《徐家汇藏书楼》，《鼎》第12卷。

这些资料被搬入指定的房间，加锁，贴上封条，在查封时，就连查封专员也未敢翻开这些报章看一眼。

查封专员当众宣布了如下规定："未经上海市革命委员会批准，不准查阅这些资料。书库管理人员未经同意，也不得进入书库。"

真是难得，从查封专员口中，居然说出如此具有高度"阶级斗争觉悟"的话："对这些材料，看一眼就是犯罪，听一句也是犯罪！"

上海图书馆的钟楼成了"炮楼"

手中拿着《查封徐家汇藏书楼的汇报》，张春桥的眉头舒展了，仿佛了结一桩心事。从此，狄克那篇发表于1936年3月15日《大晚报·火炬》的《我们要执行自我批判》，封入"冻土层"。他的许许多多暗箭般的毒文，也不再有暴露之虞。

细思量，他又不由得双眉紧锁。死材料易禁，活口难封。那么多书库管理员，势必看过那些30年代报刊。这些人一张口，就会发射出"炮打江青"、"炮打张春桥"的炮弹，更何况那个泄露"狄克=张春桥"这一天机的主炮手，迄今隐伏，未曾抓获。

张春桥又下一道密令。

1968年9月20日，"工人阶级必须领导一切"、"向解放军学习"的口号响彻上海文化广场。"工军宣队进驻上海文化系统"的盛大"欢迎仪式"，在那里举行。主席台上，戴着大红纸花的工、军宣队代表，慷慨激昂地发言，不断引述姚文元在8月25日发表的《工人阶级必须领导一切》。

9月22日，一支由穿绿军装和蓝色工装者组成的队伍，挎着鲜红色的语录袋，步入上海图书馆大门。军人6名，工人27名。这支"领导一切"的队伍，事先接到张春桥的密令，肩负特殊使命，进驻这"敌情非常严重"的单位。

张春桥毫不含糊地说："上海图书馆有一批很坏的人！"

不仅"坏"，而且是"很坏"；不只是一个，而且是"一批"。上海图书馆的"敌情"如此严重，张春桥这一句话就说得够清楚的了。

在上海市革委会的一次会议上，张春桥说及有人用30年代资料"炮打"他，顿时竖眉瞪眼，穷凶极恶地说："以后谁再要提这个事，我就不客气了，我是要整人的！"

果真，张春桥"不客气了"，"整人"了！

徐景贤为"整人"定下了罪名："上海图书馆有人曾提供了30年代资料，就是提供炮打无产阶级司令部的材料！"

不言而喻，"炮打无产阶级司令部"＝现行反革命。

在"清理阶级队伍"、"深挖现行反革命分子"的口号下，"整人"开始了。

首当其冲的，当然是徐家汇藏书楼的工作人员。诚如1977年3月2日《人民日报》所披露："藏书楼的九名工作人员，包括工勤人员、图书馆修补工，也没有一个逃脱'四人帮'的魔掌。甚至临时在藏书楼工作过的人、进过藏书楼的人、接触过三十年代资料的人，统统成了'审查'对象。"

藏书楼那百年老屋里,刀光剑影闪耀,腥风血雨可闻,一时间一片白色恐怖,人人自危。

"学习班"不断收进"新学员"。只进不出,挨整的人数从9人扩大到20人、30人、40人以至50多人!

张春桥还不解恨。他批评进驻上海图书馆的工、军宣队还太右,指派得力干将、市文教组头头徐海涛亲自坐镇上海图书馆,工宣队员增至37人,军宣队员增至9人。大军压境,乌云欲摧藏书楼。

张春桥激将了:"'一办'(即市文教组——引者注)的徐海涛,你好像没有一点波涛。我看你很怕"。徐海涛马上答曰:"我不怕!"张春桥继续说:"我看你怕,怕什么? 在这块阵地上战斗,不准备头破血流是不行的!"

徐海涛掀浪兴涛了。

1970年2月9日,徐海涛杀气腾腾,在上海图书馆召开了"深挖现行反革命分子全馆动员大会"。

坐在台上,他的手指朝上海图书馆主楼顶上的巨钟一指,骂声咧咧:"你们上海图书馆的钟楼,不是钟楼,那是炮钟!"

这句话,顿时成了徐海涛的"名言"!

徐海涛从军装口袋里,掏出一张名单。台上念一声,台下的打手们抓一个。

一个又一个无辜的图书馆工作人员,被抓进了隔离室。

徐海涛还宣布,对这些被拘留者的家,进行"保密检查"。

多么动听的词儿——"保密检查",其实就是抄家! 抄家的重点,是收缴那些"炮打无产阶级司令部"的"防扩散材料"。唯其"防扩散",故曰"保密检查"。

以下是一部分被隔离审查者的名单及隔离期限:

费毓龙　1970年2月至1972年9月。

罗良健　1970年2月至1972年9月。

施龙生　1970年2月至1972年6月。

任光亮　1970年2月至1970年5月。

刘　萱　1970年2月至1970年5月。

于为刚　1970年2月至1970年4月。

当年,秦始皇实行"焚书坑儒"。如今,张春桥则"封书囚儒"! 秦始皇焚书坑儒,为的是"禁止儒生以古非今";张春桥封书囚儒,为的是遮盖自己的罪恶,掩人耳目。满口马列的张春桥,到头来率由旧章,拾起封建帝王的牙慧。"藏书楼案件",震惊上海。1971年4月,王洪文把"藏书楼案件"列为上海所谓"十大反革命案件"之一,竟又增派工、军宣队二十多名。

在那风云变幻的岁月,忽地全国上下掀起"五一六分子"来了。

徐景贤像绕口令似的,把"藏书楼案件"提到了新的高度:"清查'四一二',就是清查'五一六',清查'五一六',就要清查'四一二'。"

如果将来不出版一部《"文革"辞典》的话，不用说后人将弄不清楚这些"四一二"、"五一六"了，就连现在三十来岁的人也不知所云。

1971年4月28日，在上海文化系统清查"五一六"动员大会上，藏书楼又成了重点目标。王秀珍声色俱厉，大叫道："'五一六'分子在藏书楼查了那么多的材料，杀了他们的头也不解恨！"

无端受审，无端蒙尘，朱保炯成了第一个牺牲者。1971年5月16日，朱保炯悄然服下过量的肺结核特效药"雷米封"，自杀身亡，以死相抗。

青年工作人员袁嘉锡被逼得精神失常。他，只不过在上海红旗电影制片厂（即原上海海燕电影制片厂——引者注）"红影组"为了写《电影戏剧四十年两条路线斗争纪录》，来借30年代电影杂志，由他经办；他，只不过在"四一二"炮打的时候，说过"张春桥是叛徒"、"藏书楼有张春桥的罪证"。他被定为"清查重点"。

1970年2月13日，袁嘉锡被送入"学习班"；

1970年4月24日，袁嘉锡被隔离审查。

尽管他在隔离审查时精神失常了，1970年11月11日，上海市公安局仍发出了逮捕证。他锒铛入狱，直至1973年3月才被释放。

费毓龙做了一场噩梦

斗换星移。

和风吹拂的日子，我推开那扇灰色的边门，步入藏书楼。

院子里的水泥路，扫得干干净净。草地上绿草茵茵，彩蝶翻飞。

楼下的阅览室里，日光灯通明，白发银须的教授，身穿警服的公安干部，戴着眼镜的中青年学者，正在灯下翻阅那些用繁体字竖排的旧报章。照相机在咔嚓作响。复印机上的指示灯在闪烁。那些盖着"上海市革命委员会"大印的封条，早已无影无踪。

我沿着宽大的木楼梯上楼，那里静寂无声，我在书堆里找到了费毓龙[①]。他正聚精会神地翻阅着一百多年前出版的英国善本书籍。

他，年近花甲，文质彬彬，正襟危坐，说话慢条斯理。他被隔离审查达两年零七个月。旧事重提，他黯然神伤，如同做了一场噩梦。

他，1951年毕业于沪江大学。来到上海图书馆以后，一直管理科技方面的外文书籍。他懂英语、俄语、法语、拉丁语。本来，他一向在总馆工作，跟徐家汇藏书楼毫不相干。

仅仅因为极为偶然的原因，他被卷进那可怕的政治旋涡。一向做人小心谨慎的他，居然也给扣上"炮打分子"的可怕罪名。

藏书楼所藏的中文旧报刊，本来根本用不着他这个英语系的毕业生去当管理员。

"文革"开始，藏书楼原来的一些老管理员靠边了。他这个既无政治问题，又无"反

[①] 1986年4月11日，叶永烈采访在"上海藏书楼事件"中深受迫害的费毓龙。

动言行"的人,被临时派往那里工作。他是个胆小怕事、安分守己的人,从不去翻看那些30年代的旧报刊,况且他对那些内容也毫无兴趣——当他见到年轻的工作人员翻看蓝苹剧照时,他还好心提醒他们,不要看这些,免得招惹是非。

1970年2月9日,当上海图书馆召开"深挖现行反革命分子全馆大会"的时候,他感到有点异常,因为他一走进会场,就有人跟着他。他坐下来以后,前后左右马上有人坐下来,不时用目光扫视着他。

徐海涛坐在台上,逐一念着"现行反革命分子"的名字,念一个,揪一个。

突然,徐海涛念到了"费毓龙"!那几个事先坐在他旁边的人,马上把他的手臂拧到背后,按下了头,来了个"喷气式"。

他,一个"清清白白做人,认认真真做事"的人,就在当天被隔离审查。

他,单独隔离。隔离室在上海图书馆主楼的三楼。这座楼原本是旧上海跑马厅的"摇彩间",他所住的隔离室是原先的厨房间。没有窗户,终日不见阳光,24小时开着电灯。看守不时从门上的小孔往里窥视。冬日,冻得发抖;夏天,热得像蒸笼,坐在那里不动也出汗。

吃着食堂的剩菜。吃不饱,但也饿不死。冬天用冷水刷牙,夏天不许洗澡。尿盆在封闭的小房间前发着熏人的臭气。

他想念着妻子、父母和两个孩子。音讯全无。连通信的权利也被剥夺。

最可怕的,莫过于孤寂。面壁而坐,终日无言无语,不许与人说话,生怕"扩散"。

人有思想。思想关不住,锁不上。只要他活着,他总是在思想,想这,想那。即使是窗外一两声鸟鸣,也会激起他思想的涟漪:"鸟儿能自由翱翔于蓝天,我连鸟也不如!"

深夜,整座大楼死一般的寂静,世界像凝固了似的。忽然,响起了脚步声,那是看守来提审同楼的审查对象。他这一层楼里,关押了好多个"炮打"者。声声脚步,由近而远,迈过一级一级楼梯。声声入耳,又在他的思想中产生恐惧的感觉,仿佛每一步都是从他的身上踩过。

他过度的敏感,过分的慎微,天长日久,他竟产生幻觉、幻听。他常常觉得母亲在耳边亲切呼唤他,待他答应了一声,母亲忽地消失,不知去向。他又觉得有人朝他走来,可是,始终站在他的前面原地踏步,总是跟他保持一段距离,他一伸手,幻影倏然而逝,无从寻觅。

他明白,他的神经开始错乱了。为了打破过度的寂寞,他开始背《实践论》,一句一句地背,希望把注意力转移到背书上。可是,毕竟无法终日背书。放下书来,那种可怕的孤寂感,又袭上心头,无时无刻不在折磨着他。

一次又一次提审他。他实在交待不出什么:他被调往藏书楼,管理报刊成了他的工作。人家要借什么,他按照借书单,把报刊借给读者。仅仅如此而已。可是,当那些读者成了"炮手",专案组一查借书单,是经他的手借出去的,就把他押进了隔离室。因为提供"炮打"材料也是"炮打"!然而,他,能坦白什么?能交待什么?

他无法交待,便被认为态度顽固,受到斥骂。仿佛只有他承认自己是什么"五一六分子",这才是"老实",这才是"坦白"。

他发高烧,额头滚烫,不得不上医院。可是,就算在医院里他的后边也一直有两个看守紧紧盯着,人们对他投来鄙夷的目光,似匕首,如利剑,深深地刺伤了他的自尊心。从此,他发誓不去医院,任凭高烧折磨着自己。

他,终于吞下了大量的安眠药片。他还吞下了在地上找到的轴承里的钢珠。他当时唯一的愿望是,赶紧离开这恫瘝至深、鬼哭神嚎的世界。

然而,他欲死不成。他被看守发现了,送入医院灌肠。

他又挨斗受批。

他气糊涂了。在一份交待里,把"向毛主席请罪"的"向"字漏了,成了"毛主席请罪"!可是,他竟没有发觉,把交待交上去了。

幸亏一位工宣队员,是心眼挺好的老师傅。师傅看了他的交待,没有声张,叫他赶快补上个"向"字。就这样,使他避免了一场大灾难。

怪不得徐海涛骂有的工宣队员"太右"。然而,被派去整人的人,都有点看不下去了。

心情抑郁是癌症的引发剂和催化剂。在费毓龙关押期间,父亲以泪洗面,死于肺癌。临终之际,还在病床上不断呼唤着费毓龙的小名:"丽生啊,丽生啊……"

费毓龙的弟弟毕业于南开大学,在洛阳部队工作,当时患风湿性关节炎,住院治疗。得知哥哥被打成"五一六分子",弟弟变得精神恍惚,在病床旁摔了一跤,严重脑震荡,遽然而逝。

可是,费毓龙在隔离室内与世隔绝,一点也不知道父亲、弟弟离世的消息。

经过两年零七个月的关押审查,实在查不出费毓龙的"四一二罪行"和"五一六罪行"。他被定为"一般工作错误",终于在1972年9月2日获释。

直到这时,他才得知父亲和弟弟受到牵连,早已不在人间。他失声痛哭,两天水米不沾牙。

噩梦醒来,他已是患有严重心脏病的人了:心脏变形,呈套鞋形。还患上了高血压,医生给他开长病假,组织上也多方照顾他。

可是,他却把病假单塞在衣袋里,忙于上班,他要追回那白白耗费了的时光。

如今,他正埋头于整理上海图书馆收藏的大量外文珍本图书。这些书大都是当年那些传教士携来中国的。他精通多国外语,非常适合做这样的研究工作。他从堆积如山的外文旧书中,发现明代科学家徐光启译的《几何原本》所依据的《欧几里得几何学》原版本,一百年前传教士所著《徐家汇孤儿院》善本,1706年出版的雅尔兰·义迭思所著《使华三年历程记》,1682年巴黎出版的比利时人南怀仁的《天主教在华传教情况公开信》等等。他如鱼入水,探骊得珠,在一片深海中寻找宝贝。

虽然"文革"给他留下了一身病和辛酸的回忆,但今日他的心情却是舒畅的。他用两句话,概括今昔:

在"文革"中,盘旋于他的脑中的是"士可杀不可辱";

在"文革"后,他常常想到的是"士为知己者死"。因为邓小平"尊重知识,尊重人才",他要报知遇之恩。

这就是他,一个中国知识分子——"士"的心声。

"炮打张春桥"的主炮手安在

费毓龙只是偶然涉足藏书楼，横遭飞祸，被隔绝人世于斗室之中。他显然并不是"四一二"的主炮手。

主炮手安在？

我问费毓龙。他却面有难色，说道："你不见得能够找到他！"

奇怪，天底下哪有找不到的人？何况此人住在上海，怎么会找不到？

费毓龙劝我，欲访此人，一定要请上海图书馆党总支助一臂之力。

我来到了党总支办公室。书记陈雷、副书记狄华，很热情地向我介绍了情况：他叫葛正慧。揭露"狄克=张春桥"的，就是他。在"藏书楼案件"中，受迫害最深的，也是他。

档案上清楚地记载：经王维国、徐景贤批准，上海市公安局于1970年2月26日逮捕葛正慧。经五年零两个月的监禁，于1975年4月26日获释。

如今，为什么难以找到他呢？

两位书记告诉我其中的缘由：葛正慧已经退休，不来上班，在图书馆里找不到他。他一人独居，又几乎不在家。他外出何处，谁也不知道；即使他在家，他从不在家中会客。如不事先去信预约，他是不接待的。他的脾气确实有点怪癖。但是，他受了那么大的冤屈，大家都体谅他的心境。如果他一旦愿意接待你，那会非常热情的。

狄华把葛正慧的住址告诉了我，我给他写了一封信，希望一见。我不忘狄华的叮嘱，在信中写明，他的通讯处是狄华告知的。

信寄出以后，好几天不见回音。

我决定上他家去拜访。

他住在上海市区一幢三层楼房里。我是在早上8点到达的，邻居们告诉我，他已经外出，往往夜深方归。

他的房间在三楼。从外面望过去，有一扇窗斜开着。一只猫蜷伏在窗口，窗台上放着好几盆花。

老邻居们告诉我，葛正慧住在那里好多年了。本来，他跟母亲一起住。1962年，母亲去世之后，他一直独居。他的生活很简单，买点面包、罐头、炒盘青菜，如此而已。

来了客人，一向在楼下弄堂或公用灶间里谈话。即使是上海市统战部来人，也如此。

来访者写信预约，他答应了，到了预定时间，才能在楼下见到他。邻居们把他的邮件，或者放在灶间，或者从房门的缝里塞进。

邻居们印象最深的是，"文革"中上海图书馆造反派来抄家，他的书真多，装了一卡车！

过了五年多，邻居们终于又见到他。他变得几乎叫人认不出来了，双眼深凹，骨瘦如柴，沉默寡言，独进独出。偶然，他说过一两句话："善有善报，恶有恶报！"

果真被他说中了，人民翻身了，"四人帮"垮台了！

邻居们都说，他很有学问，埋头看书、写作。夜深了，他的窗口还亮着灯光。

我从他家回来，焦急地等待着他的回信。我知道，只有他答应与我长谈，我才有可能了解这位当年"炮打张春桥"的主炮手。

一天天过去了，我终于等来了他的信。

信中说：

> 我因高血压多年，说话时间一长，血压即升高，就头眩。馆内我不常去，现抽暇参加编辑会刊《图书馆杂志》，有时出去组稿、看稿、就诊（坐"四人帮"黑狱多年的后遗症，病较多）往往不在家。
>
> 我准备送一些参考材料给你，以便你写作。但我手头的一些剪报已散失了，这几天我到亲友处寻索。

读罢来信，我甚为欣慰。虽然我未见其人，却已见到一颗赤诚的心。他的回信晚了些日子，是因为他在帮助我寻找写作资料。

几天之后，我就收到他挂号寄来的一大包剪报，附了一封热情洋溢的信：

> 在波澜壮阔的上海人民反"四人帮"斗争中，我个人因扩散"狄克"而受的迫害，是渺不足道的，不能算是怒潮中的一朵浪花，只是一点泡沫而已。上海在反"四人帮"斗争中有无数同志受到比我更严重的迫害，甚至牺牲生命（这都有待于你向各方面拜访）。我在上海人民反"四人帮"斗争中并无贡献可言（因为不是我把"四人帮"抓了，而是"四人帮"把我抓了）。
>
> 威廉·夏伊勒（William L. Shirer）的《第三帝国的兴亡》，你一定早看过。他曾翻阅了纽伦堡审讯纳粹战犯时所集中的数十万件缴获的德国文件中相当大的部分，才写成此书。书前他引录了桑塔亚那的一句话："凡是忘掉过去的人，注定要重蹈覆辙。"
>
> 由"四人帮"1976年垮台至今，已十年了，曾为"四人帮"主巢的上海尚未出版过那样的巨著。倘无文字留鉴，人们是容易"忘掉过去"的，后代也难吸取教训。此历史著作之所以功德无量也。在党中央明确要求"彻底否定文革"的今天，我预祝你写作成功。
>
> 全部剪报和报纸，是我赠送你参考的，不要归还。

在信中，他还写明了他准备到我家长谈的时间。

看了他的信，我的目光投向案头的三厚册蓝色封面《第三帝国的兴亡》。我也早已读了这部巨著，引为写作《"四人帮"兴亡》的镜鉴。我们的见解，竟如此不谋而合！

我期待着见到这位劫后余生、外冷内热的老人。

他查出"狄克"是谁

暮霜降临。

我徜徉在公共汽车站附近,注视着每一个从跟前走过的行人。

一个头发谢顶、戴着眼镜的老人,双脚边走边拖,发出声。尽管我从未见过葛正慧,但是根据邻居们所说的特征,我猜想是他,上前问道:"你姓葛?"

果真是他[①]!

我领着他,来到我家。他前庭开阔,头发灰白,热忱而健谈。他生于1924年,屈指数来当时已六十有二。操着一口浓重的浙江宁波口音。

他一口气谈到将近深夜12点。未能谈完,过一星期他又来了两次。他花费很多时间向我介绍上海人民反"四人帮"的斗争。经我再三恳求,他才谈及了自己所遭受的迫害,他对"狄克"的研究。

"文革"前,他担任上海市图书馆书目参考部副主任。虽然他不在徐家汇藏书楼工作,但常常去那里查阅资料。

他早在50年代初,便查证了"狄克=张春桥"这一公案。

他怎么会研究起张春桥的笔名来的呢?

其实,这纯属于他的工作职责范围。他在书目参考部工作,就要研究书目,而研究书目,则必须研究作者;研究作者,则必须研究作者的笔名。只有这样,才能弄清以笔名出版的书、发表的文章,究竟是谁写的。

他花了很大的精力,研究"笔名学"。

笔名,看似简单,其中学问颇深:隐士、战士和暗奸,都爱用笔名。

隐士与世无争,只求发表作品,却不愿让读者知道作者是谁,于是取个笔名,隐去真名实姓。

战士要冲锋陷阵,把投枪和匕首掷向敌人。为了迷惑敌人,保护自己,也用笔名。

暗奸当然对笔名有着特殊的"爱好",射冷箭、放暗枪,是他们的看家本事。这种勾当本来就见不得人,于是笔名便成了他们的隐身术。暗奸们往往有许多笔名,甚至写一文章化一个笔名。他们的笔名,真是弃之如敝屣,极难考证。

当然,细细探究起来,种种作者还有种种缘由采用笔名。

葛正慧做了三千多张卡片,查明了许多作者的笔名,张春桥,只不过是他所研究的众多作者中的一个。

一天,他在细阅上海千秋出版社编辑部于1937年2月出版的《鲁迅先生轶事》一书。这是一本只有164页的小册子,很不起眼。

读到该书第104至105页,忽地眼前一亮。哦,他一下子就明白了"狄克"是谁。

[①] 1986年5月11日、16日、23日,叶永烈三度采访葛正慧。

鉴于这段文字是"狄克=张春桥"的铁证,又从未向外透露,故引述于下:

这一节的标题是《鲁迅逝世一月　田军在墓前焚烧〈作家〉〈冲流〉》。

读者诸君,鲁迅先生死后我们已陆续报告了你们很多趣事了。现在再报告一点。那是关于田军的。

你们一定知道,在去年秋间市上有一本长篇小说出售,书名是《八月的乡村》。那著者就是田军,书前边,有鲁迅先生一篇长序,于是这本书很快的销行,田军这名字也很快的给一般人知道了。

《八月的乡村》是奴隶丛书之二,第一册是叶紫的《丰收》,于是许多人就说田军是叶紫。其实,田军是哈尔滨的一个青年,道地的东北作家也。《八月的乡村》也是东北被压迫的民众和义勇军的描写。

《八月的乡村》虽则并不写得十分好,但是田军是东北人,见闻较切,比之一般未离上海一步而大写东北如何如何的人要高明得多,所以"老头子"(指鲁迅——引者注)一看就很激赏,作序印行。

《八月的乡村》因为鲁迅一序而销路甚佳,田军一举成名,那么,他对于鲁迅先生的感激是当然的。

记得《八月的乡村》行世之时,有人对他略有批评,像张春桥之类,曾经引起鲁迅先生的不快,作《三月的租界》一文给与极尖刻的讽刺外,更在《出关的关》中,有一节话也射着他:

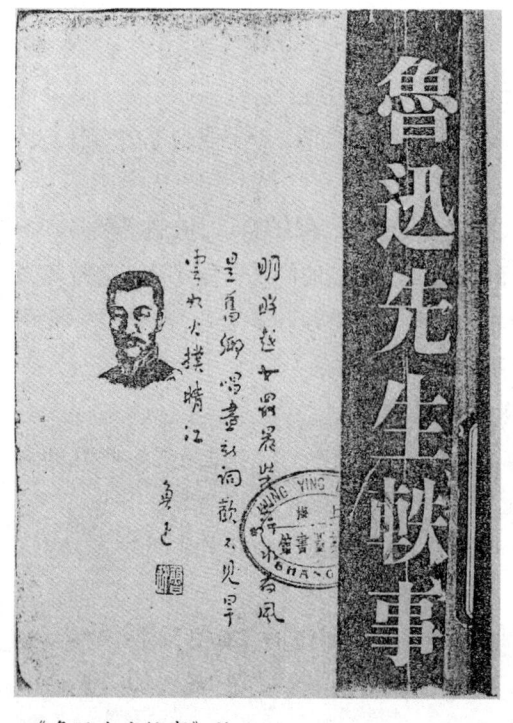

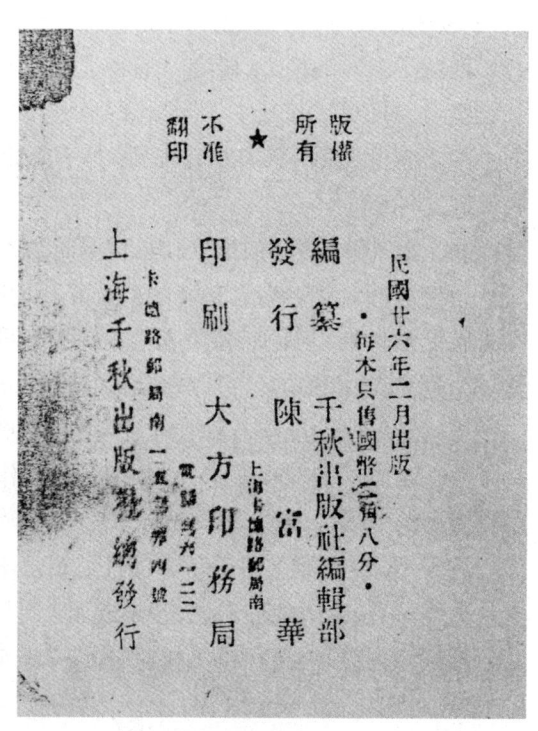

■《鲁迅先生轶事》封面　　　　　　　■《鲁迅先生轶事》版权页

"现在许多新作家的努力之作，都没有这么受批评家的注意。偶或为读者所发现，销上一二千部，便什么名利双收呀，不该回来呀，'叽哩咕噜'呀。群起而打之，唯恐他还有活气，一定要弄到此后一声不响，这才算天下太平，文坛万岁！"

鲁迅先生在《三月的租界》里批判的是狄克，《鲁迅先生轶事》一书说《三月的租界》批判的是张春桥，不言而喻：狄克=张春桥！

《鲁迅先生轶事》一书出版于1937年，当时张春桥不过20岁，文坛小卒而已，谁也不会预料到他后来会成为中共中央政治局常委的。书上的记载，当是可靠的。

于是，葛正慧的作者笔名卡片，又多了一张，写明"狄克=张春桥"，并注明了这一考证出于何书。

葛正慧写这张卡片，是在1953年。其时，张春桥为上海《解放日报》社长兼总编辑，新华社华东分社副社长，上海市新闻出版处处长。

老作家魏金枝是上海图书馆的常客，跟葛正慧相熟。

葛正慧知道魏金枝当年是中国左翼作家联盟成员，与鲁迅、柔石有所交往，熟悉20世纪30年代的上海文坛，便把自己的发现，悄悄告诉了他。

魏金枝的脸上，没有露出半点惊讶的神色却问道："你怎么会知道狄克是张春桥？"

"我是从一本书上查到的。"葛正慧说出了他的依据。

不料，魏金枝抚掌笑道："狄克是张春桥，这个秘密我早就知道了。其实，张春桥还用过另一个笔名，批评过《八月的乡村》，跟鲁迅唱对台戏，你查出来了吗？"

"没有。他还用过什么笔名？"

"水晶！"

如此说来，魏金枝深知张春桥的底细。葛正慧赶紧跟他细细攀谈，方知其中的来龙去脉。

囚首垢面的葛正慧

葛正慧身陷囹圄。张春桥对于政敌，从来不会手软。专案组一次次审讯着葛正慧，毫无结果，他说来说去无非是"记不清楚"那句话。

蚊子倒渐渐多起来，从敞开的窗口蜂拥而入。

葛正慧再三要求给一顶帐子，看守不理也不睬。

地处郊区，四周是水田，而牢房里的电灯又是通宵开着。蚊子连同各种各样的小飞虫，夜夜骚扰着葛正慧，比受任何酷刑都难受。

他不断拍打蚊子。尽管被打死的蚊子满壁血斑，星星点点，可是蚊子仍络绎不绝地飞入牢房，驱之又复来，打不尽，灭不绝。

"交待吧！交待了，马上就可以回家！"窗外，响着看守的诱降声。

葛正慧暗暗咒骂：张春桥是人间的蚊子，人间的"四害"！

他浑身上下，被蚊子叮起一块块红斑，奇痒难熬。在那人间地狱中葛正慧度过五个酷暑,在群蚊的日夜轮番轰炸之下,体内居然产生抗素,蚊子叮了不起疱,不发痒,只是鲜血不断被吸走。

他面对"四人帮"的虐待,思想上也产生了抗素。诚如《老子》七十四章所言:"民不畏死,奈何以死惧之。"

天底下所有监狱的窗,那铁条都是竖的。唯有这儿关押要犯的牢房,窗上铁条反而是横的,仿佛给犯人上吊自杀提供了方便。他不畏死,却不想死。他的心中,常常喃喃自语:"善有善报,恶有恶报。"他要把牢底坐穿,看那些豺狼横行到何时。

没有日历,没有报纸,不知今宵何日,不知明朝何月。他真的被蒙在鼓中,围墙外的生死搏斗他全然不知。

突然,在不知何年何月何日的一天,看守在门上的小洞口大声喊道:"把语录交出来!"

红色的语录,是他身边唯一的书本。他感到莫名惊讶:为什么要交出语录?

他小心地把红色小书从小洞口递出去,注视着看守的一举一动。

看守把身子转过去,背对着他。

"嚓,嚓。"居然发出撕书的声音!

葛正慧焦急万分:如果那个看守撕坏了书前的毛主席像,反诬他撕,那他有口难辩,罪上加罪的。

那看守转过身来,把红色小书朝小洞口一丢。他赶紧接过语录,急急地翻查。他立即发现:那印着"读毛主席的书,听毛主席的话,照毛主席指示办事"——林彪题词的一页,被撕去了。林彪的"再版前言",也给撕掉了。

"把林副统帅的题词还给我!"他赶紧对看守说。

看守双眼一瞪,吼道:"还提什么'林副统帅'?给我闭嘴!"

葛正慧茅塞顿开:"林副统帅"垮台了!

他喜不自禁。心想,林彪倒了,你江青、张春桥还能支撑几日?

看守撕去林彪题词,使他在万分孤寂中听见惊雷。

他多年在图书馆工作,终日读书、阅报,养成了习惯。如今终日在空白中度过,他迫切地希望看报,希望知道大墙之外是何等世界。

"我要看报!"他郑重其事地向看守提出来。

"你想看报?你想窥测方向?"看守大抵具有极高的"革命警惕性",马上从葛正慧的一句话、联想到"窥测方向,以求一逞"之类"反胡风"时的习惯用语。

"为什么不能看报?就是关在提篮桥,也允许看报的呀!"葛正慧所说的"提篮桥",也就是上海监狱。因为上海监狱在提篮桥,上海人习惯地称之为"提篮桥"。

"这儿不是提篮桥!你罪大恶极,枪毙了还便宜你,所以关在这儿。你还想看报纸,白日做梦!"看守沉着脸,从牙缝里蹦出这几句话。

葛正慧知道,再争也没用。但是,没有报纸,不听广播,过着完全封闭的生活,真是度日如年。

小洞口一次又一次响起看守的呼唤:"坦白交待吧,马上把你放掉!你看,外边的天空多蓝,空气多好!"

如同笼中之鸟,他天天渴望自由。然而,一想到他的自由要以销毁那份铁证——《鲁迅先生轶事》为代价,他宁居小小囚笼,不慕天高海阔。

一次次旭日东升,一回回夕阳西沉。熬过了滴水成冰的严冬,度过群蚊围攻的酷暑。

忽然,有那么一天,从小洞口竟丢进一份《人民日报》。

看守怎么如此大慈大悲?给了报纸,还说道:"你不是要看报纸吗?给你!仔仔细细地看吧。"

葛正慧连忙拾起报纸,不由得一怔:《人民日报》头版,以显赫的地位刊登一张照片,一个大包头、戴眼镜、中山装笔挺的人物面带三分笑,正在跟朝鲜外宾握手。如果不看照片说明,他差一点认不出来这位"首长"。哦,说明上写着,"中共中央政治局常委、国务院副总理张春桥"!

就在这时,小洞口又响起看守的声音:"怎么样?看见了吗?你还敢炮打吗?赶紧交代吧。苦海无边,回头是岸!"

葛正慧愤愤地把报纸掷在地上。他简直不可想象,"狄克"会成为"中共中央政治局常委",会成为"国务院副总理"!

他更咬紧牙关。越是"狄克"得志,越是不能交出那本《鲁迅先生轶事》。总有一天,"狄克"的真相,会大白于天下。

看守只给他看这一份报纸,此后,不再给他看报,而是逼着他交代。

在秘密监狱中关押了五年多,他竟然只知道大墙外的两桩事:林彪垮台,张春桥上台。

囚首垢面,心事浩茫,忧国忧民,吞辱含冤。望着铁窗,他常常喟然长叹。虽说他无妻无子无女,但他心中装着祖国的命运,人民的前途。

他,忧天下之忧——"狄克"仍在得志,仍在猖狂!

行踪诡秘的"扫雷纵队"

坐在上海兴国招待所宽敞的套间里,脚下是一片厚厚的紫红色的地毯。刚刚洗过热水澡,张春桥看见桌子上放着一个严实地密封的牛皮纸信封。信封上只写着一个"张"字,字迹是那么的熟悉。

张春桥每隔几天,就要收到这样的一个信封。他关照过秘书,只写一个"张"字的信封,必须由他亲自拆看。

这一回,拆开信封,里面装的是最新一期《扫雷》。标题一下子就把张春桥的目光吸引住了:《反张春桥同志的逆流从何而来?》。

《扫雷》写得有声有色。据"调查",上海的"一·二八"炮打张春桥,是由北京"联动"(即"首都红卫兵联合行动委员会",1966年12月5日成立,主要成员是高干子弟。——译者注)所策划的,其中有朱德、李富春的孙子,陈云、陈毅、贺龙、李井泉的儿子,乌兰夫的外孙,邓颖超的秘书的儿子……

虽说当时上海的各种小报、传单成千上万，《扫雷》却属"绝密"的简报式内部刊物，每期只印几份而已。有时，干脆不印，用复写纸复写。这份《扫雷》对于张春桥来说，是每期必看的。自从发生"一·二八"炮打张春桥事件之后，他便下决心，建立一支"扫雷纵队"。《扫雷》，便是他的"扫雷纵队"不断编发的情报刊物。

张春桥的"灵感"，最初得自林彪在1967年1月的一次讲话："要继续把矛头指向右派，指向隐藏的还没暴露的牛鬼蛇神，进行全国大扫荡，挖出根子，扫除'地雷'。这是全国性的扫雷战，要扫掉在内部各个角落的大大小小的'地雷'。"

张春桥首先要扫除的，便是上海"大大小小"的反张春桥的"地雷"。

一个32岁的青年，被张春桥看中了。

张春桥最初注意起这个青年，那是在1966年10月。一个名叫游雪涛的人，自称是上海《青年报》文艺组副组长，给张春桥写信，反映上海青年话剧团某女演员因造反而处境维艰。

当时，毛泽东主持的中央工作会议刚刚结束，正要在全国掀起"批判资产阶级反动路线"的高潮。张春桥正需要在上海树一个受"资反路线"迫害的典型，而游雪涛敏感地意识到这一点，为张春桥"送"上了这么个"典型"。

趁着回上海的时候，张春桥让秘书调来游雪涛档案——这是张春桥的习惯，先要摸一下"底牌"。

牛皮纸大口袋，上面印着"干部档案袋"，用毛笔写着"游雪涛"三个字，很快送到张春桥手中。

> 游雪涛，1935年生，江苏无锡人，家庭出身城市贫民，1956年8月加入中国共产党……
>
> 此人家庭出身填"城市贫民"，是因为他很小的时候便失去父亲，母亲当时只28岁，拉扯几个子女长大，家庭确实常常揭不开锅。他是长子，16岁就进入上海绒布厂当工人，以分担家庭重担。靠着自学，靠着苦读，学会了写作，终于成为上海《青年报》的记者，又进一步成为文艺组的副组长……

虽说张春桥自己的历史不干不净，但是他却尽量要用一些历史干净的人作为自己的爪牙，以免被人揪住小辫子——他已经吃够了妻子文静的苦头！

看来，游雪涛的历史是清白的，何况是个党员，头脑灵活，笔头也可以。

于是，"面试"开始了。

接到张春桥秘书打来的电话，对于游雪涛来说，无异于打了一针兴奋剂。他意识到，他要交红运了。

平常，张春桥跟陌生人见面，先要"嗯"、"喔"一阵，让人家说够了，这才开口讲那么几句。这一回，跟游雪涛握手之后，张春桥提出一系列问题。张春桥很快就发觉，这个年轻人是块料子，头脑里充满政治细胞。年纪轻轻，对上海政界人士，有着清清楚楚的了解。

第一次见面，张春桥认识了游雪涛，游雪涛也敏锐地认识了张春桥——这个"大人物"最感兴趣的，是政治情报！说得更准确一点，是政界秘密情报！

聪明的年轻人投其所好。他常常给张春桥写信，那每一封信，就犹如一期《扫雷》简报。他是个小人物，而小人物有着大人物所缺少的方便之处：他可以随意在各处串连，可以到处偷听别人的谈话，可以记下每天街头大字报的内容，可以去摸一些政界人士的"底牌"……他在上海滩上毫无引人注目之处，何况，他手中有记者证，在三教九流之中活动是很方便的。

这样，小人物的眼睛成了大人物眼睛的延伸，小人物的耳朵成了大人物的耳朵的延长。张春桥对于上海滩上的一举一动，都随时获知。

最初，只有游雪涛单枪匹马在干。他不断给张春桥写信。每一次接到张春桥托秘书打来的电话，每一次的约见，都使他备受鼓舞。

张春桥意识到，偌大的一个上海，只有一个"包打听"太不够了。于是，游雪涛扩大为"游雪涛小组"，亦即"扫雷纵队"。

游雪涛以"捷尔任斯基"自居，把他的小组喻为"契卡"。他只效忠于一个人——张春桥。

自从张春桥成为上海市革命委员会的主任之后，便任命游雪涛为这个"市革会"的"群运组"副组长。

特务机关，从来都是有着堂而皇之地名称。蒋介石的"军事委员会调查统计局"，又是"调查"又是"统计"，多么动听。张春桥给游雪涛挂了个"群众运动组"的名义，何等迷人！

张春桥给"扫雷纵队"安了秘密基地——上海永福路244号的一幢独立的小楼。从此，"扫雷纵队"的代号取为"244"。永福路是一条临近淮海中路的马路，交通方便而行人不多。那里离张、姚的兴国招待所，徐景贤的"丁学雷"小楼，王洪文盘踞的东湖招待所以及康平路原上海市委机关都很近，轿车在几分钟之内均能到达。

游雪涛严格地挑选着人马，逐步发展他的"扫雷纵队"。笔者查阅了"扫雷纵队"全盛时期的名单，全纵队共计35名队员。这些"侦探"的职业，五花八门，既有歌剧演员、杂志编辑，也有医院医生、复旦大学学生、同济大学学生，等等。队员之中，还配备了打字员、司机。全队拥有四辆汽车，四支手枪，一颗美制手雷，三架微型录音机。经张春桥批准，这支队伍直接向"市革会"领取经费，但从不说明用途。

在35个人之中，只有游雪涛与另一个头头夏某有"市革会群运组"的工作证。游雪涛自称，这是一个"半官半民，亦官亦民"的组织！

游雪涛在献给张春桥的一份《一年工作总结》中，曾写及这支特殊队伍的不为人知的心态：

我们是一个非正式的工作机构，二十几名没有合法活动身份的"小小老百姓"。

我们由于是在两派斗争激烈的时候突然离开"战场"的，又长期不能透露自己究竟在干什么，引起别人无意的猜疑和有意诽谤。

一年多来……极大部分同志始终像战士处于"一级战备"那样,……一天二十四小时,除了睡觉就是工作,什么时候有情况,就什么时候出动。……听说江苏老人串连会员在上海活动,同志们冒着倾盆大雨,二十四小时不断地轮班守候大旅馆门口,以便知道他们究竟与上海哪些人对口……

什么"老人串连会"?哦,哦,游雪涛一口咬定那是"走资派"搞的。

"听说"——仅仅是听说,"江苏老人串连会"有那么个姓李的来上海,又听说,这个人是"厅局级干部"。无缘无故,这个人就成了游雪涛小组追捕的对象。

"注意!注意!此人坐了一辆米黄色的伏尔加轿车!""扫雷纵队"紧急动员起来,那辆"华沙"在雨中开出"244"号;那辆"本茨"轿车也出动了;十多辆两用车,在雨中急驰。

外滩查过了,中百一店查过了,九站也查过了,没有发现"米黄色的伏尔加"。

对了,对了,听说那人住在淮海路——他们称之为"淮海路老李"。

集中兵力细细在淮海路搜寻。

像大海捞针一般,好不容易,在锦江饭店的车库里,查到一辆米黄色的"伏尔加"。一看汽车车牌,正是江苏的。

虽说"淮海路老李"查到了,游雪涛却不急于逮捕他。队员们在风雨交加中,躲在角落里,监视着锦江饭店,以求查明"淮海路老李"跟上海哪些"走资派"联系。

很遗憾,并没有"大鱼"上钩。

"扫雷纵队"动手了。他们戴着大口罩,在墨黑的深夜突然破门而入,不由分说把他蒙上双眼,架走,塞进汽车。他分不清东南西北。当遮眼的黑布被取下之后,他才知道,已被押进一个地下室。

站在他面前的,是一群凶神恶煞;"迎接"他的,是木棍皮鞭。

"淮海路老李"无端蒙冤。他,竟不明不白地被"扫雷纵队"关押了几个月。

"淮海路老李"只是受到"扫雷纵队"迫害的众多的无辜者中的一个。

"扫雷纵队"的宗旨,是张春桥定下来的,即"挖出陈、曹埋下的第二套班子"。其实,"翻译"成大白话,也就是"扫除张春桥的一切政敌"。

游雪涛"忠诚"地在一条"特殊的战线"上工作着,实现着张春桥定下的宗旨。游雪涛所编的《简报》《动态》《动态增刊》,达300期之多,密送张春桥的情报达100万字!

无孔不入的"福尔摩斯"

据游雪涛自云,那300期简报,"预报了一些重大的政治事件,发现了一批混进革命阵营的反革命两面派"。

笔者在上海档案部门细细阅读了厚厚的案卷,只能用四个字来表达读后感:触目惊心!

"扫雷纵队"是张春桥手下的"福尔摩斯"。翻阅着案卷,他们的"丰功伟绩"历历在目。

江苏宜兴西侧,有座并不引人注目的县城——溧阳。一天,两个35岁上下,干部模样的男子,拿着"上海市革命委员会"的介绍信,出现在溧阳县公安局。介绍信上写明来者政治面目,均系中共党员。有着这样完全合乎外调手续的介绍信,当来者提出要求查阅敌档,县公安局理所当然地同意了。

来者并非一般人事外调,介绍信上写着:"准备汇编中统特务组织的敌情材料。"

来者在敌档中,终于查到一份当年中统特务机关拟定的在新四军中进行策反的人员名单,如获至宝。咔嚓,咔嚓,拍了好几张照片。

来者压制着内心的欢欣,装成若无其事一般,又翻拍了一些无关紧要的敌档,这才离开溧阳。

照片冲出后,游雪涛大大表扬了那两个小头目:"这一回立了大功!"

照片迅即送到张春桥手中:那策反名单上,赫然列着"陈毅"两字!

张春桥对陈毅早就恨之入骨。游雪涛心领神会,偶然听说溧阳县敌档中有陈毅材料,急急地派人前往外调。

遗憾的是,本以为这下子抓了个重磅炮弹,谁知是个空壳:唉,那陈毅非此陈毅,只不过同名同姓而已!

一场空欢喜!

在所谓"二月逆流"发生之后,张春桥恨透了那个拍桌大骂他的叶剑英。

游雪涛闻风而动,马上为张春桥提供炮弹:钢琴家刘诗昆之父刘啸东在上海。当时,刘家是叶剑英的亲家。显然,从刘啸东身上,可以找到进攻叶剑英的材料。

很快的,"扫雷纵队"把刘啸东作为侦查的重点。一份关于刘啸东的详细材料,送到了张春桥手中。

游雪涛获知,上海音乐学院红卫兵曾经抄过刘家,立即派人到上海音乐学院。那人从"抄家物资"中,查到一包刘诗昆与叶剑英女儿的通信,当成了不可多得的"炮弹",送到游雪涛手中,而游雪涛马上交给了张春桥。

张春桥亲笔批示:拘留刘啸东!

不久,叶剑英会晤外宾来到上海。叶剑英成了"扫雷纵队"窃听、监视、跟踪的目标。

那几天,《扫雷》简报频频编发,不断向张春桥密报,叶剑英在上海会见了谁,谈了些什么。

紧接着,"扫雷纵队"又扫到一颗重要的"地雷":

这颗"地雷",是在上海一所不大的学校——化工某校。校党委书记,是一个深知张春桥历史的人。他,便是前面已经提到过的、张春桥在自己的"简历表"中写及的那个人:"1936年4月在上海经吴成志、林福生介绍入党。"吴成志,亦即宋振鼎,是"中国共产党上海预备党员委员会"的组织者。这个非法组织成立不久,被上海党组织派吴仲超去宣布解散。张春桥所谓"入党",是入这个"中国共产党上海预备党员委员会"。

1967年5月，宋振鼎在学校里受到审查。他谈到了"中国共产党上海预备委员会"，谈到了他曾介绍张春桥加入这个非法组织。

该校专案组获知张春桥这一历史问题，向"中央文革小组"和"上海市革委会"写了报告。这报告，落进了张春桥妻子文静手中。

张春桥大吃一惊，下令"扫雷纵队"前往扫雷。

擅长于"上挂下联"的游雪涛，居然查出化工某校的专案组"背后有一双黑手"！因为专案组中某人的父亲，"与叶剑英关系非常密切"！

这还得了！那个专案组的六名成员，马上被打成了"现行反革命"，罪名是"整中央领导同志的黑材料"，"炮打无产阶级司令部"。他们遭到了反审查，蒙冤受屈达八九年之久。

遵照张春桥的叮嘱，"扫雷纵队"曾秘密监视离"244"并不太远的一幢小楼。

那幢小楼的女主人，深居简出，在上海鲜为人知。不管"文革"浪潮怎样卷过来、翻过去，那幢小楼依然安安静静。

然而，来自"扫雷纵队"的消息，不仅惊动了张春桥，而且当张春桥转告江青时，江青也很当一回事：小楼门口，常常停着一辆小轿车，从车号判断那是上海警备区的。

小楼的女主人究竟是谁？

贺子珍——毛泽东的前妻！

对于江青的心态，张春桥一清二楚。早在1964年中秋节，"女客人"来沪。在中秋晚会上，上海文化局安排的节目单上有上海评弹团赵开生、余红仙的评弹新曲《蝶恋花》。张春桥看到节目单，立即把《蝶恋花》一笔勾去。市文化局哪知其中原因，张春桥怒斥道："还问什么？这还用问！"因为"女客人"要出席晚会，虽然《蝶恋花》是毛泽东写的词，但那是为思念杨开慧而写的，唱给"女客人"听，岂不是自讨没趣。

也正是由于这个缘故，张春桥要"扫雷纵队"注意那幢特殊的小楼。

1967年12月16日，游雪涛致张春桥的信中，这样写道："就拿最近调查（上海）警备区的情况来说吧，夏某某深知廖政国的为人，以及进行这项工作可能会有的风险，他还是大胆谨慎地插进了警备区，为弄清部队的情况付出了很艰苦的劳动……"

于是，一份份《扫雷》简报，送到了张春桥手中：《上海警备区材料摘编》、《上海警备区大搞资反路线的情况》、《上海警备区目前运动的情况点滴》、《关于方某某追查邱某某与张、姚两位关系的情况》……

最令人震惊的是，"扫雷纵队"以20多期简报，5万多字，向张春桥密告了"上海警备区14名师以上干部的政治态度"！简报中甚至写着："许世友支持廖政国在上海夺张春桥的权！"

廖政国将军受尽张春桥的排斥、打击，忽然接到进京参加"学习班"的通知。廖政国自知此去凶多吉少，写下七言一首明志：

征战何止千百次，此次进京最无底。
人生自古谁无死，愿留正气飘天地。

过度的忧虑,随之而来的是癌症伴生,廖政国将军离开了人世。

游雪涛一手伸进上海警备区,一手伸进原中共中央华东局。他的一项浩大的"工程",便是编制《华东局黑线人物关系图》。他把原华东局的97名干部列为"黑线人物",一个个贴上标签,诸如"走资派"、"叛徒"、"特务"、"假党员"、"反革命"、"阶级异己分子"等等。

游雪涛摸到了"重要敌情":华东局农办副主任刘瑞龙知道不少关于张春桥的历史情况!

"必须封掉刘瑞龙的口!"张春桥咬牙切齿道。

接到张春桥的密令,"扫雷纵队"出动了。刘瑞龙的种种"罪行",被写入一期期简报。

张春桥回避了,把妻子文静推到台前。文静召见游雪涛,旁边坐着张春桥的秘书何秀文。三个人合演一出戏:文静根据简报的内容口授,何秀文笔录,最后由游雪涛署名。

这样,一份游雪涛揭发刘瑞龙的报告,便送到张春桥的办公桌上。

张春桥大笔一挥,作了如下批示:"刘瑞龙是个大坏蛋。……要认真组织力量批倒批臭。"

张春桥这么一"批示"够刘瑞龙受的:批斗,隔离,写交代。

游雪涛在追查"华东局黑线人物关系"时,还有一大发现:参与"炮打张春桥"的某红卫兵头头,"在中山医院住院养病时,被市委联系红卫兵组织的联络员李某某所收买。李是华东干部,与陈丕显关系密切……"

《扫雷》简报送上去没几天,李某某被"工总司"抓走,据说是要让他尝一尝"无产阶级专政铁拳"的滋味!

"扫雷纵队"还查了"红革会"头头们的父母的档案,写成一份份简报,把一大把"辫子"抓在手中。

游雪涛越来越受到张春桥的重视。"扫雷纵队"与张春桥之间,由游雪涛单线联系。

每当张春桥从北京来到上海,游雪涛便经常出入于兴国路。诚如张春桥的秘书何秀文所言:"每当游雪涛来电话要求面谈,张春桥总是立即答应,或迅速安排时间。游雪涛是受张春桥重视的特殊人物。"

每一次谈话,只有张、游两人低声耳语,连何秀文也不能在侧。

张春桥与游雪涛谈话时,只许游雪涛用脑子记,不许用笔记本记。

游雪涛是个聪明人。虽说张春桥不让他记笔记,他另有高招:一回到兴国路毗邻的高邮路家中,他的头一件事,就是打开那本红色人造革面的活页大笔记本,赶紧把头脑中记忆犹新的张春桥的原话,倾注于笔记本之中。这个笔记本现存于游雪涛案卷。于是,张春桥与游雪涛单独密谈的内容,总算大白于天下。

以前面已经提到的"老人串连会"为例。游雪涛写给张春桥的密报中,是这样的:"长江以南,存在着以各种名义出现的反革命武装,同江苏、浙江、上海、安徽、山东有不同程度的联系,由一个'十人小组'即老人串连会领导……而后台则可能是陈丕显。"

张春桥在北京对这一情报非常关注。据游雪涛的笔记本所记,1968年3月14日下午2

时，张春桥趁返沪之际在兴国招待所约见他，提出的一连串问题如原文所记：

> 好久没有看见你了。找你随便聊聊。
> 你们最近在忙什么？我看（了）你们发的动态……
> 老人串连会的人现在都抓起来了没有？
> 老人串连会的后面是什么，你们掌握了没有？
> 能不能了解一下，他们是怎么住到这些大饭店里去的？通过什么关系？
> 是哪些人来跟陈丕显联系的？他们跟上海军队里面谁联系？

一个接一个问号，张春桥问得够仔细的了。他的每一句问话，都成为"扫雷纵队"侦查的内容，成为下一期《扫雷》所要提供的情报。

"扫雷纵队"成为张春桥专用的一支别动队。张春桥为游雪涛送来的各种绝密情报，写下亲笔批示达54件之多。他在游雪涛的《一年工作总结》上写道："已阅。退游雪涛同志。谢谢同志们。"这句"谢谢同志们"，曾使"扫雷纵队"沉醉在"无比的幸福"之中！

张春桥已经是"中央首长"了，只能讲"谢谢同志们"这样"最高指示"式的评语。文静则把话说得更为明白："将来有两个人，可以当公安局长。一个是王洪文，这个人做事有魄力，另一个是游雪涛，这个人有办法，什么事情他都可以秘密地替你弄得来。两个人各有特点，王洪文适合公开的工作，游雪涛适宜于作秘密工作。"

在文静的话中，一是把游雪涛与王洪文相提并论，二是以"公安局长"职务相许，难怪游雪涛肝脑涂地，仍要效忠于张春桥了。他给主子写下这般感激涕零的信："过去的一年，是我参加工作十八年来最幸福的一年"，"知道您在百忙中还曾问及我近来的情况，不禁热泪盈眶。"

上海藏书楼里的斗争

"狄克"，一直是张春桥的一块心病。每当他的轿车驶过离他家并不太远的上海图书馆徐家汇藏书楼的时候，他常常感到如同驶过一座随时都可能发生爆炸的军火库。

《大晚报》一张也不缺地收藏在那里。

他曾做过一个梦：雷电交加的夏夜，一声霹雳响过，徐家汇藏书楼火光冲天，一张张《大晚所》顿时化为灰烬。

可惜，梦只是梦。徐家汇藏书楼装着避雷针。

后来，曾有过一个绝好的机会：那是1966年8月下旬，新华社连续报道，"首都和各地红卫兵走上街头，横扫四旧——旧思想、旧文化、旧风俗、旧习惯"。

各地图书馆，都成了红卫兵"铁扫帚"进行清扫的目标——因为图书馆几乎集"旧思想、旧文化"之大成。

我查到戚本禹在当时接待各书店、图书馆代表的谈话记录，这是一份"大革文化命"

的活生生的见证——

新华书店代表:"地方上反映,县里烧书较多,8月份破四旧时烧了不少。书店里的古旧书被查封了。有些造反派来信,八届十一中全会以前出版的书,除了马列主义、毛主席的经典著作外,都要鉴别后再发售。"

中国书店代表:"中国书店现在不收古书。有些学校在烧古书,认为古书没有用了。北京建筑科学研究院满楼道都是书,我们拉回了几车。不少人家在烧字画。"

造纸厂代表:"我们已收来了不少古书,有些已经化浆造纸。还有很多古书堆在那里,当作造纸原料。北京师大刘盼逐的古画,也送进了造纸厂。通县纸厂已收到几千吨线装书!"

北京图书馆代表:"我馆清理了书库,已有不少书送入造纸厂。"

■"文革"的重灾区——上海徐家汇藏书楼。(叶永烈 摄)

红卫兵代表:"大作家郭沫若不是说,恨不得把自己过去写的书都毁之一炬。毁之一炬,就是烧书!"

戚本禹:"秦始皇焚书是有道理的。商鞅也焚过书。他们代表新生产力量!他们焚书是为了统一思想……"

戚本禹的话,为焚书提供了"理论依据",为红卫兵们壮胆。

北京吹什么风,上海掀什么浪。

上海铁道医学院的红卫兵高举红色大旗,杀进"封资修大本营",勒令上海图书馆领导交出所有书库的钥匙。他们拿钥匙干什么?为的是要杀进书库"扫四旧"——烧书!

张春桥得意了。他推波助澜,说了一句具有很大煽动性的话:"上海图书馆的书那么多,真正有用的不过一架子!"

北京一批红卫兵杀进上海,冲到徐家汇。他们看见徐家汇大主教堂尖屋顶上的十字架,气急败坏:"红彤彤的上海,怎么能容忍黑色的十字架!"

他们冲进了天主教堂,居然把英文打字机当成"间谍"的"发报机"!

就在砸掉十字架、削去尖屋顶的热火朝天的时刻,红卫兵们听说,在徐家汇天主教堂旁边,还有个"毒草库"——徐家汇藏书楼,马上朝那里冲去。

上海图书馆锁上了大铁门。

徐家汇藏书楼关紧了那扇小门。

好不容易,才算躲过了这场焚书的危机。

1967年4月起,徐家汇藏书楼开门了,一群又一群戴着红袖章的红卫兵、造反派来到那里。他们不再是来烧书,却是来认认真真、仔仔细细地查阅发黄了的报纸杂志。他们的目光,甚至把旧报纸上的每一条"启事"都一一审视一番。这一回,他们把徐家汇藏书楼的旧报刊,视若珍宝,小心翼翼地掀动着发脆了的书页,唯恐破碎了一角。

不光是上海的红卫兵、造反派涌向徐家汇藏书楼,全国各地的红卫兵、造反派也千里迢迢奔赴那里。

一时间,"新北大"、清华"井冈山"、北京地质学院"东方红"……各式各样的介绍信,递到图书管理员手中。

红卫兵、造反派们怎么忽然对这座"毒草库"产生了兴趣?

又是北京一阵风,上海一阵浪!

北京的风,是康生刮起的。

1966年9月,康生向中央写报告,诬陷61人有"坚决反共的叛变行为",一手制造了"文革"中的重大错案,即"六十一人案件",把一批大革命时期和土地革命战争时期入党入团的老干部定为"叛徒集团"。

康生明知在"文革"前,以毛泽东为首的党中央对这61人出反省院的情况是审查过的,一直认为是没有问题的。然而,由于这61人出反省院是以刘少奇为首的北方局决定的,是当时的中共中央总书记张闻天批准的,而这61人在新中国成立后有22人担任了省委书记、副省长、中央机关副部长以上的领导职务。康生深知,一旦把61人定为"叛徒集团",就可以扫除一大批政治对手,可以借此打倒刘少奇、张闻天。

精于权术的康生明白,光靠他写的报告,未必能够推翻党中央原来对61人的结论。于是,他"发动群众",把"抓叛徒"的风声泄露给红卫兵、造反派。

由于那些"反共宣言"、"脱离共产党声明"都是登载在新中国成立前的旧报刊上,于是,拥有众多旧报刊的徐家汇藏书楼,顿时成了红卫兵、造反派们抓叛徒的战场。

其中,最积极的,要算是西安交通大学的一批红卫兵了。大抵他们仗着"地利"——他们住在上海交通大学,离徐家汇藏书楼不过一站多路,便成天泡在藏书楼里。

不过,西安交大的红卫兵,是工科大学生,对于文学、社会科学实在太不在行。他们就连"民国二十四年"是公元多少年都不知道!他们要求葛正慧给予辅导。

葛正慧真的给他们以辅导:他拿出了"民国二十四年"前后的《申报》、《立报》,提醒他们看得仔细一些。

西安交大的红卫兵吃惊地发现,在这些旧报纸上,居然出现很熟悉的名字——张春桥!

《明星》、《金线泉边》、《一个关里人的纪念辞》……一篇又一篇文章,都署名"张春桥"。

"这个张春桥,就是现在的中央文革小组首长张春桥?"红卫兵在惊讶之余,问葛正慧。

葛正慧点了点头。

他转身进入书库,拿出了"炮弹"——1936年3月的《大晚报》,放在红卫兵面前。

葛正慧指着那篇狄克的《我们要执行自我批判》说道:"这篇文章很要紧,你们好好看一看。"

在葛正慧的"辅导"之下,红卫兵用带着敌情观念的目光,把那篇文章扫视了好几遍,像丈二和尚摸不着头脑。

他们又请求葛正慧"辅导"了。

"约瑟夫是谁?"到底是工科大学生,对开头的一句话就看不懂。

"约瑟夫就是斯大林。那时候,称马克思为卡尔,列宁为伊里奇。"

"田军是谁?"

"田军就是萧军。"

"萧军是谁?"

"当时东北的青年作家,《八月的乡村》就是他写的。"

"《生死场》是谁写的?"

"萧红。"

"萧红是谁?"

"萧红是萧军的妻子。《八月的乡村》、《生死场》都是得到鲁迅的推荐、支持,才出版的。你们可以查一查《鲁迅全集》,那上面有鲁迅为这两本书写的序言。"

葛正慧耐心地"辅导"着西安交大的红卫兵。

当红卫兵读了鲁迅为《八月的乡村》、《生死场》写的序言,葛正慧又进一步"辅导"他们读《三月的租界》和《〈出关〉的"关"》。

自然而然,红卫兵们问:"狄克究竟是谁?"

葛正慧轻声地说:"狄克就是张春桥!"

"真的?"

"千真万确!"

红卫兵们第一次听说,张春桥原来是这么个人!

他们从多次的"辅导"中,知道葛正慧颇有学问,相信他不会说假。

红卫兵们的本意,是要在徐家汇藏书楼抓"叛徒",不料却抓了个攻击鲁迅的"狄克"。

西安交通大学红卫兵全文抄录了关于"狄克"的材料。葛正慧在微笑中,把"炮弹"交到了红卫兵手中。

"狄克=张春桥",悄然在红卫兵中"扩散"。

另一支兵马杀进藏书楼

差不多也在这个时候,另一支兵马杀进徐家汇藏书楼。

虽说也是年轻人,戴着"上海文艺界造反司令部"的鲜红袖章,但显然要比西安交大的红卫兵的水平高得多。用不着辅导,他们就已经知道"蓝苹=江青"。

这支兵马来自邻近徐家汇藏书楼的上海红旗电影制片厂,名唤"红影组"。他们怀着一颗对"无产阶级文化大革命"的"英勇旗手"江青的赤诚忠心,前来查阅20世纪30年代影坛报刊,编写《电影戏剧四十年两条路线斗争纪实》。

他们在穿过徐家汇藏书楼那扇小门之前，对于"英勇旗手"诚如高山仰止，景行行止。在他们的心目中，将要编写的《电影戏剧四十年两条路线斗争纪实》，红线的代表人物是江青，黑线头目则是"四条汉子"。他们步入徐家汇藏书楼，就是为了查找"红线"怎样斗"黑线"的历史资料。

他们几乎已经能够熟背《林彪同志委托江青同志召开的部队文艺工作座谈会纪要》。林彪在《纪要》中，对江青作了高度评价："她对文艺工作方面在政治上很强，在艺术上也是内行。"

他们也记得，1966年7月24日陈伯达在北京广播学院的讲话中，对江青的赞扬："江青同志是中央文革小组第一副组长。江青同志是'九一八'事变后参加革命的，有三十五年的斗争历史。江青同志是我党的好党员，为党做了很多工作，从不出头露面，全心全意为党工作……"

面对这样的权威性评价，他们心目中的江青形象，如同他们厂里巨幅宣传画所画的那样：穿着军装，手持鲜红的语录，背后是哗啦啦飘着的革命大旗。

然而，这群年轻人在藏书楼里晕头转向，不知从什么地方入手，才能查到江青30年代鲜红的历史。

他们请求葛正慧当书山报海的向导。

葛正慧当然满口答应。

不过，对于这几位读者，用不着像对西安交通大学红卫兵那样的辅导。葛正慧不动声色，只消把一颗颗"炮弹"搬出来，放在他们的面前，就可以了。

《电通画报》、《大公报（星期影画）》、《大晚报》、《申报》、《青春电影》、《时事新报》、《民报》、《中央日报》……葛正慧来回搬运"炮弹"，忙得满头是汗。

初是惊讶，继之疑惑，进而沉思，终于怒形于色。"红影组"的年轻人们，万万料想不到，蓝苹当年竟然是那样的角色。

历史最诚实，历史无法用油彩化妆。那些20世纪30年代众多的报刊，活生生地勾画出当年的蓝苹形象。

"红影组"恍然大悟：30年代的电影演员蓝苹，才是本色本貌，60年代的"中央文革"第一副组长江青，倒是浓妆艳抹的演员！

蓝苹在30年代的上海，曾把自己的本来面目，暴露无遗。"红影组"的年轻人们只是看看那些报道的大标题就已触目惊心了：

《蓝苹在电通时代的五角恋爱》；

《为来为去为了一个宝贝的蓝苹，影评人唐纳二度自杀蹈海获救》；

《唐纳蓝苹交恶原因：蓝苹想出风头，用的是美人计》；

《悲剧闭幕　喜剧展开　蓝苹章泯　蜜月旅行》……

哦，这就是"无产阶级文化大革命"的"英勇旗手"的真实形象！

"红影组"的组员们面面相觑,那本《电影戏剧四十年两条路线斗争纪实》不知该如何下笔!

有人秘而不宣,有人避而不谈,也有人挺身而出,准备"炮轰江青"。

就在这时,北京电影学院司徒某某一彪人马,也穿过那扇小门,进入藏书楼。他们也是为了收集江青在20世纪30年代的"光辉事迹",把照相机对准一页页发黄的电影画报。也就在这个时候,游雪涛小组的触角,伸向了徐家汇藏书楼。

1968年的"四一二"炮打刚刚过去,游雪涛的眼睛,便盯住了徐家汇藏书楼那扇小门。北京电影学院的这班人马到得最晚,却最早被"扫雷纵队"发觉——因为"扫雷纵队"的密探进入藏书楼之际,司徒某某一伙正在那里翻拍照片。

紧急情报立即送到游雪涛手中。

这一回,游雪涛并不急于下手抓人。他派出一个姓朱的密探,与司徒等人混在一起,朱某是上海电影界人士,很快就跟司徒混熟了,想弄清他们的背景。

朱某密报:司徒一行,住在上海越剧院学馆,在住处大声地讲江青坏话。

游雪涛向张春桥密报。

"抓!"张春桥下达了命令。

就在游雪涛带领队员们扑向上海越剧院学馆时,却扑了个空——司徒一行已经走了。

"上哪儿去了?"他们打听着。

"听说去杭州了。"

急急赶往上海北站,游雪涛亲自出马,带着朱某等五人,风风火火前往杭州。

游雪涛求助于王洪文的把兄弟——翁森鹤,这个31岁的杭州丝绸印染联合厂工人,造反起家,已成为浙江一霸,人称"浙江的王洪文"。

待到翁森鹤带着游雪涛查出司徒一行的踪迹,司徒一行已经返回上海了!

游雪涛双手空空回到上海,好不懊丧。赶到上海越剧院学馆,又不见司徒一行的影子。

朱某到底有办法,居然查明:司徒一行匿居在上海成都北路四七一号的成都第二中学。游雪涛带人去抓,逮捕了北京电影学院五人。唯司徒漏网——他已逃往南昌。

游雪涛把捕来的五人,投入上海漕河泾看守所,关押了五年!从被捕者那里得知,他们在徐家汇藏书楼查得的资料,分藏于他们在上海的四个亲友家。

"扫雷纵队"兵分四路,同时抄了这四家。没有证明,没有手续,说抄就抄,他们如同当年的"盖世太保"。

在闸北某家小阁楼里,终于抄得两卷尚未冲洗的胶卷。显然,那是重要的"罪证"。不料,被游雪涛的女儿拿着玩,打开来看个究竟,全部曝光!

幸亏这是游雪涛的女儿干的。要是别人,说不定会因此被投进铁牢。

就在这时,一封告密信从上海图书馆寄出。

主炮手被关进秘密监狱

主炮手葛正慧落网了。

徐海涛得知葛正慧是说出"狄克=张春桥"的"主犯",亲自带队前往抄家,抄得片纸不留,全部装上卡车运走,唯恐留下一颗"炮弹"。

紧接着,他奉张春桥之命,提审葛正慧。

一场唇枪舌战,在徐海涛和葛正慧之间展开。一个盛气凌人,不可一世;一个微言大义,不乱方寸。

"葛正慧,你老实交待你的'炮打'罪行!"

"我没有罪!"

"你没有罪?'狄克'不就是你说的吗?"

"狄克是张春桥的笔名。说了一个笔名,怎么能说是炮打呢?"

"混蛋!你到了今天,你在我的面前,还敢炮打?"

"狄克是鲁迅批判的。如果说炮打,只能说是鲁迅炮打狄克!鲁迅炮打张春桥!"

"你今天还在'扩散'!"

"《鲁迅全集》今天还能买到,还能借到。《三月的租界》谁都可以看。这能说是在'扩散'吗?"

"你干吗往《鲁迅全集》上扯?《鲁迅全集》上并没有写狄克是张春桥。分明是你在造无产阶级司令部的谣!"

"我造谣?我是研究笔名学的。我说狄克是张春桥,我有根有据。你不信,你去问问张春桥,狄克是不是他的笔名。如果他否认,我愿承担一切责任!"

"混蛋!十足的混蛋!在你的大量罪行中,只要随便抽出一条,就够得上枪毙!"

葛正慧沉默不语,冷眼以对。

徐海涛恨不得一口吞掉他,把双拳攥得紧紧的,说道:"枪毙,还便宜了你!我们要把你关起来。你如果拒不交待,就把你永远关下去。"

在葛正慧被押走的当儿,徐海涛忽然又叫住了他,和颜悦色地对他说:"图书馆里还有谁知道张春桥的化名,向谁扩散过,只要你交代出来,你就可以立大功,受大奖,可以立刻释放……"

葛正慧被押走了。

手上戴着锃亮的铁铐,坐在一辆草绿色的越野车上。他的旁边,坐着看守,他被"勒令"低着脑袋,不许朝窗外看一眼。

汽车在疾驶,不知驶向何方。

开了很久,汽车才停下来。这时,听得一声"下车"的命令,葛正慧终于抬起头来。

奇怪,这儿一点也不像监狱,倒是一幢漂亮的花园洋房。

葛正慧被独自关进一间十几平方米的屋子。空荡荡的,没有桌椅,没有床。窗敞开着,窗上没有玻璃，却横着装了一根根铁条。朔风从窗口呼呼灌进屋里，水泥地变得像冰一样冷。窗外，穿便衣的看守在监视着。

葛正慧意识到，这儿是秘密监狱！

他在那里被关押了五年多，竟不知秘密监狱究竟坐落上海何方。他只是偶然从看守们的对话中，隐隐约约得知，这儿是"三所"，仿佛是在上海西郊虹桥的沈家宅。

三九寒天，睡在水泥地上，手脚冰凉，彻夜难眠。

一日三餐，不过是冷饭、霉干菜、山芋之类，从牢门上的小窗口塞进来。

大抵是生怕他在里面写什么，连草纸也不给。屋里放着马桶。大便之后，只好从棉胎上扯下一点棉花当草纸。

看守昼夜守在窗外、门口，身佩短枪，来回踱着。进进出出，看不见一个穿公安警服的。

四周是高高的围墙，上面装着铁丝网，乌云低低地压在铁丝网上。一切都显得那样的沉闷，那样的暗淡。

这时，葛正慧的耳边响起徐海涛的那句话："你如果拒不交待，就把你永远关下去！"身陷囹圄，意识到那句话的分量。确实，他会被"永远关下去"，直至无声无息地死于这秘密监狱。

一次又一次的提审，耳边响着凶神般的责骂声。

"你交代，你为什么要炮打无产阶级司令部？为什么要造谣？"

葛正慧明白，所谓造谣，就是指他讲出了"狄克＝张春桥"。他立即理直气壮地说："我没有造谣，我有根据。"

"什么根据？"

"一本书上写着。"

"哪一本书？"

"不记得了。"

"你再想想看。"

"真的不记得了。"

"你要明白，这是事关你的'定性'的问题：你讲出了出处，那么，你只是'传谣'；你讲不出来出处，那就说明你是'造谣'。造谣比传谣的性质要严重得多。"

其实，葛正慧心中也明白，审讯者为什么反反复复追问根源：因为他一旦讲出了那本《鲁迅先生轶事》，那本书马上就会被销毁。在上海图书馆，只有一册《鲁迅先生轶事》。那本书当时印数很有限，流散在社会上的，恐怕早已荡然无存。上海图书馆那本《鲁迅先生轶事》，已成孤本。口说无凭。即使有魏金枝（受"四人帮"严重摧残，于1972年12月17日含冤去世）、于黑丁作证，张春桥也可矢口否认，反诬他们为"造谣"。唯有那本1937年出版的《鲁迅先生轶事》，白纸黑字，印得一清二楚，张春桥无法抵赖。纵然葛正慧死去，只要那本书还在，后人依然能够查清"狄克＝张春桥"这一公案。

一次又一次提审，焦点越来越清楚：要他交代出那本书的书名。

葛正慧，人们称他为上海图书馆的"活字典"。他的记性甚好，他清楚记得《鲁迅先生轶事》放在哪个书架上。但是,他也清楚,这本书是没有卡片的,属于"非流通书",即不外借的。它混在数以万计的"非流通书"之中。不谙内情,想找到这本书,犹如大海捞针。

他咬紧牙关,以生命来保护那本书。

他像放录音似的,总是这么说"上海图书馆的书那么多,我看过的书那么多,哪里能记得起是哪一本书上看到的呢?但是,我确确实实从一本书上看到的,这一点没有记错,绝对不会记错。"

啪,一记耳光。他的牙齿也被打掉了,鲜血从唇间汩汩而出,染红了他多日未刮的胡子。

"扫雷纵队"游雪涛自食苦果

上海高邮路。

灯下,游雪涛在聚精会神地看着案卷,以至当子夜悄然到来,他也未察觉。

下午,接到来自康平路的电话,王承龙说是有事找他,他就赶到了"康办"。

"有个案子,你把案卷带回去看看。"王承龙的话很简单。

刚刚把徐家汇藏书楼案件脱手,游雪涛一听说来了新的案子,不由得又兴奋了起来。他是一个不知疲倦的"福尔摩斯",没有案子仿佛就感到空虚。

王承龙把一个牛皮纸大口袋给了他。他的视线只注意那案卷,并没有注意王承龙的表情。

回到家中,游雪涛就从牛皮纸口袋里,取出厚厚的案卷。

案卷上写着一行字:"纪某自杀案",旁边打了个问号。

这是一个相当复杂的案子。

此人的经历很曲折,跟游雪涛有点类似,也从事着秘密工作,但那是在"文革"之前。在"文革"中,纪某受到了冲击,受到了审查。此人属要犯,隔离室的看守十分严密。

突然,砰的一声,纪某从楼上摔下,虽然身穿厚厚的棉衣,仍当即死亡。

据说是自杀。

可是,纪某是从二楼厕所窗口摔下,那窗口又高又窄,下有水斗,很难爬上去。可能是他杀——有人要杀人灭口。

自杀?他杀?他杀?自杀?游雪涛像遇上一道数学难题,在那里反反复复捉摸着。他把案卷看了一遍又一遍,画出了地形图,排出各种可能性。

第二天,游雪涛带着案卷,来到"康办"。他找到王承龙,正想把自己的办案设想说出来,不料,王承龙一把夺过案卷,嗤之以鼻:"谁要你办案?"

游雪涛顿时像被浇了一盆冷水。须知,他的满眼红丝,全是昨夜看这案卷熬出来的。他惊诧道:"不是你把案卷交给我的吗?"

王承龙的脸,布满了乌云:"这个案卷,是给你看一看、想一想的。你回去吧!"

游雪涛拖着沉重的步伐,回到家中。他的耳际,一直回响着王承龙刚才的话音:"这个案卷,是给你看一看、想一想的。"

游雪涛是一个明白人。他知道王承龙给他看那个案卷的含意：你跟纪某一样，不得好死！放聪明点，自己结束自己吧！

"大难临头！"游雪涛意识到，王承龙脸上的乌云，很快就会化为倾盆大雨。

他拿出手枪，压弹入膛，插在腰间，他把胶卷埋藏在最安全的地方。他早就提防着张春桥会有朝一日翻脸不认人：他把一期期简报上张春桥的手迹，都用照相机拍下来。如果张春桥赖账，他就把铁证掼出去！他深知张春桥是一只狡黠多端的老狐狸，他不能不防他一手……每一回，他从张春桥那里回来，也总是随即把张春桥口头指示立即记下来，同样是为了日后摊牌时甩出去。

我看到他的红色人造革封面的笔记本第24页写着一段重要的话："1967年10月26日：王少庸同志传达张春桥同志指示，要小心、谨慎，人不要搞的太多、但要绝对可靠，要当心，你们去搞人家的特务活动，人家也会搞你们的特务活动的。"

张春桥打开天窗说亮话，把"扫雷纵队"的工作清清楚楚地说成是"特务活动"！

游雪涛仿佛觉得，每天都在深渊上空走钢丝，迟早有一天会摔下去。

"你们去搞人家的特务活动，人家也会搞你们的特务活动的。"这"人家"，不仅仅是陈丕显、曹荻秋，也包括张春桥的同伙。因为张春桥不仅要战胜政治上的对手，也要监视着自己的僚属！

张春桥所绝对信任的，只有他自己！

在张春桥指使之下，游雪涛所进行的"绝密"的特务活动，日渐被张春桥的伙伴们所察觉。

密报！密报！"赤卫队"这组织是王少庸（上海市"革委会"副主任、原中共上海市委书记处书记）拉起来的，连这名字也是王少庸起的——有一回，游雪涛在王少庸家喝酒，王少庸酒后吐真言。这番话，游雪涛立即向主子张春桥报告。

密报！密报！王承龙排除异己，独揽大权，反对徐景贤，连张春桥也不放在眼里。

密报！密报！王洪文丑事种种……

游雪涛甚至对张春桥的亲密伙伴姚文元，也打上一个大问号。他密告张春桥，姚文元是《文汇报》"星火燎原"造反总部的后台，"四一二"炮打张春桥的真正策划者可能是姚文元！于是，张春桥停发了给姚文元的《扫雷》简报。

上海"五王"——王洪文、王少庸、王维国、王承龙、王秀珍，都上过《扫雷》简报，充满对游雪涛的愤怒。

衡山饭店。"司令"王洪文设宴款待"福尔摩斯"游雪涛。酒过三巡，"司令"说出了本意："游雪涛，你我有数。日后，你的简报，每期送我一份！"

"简报？什么简报？我们群工组不印简报呀！"游雪涛假装糊涂。

"别给我来这一套！"王洪文提高了声调，喷着酒气说，"就是你给春桥同志的简报！"

"那……"游雪涛无法支吾了，便把张春桥这张王牌搬了出来，"那我得请示一下春桥同志！"

此后，王洪文依然看不到《扫雷》简报，气得牙齿咬得咯咯响，却又无法迁怒于游雪涛——也许，真的是张春桥不让他看简报！

欲要人不知，除非己莫为。尽管"244"实行了极其严格的保密制度，但是"扫雷纵队"的名声渐渐外传。

有人上北京向党中央报告：张春桥在上海搞特务机关、特务活动！

有人称游雪涛那"244"，是上海市"革委会"的"第二办公室"、"地下办公室"！

风声传到毛泽东耳中！

江青紧张了，当即转告张春桥。

张春桥的伙伴们，也纷纷发话了。

姚文元皱着眉头，问徐景贤："游雪涛这个人究竟怎么样？"这句话，充满着对"244"的疑虑之情。

朱永嘉对徐景贤说的话，更加直截了当："像游雪涛这种搞法不行，这种搞特务的方法很危险，将来要把你牵进去的。"

徐景贤只得出面，向张春桥反映来自伙伴们的担忧。

张春桥说什么呢？他，简直像泥鳅一样的滑："还是应当肯定他们前一段做了不少工作的……只是他们的搞法有点像搞情报系统，这只有非常时期才能用，而且搞的还是苏联'格伯乌'的一套……"

还是由徐景贤出面，找游雪涛谈话，发出了警告："你们的搞法有点像情报系统，作法上有点像'内务部'，办下去的话谁领导你们？……对你们这样的组织是不能领导的。如果给人家抓把柄说张春桥在上海搞了一个特务组织，那问题就大了。"

游雪涛感到不妙。

夜深人静，已经睡熟了的游雪涛，突然一个鲤鱼打挺，从床上跃起，从枕头下拿出了枪，一个箭步冲上阳台。

妻子困惑不解。

半晌，游雪涛才说："刚才，我梦见王洪文带着'文攻武卫'来抓我！"

最使游雪涛心寒的，是主子的冷漠：几天前，听说张春桥和文静在"康办"看大字报，游雪涛赶紧跑过去。当他喊着"春桥同志"的时候，张春桥和文静居然毫无反应，仿佛不认识一样！

其实，张春桥是一个走一步、算十步的人，他早就给自己留好退路。

一开始，张春桥就警告过游雪涛："永福路的情况讲出去，是要杀头的！"

此人在给游雪涛写下种种批示时，也都给自己打好埋伏，以便日后可以覆手为雨："游雪涛同志：把这样一套东西编起来作什么？不要保存了。""游雪涛同志同各方面的联系还是太多，要他十分警惕。"

在风声越来越紧的时候，张春桥要秘书把游雪涛写给他的几十封密告信，全都付之一炬。张春桥一边看着秘书烧信，一边解释说："没有用了，烧掉算了。"

文静也耍滑头了："我与游雪涛没有工作关系。只是作为熟人，有时在一起吹吹。"

她说得多轻巧，把游雪涛向她密告和她代表张春桥发布"指示"，全说成了"吹吹"而已。

说实在的,从心底里,张春桥对"扫雷纵队"视若明珠。迫于种种舆论压力,何况张春桥已经度过了两次炮打的"非常时期",在上海扎稳了根基,他不得不解散那个"244"。

1970年8月,由徐景贤出面,代表张春桥约见游雪涛:"从明天起,你下工厂劳动!"

那时,盛行"劳动惩罚论"。堂堂的"扫雷纵队"头头"下工厂劳动",意味着一切完蛋!

游雪涛气急败坏,写了一封信,信封上写着"文静同志收",由吴某送交上海外滩"市革会"大楼收发室。

那信,是写给张春桥的。

游雪涛发泄心中的愠怒:

我不理解,为什么把永福路的人置于转过身要枪毙的地步?
我好比一头受伤的熊,躲入树林,舔于自己身上的血,准备战斗!
上海"四王"抓"五一六"是"五一六"! ……

他的前两句话,意思清清楚楚,第三句却近乎绕口令。此处的上海"四王",是指王洪文、王少庸、王维国、王秀珍。另一"王"——王承龙,已被张春桥于1969年11月所剪除。"五一六"即"五一六分子"。1970年1月24日起,全国开展所谓"清查五一六"运动。上海的清查运动由"四王"抓,游雪涛则骂"四王"是"五一六"。

游雪涛的信,迅即由文静转到张春桥手中。

张春桥看完信,勃然大怒:"这是向无产阶级司令部下战书!"

完了!完了!走狗从此完了!

张春桥生怕游雪涛反叛,在外面泄露天机,就由"司令"王洪文亲自出面,秘密逮捕了游雪涛。

面对铁窗,游雪涛这才猛然醒悟,长叹一声:"一将功成万骨枯!"这"一将"当然指张春桥,而"万骨枯"则包括他自己!

毕竟游雪涛跟张春桥关系太密切,对于如此"忠诚"的"战士"倘若处罚太重,未免会使自己的伙伴们寒心,何况既然已把他抓起来,也就达到了封住嘴巴的目的,于是张春桥提起笔来,写一段关于游雪涛的"批示":"不要点什么问题,心平气和,讲道理,使他感到不是打击他,而是帮助他,弄清问题,大家主动。"

好个"大家主动"!张春桥分明是在向手下的伙计发出警告:你们恨游雪涛,可别逼他太急,弄得不好,他会把你们也一起卷进去!

明明是游雪涛的主子,张春桥又装出一副受游雪涛"蒙蔽"的姿态,把自己推得一干二净:"游是做了一些工作的,但他搞的材料水分太大,有的情况说得很玄,实际并不是那么回事。所以我后来就不敢再相信了。这种人受社会上无政府主义思潮影响很深,思想变了,后来对文化大革命不满,从极左到极右,就犯错误了。"

妙,真是妙极了!这样的语言,才是张春桥"正宗"。

张春桥是个云里来、雾里去的人物。他的形象最清晰的曝光,莫过于对待游雪涛的前前后后。他的奸雄，他的阴险，他的狡诈，他的两面三刀，暴露得清清楚楚。

张春桥妹妹猝死成了"通天大案"

"红房子医院"，老上海都这么叫着。这家在上海享有颇高知名度的医院，历史悠久，悄然矗立在上海市区南面闹中取静的方斜路上。其实，它的房子跟普通医院差不多，唯有那幢最早落成的大楼，在青砖之中镶了一圈又一圈红砖，老百姓称之为"红房子"。

于是这家医院也就以"红房子医院"而遐迩闻名。

它的正儿八经的大名，白底黑字，清清楚楚、端端正正写在大门口的招牌上："上海第一医学院附属妇产科医院"。

1974年3月30日上午，一辆接一辆小轿车停在"红房子医院"大门口。到了下午，小轿车越来越多，差一点把方斜路堵塞了。惊动了公安局。民警在"红房子医院"大门口忙碌着。便衣警察在小轿车间巡逡，不时用冷峻的目光扫视着每一个行人。

不言而喻，这儿出了非常事件。

三楼手术堂，湖绿色的墙壁并没有给人们带来舒适的感觉。"白大褂"们忙碌异常。据现场记录，当时拥立于手术室的"白大褂"，仅本院的便达33人。

上海各医院的名医、教授，一个个请来了。

上海第一医学院领导、上海市卫生局领导、上海市革命委员会领导，一个个赶来了。

虽然在上午11时，病人已开胸进行心脏按摩，仍毫无起色，抢救无效。可是，在场那么多人，谁也不敢第一个开口说："停止抢救。"

一直到下午3点20分，这才由市领导发话："结束抢救！"

医生和护士们这才缓了一口气。

"红房子医院"突然出现的非常事件，惊动了"康办"。"康办"是中共上海市委的代名。

上海"康办"与北京"钓鱼台"之间的长途电话接通了。徐景贤压低了声调，以便送入话筒的声音带有一种沉痛感："春桥同志，我向你报告一个不幸的消息……"

徐景贤的话还没有说完，张春桥的声音便在电话耳机里响起："我已经知道了！"

显然，耳目众多的张春桥，早已接到报告。尽管如此，徐景贤还是详细汇报了如何组织抢救的情况："我们尽了最大的努力！"

说毕，徐景贤拿起了铅笔，毕恭毕敬地问道："春桥同志，后事怎样处理，请您指示！"

徐景贤的铅笔，刷刷地记下了"春桥同志三点指示"：

"丧礼要尽量简朴，不要超过一般的工作人员；

"不要去整出这次医疗事故的医生；

"不幸的消息暂时不要告诉母亲，以免她受不了。不过，估计也瞒不了多久……"

徐景贤见张春桥无责怪之意，松了一口气。他不敢怠慢，立即把"春桥同志三点指示"向下传达。

消息传到"红房子医院",顿时,劳累了一天的医护人员放下了心中的石头。

"春桥同志到底是中央首长！到底是无产阶级司令部的人！"

"春桥同志作为家属,这样高姿态,真难得！"

一时间,有口皆碑,"春桥同志"的形象,变得无比高大,仿佛他那双三角眼里射出了大慈大悲的目光,他一向阴沉沉的脸忽然漾起了和蔼可亲的微笑。

善良的人们很难理解他阴暗的心理,爽直的人们无法捉摸他九曲的肚肠。他像黄鳝一样滑,又像蛇蝎一样毒。他除了作了那"三点指示"之后,从未公开对非常事件再作表态。然而,他的意思,却不断通过他的妻子、他的亲属透露出来。他的意思表露得明明白白,却从无任何把柄落在别人手中。

后来,当王秀珍到上海兴国路"慰问"张春桥之妻文静的时候,文静拿出一封张春桥写给儿子的信。王秀珍读罢这封切齿之声可闻的信,立即明白张春桥的"三点指示"全是欺人之谈,而他的真正的"指示"清楚地体现在给儿子的信中。其实,他的家书中的话,并非写给儿子看的,分明是讲给"马徐王"听的。（上海人早已习惯把马天水、徐景贤、王秀珍合称为"马徐王",因为他们仨同坐一凳,同出一气。）

王秀珍赶紧掏出笔记本,想抄下"春桥同志指示"。文静立即笑眯眯地收起了信。因为她知道,张春桥是不愿留下"痕迹"的——他以"家书"形式披露他的真正意图,其目的就在于不授人以柄。

王秀珍收起了傻乎乎的笑容,明白了文静出示"家书"的目的。

王秀珍一回到"康办",立即把记忆中的"春桥指示"转告了马天水、徐景贤。

"马徐王"岂敢怠慢！

腥风血雨顿起,刀光剑影毕露。一场大祸降临在"白大褂"们头上。

死者究竟何人？

她,姓张,名佩瑛。张春桥之胞妹也。

张佩瑛有三兄三弟。张春桥为长兄。她是七个同胞之中唯一的女性。

自从她猝然死于手术台,尸体在冷库中延宕多日,以致变形,这才终于决定火化。1974年5月5日,追悼会在上海龙华殡仪馆大厅隆重举行。数百人接到通知,到那里肃立,聆听悼词:

"张佩瑛同志,生于1928年3月,山东济南人。1948年8月参加革命工作。1954年11月加入中国共产党,历任上海第一医学院妇产科医院助产士、助产士长、团总支组织委员、工会主席、党支部书记,1970年起任第一医学院教育革命组副组长、院机关党支部书记、民兵连政治指导员等职……终年46岁……"

她的遗体,终于推进火化炉。

"白大褂"们取下胸前的黄花和臂上的黑纱,回到手术室和病房。

人们渐渐淡忘了这一非常事件,以为追悼会为非常事件画上了休止符。

12年后,极为偶然,我在上海一个与医务界毫不相干的单位查阅成堆的"文革"档案时,见到案卷中央有一份千把字的文件:

发文日期:1976年12月1日。

密级:绝密。

标题:《关于上海市委马天水、徐景贤、王秀珍私自组织张佩瑛死因调查组的情况》。

这份"绝密"文件,是根据调查组的一位成员的揭发材料写成的。这个成员曾在那个单位担任"工宣队员",所以案卷中会出现这一文件。

我读罢这一"绝密"文件,深为震惊:像幽灵一样,一个行踪诡秘的"调查组",当年曾在上海上蹿下跳,调查着张佩瑛的死因,秘密调查、秘密审讯、秘密立案、秘密关押。所作所为,比希特勒的"盖世太保"有过之而无不及!

调查组是由一批"政治上绝对可靠"的"嫡系部队"组成。调查组名单由王秀珍拟定,与马天水、徐景贤讨论决定,上报"中共中央副主席"王洪文批准。

调查组内分三个小组,各小组只与组长保持单线联系,组长则直接与"马徐王"联系,外人莫知。就连上海市公安局,也不知道有这么个调查组——组内没有一个公、检、法成员。因为王秀珍说过,"对上海市公安局不放心!"

调查组对外的牌子曰:"上海市革命委员会调查组"。

那份"绝密"文件透露:

"调查组一成立,就宣布了三条组织纪律:一、调查组情况不得向调查组成员所在单位的领导汇报;二、调查情况不准对任何人、包括自己的亲属讲;三、工作要抓紧,情况要一天一报。

"市委马、徐、王还规定,调查组直接由他们领导,别人不得过问,严格保密,情况只向他们三人及市委办公室张某汇报,搞得非常神秘。"

那份"绝密"文件,谈到了两个"绝密"的例子:

"成立这个调查组是极为神秘的,连市革委会、市委常委都不知道。有一次,由于牵涉一个普陀二中的教师,要到那里去了解情况,我们就直接去找当时普陀区委书记杨富珍同志。她是市委常委,一点不了解这件事,更不清楚我们这个调查组……"

"又有一次,有一个情况要到北京调查,徐景贤就专门作了指示,对北京市委要保密,千万不能对他们讲为了什么事来调查,只是说一般人事调查。去北京的介绍信,也不用上海市委、市革委会的铅印介绍信,而用单独打字的专门介绍信,徐景贤在上面签了字……"

惯于特务伎俩的张春桥,手下曾有过一支别动队,曰"游雪涛小组",代号"244"。这个秘密调查组也是一支别动队,虽然名义上并不直接隶属于张春桥,然而,真正的指挥官正是他!他通过王洪文,以王洪文的名义发"指示",而调查组的简报则送张春桥的秘书何秀文,由何秀文转交张春桥。张春桥对调查组实行"遥控",但是他从不直接出面说三道四,甚至佯装不知道有这个调查组,与他毫不相干——因为死者是他的妹妹。他要实行"回避"!

大抵由于"严格保密"的缘故,调查组如同一艘在深水中活动的潜水艇,淹没于万顷波涛之下，世人鲜知。

也正因为"严格保密"的"概念"太深的缘故，在张春桥被赶下历史舞台之后，就连调查组成员所写的揭发材料，也赫然在天头上标明"绝密"字样，继续为张春桥"保密"！

尤为令人莫解的是，在粉碎"四人帮"十年之后，那个调查组当年的秘密活动，仍未有片言只字公之于世！

我以那份偶然见到的"绝密"文件为线索，追寻那艘深水中的潜水艇。费尽周折，我终于在北京一个很不显眼的单位里，在一张普通的办公桌旁，找到了当年被称为调查组的"灵魂"的Q。Q是调查组副组长，实权人物。如今，已经四易工作单位，从部级领导降为一个普通工程技术人员。当我突然向他提及"张佩瑛"三个字，他显得紧张。好在毕竟早已事过境迁，那段往事已成为历史，他慢慢镇静下来，陷入回忆之中。

我追寻调查组的调查材料。曲曲折折，直至惊动当今上海市的领导机关，这才终于得到支持，允许我查阅。我仔仔细细"拜读"了一箱"绝密档案"。我几乎是一口气读完的，犹如读了一部极为精彩的"推理小说"！

那一箱近千万字的档案，是调查组秘密活动的内幕的详尽记录。令人震惊不已的是，他们竟私自秘密审查了46人，其中立案审查的达15人，一般审查31人。外调材料、档案摘录、提审记录、交代材料、旁证材料、专案简报等等，厚厚的，一本又一本……

最顺利的是寻访受迫害者。他们吐出了积压在心中多年的愤意，为之一快，为之一爽。

是时候了，该撕掉那些"绝密"封条了；

是时候了，该把那艘潜水艇从深水中捞出来，公之于众；

是时候了，该把当年的秘密的"通天大案"，大白于天下。

此案之所以成为"通天大案"，是在于当年的张春桥官儿大。他戴着一顶又一顶光华四射的桂冠：中共中央文革小组副组长、中共上海市委第一书记、上海市革命委员会主任、中央军委总政治部主任、国务院副总理、中共中央政治局常委……

哥哥得道，妹妹升天。本来并不"大"的张佩瑛，也俨然成了"大人物"。她的猝死，便成了"大案"。

闲话少说，言归正传。且把时间倒拨至1974年，按照当年秘密专案组的"推理过程"，叙述这一秘密大案的来龙去脉。

手术前兴师动众费尽心机

厚达数百页的《张佩瑛病史》，附有上百张各种各样的化验报告单。从1955年5月9日起，到她死于手术台为止，详细记载着她患病、住院、手术的种种经过。

1974年3月27日，病史记录：

"张佩瑛，女，四十六岁。因月经不正常八个多月，反复发作腹痛及低热四个月。经妇产科检查,子宫左上方有一硬质的肿块,有压痛,于2月2日入妇产科医院。经采用中西药抗炎和一般支持疗法后,热度消退,但肿块未见缩小,反有增大。腹痛仍反复发作,并有加剧。经院内外大会诊,认为盆腔肿块性质不明,虽经积极治疗未见好转,故决定3月30日将进行子宫及肿块切除手术。"

论级别,她不属高干;论业务,她不属高知。以往,她作为一个普通患者,动过多次手术,平平安安,顺顺利利。这一回,随着她哥哥张春桥荣登高位,那光辉照到妹妹脸上,熠熠动人。本来,像她这样的手术,在"红房子医院"犹如家常便饭,不知进行过多少次,稳操胜券。然而,张佩瑛动这普通手术,却兴师动众到如此程度:

3月12日、3月27日,由上海第一医院党委负责人亲自主持,请来名医,为张佩瑛进行两次大会诊。会诊中的每一句话,都详细记录下来。

3月27日下午,由妇产科医院党总支负责人Y亲自主持,举行了张佩瑛手术的准备会议。16个人出席会议。

经过详细讨论,周全备至的"手术方案"写出来了,"手术前小结"写出来了,"手术前后护理计划"订出来了,"手术组名单"终于确定了。

心电图、肝功能、肾功能、血常规、血钾、血钠、球蛋白……一项又一项测定、化验,都做好了。

就连手术后的护理计划,也有条有理,如水银泻地,那般周密。

引述以下十条"术后护理计划",足见条条都是耗费心血写出来的:

一、建立专人护理班,日夜各一人,详细记录护理单;

二、手术当天回病室,注意脉搏、呼吸、血压,半小时测一次;

三、注意保证导尿管通畅,预防尿路感染。术后每天更换导尿接管及接瓶(密封);

四、术后每天用1:5000PP揩洗会阴,更换导尿管上的纱布、橡皮膏;

五、鼓励并协助翻身,促进术后恢复。术后第二天半卧位;

六、注意饮食护理,鼓励多进食,避免吃肠胀气类的食物;

七、术后的基础护理:口腔护理,全身的清洁,注意保暖,预防并发症;

八、详细记录出入液量;

九、预防术后肠胀气,术后第二天艾灸足三里、中脘、天枢,每日二次,一次半小时;

十、每天按摩脚部(左脚)二次,术后左臀部热敷,促进恢复脚的活动力,防止肌肉萎缩及血栓性静脉炎。

此外,还规定"物质环境准备",共五条,也极为周到:

一、注意室温调节,准备电炉一只;

二、术前室内大扫除,并用乳酸进行消毒;

三、严格执行探望制度,保证充分休息。一周内,除家属探望外,其他一律婉言谢绝;

四、准备好一切消毒物品及敷料;

五、晒草垫或调换草垫。

够得上天衣无缝,称得上无懈可击。

一条又一条,送到张佩瑛手中,请她和张春桥之妻文静过目。

她微微地笑了,说了声:"谢谢!"

然而,当人们走开,她的笑脸转为阴郁。她忧心忡忡地对丈夫悄然暗语:"我担心!从表面上看,大家都负责,实际上大家都不敢负责。今后要出问题,就可能出在这个问题上!"

她的疑虑倒并非多余。就连她也看出,医生们"都不敢负责"——拍马者固然不乏其人,但是更多的人出于畏惧。

畏惧什么呢?因为她是"春桥同志的妹妹"!

果真,一次普通的手术,却出了个意料不到的大事故。

3月30日,为张佩瑛动手术的日子终于来临。

天刚蒙蒙亮,护士已经进入经过严格清洗的手术室——一切就绪。就连病人搁脚的木板、置膝的膝枕,也都放到规定的地方。

妇产科医院麻醉师叶景馨,也早就在手术室里忙开了。这位护士出身的麻醉师,今天格外小心。她已把两台麻醉机擦得干干净净,放置在手术台旁。本来,用本院的那台麻醉机就可以了,不怕一万,只怕万一,有人以为还是用中山医院的麻醉机更保险。昨天上午,她特地赶往中山医院,借来一台最好的麻醉机。

预定手术在上午8点开始,张佩瑛在7点半就进入手术室。当她在手术台上躺好,手术的主持者、上海第一医学院党委副书记Fe就来到了。随即,外院的、本院的领导、医生、护士,络绎步入手术室。

万事俱备,唯不见方兆麟医师。

方兆麟[①],何许人也?

那是妇产科医院党总支在拟订"手术组名单"时,发觉麻醉师一环太弱——叶景馨恐怕难以独力挑此重担。党总支向一医党委提出:"希望中山医院能派一位政治上、技术上都比较可靠的医生。"他们还指名道姓点将,要求派中山医院麻醉科主任方兆麟医师。

方医生年近"知天命",有着多年麻醉经验,何况又是该科唯一的党员。叶景馨曾师从于他。

上级规定,方医生倘离开上海三小时以上,务必事先征得领导同意,并告知行踪。因为他是高干医疗小组成员,多年来为柯庆施、刘亚楼等许多高干治病。当美国总统尼克松访华时,他是上海应急治疗小组成员。理所当然,妇产科医院党总支对方兆麟医师寄予厚望。请他出师,可以确保张佩瑛手术麻醉工作万无一失。

方兆麟医师向来准时。面临这次重大手术,时钟已经敲过八下,怎么还不见他的影子?

一辆自行车在肇嘉浜路匆匆东行。骑者左手握龙头,右手扶书包架——架子上横放着一只蓝色的钢瓶。钢瓶太滑,虽然骑者不时看了看手表,心中焦急,但是不得不慢行,生怕钢瓶从车上滑下。偏偏不巧,自行车链条又滑了下来,又延误了时光。

此人便是方兆麟,那蓝色的钢筒里,装着麻醉剂——笑气。

---

① 1986年6月1日、1992年1月4日,叶永烈在上海两度采访方兆麟医生。

方医生临时被点将调来。他没有参加最初的大会诊。会诊确定的麻醉方案是"硬膜外局部麻醉"。方医生看了张佩瑛病史,得知她因肌肉注射已发生左下肢坐骨神经麻痹,倘若再用"硬膜外麻醉",可能会发生别的问题。出于一片好心,方医生建议改用乙醚,施行全身麻醉。又有医生提出,采用乙醚全身麻醉,可能会在手术后带来肺部并发症。方医生觉得有理,提出了最安全、最可靠的麻醉方案:用乙醚施行全身麻醉,然后输入一部分笑气,以减少乙醚的用量,预防手术后肺部并发症。

　　这一方案,得到了手术负责人的同意。

　　不过,这一方案在手术前一天才确定下来。3月30日一早,方医生到上海中山医院库房领笑气。领了一瓶,拧开开关,发觉瓶内剩气不多。他又返回库房,换了一瓶,拧开开关,发出"嗤"的一声,他满意了。然而,钢瓶上落满灰尘,他用水冲净,这才放上自行车。

　　如此这般折腾,加上肇嘉浜路正在挖防空洞,到处堆着土,道路坑坑洼洼……

　　终于到了斜桥。自行车一转弯,方医生看见了"红屋子",舒了一口气。然而,一看手腕上的表,他又双眉紧皱:8点10分。

　　他风风火火跑上三楼,已有好多人在手术室门口等他了。天气尚冷,他的前额却沁出豆大的汗珠。

　　"方医生,你怎么迟到啦?"

　　一听这话,他的脸上火辣辣的。

　　他把笑气钢瓶往地上一放,连忙进更衣室换衣服,入洗手间洗刷双手。

　　一位护士把钢瓶拎进手术室,递给叶医师。

　　"方医生,用哪一台麻醉机?"叶医师在洗手间门口问了一声。

　　"用我们医院的!"方医师答道。

　　当方医师洗好手,叶医师已经把笑气钢瓶装上了中山医院的那台麻醉机。

尚未动刀,患者突然死去

　　"手术未动,麻醉先行"。麻醉师历来是"先行官"。

　　方医生洗好手,上阵了。8点20分,他从叶医师手中接过装好镇静剂"硫苯妥钠"的注射器,对张佩瑛说:"老张,我给你打针了。稍微有点痛,不要紧的。"

　　张佩瑛点了点头,说:"打吧,没关系。"

　　方医生熟练地把针头刺进张佩瑛的静脉,缓缓地推进药水。他一边推进药水,一边注视着张佩瑛的表情。没一会儿,张佩瑛闭上双眼,睡熟了,发出均匀的呼吸声。

　　按照操作规程,叶医生给张佩瑛戴上了面罩,输入氧气。

　　方医生拿起装有司可林的注射器,又开始注射,做全身麻醉前的诱导。按照操作规程,在注射司可林之后,才往面罩里输入乙醚。

　　就在司可林刚刚射入张佩瑛的血管,一个护士吃惊地说道:"方医生,病人的手指甲发紫！"

方医生也为之一惊。所有的医生、护士都满脸惊讶。

当他打完司可林,张佩瑛在颤动着,皮肤渐渐青紫,嘴唇乌黑。在场的一医党委、妇产科党总支领导脸色发白。

方医生以为输氧不够,当即决定:"插管输氧!"

叶医生拿定面罩,方医生以熟练的动作,把氧气管插入张佩瑛气管,开大了氧气开关。

奇怪,患者青紫有增无减,呼吸停止!

这时,心率每分钟88次,血压也正常。

患者怎么会停止呼吸?医生们急促地交换着意见。

手术室里顿时骚乱,人们惶惶不安。手术主持者,决定施行人工呼吸。

方医生遵嘱开始给张佩瑛做人工呼吸。不久,血压剧降,心跳难以听出。

就在这时,上海中山医院所有的广播喇叭,响起了急找司机的声音。

著名胸外科专家石美鑫教授,匆匆坐上小轿车——几分钟之前,上海第一医学院党委负人从妇产科医院来电话,要他火速赶到。

当石美鑫奉召赶到之后,一辆又一辆小轿车陆续驶入方斜路。

名医们在研究着抢救方案。人多嘴杂,意见纷纭。犹如一条船上,忽地来了众多的"老大"。真的有点像张佩瑛在手术前所担心的那样:"从表面上看,大家都负责,实际上大家都不敢负责。今后要出问题,就可能出在这个问题上!"

有人紧皱双眉,有人托着下巴,有人踱着方步,有人闭口缄言。

妇产科医院党总支负责人Y出了一身冷汗,内衣冰凉地贴在脊梁骨上。这次张佩瑛手术,他是总指挥。这些日子里,请专家,大会诊,订措施,做准备,忙得他连睡觉都不安稳。方医生就是他亲自点名请来的。他本来想立个大功,而眼下却闯了个大祸,他怎不六神无主,大汗淋淋?他,呜呜咽咽,不由得哭了起来!

方医生也一身水湿,白大褂上满是汗液。一则心慌意乱,二则不停地给张佩瑛做人工呼吸,汗珠"吧嗒吧嗒"往下滴,冷汗跟热汗混流在一起。

抢救措施逐步升级:注射麻黄石碱。注射地塞米松。体外心脏按压。大隐静脉切开。颈外静脉穿刺输液……上午11时,终于决定由石美鑫教授开胸,做心脏按摩。

方兆麟从手术台旁退了下来,让位给石美鑫。这时,他才缓了一口气,绷紧了的神经松弛了一下。

方兆麟的目光无意之中,投射到那台从中山医院借来的麻醉机上,顿时像触了电似的……他欲言又止,终于咽下了到了嘴边的话,忙乱之中的人们,谁也没有注意到方医生那忽然变得惨白的脸。

呼吸停止。心跳停止。血压=0,抢救工作仍在不断进行。

电击。一次,两次,三次,毫无反应。

用尽了一切抢救措施。直至下午3点20分,疲惫不堪的"白大褂"们这才离开了手术台。

当晚，经过"白大褂"们的分析、讨论，初步确定了张佩瑛的死因：所用的硫苯妥钠和司可林两药，或过敏，或变质，发生毒性的作用。也有人提及了肺栓塞的可能性。

上海第一医学院党委连夜写出了《关于张佩瑛同志在手术麻醉过程中不幸死亡的情况报告》，当即打印，直送"马徐王"："市委：我们沉痛地向市委报告，春桥同志的妹妹张佩瑛同志于今日（3月30日）上午8时20分在我院附属妇产科医院手术麻醉中，突然发生心脏变化造成不幸死亡……"

手稿送去打印之际，"春桥同志的妹妹"一句被删去了。

此后，所有关于张佩瑛猝死的文件中，再也未见过"春桥同志的妹妹"字样。心照不宣。谁都明白其中的含义，谁都不在白纸黑字上表露。

徐景贤在这份报告上，批了这样一句话："对张佩瑛同志的死因要调查弄清。"

翌日，3月31日，星期天。

4月1日一上班，上海市文教组、上海市卫生局和上海第一医学院关于张佩瑛死因联合调查组便成立了。上海市卫生局工宣队政委C出任调查组组长，上海第一医学院党委副书记Fe出任副组长。调查组的级别如此之高，原因同样在于那句被删去了的话——"春桥同志的妹妹"。

好在这个调查组的活动，是公开的。

雷厉风行。一组快节奏的短镜头。

4月1日夜。一医。

在征得张佩瑛的丈夫和张佩瑛的三哥、在上海铁路局工作的张铁桥的同意之后，张佩瑛的遗体被送上了解剖台。

作为紧急任务，一医病理教研室教师和上海瑞金医院病理医师连夜解剖张佩瑛尸体。

解剖结论："病理检验发现内脏瘀血、全身水肿等病变。其中尤为突出的是内脏微血管严重扩张，管腔空虚，含血量少。上述变化反映了全身血容量的不足以及循环衰竭的存在，并由此而促进了休克的发展和脑疝的形成，以至抢救无效死亡。"

4月2日。上海药物检验所。

紧急任务。查验不知名者的腹水、右胸水、小便以及手术所用葡萄糖复合液。

结论："均未检出氰化物、亚硝酸盐、巴比妥类，排除以上毒物中毒。"

4月3日。中国科学院上海有机化学研究所。

紧急任务。已用过的一支硫苯妥钠空瓶和一支司可林空瓶，要求提取瓶中残液与未用过的同类注射剂比较。

红外光谱分析。紫外光谱分析。层析法分析。

结论："药品性质一致。"

4月3日下午。

专家云集一医，讨论、分析张佩瑛死因。出席者有中山医院内科，华山医院皮肤科、内科，上海第三人民医院内科，新华医院麻醉科，瑞金医院病理科，一医教育革命组……

会议记录：众多的专家反复讨论药物过敏的问题，但是新华医院麻醉科医师提及了可能是笑气中毒导致死亡。

4月6日晚。妇产科医院三楼手术室,灯光通明。

手术台上躺着的不是张佩瑛,而是兔子。

调查组正、副组长及组员在一旁仔细观察。

兔子戴上面罩,输氧。一分钟后,兔子全身青紫,与张佩瑛死亡过程酷似。

结论:"动物实验,证实了新华医院麻醉科的推测是正确的——患者死于笑气中毒。"

4月7日。中山医院。

调查组与方兆麟谈话。

4月8日。中山医院。

方兆麟承认了错误,写出了检查。张佩瑛死因大白。

方兆麟检查:"我在心脏按摩后,在一旁休息,突然见到麻醉机上笑气筒下部四周有湿与霜,感到奇怪。根据自己的经验断定必有漏气。我再看一下麻醉机,原来是一台单向的,只能用氧气的麻醉机,我顿时大吃一惊,几乎瘫掉了!"

根据方兆麟的检查,不妨重演3月30日上午的镜头:

方兆麟满头大汗,赶到妇产科医院手术室。

他把笑气钢瓶往地上一放,连忙去换衣服,洗手。

一位护士把钢瓶拎进去,交给叶景馨医师。

"方医生,用哪一台麻醉机?"叶医师问。

"用我们医院的!"方医师答道。

叶医师未用过中山医院那台麻醉机,不熟悉性能,不知道那台麻醉机不能用笑气。她把笑气瓶装了上去,而且打开了开关。

方医师呢?在匆忙之中,也疏忽了。他是主任医师,而且常用那台麻醉机。不过,如他所言:"麻醉的准备工作大多数是科里同志或进修的同志准备好的。由于误装了笑气,开关又开着,大量的笑气直接进入氧气管道。"

经过中国科学院有机化学研究所用气相色谱仪测定,由于误装了笑气,以致输出的氧气中,笑气含量高达96%,而氧气仅占4%。

于是,给病人输氧气,变成了输笑气!

在抢救时,越是想多输氧气,结果输入的笑气越多。

张佩瑛之死,便是死于笑气窒息。

方兆麟医师承认了错误:"第一,由于工作粗心,出了医疗事故,造成病人死亡,自己的心情是沉重的。第二,当自己发现笑气瓶上结霜,知道了事故的原因,由于想到死者是张春桥的妹妹,心中极为害怕,不敢主动说出事故原因。"

直至1986年当我采访方兆麟医师时,他仍重复12年前说过的话,依然为自己的过失感到痛心。

他在写出检查之后,请求领导给予处分。

事情到此,可以说该拉上大幕,宣告"剧终"了。

■ 叶永烈采访方兆麟医生

4月11日，中山医院党总支书记Fa，起草了调查报告。这一报告实事求是地反映了调查结果：

> 在历次运动中，没有发现方兆麟重大政治问题。
> 在业务上，方兆麟一贯埋头工作，认真负责，服务态度较好，抢救病人随叫随到，从不计较时间，并有一定的钻研精神。
> 方兆麟担任麻醉工作已有二十多年的临床经验，各种麻醉的操作都比较熟练，有关麻醉学方面的知识也比较全面。他自1958年起担任华东医院的高干会诊和手术时的麻醉工作，亦曾多次赴外地为高干或高干家属做麻醉工作，均未出过麻醉死亡事故。
> 方兆麟基本上拥护党、拥护毛主席。
> 据我们了解，方兆麟同志平时与张佩瑛同志没有什么接触，也没有听到他对张佩瑛同志的什么议论。

调查组副组长、上海第一医学院党委副书记Fe，是张佩瑛手术的主持人。她也实事求是，不仅同意中山医院党总支的报告，而且十分中肯地说："我们不仅要替死者负责，而且要为活人负责。""张佩瑛之死不是政治事件。"她在报告上加了一段话："我们认为，关于这次麻醉死亡事件，从方兆麟同志一贯的表现分析，到目前为止，未发现阶级报复的政治事件的依据。"

调查报告上报上海市委，还附了方兆麟医师的检查。

方兆麟写道："我的心情是非常的沉痛。我一定要牢记这一沉痛的教训，一方面请求组织上给自己一定的处分，一方面要积极工作，认真总结这次惨痛的经验教训。"

喧闹一时的张佩瑛死亡事件，渐渐平息。

"红房子医院"恢复了平静。

中山医院恢复了平静。

一封密告信飞到徐景贤手中

历来,人们总是把"盲人骑瞎马,夜半临深池"视为最危险、最可怕。然而,更危险、更可怕的莫过于乘人之危,落井下石!

有人向张春桥家属偷偷报告调查组"右倾"。

一封密告信,先是飞到正在华东医院住院的徐景贤之妻葛蕴芳手中,要她转交徐景贤。鉴于张佩瑛之丈夫,乃葛蕴芳之表兄,葛蕴芳表示"回避"不肯代为转交。

很快的,这封密告信又飞到徐景贤保健医生手中。于是,便展现在徐景贤面前。

此信影印件存于那堆秘密档案之中,摘录原文于下:

徐景贤同志:您好!

我们想就张佩瑛同志死亡事件的调查工作,向市委领导同志反映一点情况,提出一点意见……

我们参加调查工作过程中,感到上医党委Fe和中山医院总支态度暧昧……

我们的想法是,就目前的材料看来,不能用"粗枝大叶"来解释。政治疑问不少,应当趁热打铁,搞得水落石出。

我们感到,如果张佩瑛同志死亡是一次政治陷害事件,问题就要想得复杂一些。可能不只是方兆麟一个人的问题。中山医院现任总支书记Fa是空四军的……

我们恳切希望市委领导同志组织适当人员,继续深入调查。

信末,签署着两个人的姓名,写信日期为"1974年4月21日"。本文姑且不予披露密告者的姓名。

信的附件,对调查结果一口气提出了十个问题。

鉴于两位写信者是调查组的组员,熟知内情,而且提出的十个问题,个个在"纲"上、"线"上,理所当然引起了"马徐王"的重视。

"马徐王"当即抓住那封密告信,做起文章来了。

王秀珍最为起劲,提笔批道:"这些问题提得很好,都很重要。要把这些问题彻底查清,查个水落石出。"

马天水到底在政治舞台上混过多年,一字一句很注意斟酌:"同意秀珍同志意见,一定要抓紧弄清这些问题。"

徐景贤写道:"同意秀珍、天水同志意见。"

为了"查个水落石出","马徐王"决定另建调查组——也就是本书前面提到的那个行动诡秘的"上海市革命委员会调查组"。

1977年1月,当北京建工部来沪外调那个调查组的"灵魂"——Q的时候,王秀珍写了如下交待:

张佩瑛死亡事件，开始是由市文教组、市卫生局和一医组织了一个调查组，调查下来说成是责任事故。我看了这个情况后，认为这个案件说成责任事故是右倾。文静对我说：一医和文教组联合调查组右倾，要我告马天水认真抓这个案子。她还说，张春桥知道张佩瑛死了，他很难过。我把文静讲的，告诉了马天水。因此，我讲调查组右倾，马天水也讲右倾。我还恶狠狠地批了调查组的同志。

那个调查报告，曾同时送了王洪文、张春桥、姚文元。张春桥没有出面。由王洪文打电话给马天水，还写了批示，大意是：这个调查组严重右倾。张佩瑛的死亡，要从阶级斗争和路线斗争来看、来查，是阶级报复等等。

根据王洪文的黑指示，我和马天水、徐景贤商量后，认为调查组要加强力量，充实人。我提出把Q暂借出来，可担任调查组副组长。还要从工宣队抽一点人，加强这个调查组。马天水、徐景贤都同意。

按照王洪文、张春桥的黑指示和授意，要查出一个阶级报复案，给这个案子定了调子。调查组就是按这个框框和调子去调查的。

徐景贤在1977年10月31日，也作了类似的交待。其中谈及："成立调查组时，马天水说：'这件事张春桥不好表态，我们决定算了。'但事后调查小组的报告，都由我送给张春桥秘书何秀文，由他转给张春桥看。"

就这样，本来已经闭上了的帷幕，又重新拉开。秘密调查组鬼鬼祟祟地登台了，演出了一幕又一幕荒唐的悲剧。

那封掀起狂澜的密告信，来历不凡……

"马徐王"如此看重那封密告信，因为此信虽然出自调查组的两位组员之手，而不出面的"导演"即是那个在北京稳坐"钓鱼台"的张春桥。

密告信的作者之一，便是"红房子"医院党总支负责人Y，此人跟张家有着密切的联系。

据Y本人交代：

1974年2月，一天晚上，张佩瑛的丈夫打电话给他，说张佩瑛腹痛，请他安排住院。

张佩瑛住院后，起初住的是三个人的房间，是他给她安排了单独居住的病房。不久，甚至连张佩瑛的丈夫发烧，也是经他安排，让张佩瑛的丈夫住入妇产科医院的病房——这成了"红房子"医院议论纷纷的怪事，妇产科医院里怎么会冒出男性病人？

张佩瑛的手术方案，是在他领导下制订；那些名医，是他去请，那手术方案，是他送到张春桥妻子文静手中，请她"审阅"。

当张佩瑛突然死于手术台，是他当场痛哭不已。

他同张家的非同一般的关系，连他自己都承认。1966年，他第一次来到张家，张佩瑛的丈夫就对他说："我们虽然没有见过面，但佩瑛一直讲你是她的好朋友。"

在"张死事件"发生之后，他跟张佩瑛丈夫的联系更加密切。调查组的一举一动，通过他这根内线，把"信息"立即传输到张家。

1974年4月19日晚，张佩瑛的丈夫约Y在他家见面。

当Y来到张家,张春桥的二弟张铁桥、四弟张月桥、女儿张维维也在那里。显然,这是一次秘密聚会。

Y读到了来自北京的最新指令——张春桥写给儿子毛弟(即张旗)的信:

……听到姑姑逝世的消息,使我很震惊。为了革命事业,我已有七、八年没有看见过她了。她逝世,我当然很难过,但也不很悲伤。因为在党的九届二中全会上,我思想上已准备全家被杀了。有多少好同志、好党员,为党为人民牺牲了自己的亲人,我们也为党贡献一个亲属吧。你代我问小白、小兰好!另外,你们自己在这个阶级斗争复杂的情况下,要提高警惕,多加注意……

张春桥的信是写给儿子的,话是讲给别人听的。这封信最清楚不过地表明了张春桥对张佩瑛之死的态度:绝不是徐景贤公开传达的"春桥同志三点指示"所说的"不要去整出这次医疗事故的医生",而是认定张佩瑛是"在这阶级斗争复杂的情况下"的牺牲品。

在轻声密谈中,张的亲属清楚地表露了这样的意思:必须以"阶级斗争"的观点彻底查清张佩瑛之死,但是作为亲属不便出面写信给徐景贤,而Y是调查组成员,由他出面比较"自然"。

Y心领神会,一口答应下来。

过了一天——4月21日,星期天,Y在下午来到密告信的另一位作者家中,一起写成了那封密告信。信,一式两份。一份送到徐景贤手中,另一份"抄送"张佩瑛丈夫手中,迅速地转给张春桥……

暗一套,明一套。密告信是暗箭,而4月25日的"向家属汇报会",张的家属公开亮相、施加压力了。

在上海卫生局大楼213室里,根据家属的要求,调查组向他们汇报着调查情况。

大抵由于张春桥惯于特务伎俩的缘故,他的儿子张旗也学得一二。他把一只微型录音机放在包中,步入213室,悄然录下了调查组的汇报。

调查组的汇报,不断被张的家属粗暴地打断,声势汹汹,不可一世。

调查组副组长、上海第一医学院党委副书记Fe在会上重申,"我们不仅要替死者负责,而且要为活人负责。"

张月桥当场质问她:"什么替死者负责?我姐姐分明是被害死的!"

张佩瑛的丈夫唱的"调子"更高,他一口咬定F是"蓄意谋害"张佩瑛。

他说"Fe事先计划周密,手法极为阴险,手术'杀人不见血,事后无证据'就连解剖尸体也查不出死亡原因。Fe制订了一套完整的杀人方案!"

他——这个1946年就已入党的老党员,居然说出这样的话:"这次,Fe害死了张佩瑛,是完成了林彪一伙制定的'五七一'工程反革命阴谋所要完成的任务!"

他们仗张春桥之势欺人,那么嚣张,那样凶狠,可谓到了登峰造极的地步!

末了,张月桥冷冷地说:"我们认为这不是Fe一个人的问题,是一场严重的阶级斗争。

我们也不再多流泪了,我们要起来斗争,一定要把问题彻底查清!"

终于,调查组被迫改组,重新以"阶级斗争"为纲进行调查。

"有缝就查,有洞就钻"

一提起密探、侦探之类,理所当然,首推英国作家柯南道尔笔下那位名震寰宇的福尔摩斯。此外,数得着的,诚然还有英国女作家阿加莎·克里斯蒂笔下的矮个儿比利时侦探埃居尔·博阿洛,还有英国作家柯林笔下的探长克夫……然而,如果跟那个"上海市革命委员会调查组"相比,都将大为逊色,自叹弗如。

那个调查组见微知著,敏锐的目光远远胜过福尔摩斯鹰一样的眼睛;那推理逻辑大大超过以思维严密著称的博阿洛;至于那丰富的联想力,则使克夫望尘莫及,甚至以富于幻想知名的法国作家儒勒·凡尔纳都得退让三分!

Q有一句名言:"有缝就查,有洞就钻。什么都要查一查,让领导放心。"

我和Q相谈。我本以为,他被王秀珍点名担当重任,势必在公安部门工作过,有着丰富的侦审经验。不料,问及他的身世,他竟从未与福尔摩斯为伍。他,山东人,长在东北,高小毕业,后来入北京建材学校速成班。1957年毕业,分配到上海工作。在造反大旗哗啦哗啦飘扬的年月,他当上了上海一家规模宏大的玻璃厂的"革委会"副主任。他结识了王秀珍,颇得青睐。1974年3月15日,他已经接到调令,荣升建材工业部核心小组成员,担任部级领导。正在他对上海市委的"栽培"感激莫名之时,忽然,4月24日,他接到紧急通知,前往"康办"报到。

下午,他这个干玻璃行当的厂革委会副主任,跟上海市卫生局工宣队政委一起,步入"康办"小会议室。

他俩刚在沙发上坐定,徐景贤和王秀珍就来了。

就这么四个人密谈,Q感到非同凡常。

果真,王秀珍宣布,要建立一个精悍、绝密的调查组,组长是那位工宣队政委,副组长便是Q。王秀珍要他推迟前往建工部报到,一心一意地把调查工作搞好。

把他这么个"部级"干部,充任一个小小的调查组的副组长,未免有点"屈尊"。可是,当他听罢王秀珍、徐景贤的谈话,受宠若惊,连声说:"感谢组织上的信任!我决不辜负如此重托!"

以下,是Q的工作笔记上,当场所记的王秀珍、徐景贤的原话。

王秀珍说:

"这个案子非常重要,是洪文同志交办的。前些时候,春桥同志来过信,叫市委不要花很大力量去搞。他很谦虚。为了把这个案子搞个水落石出,让你俩负责调查组,是经上海市委常委研究、报洪文同志同意的。这是对你们的信任和考验。"

"这是一个严重的政治事件,你们不要就事论事来调查。要从阶级斗争、路线斗争上把问题搞清楚。"

"家属写过信,说是政治迫害。"

"要彻底揭发、彻底批判、彻底清查!"

徐景贤则说:

"这是洪文、文元同志交办的案子,是一个严重的事件。"

"不要以为只是张佩瑛同志一个人的问题。"

"下去以后,要发动群众、干部。把前一阶段的调查情况告诉群众,发动群众大揭大议。"

"调查的情况和问题,要随时报告。"

"这个案子一定要保密。今后有事,直接与市委办公室主任联系。"

听罢,Q的心中像喝了蜜一样甜。这样的"通天大案",不交给上海市公安局,却交到他手中。"中央首长"、"市委领导"的器重,使他感激涕零,连连唯唯是从。

Q觉得福尔摩斯可笑。福尔摩斯一生办了那么多的案子,哪一件是"中央首长"交办的?哪有他那么硬的靠山?

占领了一医的一座小洋楼。4月28日,秘密调查组在极为严肃的气氛中宣告成立。一部直线电话,成了小楼与"康办"之间的"热线"。

Q明白,徐景贤所说的直线联系的市委办公室主任不过出于客套。他的"热线",径直跟徐景贤的秘书张家龙联系。徐景贤随时随刻知道调查组的动向。

Q和他的前任———一医党委副书记Fe截然不同:Fe搞调查,依靠的是专家、教授、药品检验报告、红外分析报告、尸体解剖报告;Q呢?他凭借举世无双的幻想力,无与伦比的"逻辑推理"。Fe从科学的角度,调查死因;Q则从"阶级斗争"、"路线斗争"的高度,大刀阔斧地整人。

Q真的"有缝就查,有洞就钻"。有了这样的"灵魂",秘密调查组的"丰功伟绩",几乎可以编成一本《政治笑话集》。

他们进行了种种大胆推理。

大胆推理之一:把打字机"推理"为发报机!

提审方兆麟的一份记录,尊重"原著",照录于下——

> 问:你的妻子万廷钰学英文吧?
>
> 答:学的。一般在下午七点。
>
> 问:你会几种外文?
>
> 答:英文较熟练。俄文不太熟,法文学一点。
>
> 问:你给外国人写信,用笔写的吗?
>
> 答:用打字机。单位里有打字机,可以打。我哥哥家里也有打字机。"文革"中借过来,手提式的,牌子叫"雷米登"。去年(1973年)还给哥哥。
>
> 问:你说清楚一点,打字机是什么时候借的?
>
> 答:大概是1967年借的。

问：打了些什么东西？

答：打过麻醉方面的书，打了没几次。去年，打了一本新书，叫"麻醉消毒"，上半年打的。打了好几天。有时候，万廷钰也帮我打几下，她打些文章。打的资料，有些还在，有些丢掉了。

以上的提审记录，真叫人如同丈二和尚——摸不着头脑。

调查组查的是张佩瑛之死，怎么跟方兆麟扯起了打字机来。

哦，我看了案卷，这才恍然大悟：原来，这一段提审记录，从"万廷钰学英文"问起，旁敲侧击，问出了方兆麟的打字机的来历、打字时间⋯⋯

事出有因。一个邻居的孩子，生病在家，在中午的时候，忽听得方家发出"嘀、嘀、嘀"的声音，约莫持续了五分钟。

在"文革"之中，就连孩子的"阶级斗争"觉悟，也是高高的。孩子马上联想起电影《无名岛》中特务偷发电报的"嘀、嘀"声。

这消息传入调查组耳中。根据"有缝就查，有洞就钻"的精神，方家这"嘀、嘀"声当然需要查一查。因为调查组未经调查，已从王洪文那里论定是"阶级报复案"，方兆麟可能接受"帝修反"的"指示"。理所当然，方家的"嘀、嘀"声，表明方兆麟可能像《无名岛》里的特务一样，跟国外特务机关有着密切联系。

不过，经过实地秘密调查，有点令人失望。方兆麟住在离中山医院只有一箭之遥的平江路一医宿舍里。他住底楼，那个孩子住在三楼。房屋结构甚好，底楼即使开着收音机，三楼也听不见。

从"作案"时间考虑，似乎也不对头，因为方家地处交通要道，邻居们上上下下都要路过他家门口，中午时来往的人尤多，他如果是"特务"，怎么会在中午时间"发报"？

经过向电报局调查，发报员说："一般的发报机声，是一种较轻的打击声，不是电影中那样的'嘀、嘀'声！"

至此，本来早就可以结束"发报机"问题的调查。不过，调查组听说有人反映，方家双职工，有三个孩子，其中两个小的是双胞胎，方的经济条件宽裕，却不雇保姆，只请了一个白天来照料一下的短工！这被"推理"成方可能从事特务活动，生怕被保姆发现。

调查组到底有点"本事"，打听到方兆麟的妻子在1967年生下双胞胎时，奶水不够，曾请过奶妈。那位奶妈住在方家，一定了解方家的详细情况。

好不容易，查清了奶妈孔秀香在扬州乡下的地址，又进一步查到她目前在上海哪家当保姆。调查组找到了她，外调记录如下：

问：方家有带电线、小灯泡的玩具？

答：小孩的玩具都放在我的小房间里，没有带电线、小灯泡的玩具。

问：方家有外国来信吗？

答：方家的信件不多。外国来信未见过，也未听到过外国寄钱来。

问：有没有听见"嘀嘀嗒嗒"的声音？

答：没有，从来没有听见。

问：方家有壁橱吗？

答：没有。方家只有衣橱。

问：方家夫妇谈文化大革命吗？

答：关于文化大革命的事，他们夫妻在家里也谈，不过我听不懂内容。

问：常来方家的是什么人？

答：有哥哥、嫂嫂、姐姐、姐夫、弟弟、弟媳。没有见过别的客人。

问：他听收音机吗？

答：他有一个半导体收音机。有时候，他把半导体放在耳朵边听，听了一会儿又开大，放在桌子上听。

虽然奶妈如实地否定了"带电线、小灯泡的玩具"（亦即收发报机）和"嘀嘀嗒嗒"声，但是她谈及的半导体收音机看来是一条"缝"，调查组决定"钻"一"钻"。他们怀疑，这只半导体收音机会不会是经过伪装的收发报机？

他们设法取到那只半导体的收音机，来到生产该机的上海无线电三厂，请技术员鉴定。

技术员写下这样的鉴定："此27A型中短波七管半导体收音机系本厂正式产品……搞收发报机一套，要有附件，要有装置附件的地位。此机未发现装置收发报机附件及其地位。"

调查组的大胆"推理"，一再碰壁，无法证明方家有收发报机。但是，那"嘀、嘀、嘀"声仿佛一直在他们耳边响着，尚未查个水落石出。

有人提出，会不会是打字机的声音？

可是，他们到方家查过，没有见到打字机，哪来打字机的声音？

终于，他们决定提审方兆麟，问起了英文打字机。

他们又从方兆麟的哥哥处，查证了是否确实把打字机借给方兆麟，甚至还查看了那台英文打字机，摸了又摸，确实并非收发报机，才结束了这一问题的调查！

大胆推理之二：由送大黄鱼"推理"为同案犯！

调查组眼观六路，耳听八方。他们接到重要情报：在张佩瑛猝死的当天晚上，有人送大黄鱼到方家！这，显然是"阶级斗争新动向"：你想想，方兆麟进行"阶级报复"，"害"死了张佩瑛，居然有人立即送大黄鱼表示"慰问"，此人极可能是"同案犯"！

这一线索，绝不可放过。

他们使出了比福尔摩斯高超百倍的侦查功夫，很快就查明：3月30日晚，上海基础公司第三工程队起重工虞国夫给方家送去两条大黄鱼。

于是，虞国夫立即成了调查组的审查对象。

调查组查阅了虞国夫的档案，在档案中似乎没有什么"刻骨仇恨"之类记载。因为虞国夫只不过是一名青年工人，档案材料非常简单。

他们决定找虞国夫正面"交锋",要他"交待"在两条大黄鱼的背后,隐藏着什么不可告人的"秘密"。

以下,便是由两条大黄鱼引出的一段"审查"。虞国夫的"交待",迄今仍保存在那一堆秘密档案之中。现原文照录,可看出当年的调查组神经过敏到了何等地步。

> 1969年,我在上海日晖港装卸污水管时,认识了万廷钰。当时,我是起重工,万是医生。1970年底或1971年初,在大屯又碰到万廷钰。我在三队,她在四队,有一次我返回上海,万托我带东西,带的是一只箱子及一些零星的东西。回上海以后,我把东西送到她家,这才认识了方兆麟。

以上,算是详尽地"交待"了他与万廷钰、方兆麟的"认识史"。接着,在调查组的逼问之下,他开始"交待"大黄鱼问题:

> 去年(1973年)10月,我脸上生了一个东西,慢慢大起来了。我想他们都是医生,想托他们找熟人开刀,以便使刀疤能否小一点。我跟他们的来往多了一点。万廷钰和上电医院龚医生很关心我,曾替我介绍女朋友。由万医生和龚医生当介绍人,我认识了那个女朋友。见面以后,不成功,我也就算了。时间是在今年春节之后,在方医生出事情前一个月左右。
>
> 虽然女朋友不跟我来往了,但是我仍很感谢万医生。3月30日,正好是方医生出事情的那天,我买到几条大黄鱼。我就在下班之后,晚上七点钟,送到方家。当时,方医生还没有回来。万医生叫我坐在沙发上。她的女儿也在家。万医生说,女朋友的事,我以后替你再留意,你脸上的皮下囊肿还是要抓紧开刀。我问起方医生怎么还没有回家,她说"方医生今天为张春桥的妹妹开刀,忙得很。"

调查至此,大黄鱼的来历已经一清二楚,大黄鱼与本案无关亦已明明白白。但是,调查组还要查下去,继续盘问虞国夫。无奈,虞国夫只得再作"交待":

> 大约8点钟以后,方兆麟回来了。万医生问他,手术怎么样?方说,很不顺利。万又问到底是怎么回事。方说:司××针(对不起,我只记得"司",讲不出名字来)打下去以后,就不来事啦。关于开刀的事,他们讲了一会儿,我听不大懂。我见他们夫妻面色不好看,我坐在那里觉得不自然。我对万医生说,我该走了。万医生说,不送你了。
>
> 我在他家,总共只一个多小时。谈话的时候,我和万医生坐在沙发上,方医生坐在对面的凳子上。

调查组并不轻信虞国夫一面之词,又分别审问了方兆麟和万廷钰,口供相符,这才排除了虞国夫是"同案犯"的嫌疑。

不过,虞国夫在谈到万医生为他介绍女朋友时,另一个介绍人为"上电医院龚医生"。看来,龚医生跟方家关系密切。调查组对于这条缝,又要查一查!

大胆推理之三:替人做媒招致立案审查!

"上电医院龚医生",调查组一查就查明了:上海电业职工医院麻醉护士龚雅琴,女,40岁。

调查组火速赶往上海电业职工医院,与龚雅琴短兵相接。

初次外调,调查组便发现,龚雅琴确实跟方氏夫妇关系密切。

与方兆麟的关系——龚雅琴早在1953年入中山医院进修麻醉业务时,就认识方兆麟。1973年8月,龚雅琴调往上电医院之后,一直把方兆麟当作"业务靠山",遇到疑难便向方兆麟请教。

与万廷钰的关系——龚雅琴1953年进中山医院时,万廷钰是开刀间护士,彼此相识。这些年,一直有来往。1974年2月,龚和万曾一起到长宁电影院看电影。为了替虞国夫做媒,又和万一起陪虞及其女友到人民电影院看电影。

在调查组的眼中,"关系密切"成了"同案犯"的嫌疑。

龚雅琴比虞国夫更不幸。虞国夫送了两条大黄鱼,遭到审查,而龚雅琴替虞国夫作伐,竟被调查组立案审查!

在调查组的绝密档案中,有一厚册便是龚雅琴立案审查材料,总共收入33份材料!

翻开案卷,首页标题,赫然入目:《关于对张佩瑛同志死亡事件的嫌疑对象龚雅琴的审查结案报告》!

报告居然振振有词地开列了三条"审查理由":

一、发现龚雅琴在张佩瑛同志死亡事件前后与方兆麟及方妻万廷钰来往密切,活动频繁。

二、据揭发方兆麟的材料提供:"怀疑方兆麟于3月29日晚(事故前一天)九时左右,骑自行车往淮海中路方向行驶。"龚家也住在淮海中路×××弄××号。

三、龚及其夫有参与作案的阶级基础和思想基础。

鉴于上述理由,认为有必要对龚雅琴的政治面貌、龚雅琴在"张死事件"中所起的作用进行调查。

咄咄逼人的口气,几乎欲置无辜的龚雅琴于死地!

调查组居然开列了龚雅琴的"五大问题",查她,查她的丈夫,查她的父母……

限于篇幅,本书无法一一例举调查组对那"五大问题"的种种审查,这里仅以调查龚雅琴在"张死事件"前后与方兆麟的联系为例,便可见调查组曾花费了多少气力!

调查组不厌其烦地"考证"了龚雅琴在"张死事件"前一天及当日的活动:"3月29日,龚雅琴上午在手术室,做腭裂手术。下午在科内业务学习。晚,科内政治学习。然后值夜班。没有发现调班或有人代班等情况。也没有发现龚雅琴与院外有电话联系。"

以上情况,有五份旁证,一份本人交代,还附上电医院工作人员值班表:"3月30日,龚雅琴在上午和本院外科医生、内科医生一起到瑞金医院观看阑尾针刺麻醉手术，11时结束。下午在本院参加一例头皮再植手术，五时离院。"

又是三人旁证，本人交代。

最为详细的调查，要算"考证"龚雅琴何时获知"张死"消息。

据龚雅琴本人交代，她是在4月8日，亦即"张死"之后第九天，才得知这一消息的。

调查组认定，龚雅琴在耍花招！因为"龚及其夫有参与作案的阶级基础和思想基础"，有着"同案犯"的极大嫌疑，怎么可能直到"张死"之后第九天才知道的呢？

里里外外地查，一个一个地问，调查组把上电医院搞得人心惶惶。

卖身求荣者虽有，但毕竟不多，上电医院的医师、护士们，在审查面前不说假，不诬陷加害于人，使调查组抓不住任何把柄，不得不写出如此曲折、如此烦琐的查证：

标题——《龚雅琴如何获得方兆麟出事的消息》。

查证——"据查，在上电医院内第一个说方兆麟出事故的消息，是医务组副组长邵幼善。他的消息来源是通过其子邵元麟在瑞金医院外科进修的机会，从那里听到后，向其父转告的。4月8日，邵幼善进手术室时，将方兆麟出事故的消息又告诉护士赵影，要她在麻醉用药时多加小心。当时还提到，'不要给龚雅琴听见'。同时在场的有外科主任黄士勤等。同一天，黄士勤遇见龚雅琴就问：'是否知道方兆麟出事？'龚雅琴一呆，回答：'没有听说。'黄士勤就把从邵幼善那里听来的情况告诉龚雅琴，并说明是'听邵幼善讲的'。"

附件——（1）外科主任黄士勤旁证；（2）手术室赵影旁证；（3）邵幼善之子邵元麟旁证；（4）方兆麟交代；（5）万延钰交代；（6）龚雅琴交代。

就这样，一个与"张死事件"风马牛不相干的女护士龚雅琴，遭到无端"立案审查"！

调查组的成员们忙得"废寝忘食"。像他们如此这般的荒唐调查，即便是福尔摩斯，恐怕也会累得倒下！

大胆推理之四：妻子是丈夫的"同谋"！

关于龚雅琴的"立案审查"理由之二中提到，据揭发，"怀疑方兆麟于3月29日晚九时左右，骑自行车往淮海中路方向行驶"。在调查组的眼里，这是极端重要的"敌情"！

须知，方兆麟在"蓄意谋害"张佩瑛的前夜，骑着自行车外出，必定是进行"预谋"！尤其是晚九时左右还骑车外出，行踪蹊跷，值得打上个大问号。

龚雅琴家不巧正住在淮海中路，受到牵连。方兆麟的妻子万廷钰，竟也受此连累。

本来，"一人做事一人当"，夫是夫，妻是妻。在那种无法无天的年月，方兆麟成为"政治谋杀犯"，理所当然，妻子万廷钰成了嫌疑最大的"同谋"。调查组对万廷钰进行"立案审查"，其中重要的一条理由，便是万廷钰在"张死"前夜于上海耳鼻喉医院值班，而这家医院正巧在"淮海中路方向"！

调查组调查了万廷钰开出的处方、病人病假单，查阅了病人病历，证实"张死"前夜，万廷钰确实在上海耳鼻喉医院值夜班。如果方兆麟在夜9点去医院找她，那必定与她商量第二天如何作案。

马上有人反映,方兆麟在夜里来过耳鼻喉医院,给万廷钰送过东西!

"重大线索!追!"调查组死死抓住这一问题,要万廷钰"交待"。

妻子蒙受不白之冤。在绝密档案中,有一厚本《万廷钰谈话记录》。仅1974年6月24日至9月11日不到三个月内,调查组便审问万延钰达23次之多。每一次审问,都作了详细记录。其中有一次审问记录,竟达19页!

妻子一下子就瘦了三十多斤!

其实,在"张死"前夜,万廷钰自早上8点至下午2点,在医院值班,中午未回家,未与方兆麟见过面。而那天下午方兆麟在中山医院,从晚6时至夜9时,在一医党委办公室出席针刺麻醉会议。万延钰则从晚7时至次日晨8时在耳鼻喉医院值班。妻子根本没有与丈夫照面,毫无"预谋"的"迹象"。

可是,调查组一口咬定,有人见到方兆麟连夜去过耳鼻喉医院,送过东西。

"方兆麟真的来过吗?他送过东西,送什么东西?"妻子苦苦思索,回忆。

幸亏她的大脑记忆仓库之中,还储存着方兆麟送蛋糕的印象。

记起来了记起来了,她终于写出了"交待",标题就叫《关于方兆麟到医院里送蛋糕一事》:

"今年2月6日前后,有一天晚上,我在汾阳路耳鼻喉医院值急诊夜班(晚上7点至次日晨8点)。7时许,我女儿来医院洗澡,洗完澡到急诊室来梳头,约8时回家。到家后洗衣服,发现一只塑料梳子不见了,便对方兆麟说:'我刚才在妈妈急诊室里还梳头了,不知会不会丢在急诊室?'方兆麟说:'要不要去找一找?'方兆麟拿起饭盒,装了一个蛋糕,放在网袋里,骑自行车来医院……"

纯属家庭琐事,只是阴差阳错,被调查组误接镜头,接到了"张死"前夜!

调查组向万延钰的同事调查,向万延钰的女儿调查,又要方兆麟多次交待,直至确证"送蛋糕"不在"张死"前夜。

万延钰无端遭到审查还不算,甚至牵连到她的父母、叔叔和其他亲友。调查组到处查"缝"找"洞",随意整人,大有株连九族的势头。

大胆推理之五:姐夫几乎成为"杀人凶手"!

调查组从万廷钰身上没有查到"政治陷害"的证据,依然紧抓方兆麟"骑自行车往淮海中路方向行驶"这一"重大线索"不放。

他们把方家住在淮海中路一带的亲友名单、地址,都一一开列出来。

方兆麟的二姐方秀梅、二姐夫李精武住在淮海中路×××号××室,一下子就引起了查组的注意。

真是天下奇闻,光凭家住淮海中路,李精武、方秀梅便成了"立案审查"对象!

这一查,不得了,从李精武身上撬开了一条缝,差一点把他打成"杀人凶手"!

我翻阅着厚厚的《关于对张佩瑛同志死亡事件的嫌疑对象李精武审查报告》,整个案卷收入37份审查材料。我一边看着,一边暗暗替李精武捏了一把汗。

真是无巧不成书,就在方兆麟被诬为"谋杀"张佩瑛之际,调查组查出了李精武"谋杀"华汾的重要"证据"。虽说张佩瑛之死与华汾之死毫不相干，但是，调查组的"阶级斗争觉悟"甚高，马上作了"推理"：李精武"谋杀"了华汾，势必会参与"谋杀"张佩瑛！

调查组在"立案依据"上，便明确写着："为查清李精武是否参与谋杀张佩瑛同志的嫌疑问题，特立案对李精武进行审查。"白纸黑字，清清楚楚！

"谋杀"，何等惊心动魄的字眼，怎么会落到李精武头上？

李精武，上海某中学数学教师。华汾，女，身材高大，与李精武同校，也是数学教师。

李精武怎么会"谋杀"同事华汾呢？

又是"有人反映"！虽然案卷上清楚地写明反映者的姓名，本书暂且略去。此人说得有声有色：1967年4月19日下午，华汾来到李精武家。李精武一边请她喝茶，一边谈着。李与华在"文革"初期，本属一派群众组织，后来产生分歧。华汾到李家，劝说李精武不要分裂。华汾喝了李精武的茶，回到家中，突然发病，急送上海市第六人民医院。翌日凌晨，华汾身亡。死者浑身青紫。

这句"死者浑身青紫"，使调查组顿时联想到张佩瑛死时也浑身青紫。他们猜测，李精武会不会是"主谋"，以同样的"毒药"毒死了华汾和张佩瑛？

这是"重大发现"，这是"重要线索"，李精武差一点被押上断头台！

千幸万幸，面对如此重大的"嫌疑"，许多被调查者根据事实说真话——如果有人落井下石的话，李精武就不堪设想了！

上海市第六人民医院董兴康医师，当年曾负责抢救华汾。董兴康医师明确指出，华汾死于高血压脑溢血，绝非被人谋害致死。华汾个性好强，除了向要好同事讲起过自己有妇女病之外，从未谈及高血压症，加上她身材高大，于是给人以身体健壮的印象。其实，据病历记载，她怀孕时便查出血压极高。她的父亲高血压，亲戚中也有不少患高血压。她自己也时有心跳过快、头昏的感觉，甚至曾突然晕倒在地。根据这些情况，可断定华汾死于高血压脑溢血。

上海市公安局法医室则解释了"死者浑身青紫"的原因：华汾死于凌晨，而同事们来看她遗体已是上午，她已死亡多时，遗体当然会发青发紫。

调查组以丰富的想象力，对李精武提出新的怀疑：可能李精武已事先知道华汾患高血压症，于是在茶水中加了一种药物，使华份的血压猛然升高，达到"谋杀"的目的。

上海市公安局法医处和上海药品检验所的答复，既严肃，又幽默：在我们多年的工作中，从未发现用药使血压上升导致死亡的谋杀案件！

科学从不与荒唐为伍。铁的事实，无情地嘲弄了那个草包调查组。

在李精武身上，他们本以为可以撬开一条大缝，无奈，撬断了棍子，白费力气！

我看罢李精武案卷，不由得替他庆幸：他总算没有被那个发疯了的调查组置于死地。

大胆推理之六：大哥成了"帮凶"！

祸水殃及方兆麟的大哥方兆祥。

方兆祥最初引起调查组的注意，是因为他和妻子孙用余在"张死"之前，于3月27日、28日两次来到弟弟方兆麟家。

兄弟之间，有来有往，本乃人之常情。何况大哥、大嫂两次来访，是因为大嫂孙用余准备到中山医院作乳房切除手术。既然弟弟方兆麟是中山医院医生，找他了解一些手术情况，更是极为正常的来往。

不料，调查组把这也作为"重要动向"：早不来，晚不来，为什么在"张死"之前频频而来？何况夫妻双双同来，必有阴谋！

显然，这又是一条"缝"。"查！"调查组扑向方兆祥的工作单位——上海制药二厂。

说实在的，大哥方兆祥身上，可以说既无"缝"，又无"洞"：他，生于1912年。1944年毕业于上海交通大学理学院化学系。1954年入党。1956年被评为上海市劳动模范。历任生产技术科长、副厂长、总工程师。即使在"文革"中，他也未受到大的冲击，仍任上海制药二厂厂革委会常委、技术组负责人。

调查组不管三七二十一，一到该厂，就查方兆祥的干部档案。方兆祥的历史清清楚楚，打不上什么问号。

陡地，方兆祥自传上一句极其平常的话，被调查组那灵敏的嗅觉闻出了问题："1956年左右，在五洲制药厂工作时，曾与开明化学厂朱先生联合试制过笑气。"

好家伙，你原来试制过笑气！你一定深知笑气的性能。你弟弟正是用笑气毒死张佩瑛——你显然是"帮凶"，甚至可能是"主犯"！

兴奋，以至近乎发狂。调查组以为能从方兆祥的自传中，找出如此重要破案线索，陷入极度的亢奋之中。

于是，调查组挥笔疾书，写下了对方兆祥"立案审查依据"："方兆祥系张佩瑛同志死亡事件肇事者方兆麟之大哥……方兆祥在出事前后，与方兆麟接触往来频繁。又，方兆祥于1956年曾在五洲药厂工作过，参加笑气试制工作。我们根据上述情况，结合其复杂的社会关系、海外关系等问题，为弄清其是否参与谋害张佩瑛同志，于1974年5月28日开始对其进行立案审查。"

最使人惊心触目的是，报告中有这样一段话："以预谋来分析，方兆祥是掌握笑气的性能的，而且在方兆麟出事前的3月27日、28日连续两次到方兆麟家。又据万廷钰交代，出事后的3月31日方兆祥夫妇也来过。他们很有可能在笑气瓶中加进其他药物而促进死亡，需要作进一步调查……"

如果调查组的这"推理"得到"证实"，非但方兆麟要判处死罪，而且方兆祥也人头难保。

调查组又开始"求证"这样欲置人死地的命题。

他们详尽调查了方兆祥当年参加试制笑气的过程。

笑气其实是俗名，化学学名叫"一氧化二氮"，是无色而微臭的气体。早在1799年，英国化学家戴维首先发现，人一旦吸入这种气体，就会忍俊不禁，狂笑不已。他曾一边吸入少量笑气，一边疯疯癫癫地在实验室里跳舞。

很偶然，有一次戴维牙痛，吸了点笑气就不痛了。从此，笑气成了牙科医师常用的麻醉剂。后来，越用越普遍，成为外科手术中常用的气体麻醉剂。

这种使人笑、使人醉的奇妙气体，一直依赖从国外进口，我国不会生产。上海电影制片厂厂医郭星孙,是一位兴趣非常广泛的人。除了行医之外,也喜欢骑摩托车、打猎,还爱做点化学实验。他居然把家里一间亭子间作为化学实验室,自己动手,制成了笑气。为此《人民日报》在1954年11月作了报道。

这篇报道发表之后,引起了多方面的注意:

上海第一医学院吴珏教授表示愿意合作,把郭星孙的笑气用于临床。

上海市公安局消防处读报后大惊,因为笑气易燃,会惹出火灾,就发出通知,禁止郭星孙在亭子间里试制。

上海制药专业公司来找郭星孙,希望转让技术,由他们投入生产。

调查组从上海第五制药厂的技术资料中,花费九牛二虎之力,终于查到当年试制笑气的技术档案:

(科NO.5)

试制笑气(N_2O,Nitrous Oxide)

日期:1956年1月25日至4月25日。

地点:租借上海虹桥路九六一弄四号企中化学社之一幢红砖房(经市公安局消防处同意试制三个月)。

组织领导:上海市制药专业公司。

技术小组名单:

组长——高福为(五洲药厂总工程师)。

副组长兼顾问——郭星孙医师。

组员——朱吟龙(开明化学工业社负责人),倪关清(企中化学工业社负责人),方兆祥(五洲药厂生产技术和科长),傅伍尧(五洲药厂总工程师),吴珏,章开平。

产量——每月七十公斤,总共生产二百公斤

……

这份历史性技术文件,清楚地表明,方兆祥是我国第一批笑气的试制者之一。

这本是方兆祥对中国制药工业的贡献。不料,这种笑、醉兼具的古怪气体,跟方兆祥开了一个不小的玩笑。18年后,竟发生如此的巧合:张佩瑛死于国产的笑气,而麻醉师恰恰是方兆祥之弟!

于是,他的贡献,反成了罪孽!

我国的笑气生产,自"文革"开始,便停止了。方兆麟所用的笑气,是上海天星化工厂生产的,在中山医院的仓库中已沉睡了十几年。"文革"中,麻醉手术几乎不用笑气。只是考虑到张佩瑛是张春桥的妹妹,方兆麟才动用了库存不多的笑气。不料,也正因为多年不用笑气,叶医师把笑气瓶装错了,方医师也未能发觉,以致酿成医疗事故:笑气只起麻醉作用,不能帮助呼吸。当面罩中充满了笑气,患者即窒息而亡。

笑气,给方氏兄弟带来的不是笑,而是泪水和苦汁。

不过，尽管已经查明方兆祥曾试制笑气，也熟知笑气性能，却无法凭这一点给他定罪——调查组并没有查到方兆祥"预谋杀害"张佩瑛的任何证据。

调查组空欢喜了一场。最初，他们仿佛吸足了笑气一般狂热，而清醒之后却意识到毫无所获！

大胆推理之七：大嫂和表姐夫受审！

调查组在方兆麟的大哥方兆祥身上找不到"缝"，把目光转向大嫂孙用余。

孙用余的身世，仿佛跟调查组开了个小小的玩笑。她身上的"缝"实在太多，弄得调查组无所适从，不知该从哪里下手。倘若有缝"就查"的话，调查组的成员再增加几倍，恐怕也不够用！

他们一查阅孙用余的档案，就感到颇为棘手，因为她的父亲是大名鼎鼎的孙宝琦！

1956年11月22日的《新民晚报》，曾这样介绍过孙宝琦先生：

"清朝时他做过大学士，做过驻俄、比、法、德、奥五国公使。辛亥革命时，他正做山东巡抚，曾一度独立。在北洋政府里，他做过总长、国务院总理……"

孙用余有着这样的父亲，在调查组看来，当然是一条大"缝"。

然而，孙用余有五个母亲、16个姐妹（她排行15）和八个兄弟。这24个兄弟姐妹，有着各种各样的"缝"。如果再加上数十个侄子、侄女、外甥、外甥女，都要查一查的话，调查组纵有三头六臂，也忙不过来。

调查组对孙用余审查了一阵，实在查不了那么多的"缝"，只得不了了之！

至于方兆麟的表姐夫钱宇人受到审查，说来也是一条奇闻：竟是因钱宇人的儿子钱大复的一张照片引起的！

那是在钱宇人家中，玻璃板下，压着儿子的一张照片：头戴耳机，手按电键，"桌上有类似发报机般的东西"！

顿时，调查组的神经又兴奋起来。因为他们曾查过方兆麟家的"嘀、嘀、嘀"问题，查不出什么名堂，如今钱宇人的儿子居然在"嘀、嘀、嘀"，岂能轻易放过！

调查组立即作如下"推理"：方兆麟"谋杀"张佩瑛，受命于"帝、修、反"，而他与国外的联系，是通过表姐夫的儿子收报、发报！

于是，自1974年7月19日起，对钱宇人立案审查。

除了查政史、查海外关系、查钱宇人与方兆麟的关系等六大问题之外，重点放在查他的儿子的收发报机。

一查，儿子钱大复真的有收发报机！

然而，当调查组追查到钱大复所在的学校里，老师却如实地说明了如下情况：

"钱大复同学练习收报、发报，是本校规定的国防训练项目。除了他以外，许多同学也要进行这一训练。钱大复同学的电讯器材，是本校打了证明，让他到旧货商店买的。"

调查组跟踪追击，查到旧货商店，果真查到学校为钱大复所开的证明。

唉，东奔西查，调查组又是竹篮子打水一场空！

其实，倘若让福尔摩斯来查此案，恐怕就省劲得多，根本用不着对钱宇人进行立案审查。福尔摩斯显然会说:"倘若他的儿子是特务,他怎么会把收发报的照片公然压在玻璃板下!"

何等荒诞、可笑的"立案审查",调查组的先生们大约忙糊涂了吧!

调查组忙呐。

调查组忙得很呐。

查了不知多少条"缝",钻了不知多少个"洞"。

风尘仆仆,夜以继日,秘密调查组肩负着"中央首长"的重托,真是"一不怕苦,二不怕死",真是"刀山敢上,火海敢闯"。

仅上海一地,调查组审查所及,达四局二区,即化工、仪表、邮电、轻工四局,卢弯、普陀二区。

此外,外调还涉及北京、内蒙古、新疆、广西、四川、云南、江苏等省市。

查了方兆麟,立案审查了方兆麟的妻子、大哥、大嫂、二姐、二姐夫、表姐夫及表姐夫之子,查了起重工虞国夫、护士龚雅琴。

还立案审查了方兆麟的四弟方兆强,弟媳许风珊;审查了方兆麟和万廷钰的许多亲属、同事、朋友。

就连出事的那天清早,一个从苏北来沪的人,偶然在中山医院门口跟方兆麟说了几句话,也"有人反映",结果,那个人受到审查!

更有甚者,长途台的一位接线员,在长途电话中常常听见关于方兆麟的事,偶尔向中山医院总机问了句"你们医院那位麻醉医生怎么样了",居然也被调查组查到了,受到审查!

听说调查组如此"忠心耿耿",如此"认真负责","不放过一个疑点,不漏掉一条线索",王秀珍眉开眼笑,得意了:"这个案子,如果交给公安局去搞,我看就搞不出来!"

她对调查组不断打气:"你们要继续全力以赴,查清问题,不要难为春桥、洪文同志了!"

不过,调查组也非铁板一块,其中有死心塌地替张春桥卖命的,也有不以为然的。

调查组的一位成员实在看不下去,写信给徐景贤,指出:"至今,我没有发现方兆麟有蓄意谋害的事。现在调查组拼命从这一方面去查,恐怕不妥。"

徐景贤把这一意见转告王秀珍。

王秀珍哪里听得进。她说,她到张春桥家看过了,张春桥在写给儿子的信中讲,张佩瑛是在两条路线的斗争中牺牲的!

Q一听说张春桥发话了,顿时查得更凶、更起劲了,非欲置方兆麟于死地而后快,以求报效于张春桥。

大胆推理之八:追查柯庆施之死。

说实在的,不论是查打字机,还是查送蛋糕,查来查去,查不倒方兆麟,无法把医疗事故"推理"为"政治谋害"。方兆麟是"主犯",此人不倒,全案难破。

调查组把注意力集中到方兆麟身上。

在这个节骨眼上,有人密告"特级情报",说得有鼻子有眼:柯庆施是方兆麟害死的!

柯庆施是在方兆麟打了一针硫苯妥钠之后死去的！这次，张佩瑛也是在方兆麟打了一针硫苯妥钠之后死去的！

诬告，也需要某种"才能"——把假的说成比真的还真。"有人反映"说，最值得注意的是，方兆麟给柯庆施所打的那一针硫苯妥钠，是他从家里带到成都去的，而那一瓶硫苯妥钠是他的哥哥方兆祥厂里生产的！

何等耸人听闻！似乎方兆麟以相同的手法害死了柯庆施和张佩瑛，而他的大哥方兆祥一直是"帮凶"！

还有人"反映"：在张凤瑛死后，为了查验所用的硫苯妥钠是否混入毒物，曾寻找过那支硫苯妥钠空瓶。可是，查遍手术室，未能找到，最后在洗手间地上找到。一定是方兆麟有意藏匿罪证——他给柯庆施也打硫苯妥钠。

这一"特级情报"非同小可。比起张佩瑛来，柯庆施要大得多了。柯庆施是中共中央委员、中央政治局委员、国务院副总理、中共中央华东局第一书记、南京军区第一政治委员、中共上海市委第一书记、上海市市长。在"文革"中，报上提及柯庆施，总要冠以如此亲切的称呼——"毛主席的好学生柯庆施同志"。

调查组一旦能够查明方兆麟是"谋害"柯庆施的"凶手"，不用说方兆麟必死无疑，而调查组会立一大功，震动全国，个个飞黄腾达。

然而，这却是一个高难度的命题。

调查组查访了参加抢救柯庆施工作的医务人员。这些医务人员不怕压力，忠于事实，写下一份份外调材料，证明方兆麟无罪，使调查组找不出一条"缝"。

其中以华东医院院长、抢救柯庆施医疗小组负责人薛邦琪写的材料最清楚、最有力，也最富有权威性：

……柯庆施夫人反映柯庆施非常烦躁，我和林、董、陶、崔等医师商量以后，考虑用硫苯妥钠，并提出请方兆麟参加讨论。方兆麟来后，我请他考虑用硫苯妥钠是否安全有效。方兆麟说："小剂量是安全的。"于是，决定用此药。药由方兆麟和胡允平一起配制。方兆麟说，用小儿科剂量。配制时还戴口罩。配好药，由陶、方、我、胡一起进入柯庆施卧室。方兆麟打针，我们看着。他打得很慢。打完以后，病人打呼噜了。观察了一会，感到很好，方兆麟就退出。我一直在柯庆施身旁。约半小时后，柯庆施手脚动了一下，但人未醒……柯庆施死后，我们在成都分析死因，对利用硫苯妥钠认为没有什么关系。因为打了硫苯妥钠后，人会动，呼之也能答应，话也会说。

讨论由吴阶平主持。

调查组本来把柯庆施之死当作王牌，不料调查一番之后，方兆麟依然打不倒。

大胆推理之九：查出"后台"王维国！

调查组的小楼里，烟雾缭绕。烟灰缸里的烟头，跟双眉紧锁的调查组成员所绞的脑汁成正比。

桌上，摊着那封他们不知读了多少遍的徐景贤转来的密告信。

蓦地，其中的一段使他们产生灵感："我们感到，如果张佩瑛同志死亡是一次政治陷害事件，问题就要想得复杂一些。可能不只是方兆麟一个人的问题。中山医院现任总支书记Fe是空四军的……"

哦，"空四军"，意味着什么？

调查组飞快地联想到空四军头目王维国！

王维国，林彪死党也。中山医院的军宣队，是空四军派出的。调查组把空四军跟王维国画上了等号。尽管在"九一三"事件之后，王维国早已锒铛入狱，何况空四军的广大指战员并非"王家班子"。但是，调查组却把张佩瑛事件跟"十次路线斗争"联系起来，跟王维国联系起来，跟空四军联系起来，追查方兆麟的"后台"。

这么一联系，这么一追查，又产生一连串奇奇怪怪的"精彩"故事。

奇怪故事之一："中山血库存有张春桥血型"！

这句话，是调查组查阅中山医院会议记录时，查到的一句没头没脑的话。

调查组如获至宝，立即上报"康办"。很快的，张春桥也知道了这一重要消息。

这句话，其实颇为令人费解："中山血库存有张春桥血型"，是张春桥过去到中山医院验过血，所以那里有张春桥是什么血型的记录。如果这样的话，有什么可大惊小怪？知道了张春桥的血型是什么，这又有什么了不起？

不，不，调查组一追查，查到了"空四军"头上，觉得问题的性质越发严重了。因为调查组核对了几份会议记录，发觉那句没头没脑的话是记录者偷懒而省略的，全文应为："1971年11月，妇产科军宣队副组长S交代：'支左办公室知道，中山医院有张春桥同志的血型材料。'"

是呀，问题怎么会不严重：空四军的"支左办公室"从中山医院知道了张春桥的血型材料，可见中山医院的路线斗争、阶级斗争情况多么复杂，怪不得会发生"谋害"张春桥之妹事件！

查！这样重大的问题，岂可放过？

带着"敌情观念"，开调查会，查线索，查来查去，这才查明：原来，在1967年国庆节前后，华东化工学院的学生Y和Z，参加了上海"炮打张春桥"事件。后来，受到追查。他们把一份材料交给一医的一个学生。那个学生后来在中山医院血库工作，便把材料藏在血库里……

辗转传言，犹如通过一面面哈哈镜似的，使事实完全走样、变形，以至成了"中山血库存有张春桥血型"！

查了半天，跟方兆麟无关，跟空四军无关，跟张佩瑛死亡事件无关，只得作罢。

奇怪故事之二：王维国派人侦察张佩瑛住处地形。

这件事当然非同小可。王维国派人侦察张佩瑛家的地形，意味着什么，那是不言而喻的。这件事也意味着："谋杀"张佩瑛，由来已久。方兆麟的"后台"，就是王维国！

然而，这又是一个辗转"翻印"、完全走样了的故事。

那是在1971年7月，张佩瑛因乳房出现肿块，在中山医院开刀之后，住在12病房。一天,张春桥之妻文静来到病房探望,被军宣队得知。于是,军宣队向上汇报,很快传入王维国的耳朵。

8月中旬,张佩瑛出院,在家休养。

一辆浅灰色的华沙牌小轿车,驶过大世界时,停了下来。车上坐着三个军人,两男一女。他们商量了一下,在食品店里买了两瓶橘子水。

轿车驶入高安路。三位军人步入张佩瑛家。他们放下橘子水,说道:"首长对你的病很关心,他特地派我们前来看望。"不言而喻,这"首长"是王维国。

那位女军人,乃空四军模范军医。她说出了首长的意思:"空四军医院的医疗条件好,欢迎你到那边住院!"

客套一番,小轿车扬长而去。

这就是"侦察地形"的经过!

其实,这只是一次"友好访问",联络感情而已。王维国听说派去的使者,竟然只买了两瓶橘子水为礼,曾大发脾气,责怪他们太寒酸!

至于"侦察地形",用得着派三个人坐小轿车去惊动张佩瑛?这是极普通的军事常识。然而,调查组偏爱上纲上线,故弄玄虚。

不过,有一件事,倒是千真万确。经调查组汇报之后,曾使张春桥暗暗吃惊:王维国曾秘密调看了张佩瑛的档案,不仅从中知道了张佩瑛过去曾隐瞒政历、虚报学历、风流韵事等等,而且知道了张春桥父母张开益、宋蕙卿的种种情况。

从此,张佩瑛的干部档案被张春桥下令封存、调走,不许任何人查看!

于是,中山医院党支书记Fe受到了调查组秘密审查。

上挂下联,审查面越来越宽,打击面越来越大。

王洪文重申"此案要严肃处理"

绝密档案里的一份《情况汇报》:

"1974年6月24日上午7时半左右,实验室工作人员发现放在工作服袋里的钥匙不见了,到处寻找。这时,方兆麟声称在上厕所时,在那里地上拿把钥匙,交了出来。

"经追查,昨天下午五时左右,方兆麟上厕所时,从挂在门后白大褂的衣袋中,拿走实验室的钥匙,偷偷放在洗澡间门框上方。准备要寻死时,用钥匙打开实验室煤气间,以煤气自杀……"

方兆麟被关押在中山医院的动物室里,欲死未成。

十几天后,一辆越野车把他送往上海西郊哈密路,投入秘密监狱。

那里是一幢幢花园洋房,谁也没想到竟是秘密关押重要犯人的所在。

单独隔离。看守透过门上的小洞,随时监视着方兆麟的一举一动。

偶然,他在每天十分钟的放风时间里,有一次看见一个女人走进他对面的监房。

又很偶然,从对面房间传出的审讯声中,他得知那女人是林彪死党王维国的妻子。

他明白,他落到什么地步——他确确实实成了要犯!

11次,12次,……17次,18次……调查组一次又一次前来审人。今天审讯这个问题,明天审讯那个问题。

他们仿佛要用显微镜把他全身的每一个毛孔都查一遍!

调查组向他提出一个又一个奇怪的问题:

"你上中学的时候,骑的那辆英国力士牌自行车,从哪儿来的?你跟英国有什么关系?"

唉,他还吃过美国奶粉,用过日本牙膏,穿过印度绸、苏联布,调查组怎么忘了调查?

"你家厕所的灯,为什么一会儿红,一会儿绿?那是什么信号?"

唉,厕所里点的是一盏经济灯,本来用红色灯管的,坏了以后换上绿色灯管,难道这也是"特务活动"?

……

面对神经质的调查组,方兆麟的神经也被扰乱得有点不正常了?

他被投入秘密监狱,急坏了妻子万廷钰。如果不是因为家中有三个孩子需要照料,妻子也要遭到囚押。

妻子不知丈夫在何方,甚至不知他是否还在人间。

最令人寒心的是:调查组要方兆麟揭发万廷钰,要万廷钰揭发方兆麟。

调查组在方兆麟家安排了秘密监视者。谁来万家,什么时候来,什么时候走,一一记录在案。一有要紧情报,用电话通知调查组。

叶景馨在妇产科医院,大会批,小会斗,白头发骤然增加,她从18岁起做护士,29年来,从未受过这样的屈辱。

在"大揭大议"中,调查组又查出"张死事件"绝不是"孤立"的:在"张死"之前,护士葛微君为张注射庆大霉素,"发生损伤下肢神经,造成活动障碍事故";护士范宏茅为张灌肠,"发生烫伤黏膜事故"……于是,这两位护士被免去护士职务,一直做勤杂工……

"张春桥妹妹之死事件"波及面越来越广,调子越喊越高。在秘密档案中,有一份华山医院的情况反映材料,内中写道:

"在华山医院,要在揭医疗事故,大抓医务人员中的事故、差错,这是一场'反复辟、反倒退'的斗争。

"事故不仅医生有,护士有,公务人员有,行政人员有,连食堂炊事人员也有,到处都有!

"要大抓,狠抓,大揭,大批,坚决斗坚决批。"

弄得医务界人人自危,处处弥漫着"阶级斗争"的火药味。

面对调查组的淫威、高压,方兆麟始终没有承认过"谋害"张佩瑛。

他写下了这样的话:

调查组的同志们:

我再一次表白,在张佩瑛死亡事故上,我绝对没有故意去陷害她。请审查……

他写了申辩信给徐景贤——因为他在为高干治病中认识徐景贤,托调查组转交。

调查组冷笑了:"你写信给徐景贤?告诉你,我们就是他派来的!"

原来如此!

调查组深知方兆麟认识的高干颇多,生怕他还给别的高干写信,搞了个突然袭击——搜查隔离室。

他们查到了方兆麟写给妻子的一封无法寄出,近乎遗嘱的信——

钰:

  我没有故意去陷害张佩瑛同志,这是肯定的。处理是组织上的事。

  要注意身体。对不起您。

  孩子设法培养大,为党为人民多做些工作。

  有困难找兄姐帮忙一下。

  我办公室右手抽斗信封中,有一百三十元,是我平时积下的(钥匙在学习班处,大麻醉科柜子短白大衣里。)

  把业务书和杂志都卖掉罢!剩一些政治书就行。

兆麟

一双擦得乌亮的皮鞋,在地毯上缓缓来回移动。秃亮肥硕的脑袋耷拉着,陷入沉思。马天水一言未发。

徐景贤歪着脑袋。

王秀珍竖着浓眉。

眼看着张佩瑛去世一周年的日子即将来临,调查组忙碌了快一年,仍未查到方兆麟"谋杀"、"政治陷害"、"阶级报复"的证据。照此下去,怎么向张春桥交代?

"康办"、"马徐王"又一次召见那个秘密调查组的头目。

他们在密谋:纵然查不到"精心策划谋害张佩瑛的证据,也要给方兆麟判刑!然而,判几年呢?

听完调查组的汇报,过了半响,徐景贤终于开口了:"看这个情况,判个七、八年吧!"

王秀珍一听,摇头道:"照我看,判十年徒刑也不算多!"

徐景贤马上把难题转移到马天水那儿,说道:"马老你以为怎样?由您定吧!"

马天水不吭声,面有难色:判少了,得罪了张春桥,非同小可;判多了,将来医务界再出医疗事故,就不好处理了。

马天水踱着方步,慢吞吞地从牙缝中挤出一个个字眼:"情节是恶劣的,问题是严重的……"

沉默。

照理,下文该是说说判多少年了。不料,老奸巨猾的马天水,没有明确说出自己的意见,却道:"如何处理,你们打个正式报告,提个建议,我们再研究,然后送法院判决。"

这么一来,判刑的事,要转往法院。

一听说要转法院,消息马上传到张春桥那里。很快,通过家属之口,说出了两条意见:"第一,此案绝对保密;第二,判刑后方兆麟要单独关押。"

既然要"绝对保密",法院不能看调查组的调查材料,怎么给方兆麟判刑?

至于单独关押,法院也以为很难办到。

于是,判刑之事就拖了下来。方兆麟被无限期地关押在秘密监狱之中。

调查组经过一年的秘密调查,终于定出了"结案报告",虽然开列了方兆麟的一系列"罪状",但是毕竟无法证实王洪文在"张死事件"发生时所写的"批示":"这是阶级报复,是阶级斗争的表现,是反革命的破坏。"

结案报告送到王洪文、张春桥、姚文元手中。

调查组等得心焦——"中央首长"对结案报告不作表态。

1975年7月,姚文元来到上海。马天水向他当面"汇报"了张佩瑛案件及调查组的调查情况,姚文元只是听着,不作明确答复。

8月,王洪文来到上海。"马徐王"一起赶去,向王洪文当面"汇报"、"请示"如何处理方兆麟?王洪文气呼呼地说:"对此案要严肃处理!"

就在"马徐王"按照王洪文的"指示",要严惩方兆麟的时候,一件意想不到的事情发生了。

周总理当面质问张春桥

1975年11月7日,被关押了18个月零四天的方兆麟医师,突然接到看守的通知:收拾东西!

方兆麟一边迈着浮肿的双脚,开始收拾行李,一边心中疑惑,不知是要拉去枪毙还是转移到别的监狱。

万万想不到,一辆汽车来了,竟把他送回家。他,见到了久别、消瘦的妻子,见到了大女儿和他心爱的那对双胞胎!悲喜交集,他仿佛身在梦中。

虽然在他获释之际,看守板着铁面孔对他宣布:"出去,不等于解放!你要继续交代罪行!"然而,此时此刻,他毕竟与亲人团聚了,毕竟自由了。

三天之后,方兆麟被送往位于上海郊县奉贤的上海市卫生系统"五七"干校。在那里,他虽然连一名"五七"战士的资格都够不上,被迫"边劳动,边交代",但是终究比秘密监狱囚笼生活要松宽得多。

方光麟在奉贤劳动了近一年,直至他听说张春桥倒台,才欢天喜地回到了上海。

方兆麟为何能够逃脱"四人帮"的罗网,突然获释,一直是个谜。

"打破砂锅问到底",我很想了解其中的奥秘。

经过多方寻访,我终于获悉:当时,此事惊动了重病缠身的周恩来总理!

方兆麟曾见过周总理。印象最深的一次,是1964年,柯庆施要做肺癌切除手术,周总理过问治疗方案,并接见了医疗小组。方兆麟当时担任手术麻醉师。

周总理很快就发觉,医疗小组中有的医生情绪紧张,生怕在手术中出半点差错。

像聊家常似的,周总理跟医生们说起看似平常的小事:"我的理发师跟我很熟,给我刮胡子的时候,又轻松又快。""有一次,一个陌生的理发师给我刮胡子。大概他知道我是国务院总理,拿起刀的手都有点发抖,面色挺紧张。我就跟他聊天。一会儿,我们就熟悉了,他也就一点也不紧张了……"

医生们明白周总理话里的意思。

方兆麟多年参加高干医疗小组,结识了周总理的保健医生。当这位保健医生得悉方兆麟受到秘密调查组的政治迫害,便把情况如实向周总理汇报。

一次,周总理跟副总理张春桥谈完国务院的工作之后,顺便提及了张佩瑛事件。周总理说:"在医务界,出医疗事故是难免的,医生要吸取教训。但是,因为死者是你的亲戚,你就那样,恐怕不妥。"

周总理的三言两语,分量不轻。张春桥的脸上,露出惊惶的神色。他颇为吃惊:调查组是在绝密状态下进行工作,怎么会让周总理知道了?

张春桥不得不有所收敛。

读罢洋洋洒洒数百万言的绝密档案,我发觉,秘密调查组一年多的"辛勤"工作,最后的结果等于零!

张佩瑛遽然而亡之后,第一个调查组依靠科学、尊重事实,只花了十来天就把事情的真相查清。后来那个秘密调查组,尽管"来头"那么大,上至王洪文、张春桥、姚文元,下至马天水、徐景贤、王秀珍,发了那么多的"指示",查了那么多的缝,钻了那么多的洞,绕了一个很大的圈子,结果枉费心机,还是回到第一个调查组所做的结论上来。历史是那样的蔑视权势,那样的尊重客观事实。谁想开历史的玩笑,就会受到历史无情地嘲弄。

我忽地记起《红楼梦》中的两句诗:"满纸荒唐言,一把辛酸泪!"

用这两句诗来概括那一大堆秘密档案,是最确切不过的了。

当然,那些密告者、诬告者,迄今一提及张佩瑛事件,就眼跳心惊,生怕揭了疮疤——因为他们做了亏心事!

至于那几位"秘密福尔摩斯",如今旧事重提,脸上也火辣辣的。那个Q,晃着脑袋,不好意思地对我说:"荒唐!荒唐!现在想想,那时候真荒唐!"

张佩瑛一案是"四人帮"苛政的形象写照。

姚蓬子戴起"工总司"袖章

我真佩服汉字创字者的巧妙构思,炫耀的"炫"字用"火"与"玄"组成:只有像"火"焰一般光彩"炫"目的东西,才值得向人"炫"耀!

他是一个喜欢炫耀的人。

1966年初冬,他的深蓝色的中山装上,忽然金光四射。那是一枚灿灿耀目的五角星像章和一枚长条的"为人民服务"语录章。虽说那时候的毛泽东像章、毛泽东语录章差不多人人都有,可他的那套"章"却是部队里发的,唯有现役军人才能每人领到一套。在"老九"成堆的大学里,他胸前的像章成了"稀有元素"。

他腆着大肚子,挺着胸膛,抬着秃顶的脑袋,昂然步入上海师范学院(今上海师范大学)中文系[1]。那像章引来人们的"注目礼"。他兴奋不已,飘飘然了。

"姚先生,你的这套像章从哪里来的?"已经不止一个人向他发问了。

"孙女儿给的!"他得意扬扬地用"绍兴官话"答道,那声音中充满自豪感,荣誉感,优越感。他所要炫耀的,与其说是那"光焰无际"的像章,倒不如说是这句话。

谁都明白,他的两个孙女儿,还不够入伍年龄哩,哪来部队发的像章?他所说的"孙女儿给的",其实就是"儿子给的"。

他的儿子何许人?众所周知,姚文元也!

姚文元的两个女儿,那时寄养在他——姚蓬子家中。他胸前璀璨夺目的像章表明,姚文元最近来过上海,把像章送给了老子哩。

哦,他所炫耀的,是他那个在中央文革小组的儿子!

未过几时,姚蓬子更加神气活现,臂上又多了一件闪射着火红光芒的炫耀品:"上海工人革命造反总司令部造反队"袖章。

他一点也没有觉得,作为大学教师、作家的他,戴着个"工人造反派"袖章,那副模样何等滑稽。他却趾高气扬,招摇过市,唯恐别人没有见到他臂上的红布圈儿——那是"革命"的象征!

可惜,好景不长。那红布圈儿才戴了十几天,他还远远没有戴得过瘾,就忽地不见了。

非常遗憾,迄今虽经多方"考证",尚未能确定,姚蓬子的"造反"袖章,究竟是被"工总司"收去了呢,还是他吓得不敢戴了?

据推测,多半是因为他吓得不敢再戴了。

他干吗有点害怕呢?

原来,他的那个"工总司"袖章,毕竟太刺目了一点。

才戴了一两天,就有人向"工总司"反映:"姚胖子"(他的雅号)解放前是"作家书屋"的老板,是资本家,怎能混入"工人造反派"?"资本家参加造反派不像话,工总司不是统战部"!

也有人确实有那么点"造反精神",调查了姚蓬子的"入队"问题:

一查,他是直接找"工总司"头头,加入工人造反队的。

一查,他是货真价实的资本家。

于是,开除了他的"队籍"。至于那红布圈儿,是否当场没收,不得而知。

总之,姚胖子的炫耀品,从两件减为一件,只剩下胸前的像章。

对于"开除队籍",姚蓬子很有些愤愤,满腹牢骚。

---

[1] 1986年7月8日,叶永烈在上海师大采访张根生、沈舟根。

很快的,这消息长了翅膀,传入那个"工总司"的"司令"王洪文耳中。

王洪文急得直跺脚:"姚蓬子是姚文元的父亲,请他入队都请不到呢!他参加'工总司',是姚文元对'工总司'的支持。这样,'工总司'的后台更硬了。你们怎么可以把姚蓬子开除了呢?"

很快的,这消息又长了翅膀,飞进那个中央文革小组副组长张春桥耳朵里。

1967年2月,在那"一月革命"风暴刚刚过去,张春桥以"上海市革命委员会主任"的身份,在锦江饭店宴请阿尔巴尼亚国家歌舞团。在宴会上,他见到了"工总司"组织组的头头,问起了怎么会开除姚蓬子的"队籍"。张春桥阴沉地说:"你们要写检查!"

就这样,为了姚蓬子失去臂上那只小小的袖章,王洪文发急了,张春桥发怒了。

当然,胸前的那个像章,臂上的那个红布圈儿,只是姚蓬子给人们留下的印象最深的炫耀品。

其实,岂止于此。

1965年11月10日,姚文元在上海《文汇报》发表那篇"震撼全国"的《评新编历史剧〈海瑞罢官〉》。姚蓬子得意了。他悄悄地对上海师范学院中文系的同事说:"我替他翻了一些书,提供了一些资料。"话说得挺"谦虚"。然而,却是十足的炫耀:须知,那篇"揭开文化大革命序幕"的文章,总共改了九稿。前七稿在极端秘密的状态下进行,唯有江青知、张春桥知、姚文元知,连陈丕显、曹荻秋都被蒙在鼓里。然而,姚蓬子却知道儿子在写什么文章,以至"替他翻了一些书,提供了一些资料",父子之间何等亲密,那就用不着加任何注解了。

"文革"风云骤起,姚文元平步青云,从一个"刀笔吏"、"棍子手",一下子成为"中央首长",不可一世,真是"炙手可热势绝伦"。姚蓬子把姚文元身着军装、站在天安门城楼上的照片,醒目地压在玻璃板下,每一个上他家的客人,都能见到这张照片。即使陌生人,一见到这张照片,便知道姚蓬子的"光荣"身份——姚文元之父。

一场"文革",仿佛把中国大陆宽广无比的国土,化为一座大舞台,各色人等皆为演员,纷纷"亮相",表演了一番。

照姚蓬子的年龄,早已失去那种"革命朝气",心似古井,不会参与演出"闹剧"。

不料,他却似乎仍有着一股不亚于红卫兵们的造反劲头,表演十分"精彩"。

看着红卫兵们贴大字报、印传单,姚蓬子心里痒痒的,他居然组织上海师院中文系的一批老教师,也成立了"战斗组"。

那年月,每个"战斗组"都有自己的非常革命的名称。姚蓬子嫌"红旗"太滥,"星火"太多,"井冈山"、"东方红"之类也处处可见。他一拍脑瓜,建议取名"劲松",立即获得一致通过[①]。

深知内情者明白,"劲松"者,姚文元也!

"劲松",怎么会是姚文元呢?

[①] 1986年7月8日,叶永烈在上海师大采访张根生、沈舟根。

此事不难考证。

1965年12月15日《文汇报》上,那篇《欢迎"破门而出"》,署名"劲松",乃姚文元手笔也!

1966年6月2日《解放日报》上,那篇《"三家村"里的坏家伙是民族败类》,署名"劲松",亦乃姚文元之黑文也。

老子拣起儿子的笔名作为战斗旗号,以为有儿子的光辉的庇护,可以所向无敌,旗开得胜。

从此,在上海师院常常出现署名"劲松"的批判"修正主义教育路线"的大字报。

从此,墙头壁角常常出现革命造反传单,署名"劲松"。

"儿子英雄,老子好汉"。姚蓬子领导着"劲松"战斗组,"昂然挺立"似"劲松",在上海师院热闹过一阵。

无独有偶。有如此这般的丈夫,亦有如此这般的妻子。

姚蓬子的妻子周修文在革命造反浪潮推动之下,居然也"朝气蓬勃"。

她不甘寂寞。虽然她无职无业,一名家庭妇女而已,居然也组织"战斗队",也扯起"造反"旗号。

她的"战斗队"的名号,属于"稀有元素",曰:"闲散劳动力造反队"[①]!

在队里,队员们尊称她为"革命妈妈",叫唤声显得非常甜蜜。不言而喻,谁都知道她有着一个"了不起"的儿子!

就在那"一月革命风暴"中,就在她的儿子伙同张春桥夺了上海市委的权的时候,她也如法炮制,在里弄里进行"夺权"。

她,率领着"闲散劳动力造反队",冲进里委会,抢走了"木头疙瘩"——里委会公章,就算是"夺权胜利"了!

她把里委会大印,拿回家中,平生第一次尝到"权力"的滋味儿,嘴巴终日如同"开口笑"。

当她把"胜利"的喜讯告诉儿媳妇——姚文元之妻金英,儿媳妇倒有点着急了。

金英劝她:"里委会的图章拿不得,赶紧送还吧!"

真可惜,在家里藏了三天三夜的"木头疙瘩",不得不拱手交还给里委会。

她的"夺权"闹剧,不得不匆匆闭幕。

"太岁头上动土"——抄姚蓬子的家

周修文的"闲散劳动力造反队"在里弄里斗争居委会党支部委员。

姚蓬子更带"劲",以"劲松战斗组"组长的身份,宣称自己是上海师院中文系"毛主席革命路线"的"代表"!

[①] 1986年7月14日,叶永烈在上海采访周士奎及姚蓬子家的里弄干部。

虽然他"大舌头",讲起话来口齿不清,却在中文系资料室门口,叫住了从他跟前走过的党员殷海国,像高音喇叭似的吼叫道:"你们党员都是既得利益者!""现在是受迫害最深的人最革命,对毛主席的感情最深!""拿着鞭子的人,是不会知道挨鞭子的奴隶的痛苦的!"

这位20年代的诗人,把心底的愠怒喷泻出来,指着党总支委员的鼻子呵斥着。

这还远远难解心头恨。

1967年1月19日,在"一月革命"的"凯歌"中,上海师院中文系资料室里口号声连绵不断,声震大楼。

墙上挂着大字标语:中文系教工平反大会。

上午,会议由"劲松战斗组"组长姚蓬子主持①。他操一口"绍兴官话",洪亮的声音,替那些受屈者申冤,批斗着系党总支的负责人。

他的开场白,富有煽动性:"中文系党总支执行资产阶级反动路线,极为严重!必须彻底批判,彻底揭发!"

姚蓬子说罢,得意地坐在主席座位上,从别人手中接过一支烟,猛吸了一口。尽管因患气管炎,他已经戒烟,此时此刻不得不破例,以求提起精神投入战斗。须知,往常的学习会,他总是无精打采,就连看电影时也往往会发出如雷鼾声。然而,如今他的双眸不断闪射着明亮的目光。每当进入斗争高潮,他会抓着时机振臂高呼口号,使会议的"温度"不断上升。

虽然姚蓬子有一肚子的"冤气",可是,他沉得住气,整整一上午,只替别人"申冤",不为自己"平反"。他,不慌不忙,沉得住气。

下午,会议继续在原地举行。姚蓬子宣告"引退",改由另一个战斗队的头头充当主席。

下午的会议,火药味儿比上午更浓。会议的主题是为姚蓬子"平反"。"劲松"队员们连珠炮似的发问:

"你们为什么抄姚蓬子的家?"

"抄姚蓬子的家,等于抄中央文革小组!"

"整姚蓬子的黑材料,就是炮打中央文革小组!"

"炮打中央文革小组,就是炮打无产阶级司令部!"

"炮打无产阶级司令部,就是反革命!"

……

犹如粤曲《步步高》似的,批斗会的调门,越唱越高。

到了最高潮,姚蓬子霍的一下,站了起来,用洪钟般的声音,震得窗玻璃都摇晃着:"我已经写好一份告全上海人民呼吁书,题目叫《我要控诉,我要呼吁》。如果不给我平反,我随时都可以向上海人民散发。我要追查抄家的黑后台!我要追查匿名信!"

抄姚蓬子的家,近乎"太岁头上动土"!在上海师院,姚蓬子是姚文元的父亲,人人

---

① 1986年7月8日,叶永烈在上海师大采访张根生、沈舟根。

皆知。当姚蓬子把抄家的消息告诉姚文元,姚文元震怒了。

抄姚蓬子的家,是上海师范学院中文系一群"嘴上没毛"的年轻人干的。

那是在1966年10月20日下午4点多,一封贴着四分邮票①的信,寄到上海师范学院中文系办公室。

信封上,歪歪扭扭的字,写着:"上海师范学院　中文系领导　收"。

不敢怠慢,办事员把信送到中文系党总支书记手中。

信很简单,字极蹩脚:"姚蓬子这个老奸巨猾的家伙把手枪藏在屋檐里面,你们快来,我们在弄堂口等你们。"落款为"几个红小兵"。

事情来得突兀,紧急。

办公室里,几个青年教师传阅着这封信。

"去查一查!"四个青年教师召来四五个大学生,匆匆吃过晚饭,从教师通讯录上查到姚蓬子家的地址,就出发了。

四个青年教师,都不过二十来岁,浑身"虎"气,不知天高地厚。他们带着学生,来到上海市中心静安寺附近,找到了姚蓬子家的弄堂口。

令人遗憾的是,不像信中所说的那样,没有人在弄堂口等待他们。

他们闯进了里委会。里委干部看了那封红小兵的检举信,也以为姚蓬子家值得查一查。

一幢三层楼房,那便是作家书屋老板姚蓬子当年用金条买下的私宅,响起了敲门声。一群不速之客,突然出现在姚蓬子面前,声言前来"扫四旧"②。

姚蓬子脸上,出现惊惶的神色,一双金鱼眼瞪得大大的。

无奈,他只得接受这群年轻人的指挥,"协助"他们"扫四旧"。

年轻人们口口声声说的是"扫四旧",眼睛却盯住屋檐、墙洞、床下、皮箱之类容易藏匿手枪的地方。

姚蓬子的家,真是够乱的。横一本,竖一本,椅子上、茶几上、窗台上,到处是书。

查过底楼。那里是姚蓬子的书房,没有发现枪支,只查到一些属于"四旧"的书。

查过二楼。那里是姚蓬子夫妇的卧室。在箱子里,查到周修文的尖头皮鞋、旗袍之类——这在当时是属于"四旧"。周修文连声喏喏:"该扫'四旧'!该扫'四旧'!"

查过三楼。那里本是姚文元夫妇的卧室。当年,姚文元和金英结婚后曾住在那里。后来,姚文元青云直上,跟老子"划清界限",搬到康平路去住了。眼下,床上睡着的,只是姚文元的女儿。在三楼,年轻人们细细查过屋檐,似乎没有任何藏枪之处。姚蓬子在一旁睁大了眼睛,如同坠入五里云雾之中,不知道这些年轻人为什么会到屋檐之下去"扫四旧"?

几个小时过去,不见手枪踪影,年轻人们只得作罢。他们把"四旧"物品集中在底楼书房里,关照姚蓬子道:"你自己处理!"

于是,年轻人们双手空空,离开姚家。

---

① 当时上海市信件邮资为4分人民币。
② 1986年7月8日,叶永烈在上海师大采访张根生、沈舟根。

这便是抄检姚蓬子家始末。

没有核实，没有证明，光是凭着一封"红小兵"的检举信，就到姚蓬子家"扫四旧"——这在今日听来仿佛如同神话一般，然而，在当年却确实如此。"破四旧、立四新"的"雄文"，出自姚文元之手。不料，年轻人们却到他的老子家"破四旧、立四新"。

姚蓬子耿耿于怀。"抄姚蓬子的家，就是炮打中央文革小组！"借助于儿子的"虎威"，姚蓬子一口咬定，那些"嘴上没毛"的年轻人有"后台"，受人指挥去"抄中央文革小组"的"家"！

非常遗憾的是，那群年轻人"办事不牢"，在姚蓬子家抄家（严格地讲是"抄检"）之后，随手一丢，把那封"红小兵"的检举信丢了。

这下子，姚蓬子更来劲了，说年轻人们在编造谎言，压根儿就没有什么"检举信"，完全是对他进行"政治陷害"！

虽然，将近十来个年轻人，还有那位系党总支书记和里弄干部，都证明看过"红小兵"的检举信，都说信是确实有的。但是姚蓬子不信，说这些人都在那里"炮打中央文革"！

沸沸扬扬，一出闹剧演得有声有色。

就在"劲松"和另一个战斗队召开"中文系教工平反大会"翌日，上海师范学院中文系党总支只得按照姚蓬子的要求，在他家的大门上，贴上红纸头，醒目的标题三个字：《道歉书》！

姚蓬子双臂交叉在胸前，在红纸头前嘟囔道："哼，连锣鼓都不敲，算什么'平反'？人家贴红纸头，都是敲锣打鼓的！"

自从"平反大会"旗开得胜，"劲松"战斗队军威大振。姚蓬子益发趾高气扬，动不动斥责党员干部是"特务"、"狗腿子"、"国民党"。

"劲松"战斗队的油印机也哗啦啦地印得欢，传单的印数与日俱增。前来索取传单的，交换传单的，门庭若市，其盛况不亚于当年作家书屋的门市部。

就在"劲松"们"劲"头十足的时候，忽然，一张大字报贴上门来，如当头一棒。

其实，那张大字报写得挺简单，而且并没有指名道姓地攻击"劲松"战斗队。

那张大字报，只不过全文抄录了中共中央、国务院在1967年1月13日发布的《关于无产阶级文化大革命中加强公安工作的若干规定》。这个文件总共六条，人称"公安六条"。大字报在"公安六条"下面，加了一句："凡符合'公安六条'的，不许参加革命群众组织！"

贴在"劲松"战斗队的门上，其含义是不言而喻的。

"劲松"战斗队沉默着，队员们双眉紧皱，躲在小房间里一筹莫展。

队长姚蓬子用双手托着下巴，久久地说不出一句话来。

"我宣布退出'劲松'战斗队！"终于，一位头发灰白的队员，打破了沉默。他说罢，站了起来，走出了"劲松"战斗队。

"我退出'劲松'战斗队！"

"我也退出'劲松'战斗队！"

又有两名队员一边说着,一边朝外边走去。

宣布自动退出"劲松"战斗队的人,越来越多。队长的双眉紧紧地拧在一起,拉住队员道:"就这么一张大字报,'劲松'就散伙,太丢脸了吧!"

可是,队员们各怀心腹事,掂量着门上那张大字报的分量。

1967年3月,"劲松"战斗队终于宣告解散。

姚蓬子一脸沮丧,一蹶不振,再也没"劲"了。

没几天,他交来一张病假单,从此躲进小屋,不再在大庭广众之中露面。

特别是当他听说上海师范学院的红卫兵成立了"姚蓬子专案组",他战战兢兢,食不甘,眠不安,生怕自己的底细有朝一日被用大字报公布出来。

他常常做噩梦,梦见公安人员突然出现在他的面前,重演1955年那触目惊心的一幕。

然而,当他醒来,看见玻璃板下那张儿子一身戎装、巍然站在天安门城楼上的照片,他心中忽地又踏实了。

"炮打我姚蓬子,就是炮打中央文革小组!"他不住地用这句话,安慰着自己空虚、惶恐的灵魂。

审查姚蓬子惊动了江青

说实在的,在上海师范学院,知道姚蓬子的底细的人倒并不多。

认真点讲,姚蓬子并非上海师范学院的正式职工。他只是那里中文系的兼课教师而已,主讲中国小说史。中文系每月发给他一百元。"文革"开始以后,"停课闹革命",上海师院也就不给他发工资了。他不属于上海师院教师编制之内,没有"教授"头衔,连"讲师"职称也没有。上海师院没有姚蓬子档案。

姚蓬子甚至可以说是个无职无业的人,一个名副其实的"自由职业者"。他本是作家书屋老板。如果说,他有什么工作单位的话,那就是作家书屋。自从作家书屋在新中国成立后关闭之后,他就靠定息和存款过日子。也写点文章,译点书,不过很难算得上是正儿八经的专业作家。

自从1963年为上海师范学院中文系兼课以来,他算是有了正式的工作,有了工资收入。不过,他仅仅是兼课教师而已。那里并不过问他的政治情况,也没有审查过他的历史——因为他不属于那里的编制之内。

他的一位学生以笔名"依仁山人"写了一篇《忆姚蓬子先生》,回忆在1965年下半年听姚蓬子的课《中国古代作品选》,描述姚蓬子上课的"风格",倒是十分生动:

> 姚老先生上李白、杜甫诗时,自带线装本书用。上课后粉笔灰满书,就随手拍书。书旧,一拍,纸屑散落。先生大笑,曰:"片片如落叶化作蝴蝶飞"。我们说书损坏了很可惜,先生曰:我上课用的东西全都是自己的,粉笔也是自己买的。李、杜的诗,我还

有好版本。确实,我们从不见姚先生去中文系办公室的。上完课,先生提着人造革的包与我们一起缓步走到大门口,我们与先生道再见,去西部食堂吃饭,先生说"我到桂林公园(邻近上海师范学院的一个公园,因位于桂林路而得名。——引者注)去吃饭。"

曾聊及其子姚文元的学历,先生曰:"他高中未毕业就立马路去了。"即指上街迎解放军进城。问及姚文元的藏书,先生曰:"他都是洋装书",指铅印新版书。

问先生书上怎么没有藏书章?姚先生说"我的书都堆在三楼,章是有几个的,可哪有时间去一本本盖?"后来听去过先生家的同学说,当时先生家住在中苏友好大厦(现在的工业展览馆)旁的铜仁路。

问及轰动当时的《评新编历史剧〈海瑞罢官〉》,先生笑曰:"犬子瞎弄的。"

问及当时北京正上演郭沫若的历史剧《蔡文姬》,先生曰:"无非是安娜携子自日本回国罢了。"

问及鲁迅题送他的诗,先生大笑,曰:"都是年轻时的事了。"

作品选考试,我写了篇评《洛阳伽蓝记》的文章,先生用红笔挺仔细的批阅了。文后写了几句赞扬的话,提了点希望。分数打得挺高,是八十五分。我知道自己的文章不怎样,先生是在鼓励我。

先生声音洪亮可气管不好,上课常咳嗽吐痰,我班曹阿芳同学每当先生来上课,总事先把走廊里的痰盂捧到讲台边,课后再捧出去。

文革初期,听说姚先生家被抄。当抄出国民党军队的军官服、指挥刀时,质问先生,先生说"这是我朋友叶挺将军送的",于是哑然。文革中期,先生曾以造反派的身份主持过中文系的大会。以后先生被保护起来了,不再在学校露面。

姚蓬子引起上海师院红卫兵的注意,那是在1967年3月。

那时候,上海师院五个群众组织——"红师院公社"、"千钧棒"、"东方红联络站"、"红卫战斗队"、"二二〇起义部队",联合成立了一个专案组,审查上海师院一个老教师的30年代历史问题。

红卫兵们来到离上海师范学院只有几站路的上海图书馆徐家汇藏书楼。那里收藏着大批20世纪30年代旧报刊。

物理系的一个女红卫兵埋头查阅国民党的机关报——《中央日报》。一页又一页,细细地翻查。

忽然,她的心收紧了,在《中央日报》上看到一个熟悉的名字——姚蓬子!

那是1934年5月14日的《中央日报》,赫然登载着《姚蓬子脱离共产党宣言》!

姚蓬子是资本家,这,人们是知道的;然而,姚蓬子是叛徒,红卫兵们还是第一次知道。

于是,他们全文抄录了《姚蓬子脱离共产党宣言》。

于是,红卫兵们组成"姚蓬子专案组"。

于是,上海师范学院里出现大字报《揪出大叛徒姚蓬子》!

心惊肉跳,肉跳心惊,蜷缩在小楼里的姚蓬子,意识到大事不妙。

消息马上惊动了张春桥、姚文元。

上海师范学院接到来自康平路的电话:一切群众组织,都不得成立"姚蓬子专案组"。外调姚蓬子,必须经上海市革命委员会批准……姚蓬子历史材料,列为"防扩散"材料。

"康办"的一道命令,保住了姚蓬子。

"姚胖子"以手加额,松了一口气。

然而,1968年4月,从青海省公安厅打来的长途电话,不仅惊动了张春桥、姚文元,连江青都过问此事了。

西宁。青海省公安厅。两个穿军大衣的年轻人,手持"上海市革命委员会专案组"外调介绍信,提审那里在押的一个历史反革命罪犯。

罪犯写了外调证明材料。按照规定,外调材料要经青海省公安厅盖上公章。

就在盖公章之际,两个年轻人受到盘问。因为青海省公安厅公安人员看到外调材料上,写着这么一句:"姚蓬子是姚文元的父亲。"

"你们为什么要整无产阶级司令部的黑材料?"公安人员扣留了两个年轻人。

"我们是上海市革命委员会专案组的!我们是经公安部同意到这里外调的。"两个年轻人挥动手中的介绍信。

青海省公安厅电询公安部。公安部一位副部长在电话中明确地答复:"这两个人是经我同意,前往青海外调的。"

青海省公安厅电询上海市革命委员会。上海答复:"派往青海外调的杨、刘二人,确系上海市革命委员会专案组成员。"

青海省公安厅无奈,只得放掉那两个年轻人。

两个年轻人知道这回惊动了公安部,惊动了上海市革命委员会头头,虽然未被青海扣留,也不敢马上回上海。他们到重庆、武汉避风头。过了好一阵子,才悄然返沪。

青海公安厅的电话,惊动了江青反革命集团的一名主犯——当时的国务院副总理兼公安部部长谢富治。

谢富治怒气冲冲地问那位副部长:"他们去青海外调,是你同意的?"

"是的。"副部长答道,"他们持有上海市革命委员会的正式介绍信,是符合组织手续的,何况外调的是姚蓬子问题。""他是姚文元的父亲!"谢富治的肺都快要气炸了,他训斥副部长道:"你敢答应人家外调姚文元的父亲,你的胆子不小哇!你这个副部长还想当不想当?你的脑袋还要不要?"

谢富治当即报告江青。

江青大发雷霆:"这是一个严重的政治问题,是反革命罪恶阴谋!"

江青转告汪东兴,要他以中共中央办公厅名义,电召上海市革命委员会材料组负责人赴京,责问为何派人前往青海外调姚蓬子?

与此同时,谢富治下令:"公安部档案中有关姚蓬子的材料,未经部领导小组批准,任何人不得查阅。"

上海市革命委员会材料组负责人带着文件,飞往北京。

他当面把文件交给了中共中央办公厅主任汪东兴。

文件说明了来龙去脉:

1967年10月,由中共中央审查小组第一办公厅周扬专案组向上海市革命委员会建议,应对上海的30年代文化界人物进行审查,以便为周扬专案组提供材料。这位负责人根据掌握的情况,开列了三十多名审查对象,内中包括姚蓬子。这份报告送上海市革命委员会主任张春桥审阅。他批了"同意"两字。于是,在1967年12月,上海市革命委员会设立了"姚蓬子专案组",该组属上海市革命委员会材料组(后来改名为"上海市专案办公室")第六组。张春桥曾三次听取过"姚蓬子专案组"的汇报。到青海外调的两个人,确系上海"姚蓬子专案组"成员。

原来,这个"姚蓬子专案组"是姚蓬子的保护伞!

这个"姚蓬子专案组",有如下"保密"规定:

"姚蓬子专案组在上海建国西路的办公室要单独,不准与其他30年代专案组交流材料";

"有关姚蓬子问题的材料不准外泄,一律交市专案办公室";

"通知上海师院革委会,不准任何群众组织成立姚蓬子专案组,不准批斗";

"不准上海师院、上海作协的组织接待外调人员直接找姚蓬子谈话,调查提纲要经市专案办公室审批后方能叫姚蓬子写证明材料";

"对通过姚蓬子了解情况的单位人员要注意,要详细登记,严防有人搞炮打姚文元的材料。发现问题要马上报告市专案办公室处理";

"对姚蓬子的审查不能像其他专案对象那样搞,不能搞隔离。让他在家里,用不着到学校去";

"专案组要与姚蓬子家所在的里弄党组织联系,要他们做好对姚蓬子的安全保卫工作。如有人问姚蓬子家住在什么地方,回答不知道";

"专案组对姚蓬子的问题作些外调,也要叫姚蓬子交代自己的问题,但目的不是为了定姚蓬子的案,而是通过他了解30年代周扬等'四条汉子'的一些情况。"

如此这般,专案组对姚蓬子实行保护,那是最清楚不过的。专案组成立之际,一位"领导"便定下了调子:"姚蓬子是姚文元的父亲,有谁能定他的案?"

就是这么个"专案组",江青也还摇头。

1968年6月10日,"姚蓬子专案组"接到王少庸的"四点指示":

一、姚蓬子专案组不搞了,专案组人员解散。

二、调查材料集中,登记造册,上缴市专案办公室。

三、不准对姚蓬子搞批斗。如一定要搞,必须打报告,经上海市委批准。

四、不准接待外地的外调。如一定要了解,须经中央文革小组批准。

好家伙,姚蓬子从此成为"中央文革小组"属下的"保护人物",谁也不能碰,谁也不能查。

姚蓬子专案材料到哪里去了呢?

王承龙把全部材料密封,送交张春桥,锁入保险箱。

逍遥,安乐,从此姚蓬子躲在小楼里,万事大吉。

审查者受到反审查

乐了姚蓬子,苦了"姚蓬子专案组"成员们。

当"一打三反"、深挖"五一六分子"的运动到来的时候,"姚蓬子专案组"的成员们成了"审查对象"。这,叫作"反审查"!

罪名是明摆着的:"整无产阶级司令部的黑材料","炮打中央文革小组","扩散'防扩散材料'"。

城门失火,殃及池鱼。就连上海师院中文系几位研究鲁迅著作的老先生,也成了"一打三反"的对象:因为鲁迅著作中多处提及姚蓬子,他们曾作为学术问题进行过研究。不料,那也被视为"炮打无产阶级司令部"!

所幸鲁迅先生早亡。倘若鲁迅先生健在,势必会被拖到隔离室,勒令交代其"炮打中央文革小组"之累累大罪!

下面摘录"姚蓬子专案组"组员之一沈震璐在1976年12月23日所写的揭发材料,足见当年的"反审查"何等酷烈:

文化大革命中,我是一个红卫兵。因为我参加过姚蓬子专案组,掌握姚蓬子的叛徒、特务罪行,"四人帮"竟对我进行了残酷的迫害。

我原是上海师院中文系六七届毕业生,于1968年分配到解放军六三四一部队所属的泰州红旗农场劳动锻炼,原已宣布1970年2月回上海安排工作,忽接上海市委命令,全体锻炼学生留农场参加一打三反运动。于是,2月下旬,上海师院派来的郁某、周某,宣布经市委、师院批准,对我进行审查。从此我受到了三个月的隔离审查,以后又监视审查两个月。7月中旬,宣布回上海工作并继续接受审查。1971年我在上海又一次受到审查。

在农场五个月的审查过程中,上海来人对我进行了逼供、套供、诱供,手段极其卑劣,从精神上对我进行极大的摧残。他们一再逼问我,为什么参加姚蓬子专案组?是谁指使我参加的?把材料扩散给谁了?为炮打张春桥、姚文元提供过什么材料?在审姚过程中搞过哪些其他活动?妄想逼我承认参加专案组是为了要收集姚文元的材料。他们骗我,说我接触的几位红卫兵负责人有的已经畏罪自杀了,有的已经被捕,有的已被宣布为"五一六分子",说我是红革会头头反革命小集团的成员了(后来回上海才知道,当时他们并没有受到审查)。又威胁我,再不按他们的要求交代,就要以反革命论处了。因为涉及炮打无产阶级司令部,还要累及父亲弟妹的政治生命,更不用谈自己预备党员的转正问题了。

每天从清早到深夜,在昏暗的小草棚里,几个人不停息地对我搞车轮大战,轮番训斥，逼写材料。要我把从1966年下半年参加文化大革命起，直至审查前的一切行动回忆出来。晚上最多只能睡着三四个小时。他们还常常指着外面站岗的解放军战士，要我想想还要不要自由。每隔一个多星期，连里就要组织一次对我的批判会。

由于他们长时间的摧残，在第三个月我病了，风湿性关节炎发得很厉害，又出现了严重的血尿。尤其是精神上感到控制不住了。我要求治疗，要求给点安眠药，使大脑有所休息，避免精神分裂。市委派来的人竟然以防止搞阴谋为借口，不予治疗。后因我精神确已陷入紧张、恐怖状态，双眼日夜不能闭合，学生中的卫生员李婷婷不忍看着我变成精神病，向他们提出由她担保不出事，才批准我每天服一粒海拉明，略以镇定。其他疾病未作任何治疗。我幸好没有变成精神病，但记忆力丧失了，甚至连前两个月中自己回答的问题和写过的材料也记不起来了。所谓的专案组这才被迫暂时不隔离我，但仍不许与任何同学接触、讲话。那时，同学韩晓明看我病得吃不下饭，就趁我不在时悄悄在我床上放了一包廉价的香脆饼，竟被连夜召开全连批判大会，批她包庇反革命沈震璐。逼得这个同学连夜出走，经过同学们四出找寻，半夜才从荒野的河畔找回来，没有造成不幸……

对我的审查，前后竟进行了三年半……

这就是"反审查"——审查者受审查！

诚然，沈震璐等还算是"市革会专案组"成员，命运尚且如此。至于原先红卫兵们成立的那个"姚蓬子专案组"，更是遭到了严厉的"反审查"。

一手遮天，销毁"防扩散"材料

鲁迅笔下的阿Q，因为头上长了几处癞疮疤，便"讳说'癞'以及一切近于'赖'的音，后来扩而广之，'光'也讳，'亮'也讳，再后来，连'灯'、'烛'都讳了"。

对于姚蓬子来说，他那段不光彩的历史，如同头上的癞疤。对于成了"中央首长"的姚文元来说，父亲的癞疤，成了他的一块心病。

本来，父是父、子是子，父亲的癞疤，与儿子何干？偏偏在"文革"中，流行"血统论"——"老子英雄儿好汉，老子反动儿混蛋"。这是红卫兵们叫得震天响的口号。

显然，照此推理，姚蓬子反动，姚文元混蛋了。于是，姚文元千方百计要为父亲遮丑——其实，也就是为了维护自己的"中央首长"的"光辉形象"。

上海人笑称："江青的'蓝苹'，张春桥的'狄克'，姚文元的'蓬子'，是三块揭不得的癞疤！"江、张、姚这伙"上海帮"的三块癞疤，都与上海滩紧相连。

江、张、姚既成一帮，也就互遮"癞疤"。为了包庇姚蓬子，江青下过"指示"，张春桥写过"批示"，马天水、徐景贤、王秀珍、王少庸出过力气。

1972年2月4日上午9点15分，上海师院的武保组里火光闪耀。有人清点，有人监视，有人点火，一举烧毁了九份关于姚蓬子的"防扩散材料"。这是遵照当时上海市革命委员会文教组（亦即"第一办公室"，简称"一办"）头目徐海涛的"指示"办理的。

1975年3月1日，又是一把火，烧毁了关于姚蓬子的"防扩散材料"17份。

原上海师大清队复查人员何家余，曾这样谈及销毁姚蓬子"防扩散材料"的经过："大约在1972年五校合并前不久，原师院工宣队政委张某某送来一张已销毁的材料清单，是双线格纸一张，最后有张某某和军宣队负责人刘某某的签名。销毁的是原'一打三反'和'清查五一六'对象审查材料中剪下来的涉及姚蓬子的材料。通过原清队办公室负责人洪某某告诉我们，在清队复查中也要注意把涉及姚蓬子的材料，都要剪下来。说这些材料虽不属'防扩散'，但'不宜扩散'，'有损'于'无产阶级司令部'。并说，这是一办徐海涛来师院时个别作的'指示'。在清队复查中也照此办理。在1975年清队复查告一段落，我离开武保组时，由洪某某主持销毁了第二批。包庇姚蓬子，就是为了包庇姚文元。"

在这两批销毁的"防扩散材料"中，有姚蓬子在"文革"中写的检查、大字报底稿，也有别人揭发姚蓬子的材料。此外，在别人的交代、检查中，凡涉及姚蓬子的，也一概销毁。

于是，在上海师院，再也没有"整"姚蓬子的"黑材料"了。

我追寻着当年的"姚蓬子专案组"的材料。

一纸公文，道明了这批材料的去向。那公文上方，印着一行鲜红的字："中国人民解放军上海市公检法军事管制委员会"。公文的右下方，盖着这个委员会的红色大印。

公文全文如下：

春桥同志：
　　十一月九日静安区公检法军管组，送来有关姚蓬子的材料一袋共两本。现送上请查收。
　　致以
无产阶级文化大革命的敬礼

　　　　上海市公检法军管会（章）
　　　　　　　　　　1968. 11. 9

公文的右上方，写着张春桥的亲笔"批示"："何秀文同志存，勿扩散。春桥十一月十日。"

何秀文，即张春桥秘书。张春桥在收到这一袋姚蓬子材料之后，迅即"批示""勿扩散"，何秀文遵嘱把材料锁进了保险箱。

如今，这锁进保险箱的姚蓬子专案材料，又到哪里去了呢？

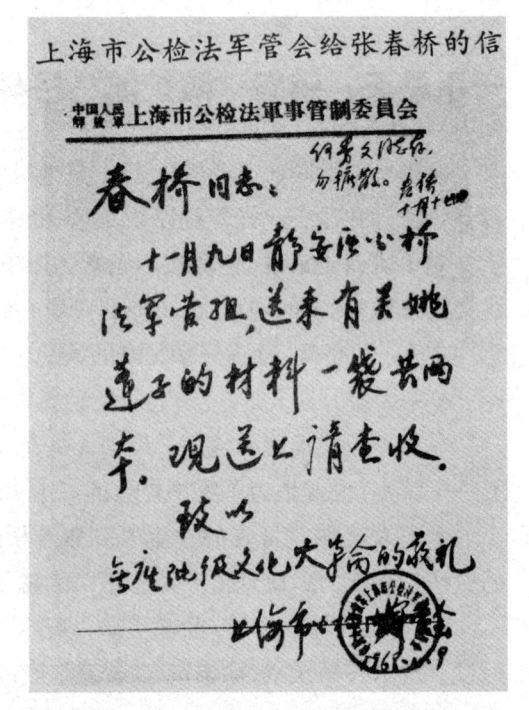

■ 上海市公检法军管会关于姚蓬子材料给张春桥的请示信

甚费周折，在一个重要的档案部门，笔者总算在一堆"文革"的"核心"材料中，找到牛皮纸封皮的卷宗，上面有着"上海市革命委员会"、"姚蓬子专案"字样。打开一看，却是个空心汤圆，里面放着的，只是几份销毁姚蓬子专案材料的请示报告、销毁材料目录、销毁经办人的签名之类。卷宗中原有的数十份外调材料以及姚蓬子写的自传，全部销毁！

其中的一份请示报告如下：

市委：

　　最近，我室十四组在清理防扩散材料过程中，发现一份姚蓬子于（19）67年8月18日写的材料。这份材料是这样形成的：在（19）67年7、8月份，红卫兵小将配合刘少文（刘少文在解放前曾任中共上海市委书记——引者注）专案组调查刘少文历史问题过程中，通过姚蓬子了介（解）刘少文的有关方面问题，做了笔录，姚蓬子亲手写了这份材料（详见附件）。现请示这份材料如何处理。

　　附：材料共拾壹页。

（上海）市革委会专案办公室（章）

1973年5月15日

天头上，写着"绝密"、"急"字样。姚蓬子在1967年写的一份材料，到了1973年有什么可"急"的呢？

"四人帮"在上海的余党们，也确实"急"。就在翌日——5月16日，王少庸便在这一请示报告上"批示"道："天水、景贤、秀珍同志，此件拟销毁，妥否？是否需报洪文同志并请阅示？"

按照当年的习惯，马天水、徐景贤、王秀珍分别在自己的名字上画了一个圈圈，这叫"圈阅"。一旦"圈阅"了，也就表示同意。

于是，姚蓬子亲笔所写的长达11页的材料，被销毁了。

又一份请示报告如下：

市委：

　　原上海师范学院姚蓬子专案组在结束专案审查时曾将姚蓬子的有关材料移交给我室文艺专案组（即当时的30年代文艺黑线专案组——引者注），最近该组在全面清理专案材料时，对这部分材料提出要求处理，鉴于去年我室十四组清理出有关姚的材料已报请市委领导同志批示同意销毁，因此对这批材料，我们意见也予以销毁。

　　当否，请审批。

　　（附材料目录一份）

市革委会专案办公室（章）

一九七四年七月二十六日

王少庸于7月28日作了"批示":"拟同意。请天水、秀珍同志阅批。"

在马天水、王秀珍画了圈圈之后,这批总共32份、108页的重要材料,付之一炬。

这批重要材料中,包括姚蓬子在"文革"中所写的三份交代、周修文写的一份材料,此外还有知道姚蓬子30年代情况的文艺界人士和原国民党中统特务写的材料。特别是姚蓬子所写《我所知道的叛徒》,长达22页,内中详细谈及姚蓬子自己叛变的经过,被化为纸灰!

我来到姚蓬子家所在地的派出所和公安分局。令人震惊的是:仅仅因为户口档案上有着姚蓬子在1955年被公安部逮捕的记录,竟然也被抽走、销毁!本来,按照公安部门的规定,户籍资料是永久保存的档案。姚文元凭借手中的权力,生怕父亲被捕那一行记录有损于他的"光辉形象",就来了个销毁!

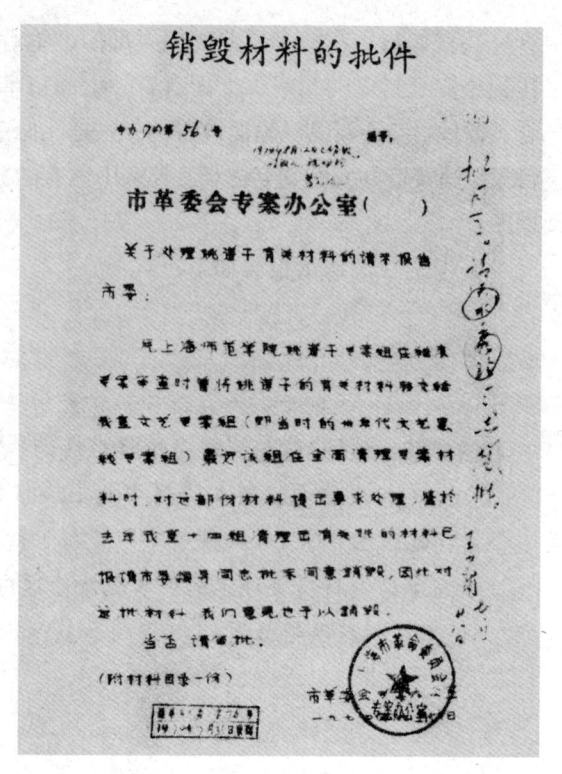

■ 上海市革命委员会专案办公室关于销毁姚蓬子材料的请示报告

最令人震惊的是,我来到上海市公安局档案室,那里保存的姚蓬子档案,即《沪公侦H叁(54)第7315》和《沪公侦H秘(55)第38140》,只剩下档案卡片,而档案不知去向——须知,这是在1954年和1955年上海市公安局审查姚蓬子时的档案材料,居然也因属"防扩散材料"而被抽走。

然而,火焰只能吞没档案,无法改变历史。每一个人留在历史上的足迹,如铁铸刀刻一般,无法任意涂抹。

何况众多的历史见证人犹在,何况当年的公安办案人员犹在,何况印在《中央日报》上的《姚蓬子脱离共产党宣言》犹在,更何况姚文元无法一手遮天——他可以在上海为所欲为,尚不能把手伸进公安部,公安部档案室所保存的姚蓬子的档案犹在,姚蓬子在1955年所写下的《我在南京狱中叛党经过》,仍然完好无缺地锁在那儿的档案柜里。

姚蓬子之死

一辆车身雪白、漆着红色"十"字的救护车,在上海延安中路呼啸着前进。

救护车停在林村那长长的甬道前。

两位救护人员持担架奔向姚家。

当姚蓬子那肥胖的身躯占满那狭窄的担架时,已有许多人闻讯赶来。

本来只需要两个人抬的担架,四周围了好多造反派战士,七手八脚,抬着姚蓬子前进。

担架通过长长的甬道时,又有好几位造反派战士前来助一臂之力。眼看担架就要抬到救护车跟前,由于人手太多,失去了平衡,砰的一声,姚蓬子横着身子,重重地摔在水泥地上。最先着地是他的右颊,顿时摔得紫中带青,鲜血流了出来。

那几位造反派顿时傻眼了。

姚蓬子妻子周修文大声嚷嚷:"还没进医院,就给你们摔个半死。你们等着瞧!你们不想想摔的是谁?"

救护车在急驶。周修文在车上还咬牙切齿,骂声不绝。

姚蓬子被送进了上海胸科医院。他,得了肺癌。

几天前,夜深人静之际,一个戴着大口罩的人骑着自行车来到林村,从裤袋里拿出钥匙,熟练地打开房门。

此人已是坐上红旗牌轿车的"中央首长",这时甘受委屈,骑着旧自行车悄然回家,看望病重的父亲。在他身后十多米,一个身强力壮的警卫员也骑着一辆自行车,警惕的目光扫视着子夜时分寥落的行人。

就在姚蓬子住进上海胸科医院病房的第二天,"上海市革命委员会"派来一个瘦长脸的家伙,在林村像幽灵一样晃来荡去。他用"阶级斗争"的眼睛审视一切,用"阶级斗争"的嗅觉辨别一切。

他暗中调查了那几个"积极"得过了头的造反派,查档案,查三代,查"文革"中的表现。他还拜访了离姚家不远的那位江青心腹、后来当上"文化部长"的于会泳——本来住在那里的是上海音乐学院钢琴系主任李翠贞教授[①],自从1966年9月9日李教授受迫害而自杀身亡,于会泳便抢占了她的那套舒适的公寓住宅。

过了半个多月,那张瘦长的马脸才在林村消失。他,实在查不出"存心陷害"姚蓬子的"阶级敌人"。不过,那几位造反派战士已察觉幽灵的存在,吓得魂不附体,后悔当初拍马屁拍在了马脚上。

收音机里播送着《工人阶级必须领导一切》,就连幼儿园里的孩子也必须洗耳恭听。姚蓬子在胸科医院单间病房里听着广播,枯黄的脸上泛着笑容。他本来期望儿子成为一个作家,不料这么有出息。想当初,当儿子神秘地要他帮助查《明史》的时候,就连他也觉得批什么《海瑞罢官》纯属多管闲事,如今他方知儿子确实"先知先觉",青胜于蓝。

1969年初,姚蓬子病入膏肓。"上海市革命委员会"派人前往看望、慰问。姚文元派来专人,在床前聆听姚蓬子对后事的吩咐。姚文元正在北京忙着为林彪起草党的九大的政治报告,无法分身。

1969年2月17日,肺癌终于结束了姚蓬子的一生。

[①] 1986年5月9日,叶永烈在上海采访李翠贞教授的胞妹李孝贞。

一辆大卡车在苍茫的夜色中驶往林村，停在弄堂口。一批穿军服的人搬走了姚蓬子众多的藏书，运往上海康平路姚文元的家。

周修文也坐上卡车，搬了过去。

几天之后，周修文回林村取点衣服，见到了邻居。她跟姚蓬子是一路货，别人还没问，她就先吹了起来："哎哟哟，康平路那里真好，连东西都不用自己买。你只要开一张单子，过一会儿，有人就会替你买好，给你送来！"

刚说完，她忽地收起了笑脸，摇头了："哎哟哟，那里就是有一点不好——前前后后，都有警卫员站岗。这么一来，你们就没办法来看我了。那个地方，'外头的人'是进不去的！"

她吹嘘一番，抬着头、挺着胸，一副"革命妈妈"的标准姿势，开步走了。

邻居们望着她的背影，有点糊涂起来：她刚才说的康平路"有一点不好"，究竟真的"不好"，还是假的"不好"呢？

不过，姚蓬子死后，姚文元考虑到自己的"前途"，决定不开追悼会，以免太招惹别人的注意。虽说周修文对此曾有些不满，无奈儿子毕竟已是"中央首长"，到底"站得高，看得远"。于是，姚蓬子的遗体被悄然送进火葬场，不声不响地在世界上消失，结束了他的错综复杂、曾"红"曾"黑"的一生。

姚蓬子安葬在杭州南山公墓。现在的墓碑是2008年11月重立的，墓碑上刻着"子文元，媳金英"。

看到姚蓬子的墓，不由得令人记起他在诗集《银铃》一书《自序》中的话，他认为"中国近十年间的历史，是从坟墓中爬出来的历史"。而他是一个"睡在坟墓中的人"，所以这些诗是他"烦闷在坟墓中的证据"。

第十七章
王洪文横行上海

罕见的"半周年"纪念

如果要出版一本《世界奇闻录》的话，那么，王洪文召开"工总司"半周年纪念大会是一定要列入书中的。

大抵是过分的迫不及待，王洪文早就想庆贺一下"工总司"的"伟大胜利"，他已经等不及"工总司"成立一周年的日子——1967年11月9日，竟然提前了半年，在5月9日召开了"半周年"纪念大会！

世界上五花八门的纪念都有，唯"半周年"纪念从未有过。

王洪文如此急不可耐地欢庆"工总司"成立"半周年"，就连徐景贤也笑话他。《文汇报》的一篇文章，曾以讽刺的口吻挖苦"工总司"的"半周年"纪念大会，惹得王洪文吹胡子瞪眼睛，扬言要率领小兄弟们砸掉《文汇报》社。张春桥闻讯，赶紧劝阻王洪文，这才止住了上海滩上的一场风波。

"工总司"是王洪文的命根子。他的平步青云，全然仗着"工总司"；他得以跻身于"上海市革命委员会"，便因为他是"工总司"的"司令"。

毛泽东曾接连发布"最高指示"，强调了"三结合"：

"在需要夺权的那些地方和单位，必须实行革命的'三结合'的方针，建立一个革命的、有代表性的、有无产阶级权威的临时权力机构。这个权力机构的名称，叫革命委员会好。"

"革命委员会的基本经验有三条：一条是有革命干部的代表，一条是有军队的代表，一条是有革命群众的代表，实现了革命的三结合。革命委员会要实行一元化的领导，打破重叠的行政机构，精兵简政，组织起一个革命化的联系群众的领导班子。"

"'三结合'的革命委员会，是工人阶级和人民群众在这次文化大革命中的一种创造。"

毛泽东如此强调"三结合",于是每个"革命委员会"的领导成员都要以"三结合"的标准去衡量。"三结合"的含义,除了"革命干部"、"军队"、"革命群众"三者代表相结合之外,还包含老、中、青"三结合"之意。

在上海市革命委员会中,张春桥是理所当然的"老"的"革命干部"的代表,姚文元、徐景贤算是"中",而王洪文则既是"青",又是"革命群众"代表。张春桥成为上海市革命委员会的主任,姚文元为第一副主任,王洪文、徐景贤均为副主任。

"副主任,也就是市委副书记、副市长!"王洪文很得意地向他的小兄弟们解释道。

"胜者为王!老王,你的老子给了你一个好姓,应了这句古语'胜者为王'!"他的小兄弟们欣喜地为他捧场。

"你们都弄个师长、旅长干干!"王洪文用座山雕一般的口气,对"小兄弟"们说道。

如今,"司令"手中有权,他把小兄弟(当然也包括小姐妹)一个个提拔:

王秀珍成为"工总司"常委,后来跃为上海市革命委员会副主任;

陈阿大,"工总司"常委,上海市革命委员会常委,工交组负责人;

叶昌明,"工总司"常委,上海市革命委员会常委,科技组负责人;

黄金海,"工总司"常委,上海市革命委员会常委,财贸组负责人;

就连那个"红色工人革命造反总司令部"的"司令"戴立清,也成了"工总司"常委,居然分管起专案工作!后来,甚至成为上海后方基地的党委副书记!

1967年4月11日,王洪文回到了"老家"——上海国棉十七厂。那里锣鼓喧天,在庆贺"厂革命委员会"成立。王洪文当选为"上海国棉十七厂革命委员会主任"。虽说已经成为"上海市革命委员会副主任"的他,已不屑于这么个"厂革会主任",但毕竟那里是他的后院,是他造反起家的地方,"厂革会主任"非他莫属。

他是一个"纪念狂"。除了举行过成为笑柄的"工总司"半周年纪念会之外,他还主持过如下"纪念":

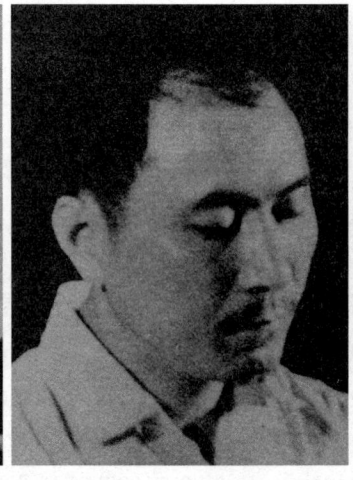

■ 叶永烈从王秀珍人事档案中查到的王秀珍的照片　　■ 王洪文的"小兄弟"陈阿大　　■ 王洪文的"小兄弟"戴立清

■ 王洪文的"小兄弟"黄金海 　　■ 王洪文的"小兄弟"马振龙 　　■ 王洪文的"小兄弟"叶昌明

1967年10月26日，他带领上海国棉十七厂的造反派们前往复兴岛，隆重纪念"永忠队"成立一周年。他慷慨激昂地回叙一年前"黑云压城城欲摧"的那些日子和"永忠队"的"战斗历程"。

1968年6月12日，复兴岛上又是红旗飘扬，口号声此起彼伏。王洪文又在那里主持"纪念大会"。这一回，是"纪念造反二周年"——因为两年前的这一天，是王洪文仿效聂元梓凑成七人签名，在上海国棉十七厂贴出第一张造反大字报。这是王洪文造反生涯的起点，怎么可以不"纪念"？在会上，王洪文感慨万千忆当年，吹嘘着自己怎样在"骂声"中成长。

冒出了新对手——"支联总站"

王洪文的日子并不太平。

在"夺权"的过程中，先有"赤卫队"与"工总司"抗争，接着又有"二兵团"扯起反叛的旗帜。

在王洪文成为上海市革命委员会副主任之后，力图"保权"，又有一股强大的势力冲击着"工总司"，以致又形成了一个与"工总司"相对立的全市性工人组织——"支联总站"，剧烈地摇撼着王洪文的宝座。

反抗的火星，是从上海国棉十七厂北面、黄浦江畔一座万人大厂里迸射出来，在上海滩燃起一股反对"工总司"的烈火。

这家工厂坐落在僻远的军工路2636号，产品享誉全国，闻名海外，是上海一家举足轻重的大厂——上海柴油机厂。柴油机亦即压燃式内燃机，用柴油、重油、燃料油等作为燃料。柴油机是船舶、内燃机车、载重汽车、拖拉机、小型发电和农田排灌机械的原动力。

最初，只是这家工厂里的两大派，在厂里闹矛盾，打派仗。

这两大派都是造反派。

其中的一派，以侯彩琴、尹长根、王家成、刑子华等为首，在1966年9月15日宣告成立"红色革命指挥部"。不久，这个"指挥部"改名为"东方红革命造反总部"，简称"东方红"，反对派们则讥称它为"阿东"。

"东方红"的反对派，是以杨仲池为首，于1966年9月22日宣告成立"串连站"。1967年初，"串连站"和厂里另外两个造反派组织联合，成立了"革命造反联合总司令部"，简称"联司"。"东方红"则讥称它为"阿串"。

"东方红"在1966年11月22日加入了"工总司"。于是，缝制了崭新的大旗"上海工人革命造反总司令部上柴东方红总部"。

这时的"串连站"也在要求加入"工总司"，比"东方红"晚了一步。他们见"东方红"加入"工总司"，便改变主意，加入了"工总司"杨浦区联络站。不过，这么一来，"串连站"觉得仿佛比"东方红"矮了一截似的。

"东方红"和"联司"在厂里严重对立着，你骂我是"老保"，我指责你"大方向错了"。

一场循环不已的标语战，在上海柴油机厂进行着。刚刚由"东方红"刷出大标语："'东方红'必胜！'联司'必败！"马上有"联司"的"战士"前来"修改"，把"胜"字覆盖，改成"败"字，而把"败"字改成"胜"字，成了"'东方红'必败！'联司'必胜！"紧接着，"东方红"的"战士"又来颠倒那个"胜"字和"败"字。

如此近乎文字游戏的标语战，"东方红"和"联司"却在极其认真地进行着。

这种标语战，甚至发展到厕所的墙上：有人刷了"联司"两字，再画一个箭头，箭头指向厕所后的粪坑。马上有人把"联司"两字覆盖，写上"东方红"，那箭头依旧！

"东方红"毕竟正儿八经地加入了"工总司"，成为"王司令"麾下的一支劲旅。每逢"工总司"举行什么大会、游行，"工总司上柴东方红总部"的大旗总是醒目地在那里飘扬。在《解放日报》事件，在康平路事件，在"一月革命"中，"东方红"始终保持着与"工总司"一致的步调。王洪文欣赏"东方红"，支持"东方红"。

"联司"呢？渐渐脱离了"工总司"的轨道，渐渐与"红革会"、"二兵团"接近，渐渐转到了"工总司"的对立面去了。

"联司"成为"红革会"的支持者。"红革会"炮打张春桥，"联司"也去参加炮打。"联司"大量翻印了传单《警惕挑动群众斗群众的大政治扒手，警惕！警惕！！警惕！！！》那"大政治扒手"，不喻言而，是指张春桥。

在"一月革命"的高潮中，"联司"干了一件震惊上海的事：突然袭击康平路上张春桥家，翻墙入院，要找张春桥。据说是要向张春桥告状——告"东方红"的状！

这还了得！王洪文在1月24日晚，率几千"工总司"造反队员冲入上海柴油机厂，一下子抓去"联司"200多人。

王洪文支一派，压一派，造成了"东方红"和"联司"的严重对立。

"联司"把仇恨的火焰，射向王洪文，射向张春桥。

虽说"联司"不过是一家工厂里的造反派组织，人数并不多，"能量"却不小。

"联司"不仅敢于冲进张春桥的家，而且派人派车，在上海街头巷尾用石灰水、用墨汁,刷满"联司必胜"的大字标语。"联司"并不囿于本厂,把整个上海当成了自己的活动舞台。它敢于向庞然大物"工总司"挑战。"联司"的"知名度"迅速地提高着。

小小"联司",毕竟不能构成对"工总司"的严重威胁。

1967年2月下旬,情况起了变化:"联司"与上海交通大学"全向东"挂上了钩。"全向东"把全市支持"联司"的势力联合起来,组成了一个个"支联站"(即"支"持"联"司站)。这些"支联站"又形成了统一的指挥部,名曰"支联总站"。

"支联总站"变成了新冒出来的全市性的组织,与"工总司"唱起了对台戏。

"支联总站"看上去是一面崭新的旗帜,不过,旗帜下的人马,却是被"工总司"击溃了的"红革会"、"二兵团"、"一兵团"、"三兵团"、"工三司"、"炮司"那些散兵游勇的重新集合!

难怪,"支联总站"的大旗刚刚树立,便一呼百应,"支联站"遍布全市。

"王司令"吃惊了。这个突然从地下冒出来的"山头",取代了"赤卫队"和"二兵团"。王洪文这才发觉,他的对手原来是个"孙悟空"——刚刚砍去一个头,又会长出一个新头!

充满辣味的"全向东"

"联司"和"支联总站"不好对付。它们的头头的素质,与"工总司"不同。

"联司"的"司令"杨仲池,乃中国名牌大学——清华大学机械系1962年的毕业生。他是厂里的技术员,被造反浪潮推上了"司令"之职。

"支联总站"的头头"全向东"的大名,不断见诸于上海的大字报、大字标语。从"全向东"这名字推测,此人大约是个红卫兵,因为当时的红卫兵们最喜欢取这类"卫东彪"、"永向东"、"卫红"等充满"革命"色彩的"时髦"名字。

出人意料,"全向东"不过一介书生而已。细细的手臂仿佛无缚鸡之力,一副深度近视眼镜象征着他的"学历"不浅。他是上海交通大学一四〇教研室的助教,真名汤福坤,又名汤东生[①]。早在1957年,他就因对钱伟长这样的科学家被划为"右派"深表不满,成了一个"右派边缘分子"。

如今,他要与张春桥、王洪文对着干,深知对手最善于翻老底、揪小辫子。于是,化名"全向东"以"彻头彻尾"的"革命化"的名字,活动于社会,成为"联司"的"军师",成为"支联总站"的头头。

"全向东"取代了耿金章,与王洪文相抗衡。耿金章擅长于组织力量,"全向东"则擅长于演说、出点子、写大字报。他借助于"工学运动相结合",把红卫兵和工人组织成"支联站"。

"全向东"猛烈地抨击王洪文,称"工总司"为"王家铺子",是"群雄突起、山头繁

[①] 1990年9月14日,叶永烈请孙详海谈"全向东";1990年9月14日,叶永烈请邵世民、顾其昌谈"全向东"。

多、新式的行会"，成为"新型的'工作组'和新型的反动路线的执行者"。"全向东"的这一系列带有理论色彩的攻击"工总司"的言论，比耿金章的几声"他妈的"咒骂要厉害得多。

王洪文不由得注意起这个"全向东"来，下令搜集"全向东"的"反动言论"。后来，《工人造反报》曾以大半版篇幅刊载了《"全向东"在文化大革命中部分罪行录》，作者为"交大红师（筹）、赤革会、教联站"。这份《罪行录》中，详细摘录了"全向东"的"反动言论"，指责他"阴谋策划'上海第二次大乱'"。

如今，以历史的目光重新审视《"全向东"在文化大革命中部分罪行录》，其中不少言论是击中了张、姚、王的痛处的：

2月19日"全向东"站在资产阶级反动的立场来到上柴厂，兜了一圈就表示"坚决支持'联司'"。

4月26日"全向东"之流为了稳住"联司"群众，匆匆忙忙组织了一个"赴京控告团"去北京。

4月29日"全向东"从北京寄给"联司"第一封公开信，信中提出了七条所谓的"斗争方法"……"全向东"并在信中大肆攻击以张春桥、姚文元同志为首的上海市革会。说什么："有人竟然宣传在'一月革命'后，上海已平静无事，只要'大联合'就可以了，一切大事可由上海市革命委员会里的'群众领袖'去解决，开圆桌会议摆平。……必须把套在上海革命派头上的精神枷锁打碎。春桥、文元同志必须深入到群众中去，特别是深入到上海的革命工人中间去。"

5月7日"全向东"写给戚本禹同志一封信，恶毒污蔑伟大的"一月革命"。把"一月革命"中进行夺权的无产阶级革命派称为强盗似的占山头。……"安亭事件必须重新估价"，"靠安亭事件起家的群众领袖大部分是一些投机分子和野心家"。还叫嚣"必须改组上海市革命委员会"。

5月31日"全向东"写出大字报《是否毒草？》，攻击新生的《文汇报》和《解放日报》是"资产阶级喉舌"，是"资产阶级忠实的代言人"。

6月10日"全向东"回交大领工资时大放厥词说："全国六个革命委员会五个垮台了，上海（革委会）你看好了，历史会作结论的。"

6月24日"全向东"在人民广场公开叫嚣：上海公安机关"实行的是资产阶级专政"，"上海的政宣权力掌握在资产阶级代表人物手里"。

7月16日"支联站"在人民广场聚众召开所谓"坚决捍卫六·六通令大会"，"全向东"在会上大放厥词攻击上体司、工总司等革命组织，咒骂《文汇报》的头头是"资产阶级政客，……靠造谣过日子"。

7月22日"全向东"在"支联站"大会上，出于他的阶级本能，恶毒攻击上海市革委会"比黑市委的反动路线还厉害"，并狂妄叫嚣"徐景贤、王洪文就是新的资产阶级代表人物"。

7月25日，由"全向东"主持召开了各大区负责人会议，研究了如何进一步欺骗群众等反革命策略。当晚，"全向东"煽动群众冲击在人民广场开会的"红三司"、"红上司"革命小将，又冲进市公安局殴打革命战士，后又冲击市革会，"全向东"拿着喇叭狂叫："徐景贤、王洪文从市革会滚出来。"真是狂妄已极。
　　……

　　在"全向东"的种种"反动言论"中，最使王洪文不安的是"安亭事件必须重新估价"，"靠安亭事件起家的群众领袖大部分是一些投机分子和野心家"。须知，王洪文确实是"靠安亭事件起家的"。一旦安亭事件被否定，"工总司"也就垮台，"司令"不复存在。
　　王洪文意识到，这个继"赤卫队"、"二兵团"之后冒出来的新对手，充满着辣味。
　　第三次较量，比前两次更为严峻。不过，与前两次不同的是，如今的王洪文已是上海市革命委员会的副主任，手中有权有势了，他想用手中的权势，压垮对手。

静坐于上海市公安局前

　　1967年3月23日，一支由军人组成的队伍，开进了上海柴油机厂。
　　这支队伍，有着一个冗长的名称，曰：中国人民解放军驻沪三军支左办公室毛泽东思想宣传队。
　　上海柴油机厂所生产的柴油机，有一部分是用作军舰、鱼雷快艇的动力，厂里有保密的军工车间。不过，这支"宣传队"进厂，倒并不是为了军工车间的生产，而是为了"支左"。
　　"支左"，亦即支持左派。毛泽东的关于军队要支左的指示，已经多次用黑体字标出，印在《红旗》杂志或《人民日报》的社论里：
　　"人民解放军应该支持左派广大群众。"
　　"人民解放军应积极地支持和援助真正的无产阶级革命派，坚决地反对右派。"
　　"人民解放军应该积极支持左派广大群众。所谓'不介入'，是假的，早已介入了。问题不是介入不介入的问题，而是站在哪一边的问题，是支持革命派还是支持保守派甚至右派的问题。"
　　这支穿着军装的队伍，根据最高领袖的指示，前来支援左派，理所当然受到了"阿东"和"阿串"双方的欢迎。
　　"东方红"用黑体字刷出了大标语："热烈欢迎解放军宣传队来我厂支左！"
　　"联司"为新魏体刷出了大标语："热烈欢迎解放军宣传队来我厂支左！"
　　双方的口号一模一样。不言而喻，不论"阿东"还是"阿串"，都以为自己是响当当的左派！
　　这支军人队伍背后的秘密几乎无人知晓：它是市革会派去的，幕后的指挥是王洪文和徐景贤。
　　当然，张春桥和姚文元也过问过这支队伍。不过，自从当上了上海市革命委员会的主任和第一副主任之后,张春桥和姚文元的大部分时间在北京,忙于中央的权力之争,而对上海实行"遥控"。

王洪文和徐景贤都是上海市革命委员会的副主任,主持上海的日常工作。不过,徐景贤毕竟当过上海市委写作班支部书记多年,政治手腕比王洪文强得多,而且他的口才、文才、政治理论水平远在王洪文之上,很快的,上海的实权落在了徐景贤手中。但是王洪文毕竟手下拥有百万之众的"工总司",徐景贤也未敢小觑这位"王司令"。

这支"宣传队"开进上海柴油机厂一个月之后,那里的形势陡地吃紧。因为"宣传队"经过一个月的"调查研究",终于在4月24日发表"公告"。这"公告",犹如法院的判决书似的,对"阿东"和"阿串"作出了裁决:

"工总司上柴东方红总部是坚定的革命左派组织,革命的大方向是正确的,我们要坚决站在'东方红'一边,支持他们的一切革命行动。

"'联司'的大方向是错误的。我们希望'联司'广大革命群众尽快站到毛主席革命路线上来。"

"东方红"马上"热烈欢呼"起来。"联司"呢,实在气愤不过,当天晚上便把那支"宣传队"的"支左办公室"砸了。

王洪文原以为可以用"解放军宣传队"压垮"联司",不料,矛盾急剧激化。

"东方红"马上抓住"联司"的把柄,声称"'联司'把攻击的矛头指向中国人民解放军",把大字标语刷在外滩,刷在南京路。

"联司"呢?迅即组成"赴京控告团",由"全向东"带队[①],于4月26日奔赴北京。

那支"宣传队"呢?放下了手中的"红宝书",拿起了钢枪,逮捕了"联司"中冲砸"支左办公室"的柏某和卢某,关押于上海市公安局。

柏和卢的被捕,又一次激怒了"联司"。"全向东"斥责王洪文所实行的是一条"老牌的、新型的、戴铐的、带手枪的资产阶级反动路线"!

本来,"资产阶级反动路线"这顶帽子,是王洪文给陈丕显、曹荻秋戴上的。如今,却轮到他的头上,而且还加上了"老牌的"、"新型的"、"戴铐的"、"带手枪的"之类新标签!

5月20日,二十多辆大卡车从杨浦区驶过外滩,向西驶入福州路,突然在一幢大楼前停住了。那是上海市公安局大楼。二十多辆卡车拥挤在并不宽敞的福州路上,阻断了交通。

从卡车上跳下一批"联司"成员,就地静坐,强烈要求释放柏某和卢某。静坐持续了一天又一天。

"联司"的静坐示威,马上轰动了上海全城,被人们称之为"福州路事件"。

"'联司'必胜!'东方红'必败!"那口号声在福州路上震荡。

支持"联司"的人,越来越多。

上海柴油机厂有的是柴油机。"联司"从厂里运来了柴油机,在福州路上,在不远处的人民广场上,柴油机隆隆运转,带动发电机发电,雪亮的电灯泡把黑夜照得如同白昼。

[①] 1990年9月14日,叶永烈请孙详海谈"全向东";1990年9月14日,叶永烈请邵世民、顾其昌谈"全向东"。

"联司"成员在灯光下发表演说,撒传单。

"誓师大会"、"支联大会"、"声援大会",一个接一个大会,在人民广场,在雪亮的灯光下举行。

这边,福州路上一大群卡车、静坐者和围观者挤得水泄不通;那边,人民广场上演讲、聚会、呼口号,夜夜上万人聚拢,热闹非凡。

王洪文的双眼密切注视着福州路和人民广场上的一举一动。不过,张春桥从北京来电话关照过他,不要轻举妄动,现在动手挤"脓"还为时太早!王洪文的手虽然早就痒了,还是听从"军师"的指令,耐着性子等待着"大扫荡"的时刻……

"全向东"天天活跃在福州路和人民广场,他用富有煽动性的语言,向王洪文进攻:

"上柴'联司'在福州路上的示威是革命行动,是向血腥的白色恐怖开火!"

"上海的权,不在无产阶级手里!"

"上海必须第二次大乱!"

王洪文是从上海的第一次大乱中夺了权,坐上"市革会副主任"的交椅。眼下,他竭力反对"上海第二次大乱"——因为张春桥制订了"稳住上海,搞乱全国,乱中夺权"的策略。上海已成了他们的"基地",万万乱不得。

《红卫战报》发表的《"支联站"必须立即解散》一文,"批驳"了"全向东"的"上海必须第二次大乱",倒是说出了张春桥、王洪文心里想说的话:"乱有阶级性。有革命的乱,也有反革命的乱。在文化大革命开始以来,我们就积极主张革命的乱。这是为了乱敌人,乱党内走资本主义道路当权派,乱中国赫鲁晓夫刘少奇在上海的代理人陈丕显、曹荻秋。我们就是要乱它个落花流水。这种乱大大有利于无产阶级革命派。……现在,我们无产阶级革命派已经夺取了政权,放在我们面前的任务是如何巩固政权,这就是要我们掌好权,用好权。现在主张乱的人,就是想乱我们的无产阶级政权,乱革命的新秩序,乱我们革命派,这是对敌人有利。'支联站'一小撮头头实质就是在为敌人效劳。……"

这篇以《红卫战报》编辑部名义发表的文章,已经把"联司"当作敌人了!

王洪文后发制人

"小兄弟"们摩拳擦掌,已经不止一次提醒"司令",该干掉"联司"了。

这一回,"王司令"稳坐军帐中,倒是沉得住气。他听从张春桥的告诫:要让"联司"充分表演,后发制人。造成口实,一举全歼。

他派出了"小兄弟",假装支持"联司",打进了"支联总站"。这位近乎间谍的"小兄弟",不断密报"支联总站"的一举一动,使王洪文对对手了若指掌。

他还设立了一个秘密据点,专门收集"联司"、"支联总站"的情报,弄清全市各"支联站"的组织情况,拟出黑名单。

他着手制订秘密行动计划,以俟时机成熟之际,对"联司"来个"一锅端"。

这边有风,那边就有声。

6月23日,"联司"大量印发了题为《警惕!!!一个血洗上柴厂的反革命阴谋计划!》的传单。这份传单,泄露了王洪文的天机:"现在还隐藏在专政机构中的一小撮坏人……他们正在酝酿一个更大规模的镇压'联司'、'血洗上柴厂'的反革命计划,可能今后半月之内出现血洗上柴。"

这张传单所揭露的,正是王洪文制订中的秘密行动计划,"情报"完全准确。

这张传单大量印发之后,"联司"和"支联站"提高了警惕。

过了三天——26日,"联司"又印发了传单《大规模洗劫上柴厂的计划在行动》和《血洗上柴厂前奏》,更加详细地透露了王洪文的阴谋。

传单中很具体地指出,"市革命委员会政法指挥部在上海青年宫开过秘密会议,决心7月5日以前踏平'联司'"。

"联司"理所当然地进行反抗。

6月28日,"联司"在上海柴油机厂集合,杨仲池当众揭露了王洪文"踏平'联司'"的计划,大声疾呼:"我们要杀出去,杀向政法指挥部,杀向公安局,杀向社会!"

第二天,终于爆发了"六二九"事件,震动了上海——"联司"面对王洪文伸来的黑手,进行了反抗。

当时的《工人造反报》以整版篇幅描述"六二九"事件。这家由"工总司"主办的报纸当然是站在"工总司"的立场上说话,但也透露了当时的一些实际情况:

> 十时左右,"支联站"的人陆续调入厂里,在"联司"成员陪同下察看了有关地形;十时半光景,"联司"成员集结在各分部,有的排成队,在中央大道喊着口令作战前操练;十一时许,在"联司"头头的指使下,弄了一批杨梅到武装部、武装民兵宿舍楼下叫卖,施展"调虎离山"计,把一部分武装民兵诱出宿舍,同时,"联司"成员吴信昌,奉命突然闯入电话总机房,借"修理"为名,控制了电话总机。……
>
> 中午十二时之后,……在一声声刺耳的哨子声中,一批批"联司"和"支联站"的成员,在指定的地点集合,穿好厚帆布衣服或棉衣,戴上柳条编制的安全帽,手执铁棍、木棒、弹弓,或者肩扛大铁锤、粗钢钎、水龙带,或者抬着长竹梯,打着红旗反红旗,别有用心地唱着"下定决心,不怕牺牲"等歌曲,急遽地奔向早就分配好的目标!……

一场武斗开始了,双方受伤人员达二百多人,伤势较重的有五十多人。

当天深夜12时半,"联司"和"支联站"袭击了位于市中心的青年宫。他们原想从那里查抄王洪文踏平"联司"的计划,结果查到近百张尚未贴出的攻击"联司"的大字报,便在青年宫门口放火烧毁。火光惊动了沉睡中的上海市民。青年宫的广播台哇啦哇啦高喊"要文斗,不要武斗",吵吵闹闹,一直到清晨五时半,才算结束了这桩"青年宫"事件。

听到从上海柴油机厂传出来的消息,听到从青年宫传出来的消息,王洪文狞笑着,慢悠悠地抽着烟。他巴不得"联司"跳出来,"联司"闹得越起劲越好。"后发制人"嘛,这是张春桥的计谋。他要把"挑起武斗"的罪名先安在"联司"头上,然后"名正言顺"地加以扫荡。

今非昔比,已经成为市革会副主任的王洪文,可以用手中的权,哗哗地开动宣传机器,对"联司"展开强大的舆论攻势。

以上海市革命委员会的名义,在6月29日发布《通告》。这个《六二九通告》的主旨,便是"制止上柴厂武斗",把"联司"推上了被告席。

翌日,《文汇报》、《解放日报》都全文刊登了上海市革命委员会的《六二九通告》,一下子便使"联司"在舆论上处于劣势。用王洪文的话来说,这叫"对'联司'发动了强大的'文攻'"。当然,"文攻"的下一步,便是"武卫"了。

"王司令"又"指示"以"工总司"的名义,发表题为《坚决拥护上海市革命委员会'六二九'通告》的文章,充满着恫吓的语气:

"我们警告上柴'联司'一小撮头头:你们必须悬崖勒马,不要一误再误了,否则是绝路一条。"

"本部所属各基层组织,一定要站稳立场,不要偏听偏信,一定要坚决贯彻执行上海市革命委员会'六二九'通告……"

《工人造反报》所发表的社论《谁在为上柴"联司"的行动喝采叫好?》一文,已经把"联司"作为反动组织对待了:"上柴'联司'一小撮头头和幕后策划者的一系列行动,蒙蔽了广大的革命群众,受到了社会上地富反坏右的支持,更严重的是,他们的行动在国际上受到了帝国主义、现代修正主义和一切反动派的喝彩叫好。……从中可以明显地看出,上柴'联司'的一小撮头头和幕后策划者已经滑到哪里去了。……"

7月1日,王洪文和徐景贤以上海市革命委员会的名义,在人民广场举行数十万人的大会,"愤怒声讨'联司'和'支联站'"。"联司必败"的口号声,从成千上万的喉咙里喊了出来,那声波久久地在上海上空回荡着。

震动上海的解福喜之死

上海进入7月之后,气温骤然上升,热不可耐。位于上海东北郊的上海柴油机厂,成为全市最热的地方。"阿东"和"阿串"之间的格斗,由于王洪文支一派,压一派,已经愈演愈烈,日趋白热化。

"文革"前,曾是上海"八面红旗"之一的上海柴油机厂,如今生产濒临瘫痪,成了一个炸药库,随时都可能发生剧烈的爆炸。

"六二九"事件过去20天,7月18日又一场武斗在上海柴油机厂爆发。

导火线是一桩芝麻小事。

"联司"在厂里刷了一条大标语。那标语是7月13日上午8时刷的,注明"保留五天"。7月18日上午8时02分,"东方红"覆盖了"联司"的大标语,写上一条针对"联司"

的大标语。

"阿东"们与"阿串"们，就"保留五天"如何计算，发生了口角。

"东方红"以为，从13日上午八时至18日上午8时，整整五天。因此，他们在18日上午8时02分开始覆盖，是符合"保留五天"的。

"联司"则以为，"五天"指13日至18日，保留期应当是到18日夜12时为止。因此，"东方红"在上午8时02分覆盖，是违反"保留五天"的。

如此区区小事，引发了"阿东"和"阿串"的大辩论。可惜，当年的中国没有"大字报法"，没有关于"保留期"如何精确计算的条文，双方公说公有理，婆说婆有理，那种"大辩论"显然是毫无结果的。

吵着吵着，动起手来。最初的武器是墨汁和糨糊，你往我的身上泼墨汁，我用糨糊"还击"。

双方的人员闻声赶来支援。武斗的级别迅速提高。瓦片、砖头以致铁块，代替了墨汁和糨糊。

武斗的规模不断扩大，伤员激增，达三百多人受伤。

在混战之中，出了人命：工具车间工段党支部书记、"东方红"成员解福喜受了重伤，不久死去！

"好，这是一个大把柄。我们要抓住解福喜之死，大造舆论！"王洪文正巴不得闹出个大乱子，可以收拾"联司"，不由得幸灾乐祸起来。

解福喜明明是在武斗中死去，而王洪文手下的"上海市革命委员会政法指挥部"在7月21日发出的通令中，却被说成这样："7月18日，在上海柴油机厂'联司'总部，有人私设公堂，严刑拷打上柴'东方红'战士解福喜，以致惨死，手段十分残酷。我们对死者表示沉痛的哀悼，对家属致以深切的慰问。根据中央'六·六'通令，我们政法指挥部特令以杨仲池为首的上柴'联司'负责人立即交代打人致死的过程，交出杀人凶犯名单，听候审讯。……"

这天晚上，王洪文在上海人民广场主持召开大会。据通知，说是传达中央重要文件，几十万人前来开会。会议即将开始时，主席台上的横幅换成了"用鲜血和生命捍卫毛主席革命路线、解福喜同志追悼大会"。于是，这几十万人，都成了追悼大会的参加者。

王洪文的讲话精神，后来被写入《工人造反报》的"社论"。解福喜之死，本是不该发生的不幸事件。王洪文却竭力借解福喜之死扩大事态，煽起人们对于"联司"的深仇大恨，为踏平"联司"作舆论动员。

"解福喜是被'联司'一小撮暴徒私设公堂，酷刑拷打致死的，全身打得皮开肉绽，体无完肤，尸身遍体鳞伤，惨不忍睹。

……

"解福喜在旧社会受尽了残酷的剥削和压迫，过着牛马不如的生活。解放后，是毛主席、共产党替他带来了幸福。解福喜对阶级敌人怀着刻骨的阶级仇恨，对党、对毛主席有着无比深情的热爱。在无产阶级文化大革命中,他坚定地站在毛主席的革命路线一边,与革命群众一道,对党内一小撮'走资派'以及地富反坏右、牛鬼蛇神展开了坚决的斗争。因此,党内一小撮'走资派'和一切阶级敌人把解福喜看成是眼中钉,肉中刺。

"解福喜为保卫革命路线,保卫我们上海无产阶级新生政权——上海市革命委员会献出了生命。解福喜不会白死,也不能白死。上海的无产阶级革命派誓以鲜血和生命保卫毛主席革命路线。

"对敌人的仁慈,就是对人民的犯罪。……"

磨刀之声霍霍,王洪文已在准备对"联司"下毒手了。

这时,全中国也处于滚滚热浪之中,武斗之声四处可闻。惊动全国的武汉"七二〇"事件在这时候爆发了。

7月20日这天,上千辆卡车在武汉街头游行,当地拥有百万之众的群众组织"百万雄师"高呼"打倒王力"的口号,声震武汉三镇。这是因为"中央文革小组"成员王力以及国务院副总理兼公安部长谢富治前往武汉处理问题,支一派,压一派。被压的"百万雄师"奋起反抗,举行大游行,还扣押了王力。

7月22日下午,谢富治和王力飞回北京。江青组织数万人在西郊机场欢迎两位归来的"英雄"。当晚,林彪听取了"中央文革小组"的汇报之后,把武汉"七二〇"事件定为"反革命暴乱"。"百万雄师"成了"反革命组织",遭到了残酷迫害。"百万雄师"被称之为"百匪",武汉军区司令陈再道被说成是"百匪"的"后台"。

上海的人民广场,处于高温之中。7月21日刚刚开过数十万人追悼解福喜的大会,才隔了一天,又是几十万人聚集那里,又是王洪文主持大会。这一回,开的是"高举毛泽东思想伟大红旗,上海无产阶级革命派誓死保卫中央文革小组大会"。

真是够热闹的,大会既发出《给谢富治、王力同志的慰问电》,又发出《给武汉地区革命造反派的声援信》。王洪文其实是在借武汉问题造声势。在他看来,武汉干掉了"百万雄师",那么上海干掉"联司"、"支联总站"的日子也不会太远了。

那封《声援信》,骂的是"百万雄师",字字句句却针对着"联司"、"支联总站":

"龟蛇两山在震荡,万里长江在咆哮,武汉三镇在沸腾!无产阶级革命派难道能容忍阶级敌人和它们的爪牙如此横行不法吗?不!不能!一千个不能!一万个不能!!万万个不能!!!千百万人发出了同一个愤怒的吼声:打倒陈再道,砸烂'百万雄师'!坚决镇压反革命!无产阶级专政万岁!"

一幕惨剧在武汉发生了:因"七二〇"事件,武汉被打伤打残的达六万六千多人,被打死的达六百多人!

冒出了"压勿煞战斗队"

"联司"的处境,已经越来越危险。

"联司"依然在反抗着。

"联司"在7月21日广为印发《备忘录》，向王洪文抗争，向王洪文声辩。

《备忘录》全文如下：

备忘录

现在上柴黑党委内一小撮走资派和背后支持他们的人，日益加剧对我"联司"进行迫害，现在他们更是抓住解福喜的死来达到其目的。为此，我们提请市革会政法指挥部、工总司的一些负责人注意以下几个问题：

（一）上柴厂群众之间的对立、斗争和武斗现象不断发生，是上柴黑党委内一小撮走资派和背后支持他们的人一手策划和由上柴"东战部"挑起的，是有计划、有步骤地对"联司"的政治迫害，我"联司"战士5月份以来，尤其在"六·二九"、"七·一八"大惨案中严重流血，这笔账我们一定要算的，我们坚决要求惩办打人凶手，揪出其幕后策划者。

（二）对解福喜死的问题。根据我们所了解的情况以及入院病历，确实证明解福喜的死因，根本不是什么"被打死"的，而主要是急病或中暑。

经我"联司"代表赴法医所观验，发现解福喜的尸体已遭破坏，已不足为证。这是一个严重的问题。为此，我们要求由全市革命造反派组成调查团，就这事进行调查，并要求中央迅速派人，一起对解的尸体进行解剖分析，在此之前尸体不得毁证灭迹，否则，那就是一个严重的政治阴谋。

（三）由某些人组织的江湾体育馆会议（七·二〇）、"七·二一"人民广场会议是挑动群众斗群众，陷害"联司"，扩大事态的极不光彩的活动。由此而产生的一切后果，由会议策划者负完全责任。

（四）近日《解放日报》散发了大量的颠倒黑白混淆是非的传单，我们保留在必要时对"传单"炮制者及其幕后策划者采取必要革命行动的权利！

此致上海市革命委员会

上海柴油机厂革命造反联合司令部
1967年7月21日

"联司"在上海并不孤立。虽然王洪文召开了一次次声讨"联司"的大会，动辄几十万人，可是"工总司"的老对手们几乎都站到"联司"的大旗之下。就连"工总司"的反对派们的子女，居然也组织起一个个"小支联站"！

"小支联站"的成员们，据说有500多人。他们的任务是五花八门的。据一位17岁的"小支联站"成员说，任务如下：

一、贴标语，发传单；

二、看见"东方红"或"公革会"（即"公安局革命造反委员会"）的汽车停在那里，就把轮胎的气放掉；

三、扰乱批判"联司"的大会会场，起哄或撒传单；

四、救护"联司"伤员,送进医院;

五、看管好"联司"的汽车。

"支联站"也不时召开万人大会,高呼"联司必胜"的口号。一支名为"压勿煞战斗队"活跃于上海滩,成为"支联站"中的生力军。

王洪文派人前去暗中查访,吃了一惊:原来,这支"压勿煞战斗队"的队长非别人,乃是他的宿敌、"一兵团"的"司令"戴祖祥之弟戴祖大!

怪不得"支联站"层出不穷,原来都是这些几经较量而"压勿煞"(上海土语,"压不倒"之意)的人物。

戴祖大也给王洪文抓起来了,被迫写了"自白"。这份"自白"被"工总司"印成传单,曾广为流传,题为《我为什么要"支联",反工总司?——原北上返沪第一兵团戴祖大的自白》。这份《自白》是戴祖大在王洪文的高压之下违心而写,言不由衷,不过,多少还是反映了"支联站"的组成人员的一种特殊心态和"压勿煞"的原因,值得一读:

> 我是原北上返沪第一兵团的工作人员,我哥哥名叫戴祖祥,是原北上返沪第一兵团的坏头头。
>
> 今年2月份,戴祖祥大搞分裂工人运动,要争名争地位,保住自己的那个山头,实现他的野心。就在2月中和其他组织一道搞了个分裂主义的"革命造反联合委员会",大反工总司,走上了反上海人民公社的反革命道路。
>
> 在这种情况下,上海的革命群众都一致起来反对,并要求把这些坏头头揪出来。在3月中的一个晚上,戴祖祥被无产阶级专政机关关了起来,现在仍在押。对此,我对王洪文为首的工总司刻骨仇恨,并把我哥戴祖祥的拘留归罪于他们,因此,我就一直想乘机报复。就在这种思想根源上,我就和上柴"联司"站在一起,开始了反工总司、市革委会领导的罪恶的阶级报复活动,于7月底正式组织了"压勿煞战斗队",并散发了好几种伙同"联司"反王洪文等革命领导人的传单,也在大世界对面贴了《评"解福喜事件"》的巨幅大字报,向全市人民放了不少毒,给社会上带来了极大的毒害,是一株彻头彻尾的反毛泽东思想的大毒草。
>
> 所谓《评"解福喜事件"》一文的要害是打着"红旗"反红旗,其目的是向无产阶级权力机构的负责人徐景贤、王洪文等进行猖狂的进攻,妄图实现阶级报复。
>
> ……

"888"秘密会议

一辆辆轿车驶过华山路,浓密的法国梧桐遮住了骄阳。当王洪文来到"888",他的"小兄弟"陈阿大、戴立清、叶昌明、张宝林等已在那里吹牛了。

"888"——上海警备区支左办公室的代号。"工总司"总部的秘密会议,正在这里举行。

时间:1967年7月29日。

王洪文一进来，压低了声音，兴奋地对"小兄弟"们说："告诉大家一个好消息——春桥同志说，是时候了！"

用不着任何解释，"小兄弟"们都明白张春桥所说的"是时候了"是什么意思。

"春桥同志从北京打电话来？"有人问道。

"春桥同志20日回到上海。"王洪文把声音压得更低，"春桥同志说，'联司'和'支联站'是群众组织，由'工总司'出面解决比较合适。所以，这段时间他虽然在上海，就不公开露面了。他在上海的消息，要保密，不要往外说出去。据春桥同志告诉我，他这次来上海，另有重要任务。"

"小兄弟"们兴奋起来，因为张春桥所说的"是时候了"，无疑如同给他们吃了定心丸。

在王洪文的主持下，"888"行动计划拟定出来了。

"888"计划，共五项内容：

（一）设立临时指挥部；

（二）这次行动的代号为"888"；

（三）现场指挥为王洪文、戴立清、张宝林、王胖利等人；

（四）队伍调动基本上按"工总司"的各组分口；

（五）确定攻击对象，主要是"联司"和"支联站"。

关于临时指挥部，又具体分为三线。这样，在与"联司"、"支联站"的作战中，垮了一线，还有一线：

第一线——指挥部设在华东物资局"工总司"联络站，由戴立清负责；

第二线——指挥部设在"888"，由王秀珍、陈阿大、叶昌明等负责；

第三线——指挥部设在上海警备区，由金祖敏等负责。

"什么时候动手？""小兄弟"们急不可耐地问"王司令"。

"还要稍等几天，但是，不会超过8月5日。"王洪文抽着烟，像一位指挥若定的"司令"一般说道，"我们的人，打进了'联司'和'支联站'。据他们传出可靠的消息，'联司'和'支联站'在8月5日要在人民广场召开全市大会，纪念毛主席《炮打司令部——我的一张大字报》一周年。我们必须在8月5日前消灭'联司'和'支联站'，就像武汉的'工人总部'消灭'百万雄师'一样！"

"先打'联司'，还是先打'支联站'？"又有人问"王司令"。

"'联司'好打，'支联站'难打。最好先干掉'支联站'。"王洪文答道，"从'解福喜事件'之后。'东方红'已经退出上柴厂，住在延安西路二百号文艺会堂和外滩的市革会大楼。上柴厂成了'联司'的统一天下。这样，只要把上柴厂一包围，'联司'就成了瓮中之鳖。麻烦的是'支联站'，东一个、西一个。我想，最好等'支联站'开会的时候，一举歼灭。我已经关照了混进'支联站'的我们的人，一有开会的消息，马上报告我。所以，也请各位随时作好准备，随叫随到。最理想的方案是先干掉'支联站'，再吃掉'联司'。另外，考虑到'工总司'的战斗力、机动性不够强，我已请'上体司'的'胡司令'协助，请他们作为'工总司'的'尖刀班'！"

"这个主意好！'胡司令'厉害！"王洪文的话，立即受到"小兄弟"们的一致赞同。

大抵因为《沙家浜》里有个胡传魁"胡司令"的缘故，所以胡永年也博得个"胡司令"的"头衔"——认真点讲，胡永年并非"上海体育界革命造反司令部"（简称"上体司"）的"司令"，只是一名"常委"而已。

胡永年，算不上是个正儿八经的运动员。他喜欢踢足球，进入上海一家钢铁厂之后，成为上海工人足球队的队员。

此人在"文革"前因打群架之类流氓行为，受到过领导批评。"文革"一开始，他便扯起了"造反"的旗号；不久，他当上了"上体司"的"常委"。

"上体司"的造反队员们与众不同，个个身强力壮，有举重大力士，有武术高手。哪里有武斗，这支队伍便在胡永年率领之下冲冲杀杀，出现在哪里。在"一·二八"炮打张春桥的时候，张春桥被"红革会"围困于锦江饭店。胡永年率"上体司"杀进重围，救出张春桥。张春桥马上夸奖胡永年"粗中有细，阶级斗争觉悟高"，"有办法"。于是胡永年声望陡增，成了"胡司令"。

"胡司令"抢了一批摩托车，使"上体司"成了一支"机械化部队"。虽说这支队伍不过千把人，可是个个身手不凡，一顶十，"战斗力"比"公革会"还强。

"王司令"预料到与"联司"、"支联站"之间会有一场恶战，于是上门向"胡司令"求助。

"好说，好说！""胡司令"一口应承下来，"什么时候用得着兄弟，打一个电话过来，几分钟之内我们的摩托车就出动！我手下的'搏斗兵团'，召之即来，来之能战，战之能胜！"

"一言为定！""王司令"和"胡司令"紧紧握手。

果真，7月31日，王洪文给"胡司令"打来电话，说是有急事相告。

大战的前奏

上海西区，在离张春桥下榻的兴国路招待所几百公尺处，有一条幽雅、静谧的马路。马路上不通公共汽车，但常可看见小轿车进进出出。这条柏油马路并不长，与兴国路垂直，形成一个"十"字。这便是泰安路，马路两侧大都是一幢幢两层的小洋房。居民之中，既有上海著名的作家、音乐家，也有上海高级干部、大学校长、教授，还有一批资本家。

泰安路120弄31号，是一幢资本家的小洋房。自然，"文革"开始之后，主人被赶了出去，小洋房被造反兵团占据了。

7月31日薄暮，天刚刚有点暗下来，陆陆续续的有许多人步入小洋房。

上海各"支联站"的三十多个头头前来这里，召开秘密会议。

上海的空气中已充满火药味儿。"支联站"的头头们为了对付"工总司"，正在部署着反抗的计划。

会议尚未正式开始。三三两两，头头们在互相通报着各区的"支联"情况。

在这三十多人中，唯有一人显得坐立不安，眼睛不时往窗外瞟。因为他事先给王洪文挂过电话，密合今晚"支联站"会议的时间、地点，怎么还不见有什么动静。

时针指向七点。突然，一个中等个子、身体结实、四方脸、颧骨突出的男青年，推开门口的警卫，冲了进来。他的左臂上没有戴红袖章，却扎着白布条。在他身后，一大群彪形大汉，随着呼啸而入。每个人的左臂都扎着白布条。

"不许动，你们被捕了！"这个满脸横肉的男青年，便是大名鼎鼎的"胡司令"。他的一声令下，"上体司"的"搏斗兵团"和"工总司"的一百多造反队员，便冲进小洋房。

"支联站"的头头们束手就擒。

几辆冷藏车来到小洋房前。"支联站"的头头们，被押上闷罐一般的冷藏车——几个月前，王洪文抓马骥[①]，用的也是冷藏车。"王司令"以为，冷藏车的"保密"性能好，而且不会引人注意。

冷藏车在上海市区兜了几个圈子。直至确信后边没有别的车子跟踪，这才直奔杨浦区公安分局。

在"胡司令"的协助下，王洪文没有费多大气力，一下子便把全市"支联站"的一批首脑人物抓获了。

不过，在杨浦区公安分局清点"俘虏"名单之后，王洪文有点后悔：他太性急了，下手太早，以致使一批晚到的"支联站"头目漏网！

原以为这次可以逮住"全向东"，可是，据"内线"告知，"全向东"非常"敏感"，这几天行踪诡秘。虽然"全向东"每天都对"支联站"的工作发表意见，可是，除了与他单线联系的"支联站"头目之外，谁也不知道他在哪里。

尽管"全向东"成为漏网之鱼，正在兴国路招待所五号楼的张春桥得悉一举捕获"支联站"核心人物三十多人，还是嘉许了王洪文。

意气正盛，王洪文要来上海柴油机厂详图，铺在"888"那宽大的桌面上。四周，一伙"小兄弟"围着，计议着。直到这时，他的"司令部"才有了点"司令部"的味道，他这"司令"才有点像"司令"的样子了。

王洪文用手指在上柴厂详图上画了一个圈，说道："对于'联司'，要先围后歼。第一步是包围，第二步是攻坚。这是一场硬仗。除了'上体司'仍然要作为先锋之外，'公革会'、'消革会'也要起骨干作用。"

"公革会"、"消革会"的头头，当即表示听从"司令"调遣。"公革会"是公安局的造反派，颇有战斗力。那"消革会"乃"消防革命造反委员会"，已经"改行"，并非致力于救火，却是武斗的一支特殊劲旅。消防车的云梯，成为攻占高楼的重要武器。"消革会"的造反队员善于飞檐走壁、擅长攻坚。至于那高压水龙，早在"五四运动"的时候，北洋军阀就已经用来对付学生游行队伍了。而今，50年之后，这一"经验"被王洪文沿用来对付"联司"。

[①] 1986年10月24日，叶永烈在上海国棉十七厂采访马骥。

那个"二兵团"的头头耿金章自从关押了两个月之后,似乎接受了"教训",没有参与"支联"活动。他也被王洪文请来,参与"军机",因为老耿在指挥方面还是有两手的。

潘国平也来了。他的手下有一支人马,虽然他与"王司令"有矛盾,而在对付"联司"这一"大敌"面前结成了"统一战线"。

"我们要'先礼后兵',要逼得'联司'开第一枪!"徐景贤在这节骨眼上,提出了重要的策略。

"对,太对了!"王洪文拍案叫好。

于是,8月3日下午,三辆挂着高音喇叭的宣传车,驶进上海柴油机厂。车里坐着上海市革命委员会代表、驻沪三军代表和新闻记者、摄影记者。

高音喇叭反复播送着《上海市革命委员会给上海柴油机厂"联司"革命群众的一封公开信》。

"联司"当然进行了反击,团团围住了那三辆宣传车,砸掉了车上的高音喇叭,夺走了记者们手中的电影摄影机,扣押了其中的一些代表。

这,正是王洪文求之不得的!

于是,"联司"之前,加了个"臭"字。上海全市刷满新标语:

"臭'联司'殴打市革会和解放军代表,罪该万死!"

"臭'联司'必须立即释放市革会和解放军代表!"

"打倒臭'联司'!活捉杨仲池!"

"工总司"总动员,各工厂出动上千辆卡车,满载着造反队员们,向上海柴油机厂进发。

上海血泪横飞的8月4日

20世纪60年代,是日本的"经济起飞"时期,是美国、苏联经济大发展的时候。

中国,本来已是经济落伍的国家,经过了"大跃进"的折腾和"三年困难"的挫折,东方巨龙已经远远地被抛到后边。然而,一场既不是"无产阶级"的,又不是"文化"的,更不是"革命"的所谓"无产阶级文化大革命",使中国经济濒临崩溃。

1967年8月4日,在"总指挥"王洪文指挥下,在中国最大的工业城市上海所发生的一场血战,是"文革"灾难的一场缩影。

在"工总司"大旗指引下,上海24万产业工人离开生产岗位,用最原始的弹弓、砖头、铁矛,冲进上海柴油机厂,"踏平""联司"!

两架直升机在上海柴油机厂上空盘旋。摄影师们用电影胶片记录着王洪文的"丰功"。

这天的气温,高达摄氏39度。一颗颗发烫发昏的头脑,投入了一场疯狂的肉搏。

当年"工总司"的喉舌——《工人造反报》,所载《8月4日上柴战地目击记》,虽然处处为王洪文的"伟绩"大唱赞歌,但是字里行间,毕竟还是记下了当年的疯狂和残忍。

兹摘录若干原文于下:

冶金系统的先头部队首先进攻上门，"联司"在这座钢铁大门后堆放无数乱石、铁板等障碍物。钢铁战士们智勇双全，灵机一动，将吊车撞开大门，顿时冶金、电业、华东电力建设局、港务局、纺织、化工、交通运输等系统和红卫兵小将的各路大军冲入中央大道，革命医务工作者也深入"火线"及时抢救伤员，但死心塌地为"联司"效劳的一小撮坏蛋，在铸工车间屋顶上，把砖块从高空抛下，织成了一片"火力网"，阻挡队伍前进。各路人马立即分成四路，把铸工车间包围起来；各条战线的钢铁战士，从水落管（上海人对下水管的俗称——引者注）、消防梯、门窗上攀登。刚要登上屋顶，"联司"中坏蛋用特制的钢叉突然向我们战士刺来，在千钧一发之际，战士们立即抓来灭火机猛喷屋顶，这突如其来的"新式武器"，使一小撮坏蛋惊慌失措，似惊弓之鸟，步步退缩。这时吼声震天，各路大军经过短短一小时艰苦斗争，攻克了铸工车间，在无产阶级革命战士的强大攻势面前，一小撮坏蛋只得举手投降。

一号、二号、三号三幢大楼被造反派战士占领后，"联司"坏蛋都退居到四号楼、五号楼固守。四号楼是"联司"总部，由"联司"的所谓"敢死队"直属兵团据守，组织了密集的"火力网"，砖头、石头、石灰、铁器……像冰雹一样从高空抛下，还用皮弹弓射下螺丝帽，甚至扔下硝镪水、黄磷、燃烧瓶、汽油……很多革命造反派战士受了重伤，周围的房屋、电线也烧起来了，上柴厂战地一片烟雾腾腾。

"消革会"、"义革会"（"义革会"指"义务消防队革命造反委员会"——引者注）的负责人，眼看"联司"疯狂地垂死挣扎，眼看阶级兄弟倒在血泊中，激起了强烈的阶级仇恨，屡次请战，要求出动消防车，担负主攻任务，迅速歼灭"联司"老巢。指挥员观察了现场作战情况，为了力争在白天摧毁"联司"老巢，减少伤亡，减少工厂损失，根据"消革会"、"义革会"的请战，决定"消革会"、"义革会"出动主攻，用云梯搭桥，用水枪灭火和制止投掷燃烧瓶、黄磷、硝镪水和石块等凶器，掩护进攻。

三时许，"消革会"、"义革会"第二批战士在"消革会"常委詹××带领下乘车到达上柴战地，指挥员下令投入战斗，进攻四号楼。这是关键的一战。

"在天黑以前一定要拿下'联司'黑总部！"这是指挥部的战斗动员令！战士们一到现场，立即投入战斗。谁知凶恶的"联司"一小撮坏蛋，早就切断了厂内的水源。战士们下定决心，排除万难，终于在一千米外找到了河浜。由于距离太长，出水困难，消防战士又发挥集体智慧，采用四辆车子"打接力"的办法打水，洪水水枪（又名大炮水枪）的水压在一百磅以上，由四个身强力壮的"消革会"、"义革会"战士撑着。只见一道银柱直喷四楼，喷得楼顶上一小撮坏头头都像"落水狗"。

为了占领制高点，云梯车开到了四号楼对面，腾空升起来了，超过了四号楼顶。"联司"暴徒用更密集的石块、铁片、燃烧汽油瓶拼命往云梯车砸。

这时，"消革会"战士徐××从水落管直爬上去，刚到三楼楼顶时，被"联司"暴徒用长矛刺中，从三楼掉了下来。第二个、第三个战士继续往上攀登，他们爬到楼顶时，用腿力夹住水落管，痛击"联司"暴徒的疯狂袭击，把这批暴徒打了回去，然后纷纷冲上了楼顶。

"立即把云梯靠近四号楼搭桥，从云梯上冲进大楼去！"指挥员又下命令。刹那间，又一批"消革会"、"义革会"战士从云梯冲上去，工人造反派战士也纷纷冲上去，争先登上三楼平台，占领了"联司"总部的制高点。

这时，四号楼二楼的"联司暴徒"还在顽抗。登上平台的战士往下打，下面的战士往上攻，上下夹攻，直捣"联司"老巢。四号楼的"联司"很快地被歼后，就兵分二路，分别指向五号楼和扯着"联司"破旗的水塔。兵临城下，喊话四起："放下武器！""下来不打！""'联司'成员赶快起来造坏头头的反！"造反派战士开展了强大的政治攻势。盘踞五号楼和水塔的"联司"坏蛋开始动摇了，他们丢下武器，倒下旗子，挂出白旗来，一个个举起双手投降了！"联司"老巢彻底完蛋了！

整个战斗从上午十时到下午六时胜利结束。

杨仲池被当场活捉。本来，在此之前，由于"上海市革命委员会政法指挥部"发布了对他的"传讯令"，"联司"总部头头们劝他和"全向东"暂避风头。他和"全向东"于7月29日离开上海，前往浙江湖州。可是，他毕竟放心不下，又于8月2日回到上海柴油机厂，终于落入王洪文的网里。

"全向东"得知"联司"被砸，逃往武汉，于8月14日在那里被捕，18日被用专机押回上海①。

在一场腥风血雨之中，"联司"和"支联站"终于被王洪文踏平！（杨仲池、"全向东"在当时都被王洪文投入狱中。粉碎"四人帮"之后，杨仲池成为中央某部的处长，"全向东"则作为访问学者于1988年夏飞往美国。）

为了替"工总司"庆贺"胜利"，《工人造反报》居然登出了题为《保卫无产阶级专政》的歌曲。那标明"强有力"的歌词，唱出了当年的狂热，唱出了"造反司令"的风格。

> 臭"联司"，
> "支联站"，
> 一小撮头头专把坏事干，
> 残杀革命派，
> 殴打解放军，
> 配合刘少奇，
> 紧跟陈丕显，
> 妄想把无产阶级政权来推翻。
> 上海的天是毛泽东思想的天！

---

① 1990年9月14日，叶永烈请孙详海谈"全向东"；1990年9月14日，叶永烈请邵世民、顾其昌谈"全向东"。

上海的政权是红色的革命政权！
革命派，
同心干，
保卫党中央，
保卫毛主席，
把一切反动分子砸个稀巴烂。
打倒臭"联司"，
砸烂"支联站"，
打倒刘少奇，
打倒陈丕显。

"八四"狂风刚刚过去，王洪文又在上海搞了个"补课"，抓获一大批在8月4日漏网的"联司"和"支联站"骨干。光是上海柴油机厂里，审讯"联司"的"公堂"、"刑房"便多达五十多处，刑具达几十种之多！

张春桥"完全支持"王洪文

1980年12月6日上午，"八四"惨案的主谋王洪文受到中华人民共和国最高人民法院特别法庭的严正审讯。

特别法庭的审讯记录如下：

法庭就起诉书指控王洪文1967年8月4日，策划、指挥围攻上海柴油机厂革命造反派联合司令部群众组织的武斗事件的事实，进行调查。

王洪文供认起诉书所指控的"是事实"，并向法庭供述：

1967年8月初，"联司"企图在全市组织一个"支联总部"，被我发现以后，在1967年7月31日，抓了他们约三十多人。因为我考虑"联司"在上海虽然人数不多，但能力比较强，已经威胁到上海市革命委员会的存在，当时上海不安宁，就是"联司"的问题。我就想把这个组织彻底解决掉。开始时，由于它是"工总司"的下属组织，还是用说服的办法，后来两派闹得比较厉害，我就考虑把它搞掉。8月3日晚上，上海市各群众组织召开了一次群众大会，控诉了所谓"联司"的罪行，我曾召集"工总司"的所有委员研究如何搞掉"联司"的问题。控诉"联司"大会以后，我决定调动队伍围攻"联司"。8月4日早晨，大约调了四万人，实际上去了十多万人，把"联司"包围起来，下午开始围攻，到晚上就把"联司"砸掉了。这件事，主要是我策划的，与其他人关系不大。

审判员问："这次武斗,造成了什么样的后果,你应负什么责任？"

王洪文答："伤亡了几百人,主要由我负责,我是有罪行的,我应该向全国人民认罪。"

法庭宣读张宝林1977年10月的证词、王承龙1978年8月28日的证词、叶昌明1978年11月22日的证词,并通知徐潘清出庭作证。徐潘清证明：1967年8月4日,王洪文亲自策划、指挥了围攻上海柴油机厂革命造反联合司令部群众组织的武斗事件,对群众进行血腥镇压,犯下了严重罪行。他说："1967年8月4日凌晨,王洪文经过策划,调动了十多万人,开动近千部各种机动车辆和船只,从水陆两路对上海柴油机厂进行围攻,他们切断水电,用二十五吨履带式大吊车在前面开路,后面跑着头戴藤帽,手持各种棍棒、刀斧和武斗工具的受蒙蔽的人员,抓到一个毒打一个,把男的上衣全部剥光,女的上衣撕破,作为标记。在这次武斗事件中,被关押打伤的就有六百五十人,有的至今医治不愈,留下了严重的后遗症,有的成了残废,群众的财物被抢劫一空。工厂损失达三百五十多万元,厂房修理费花了十四万元。"

说实在的,8月4日那天,张春桥的神经一直处于高度紧张之中。

他在上海,却不露面。他把王洪文推到了第一线,而给自己留好了后路：如果砸"联司"造成很多人的死亡,受到全国的舆论谴责,他可以把王洪文推出去,把自己推得一干二净；当然,如果大获全胜,他可以对王洪文此举表示支持。他,毕竟已是"中央首长"呵。

8月5日,张春桥在上海公开露面了。面对着电视摄像机镜头,张春桥狡黠地用这样的话表态："许多人问我,'八四'行动好不好？昨天晚上,我坐车到上海街头转了转。我看到老老少少、一摊一摊在路边乘凉。他们的脸上挂着笑容。我想,这就清楚地表明,老百姓对'八四'行动是满意的,高兴的。他们的笑容,已经很明确地答复了'八四'行动好不好。"

张春桥故意打了个拐弯球。他的话,明明是表示了对王洪文的支持,却又叫人抓不住把柄——他像泥鳅一样的滑！

直至9月1日,"八四"事件过去二十多天了,张春桥在北京市革委会扩大会议上,才把话讲得实实在在、明明白白：

> 最近上海发生了一些不大值得欢迎的事,说上海市革委会执行了资产阶级反动路线,要张某人和姚某人靠边站。说上海市革命委员会镇压了"上柴联司",北京学生支持它。对于上海市"工总司"的行动,我完全支持。他们完全对的。这个厂武斗近一年了,涉及从厂党委,到八机部体系的党委。后来发展成为所有反革命势力聚集点,形成一个反革命,形成一个反革委会、分裂上海工人、学生运动的势力。到处打人,打死人,革委会要求交出打人凶手,革委会的人也被打出来了,革委会派出二十名代表,均被打、被抓。在这种情况下,"工总司"连夜召开十万人大会,包围了上柴厂,要求"联司"交出打人凶手,释放革委会代表。他们拒不交出,反而主动出击,群众一急之下,冲进厂去,打了个歼灭战,这仗打得很漂亮。这不是哪个去指挥的。这叫镇压群众？那无产阶级专政还要不要啦？

作为王洪文的后台,张春桥不仅对"八四"行动表示"完全支持",而且也替王洪文掩饰:明明是有预谋、有策划、有指挥的血洗"联司",却轻轻巧巧,被说成了"群众一急之下,冲进厂去,打了个歼灭战"。

毛泽东的"最新最高指示"

张春桥在8月4日那天,全身神经像绷紧的弦,其中最重要的原因还在于:毛泽东在上海!

毛泽东决定在1967年7月中旬起,巡视大江南北。

"才饮长沙水,又食武昌鱼。万里长江横渡,极目楚天舒。不管风吹浪打,胜似闲庭信步,今日得宽馀。……"喜欢游泳、又爱食武昌鱼的毛泽东,兴致勃勃,曾几次到武汉畅游长江。就连1966年7月,"文革"如火如荼之际,他还是抽空到武汉横渡长江。他在游长江时说的几句话,立即传遍全国:"长江又宽又深,是游泳的好地方。""长江水深流急,以锻炼身体,可以锻炼意志。"

当1967年的炎夏来临之际,毛泽东在政治局会议上说:"7月了,我要到外面走走。去武汉游水,那里水好。"

毛泽东点名要代总参谋长杨成武同行。

然而,1967年7月的武汉,正是"工人总部"与"百万雄师"两军对垒的时候。

担心毛泽东的安全,周恩来于7月14日清晨飞抵武汉,作了安排。晚上,毛泽东抵达武汉,住在东湖宾馆,随行的有杨成武、汪东兴、郑维山。另外,这天中午从重庆赶来武汉的有谢富治、王力和余立金。余立金当时是空军政委。

武汉的气氛紧张,武斗随时可能发生。毛泽东想横渡长江,是渡不成了。

7月20日——"七二○"事件爆发的当天上午,两位大员从北京分坐两架专机,分赴武汉和上海。

前往武汉的专机里,坐着林彪亲信、中国人民解放军副总参谋长兼总后勤部长邱会作。邱会作的贴身衣袋里,放着林彪写给毛泽东的一封密信。林彪写好后,曾把信交给江青看过,江青也在信上签了名。临行,江青叮嘱邱会作道:"你的脑袋在,这封信就要在!"此信用专人、专机运送,是因为林彪据说获悉"陈再道要搞兵变",要毛泽东尽快离开武汉。

下午2点10分,邱会作的专机飞抵武汉。"百万雄师"正在举行声势浩大的反对王力的游行。

邱会作心如火燎,要求见毛泽东。下午5点多,毛泽东才在东湖宾馆接待了邱会作,拆阅了那封由林彪、江青签名的信,淡然一笑。

毛泽东并不相信所谓"陈再道要搞政变"的流言,却对街上的大游行说了一番深刻的话:"在工人阶级内部,没有根本的利害冲突,为什么不能团结起来呢?"

就在邱会作飞抵武汉不久,下午4点20分,另一架专机从北京飞抵上海机场。坐在专机里的大员,便是张春桥。

此行甚为机密。张春桥走下专机,便钻进轿车,不声不响直奔兴国路招待所五号楼。

张春桥奉江青之命飞往上海,以便作好准备,迎接毛泽东来沪——因为林彪、江青都以为武汉不安全。

当天晚上,在武汉的毛泽东在众人的劝说之下,决定前往上海,杨成武、余立金等随行。

当毛泽东住进上海西郊的秘密住所,正处于"工总司"与"联司"、"支联站"打得不可开交的时候。

张春桥提心吊胆。他不公开露面,让"造反司令"王洪文冲在第一线。这样,万一毛泽东批评砸"联司",他可以往王洪文身上推。

8月4日,王洪文在上海东北角指挥砸"联司",毛泽东在上海西南角不时听到从上海柴油机厂传来的消息。

毛泽东对于"八四"事件,说了些什么呢?

直到一个多月之后,毛泽东已经回到北京,上海街头的红色号外像雪花一样散发。

那是9月25日清早,以《文汇报》、《解放日报》、《工人造反报》、《支部生活》这样"三报一刊"共同署名,用红色油墨印发的"号外"。

人们以为大约是我国又在西部地区爆炸了一颗原子弹。打开"号外"一看,却是印着新华社9月24日的电讯:《伟大领袖毛主席最近视察了华北、中南和华东地区,调查了河南、湖北、江西、浙江、上海等省、市的文化大革命情况》。

"号外"用粗大的字体,突出这样几行字:

伟大领袖毛主席视察上海时作了极其重要的指示

在工人阶级内部,没有根本的利害冲突。在无产阶级专政下的工人阶级内部,更没有理由一定要分裂成为势不两立的两大派组织。

毛泽东在武汉,针对"工人总部"和"百万雄师"这两大派的势不两立,说过类似的话。

显然,毛泽东在上海所说的这几句"最高指示",是指"工总司"和"联司"、"支联站","没有理由一定要分裂成为势不两立的两大派组织"。毛泽东两度提到"工人阶级内部",表明他所指的就是上海的"工总司"和"联司"、"支联站"。

毛泽东的这段话,意味着他号召工人的两大派组织应该实行联合,因为两大派"没有根本的利害冲突"。他并不赞成一大派砸掉另一大派。

毛泽东这段话,理所当然地使王洪文难堪。

可是,王洪文通过《文汇报》记者的笔,为自己搽了一脸红粉,一下子变成了"活学活用最新最高指示"的"模范"。

虽然在"一月革命"之后,王洪文已成为"上海市革命委员会副主任",但是他的名字不常出现于报刊上。见报的,一般只有张春桥和姚文元的大名。提到王洪文时,只写"工总司负责人"而已。

这一次一反往日的惯例,王洪文的名字十分突出地出现于9月26日的《文汇报》上:

清晨四时许（指9月25日——引者注）,喜讯（指毛泽东的指示公开发表——引者注）传到了上海工人革命造反总司令部。工总司负责人王洪文的心情激动万分,昨晚工作到深夜的疲劳,立刻消失。他拿起电话,把喜讯告诉工总司的战友,把喜讯告诉工厂的战友。他知道,毛主席到上海,这是战友们多么渴望知道的喜事！这是革命的强大动力！巨大的喜讯立即化为巨大的物质力量,这种力量可以克服任何困难,排除任何阻力。

是的,王洪文和他的战友们都不会忘记:去年11月,当他们刚刚从资产阶级反动路线的白色恐怖中"杀"出来的时候,在"安亭事件"艰难险阻的关键时刻,是我们最最敬爱的伟大领袖毛主席给了上海工人革命造反派巨大的支持。那一天,以毛主席为首的无产阶级司令部派来的张春桥同志同意工总司的五个条件时,那是何等激动人心的场面啊！王洪文和他的战友们一个个都落下了眼泪,他们千遍万遍地高呼:"毛主席万岁！万岁！万万岁！"

……

东方刚刚微露曙光,工总司的负责人就聚集一起举行紧急会议。他们心里想着毛主席,口里一遍又一遍地背诵毛主席的最新指示。他们要把毛主席视察上海的特大喜讯尽快地传达给每一个战士。……

《文汇报》又创造了一个新名词,曰"九月高潮",发表了《从"一月革命"到"九月高潮"》的文章。

这样,本来大闹分裂、以武斗砸毁另一派的王洪文,忽地变成了忠于毛泽东最新指示的虔诚"战士"。

就在9月里,王洪文兼任上海柴油机厂"革命委员会主任"。他唯恐"联司"会"死灰复燃",兼任"主任"之后,加强了对"联司"的"残渣余孽"的清洗。

"王司令"乔迁"上只角"

王洪文不再回那上海定海路上的小屋了。

上海市西区,一幢漂亮的西式小楼,曾是挪威驻沪的领事馆。如今,王洪文的轿车,在那里进进出出,因为那里已成为"司令"之家。

自从成为上海市革命委员会副主任之后,王洪文就觉得定海路上的小屋未免太寒酸了。堂堂"副主任",怎么住那么破的小屋？

不过,要搬入漂亮的新居,得找个由头。要不,很容易被自己的对手们说成是"变修"、"变质"之类。

要找个什么由头，其实并不难。在与"联司"为敌的那些日子里，一句"'联司'要砸我的家"，便成为"王司令"乔迁的非常充足的理由。

看中了原挪威领事馆的幽雅和舒适，"王司令"一下从上海的"下只角"升入"上只角"。

从此，"王司令"家的地址严格保密，只有他的秘书廖祖康和几个亲密的"小兄弟"才知道。

"夫荣妻贵"。妻子原是上海国棉十七厂保育员，后来调到大连路印刷厂当临时工。这时，被安排到市西区徐家汇附近上海无线电四厂当干部了。

当王洪文乔迁之际，叮嘱岳母道："定海路的小屋，不要出租，更不要卖掉。"

"为什么？"岳母不解其意。

"那是我的故居！"王洪文说道，"一定要保持原貌。以后要派大用场！"

岳母是文盲，不明白女婿所说的"派大用场"的含义。

不过，王洪文搬走之后，那小屋白白空着，岳母总觉得可惜。

她喜欢养鸡。干脆，就在那小屋里养起鸡来。

鉴于鸡、鸭会招引蚊、蝇，鸡、鸭又会到处拉屎，因此上海市区向来禁止居民养鸡、养鸭。

王洪文岳母在那小屋里养鸡，使居委会干部左右为难：不让她养吧，她是市革会副主任的岳母，不敢得罪她，也不敢得罪她的鸡；让她养吧，居民们有意见，为什么她可以闹特殊？

有人气不过，拿起一把刀，冲入那小屋，抓起一只鸡要杀。

马上有人赶来劝阻："杀不得呀——那是'市革会副主任'的岳母的鸡呀！"

大抵因为那鸡具有特殊的身份，杀鸡者的手只好松开，刀下留鸡！

岳母再不骂女婿是"小侉子"了，逢人夸起"小王有出息"。

每当她拎起菜篮子步入菜场，营业员们向她点头哈腰。每一回，拿出同样的钱，她的菜篮子总比别人的要沉得多。虽然她并没有开口要营业员给她一点"实惠"，但营业员知道她的女婿如今红得发紫，乐于拍她的马屁。

至于她的女婿"小王"，那种飞黄腾达的气派，更是甭提了：进出轿车，抽"中华"烟，喝"茅台"酒……

马天水卖身求荣

在踏平"联司"之后，王洪文总算稍微松了一口气，他在上海的"工人领袖"的地位已经牢固了。虽然还有一些老对手在暗中活动着，毕竟无法再形成"赤卫队"、"二兵团"、"联司"及"支联站"那样的庞大的反对派。何况，"文化大革命"已转入"斗、批、改"阶段，要想再度成立全市性的反对派组织，已不那么容易了。

不过，在市革会中的权力斗争，却日益变得激烈起来。

"张老大"、"姚老二"，这两把交椅是铁打的。不过，张春桥和姚文元随着他们在中央的地位的提高,到上海来的日子也就越来越少了。

徐景贤成了"徐老三"。虽说他只比王洪文年长两岁,但官场经验比王洪文要丰富十倍。想当年,王洪文在安亭闹事的时候,徐景贤还是"老保",还是一个替陈丕显、曹荻秋起草检讨书的角色。如今,徐景贤超过了王洪文。徐景贤成了"上海市革命委员会"中的"老三"。

不久,又有人要挤到王洪文的前面来,使王洪文的排名地位往后移了。

1967年10月12日,上海隆重欢迎阿尔巴尼亚劳动党政治局委员、部长会议主席谢胡所率领的党政代表团。虽然阿尔巴尼亚是个小国,但在当时是中国最亲密的伙伴。

张春桥、姚文元专程返沪主持欢迎仪式。

新华社上海分社发出的电讯中,以这样的次序提到出席欢迎仪式的上海党政军负责人的名字:张春桥、姚文元、廖政国、饶守坤、周建平、王少庸、马天水。

廖政国、饶守坤、周建平是驻沪三军负责人,出现在上海党政军负责人名单之中,理所当然。那王少庸、马天水是当年的"走资派",眼下也成为上海的党政负责人了。

名单中没有提及王洪文。

两天之后,越南南方解放阵线代表团到达上海。新华社电讯中的上海党政军负责人名单,仍与两天前一样。

王少庸,原中共上海市委候补书记。马天水,原中共上海市委书记。他们获得"解放"之后,不再是"走资派"了,而是作为"革命的老干部",成为"三结合"领导班子的"结合"对象。他们一经"结合",便坐到王洪文的前面去了。

一时间,"上海市革命委员会"的排名次序,成了这样:张春桥、姚文元、徐景贤、廖政国、王少庸、马天水、王洪文。

王洪文成了"王小七"!

随着时间的推移,马天水不断"跃进",越过了王少庸,越过了廖政国,后来以至越过了徐景贤。

马天水这人,论资历,比张春桥还深得多。马天水曾用名马登年,他出生于河北唐县,早在1931年12月便已参加了中国共产党,比江青入党的时间早。解放初,他是中共中央华东局工业部部长。1954年10月起任中共上海市委副书记,一直分管上海工业生产工作。当他成为中共上海市委书记时,张春桥还只是中共上海市委常委。1963年,马天水曾作为上海赴大庆学习代表团团长,到大庆参观访问,返沪后在上海工业系统全面执行"工业学大庆"的方针,推广大庆的"三老四严"作风("三老"即"做老实人,办老实事,说老实话";"四严"即"严肃、严密、严格、严谨")。

平心而论,马天水的前半生确实是不错的,是一个为革命建立过功勋的人。上海数千家工厂,他亲自到过的不下千家。他能随口报出上海各大厂的厂长名字、主要产品、生产特色。他不愧为上海的"工业通"。正因为这样,他在上海工业系统有着颇高的威信,人称"马老"。

马天水与江青原本并无瓜葛。曾任上海市公安局长、副市长、市委书记的许建国在

1977年接受马天水专案组调查时，实事求是地说了这样一段话："我没有上调之前①，马天水还没有同江青勾结。因为当时马天水是书记处书记，而张春桥只是宣传部副部长，马天水无论资格还是别的都比张春桥高得多，但是那时张春桥就已经有意识地向江青靠拢，而江青也有意识地拉拢张春桥，两个人走得很近。张春桥很快当上了市委常委，马天水对此很不满意，还当着我的面发过牢骚，后来张春桥知道了，就告诉了江青。江青对马天水是有些不满的。"

"文革"开始之后，他理所当然地成为王洪文的"工总司"的炮轰目标。

王洪文在筹备成立"工总司"的时候，一天听说马天水来到上海交通大学，便赶往那里，要求马天水予以承认这个组织。马天水打着官腔道："这个么，还要研究、研究……"

差一点使这匹"老马"遭到灭顶之灾的，是他在北京"乱放炮"。

那是1966年11月下旬，马天水前往北京出席工交系统"文化大革命"座谈会。马天水是怀着一肚子的怨气去的，他以为红卫兵的大串连以及上海"工总司"的造反，严重干扰以至破坏了上海的工业生产。

马天水到了北京以后，打长途电话给上海市委办公厅，要求他们收集"工总司"的材料，马上告诉他。上海市委办公厅杨慧洁根据马天水的意见，派人下去调查，规定只查11月9日上海"工总司"成立之后，上海工业生产遭到破坏的情况。

不久，马天水又来电话，要求收集"造反派用处理敌我矛盾的办法来对待人民内部矛盾的材料"。于是，上海市委办公厅上报了一批上海"工总司"绑人、打人、私设公堂的材料。

有了这批材料，马天水便在北京放炮了，指责上海"工总司"破坏上海工业生产，狠狠批评了"文革"。

马天水的话，传进了"副统帅"林彪耳中。林彪大骂马天水老糊涂，斥责他"反对文化大革命"。

"副统帅"的震怒，使马天水吓破了胆，丢魂落魄。虽然他过去在上海跟张春桥并无太深的交往，此时此刻，张春桥在北京荣任中央文革小组副组长，他不能不求援于此人。

张春桥正在为轰不开上海市委而发愁，如今马天水主动前来求救，乐得拉他一把。于是，便向这位"老糊涂"作了"路线交底"："文化大革命的实质就是一句话——改朝换代。你想不犯错误，关键在于紧跟无产阶级司令部。从毛主席算起，到姚文元为止，无产阶级司令部总共八个人！"

张春桥一席话，使马天水悟明真谛。

果真，在"一月革命"时，上海造反派集中火力炮轰陈丕显、曹荻秋。马天水虽然也受到"火烧"，毕竟没有吃大苦头。就连他和陈丕显、曹荻秋一起落到耿金章手中时，他也还提出，不愿与陈、曹一起关押！

1967年2月23日，张春桥为马天水开脱，说道："马天水在执行资产阶级反动路线方

---

① 上调，指许建国调离上海，到北京任公安部副部长。

面,没有发明创造。人家说什么,他说什么。"

翌日,在上海市革命委员会的成立大会上,张春桥当着上百万上海市民的面,在说到"三结合"时,着重提到了马天水:

> 上海起来造反的干部中间,还是一般干部比较多。市委书记一个造反的也没有,副市长一个造反的也没有。这首先应该是由陈丕显、曹荻秋负责,他们对干部是欠了债的。据我所知,中央的很多指示在上海没有很好地向干部传达。不但在座的很多同志,很多一般群众、一般干部没有传达,包括有一些跟随他的干部,甚至市委里的人也没有传达,连市委书记处都没有传达,连马天水都不知道。马天水所以跑到工交会议上去放炮,那当然是非常严重的错误。但是,后来我在北京开完会时,他就告诉我说:"我不知道主席的意见。"所以他敢于跑到中央工作会议上继续攻击我。他确实不知道主席的意见,不然,我想这个人他也没有这么大的胆子。而且,陈丕显、曹荻秋那些人鼓动他,说你到北京好好地讲,什么话都讲。……我们刚刚念语录,不是说按主席指示,看干部不但要看一时一事,而且看全部历史。那么我们应该看一下这些干部十七年来的表现,可以加以对照。很多干部在柯庆施同志在世的时候,他们是执行了主席的路线,就是在文化大革命中间,他们的表现也不完全是相同的。不是铁板一块,不是一个样。我们应该采取分析的态度。……

张春桥的这番话,已经非常明确地暗示,马天水跟陈丕显、曹荻秋不是"铁板一块",他可以"解放"。

马天水,这个身材魁梧的北方汉子,可惜脊梁骨太软了。他听到张春桥的这番话,刻骨铭心,竟从此跟定了张春桥。

果真,1967年4月,马天水得到了"解放",立即被"结合"到上海市革命委员会中去。

从此,马天水成为上海市革命委员会那"老、中、青"三结合中的"老"。

毕竟"老马识途",由马天水来领导上海工业生产,远远胜过"造反司令"王洪文。马天水手中的权,日益扩大了。

1968年4月12日,上海爆发了第二次炮打张春桥高潮。马天水作了"精彩表演"。他以"老干部"的身份,在这个节骨眼上,为张春桥打保票。他说:"我与春桥同志共事多年。我对他的历史很清楚,他没有什么问题。我敢担保。"他还拍着胸脯道:"有人说我马天水死保张春桥,说得对。我就是要死保春桥同志。我就是死了,也要站在春桥同志一边。"

经历这番政治危机,张春桥越发欣赏马天水的"忠诚",夸奖他是一匹"好马"。于是,张春桥越发倚重马天水了。

上海市革会的"三驾马车"

马天水的"复出",使上海市革命委员会成了三股势力组成的"三驾马车"。

第一股势力，是以王洪文为首的工人造反派，以"工总司"的那班"小兄弟"为核心人物。

不过，王洪文的这班"小兄弟"，论文化没有几个上过初中，论经历没有几个当过干部，绝大部分不是中共党员。"小兄弟"们自诩"流氓无产者"，搞"打、砸、抢"算是"英雄"。

在"安亭事件"中，并未扛过大梁的王秀珍，此时地位迅速上升。因为她是党员、大专生、干部，而且又是女性，更何况当过省人民代表、劳动模范，被张春桥点名，从上海国棉三十厂调入上海市革命委员会，担任副主任。这样，王秀珍成了地位仅次于王洪文的上海工人造反派领袖人物。

好在王秀珍从一开始造反，便在王洪文的提携之下，她没有像耿金章那样闹独立性，而是与王洪文亲密合作。

第二股势力，是以徐景贤为首的"秀才帮"。

"秀才帮"个个能说会道，妙手著文章，把握着上海的舆论大权。何况张春桥、姚文元也是"秀才"，与他们有着更多的共同语言。

不过，"秀才帮"内部，也像工人造反派那样，有过几次纷争。徐景贤的对手，起初是郭仁杰——当年上海市委写作组党支部副书记。借助于镇压"红革会"的"一·二八"炮打张春桥事件，徐景贤把郭仁杰赶下了台。不久，《文汇报》造反派负责人朱锡琪与徐景贤对垒，但朱锡琪因"四一二"炮打张春桥而下台，使徐景贤扫除了对手。这样，徐景贤成了"秀才帮"当之无愧的领袖人物。

第三股势力，便是以马天水为首的复出的"老干部派"。

这批"老干部"，都是原上海市委、市人委的干部，被张、姚看中的，给予"解放"，"结合"到领导班子中去。起初，王少庸掌管组织大权，地位在马天水之上。不久，马天水上升，超过了王少庸。

这"三驾马车"之中，工人造反派们常常与"秀才帮"闹矛盾。

在那些工人造反派看来，"秀才"们是一群"臭知识分子"。

在"秀才"们看来，工人造反派不过是流氓！

两派不断地发生摩擦、争斗。于是，"老干部派"出来打圆场。马天水对双方都不敢得罪，在"三结合"中扮演着和事佬的角色。

自然，不论哪一派，都俯首帖耳于张春桥和姚文元，尤其是张春桥。

王洪文曾感激涕零地说："我们这些人是张春桥、姚文元手把手地教着成长起来的。""我们新干部的命运是和中央三位首长（指江青、张春桥、姚文元——引者注）联系在一起的。"

张春桥也洋洋得意地说："王洪文他们，都把我当老头子看，只要我说一句，他们就算数。"

正因为王洪文把张春桥当成了"老头子"，所以在1968年4月12日上海第二次炮打张春桥的时候，王洪文在他的"小兄弟"面前"回忆对比"：

"如果没有春桥同志的可贵支持，我们在安亭，就会被陈丕显、曹荻秋逮捕，就会成为现行反革命，连脑袋都保不住。第一个站出来支持'工总司'的，是春桥同志。第一个在安亭支持我们，答应五项要求的，是春桥同志。一点也不错，春桥同志是我们的后台——无产阶级的后台！""没有春桥同志，就没有我们的今天。""我的态度是非常明朗的，那就是一句话——死保春桥同志！"

"老头子"当然十分夸奖王洪文，说他"立场坚定"，说他"经得起大风大浪的考验"。

王洪文手下的"小兄弟"们，则发出了这样的"誓言"：

"王洪文靠牢张春桥，阿拉靠牢王洪文！"

"紧跟王洪文，死保张春桥！"

有时候，"小兄弟"们私下里说的话，虽然粗野，意思更加明白：

"张春桥不能倒。他一倒，我们就要树倒猢狲散！"

"对张春桥就是要死保，保到底。他妈的，张春桥一完蛋，我们不都成了反革命啦？"

这样，由三股势力组成的上海市革命委员会的"三驾马车"，张春桥成了驭手！

王洪文的"小兄弟"成了"纳新"对象

"文化大革命"搞乱了全国，也搞乱了全党。

中国共产党处于建党以来最不正常的时期：党员停止了组织生活；党的基层组织瘫痪；党的省、市级组织瘫痪；中共中央书记处瘫痪；全党停止了发展新党员工作。

中国共产党第八次全国代表大会是在1956年9月召开的。十几个年头过去了，居然还没有开过一次党的新的全国代表大会。

中共八届十一中全会是在1966年8月召开的，而中共八届十二中全会却直至1968年10月才迟迟召开——两届中央委员全会相隔了两年零两个月！

毛泽东也已经意识到党的生活的极度不正常。1968年伊始，《人民日报》、《红旗》杂志、《解放军报》"两报一刊"元旦社论《迎接无产阶级文化大革命的全面胜利》，发布了毛泽东的最新指示："党组织应是无产阶级先进分子所组成，应能领导无产阶级和革命群众对于阶级敌人进行战斗的朝气蓬勃的先锋队组织。"

毛泽东的这一段话，意味着"文革"的第三个年头，要进入整党阶段，也意味着中共九大，已进入酝酿阶段。

1968年8月25日，新华社转发姚文元在《红旗》杂志第二期上发表的文章《工人阶级必须领导一切》，使王洪文和"小兄弟"们欢欣鼓舞。王洪文忙于派出一支又一支"工人毛泽东思想宣传队"（即"工宣队"），去"占领上层建筑"，去"领导一切"。

不久，1968年第4期《红旗》杂志发表社论《吸收无产阶级的新鲜血液》，又公布了毛泽东的"最高指示"：

一个人有动脉，静脉，通过心脏进行血液循环，还要通过肺部进行呼吸，呼出二氧化碳，吸进新鲜氧气，这就是吐故纳新。一个无产阶级的党也要吐故纳新，才能朝气蓬勃。不清除废料，不吸收新鲜血液，党就没有朝气。

必须注意有步骤地吸收觉悟工人入党，扩大党的组织的工人成分。

于是，王洪文的"小兄弟"们的入党问题，便提到议事日程上来了。用当时的"时髦"的话来说，王洪文手下的这班"小兄弟"，都已成了"纳新"对象啦。能否入党，对于这班"小兄弟"的"前程"，是至关重要的。须知，王洪文当年正凭借着他是党员，成了"工总司"的"司令"。耿金章能成为"二兵团"的"司令"，也借助于他的党员身份。

1968年10月31日，中共八届十二中全会在北京结束。会议公报透露了重要信息："全会认为：经过无产阶级文化大革命的风暴，已经从思想上、政治上、组织上为召开党的第九次全国代表大会，准备了充分的条件。"

紧锣密鼓，中共九大代表的遴选工作开始了。刚刚结束会议，张春桥便飞抵上海。

张春桥在上海市革命委员会的会议上，明确地提出了推选中共九大代表的标准："九大代表要以九次路线斗争中表现突出的老造反作为主体。"

所谓"九次路线斗争"，也就是"中共第九次路线斗争"。按照毛泽东的说法，九次错误路线分别是：第一次"陈独秀搞右倾机会主义"；第二次"瞿秋白犯路线错误"；第三次"李立三路线"；第四次"罗章龙右派，另立中央，搞分裂"；第五次"王明路线寿命最长"；第六次，"在长征的路上，一、四方面军汇合以后，张国焘搞分裂，另立中央"；第七次，"全国胜利以后，高岗饶漱石结成反党联盟，想夺权，没有成功"；第八次，"1959年庐山会议，彭德怀里通外国，想夺权"；第九次，"刘少奇那一伙人，也是分裂党的，他们也没有得逞"。

因此，"中共第九次路线斗争"照毛泽东所言，亦即"文化大革命"中对于"刘少奇路线"的批判。

按照张春桥提出来的"标准"，理所当然，王洪文的大名，列入上海的九大代表内定名单之中。

张春桥细细审看了内定名单，双眉紧皱："'工总司'是上海老造反的主体。九大代表只一个王洪文，太少了！"

很快的，王秀珍被列入内定名单。

张春桥依然不满意，问王洪文道："你们'工总司'的常委里，难道只有你和王秀珍两个人才能当九大代表？"

王洪文回答说："'工总司'的常委倒不少，常委里却没几个党员。"

"你们为什么不抓紧'纳新'工作？"张春桥直截了当地点名道，"像陈阿大，就可以当九大代表嘛！"真是"史无前例"，当张春桥说出这句话时，陈阿大还不是中共党员，居然已内定为中共九大代表！

"好，好，我马上抓紧'纳新'工作。"王洪文连声答应。

"除了陈阿大之外，其他'工总司'的老造反的入党工作，也必须抓紧。"张春桥用很明白的话，点穿了其中的道理："中国共产党是中国的执政党。从'一月革命'开始，我们已经成为上海的执政者。我们必须迅速地吸收一批老造反入党，加强我们在党内的地位。要知道，在上海党内，我们还没有占据优势。现在的上海的党员，都是'文革'前入党的，好多人是按照陈丕显、曹荻秋的标准入党的。'保'字号在党内有着强大的势力。如果我们不趁现在恢复党的组织生活的时候，大批吸收老造反入党，那就是坐失良机！九大代表，一定要选我们的人！"

"先进典型"陈阿大入党

"小兄弟"们的入党工作，王洪文早就在抓了。只有"小兄弟"们一个个入党，"王司令"在"上海市革命委员会"里，才足以压倒"秀才帮"——那些"秀才"们，倒差不多个个是党员。因为"秀才帮"的主要成员，都来自原中共上海市委写作班——非党员进不了这个写作班。

在王洪文的"小兄弟"之中，张春桥最关心的，要算是陈阿大了。在中共八届十二中全会之前，张春桥已在为陈阿大入党作舆论准备了。

那是1968年9月15日，坐落在上海杨树浦工厂区的良工阀门厂，一反往日进进出出的都是运货大卡车，这天忽地来了许多小轿车。

从轿车里出来两张熟面孔——虽说他俩还是第一次来到这家工厂，人们却早已在电视屏幕和报纸照片上认得他俩。

"中央首长"张春桥、姚文元突然光临！他俩在王洪文陪同下，在一片掌声中，步入厂会议室。

良工阀门厂是陈阿大的老家。张春桥、姚文元和王洪文来此，为的是召开"整党建党座谈会"。

这家工厂难得有"大人物"光临。张春桥、姚文元虽说是"来基层听取意见"，但是他们随口而说的每一句话，都被当作"指示"记录下来。

以下是现场记录中，张春桥的话：

> 今天到你们良工阀门厂来，是来"借光"的。良工阀门厂在上海的名气很大，这倒不是因为你们的阀门出了名，是因为你们厂出了个陈阿大，是因为你们厂的造反派对上海的文化大革命有过很大的贡献。
>
> 今天，我和文元同志来你们厂，是听说你们厂在开整党建党座谈会。我一直很关心这样一个问题，你们厂的主要负责人当中，党员很少，怎么办？
>
> 这不仅仅是你们厂存在的问题，上海各工厂都普遍有这样的问题。造反派在"一月革命"中夺了权，可是造反派中党员很少。我们天天读《毛主席语录》。在《毛主席语录》第一页，头一句话就是"领导我们事业的核心力量是中国共产党"。你没有入党，就进不了"核心力量"。在所有的权当中，党权是最核心的。你不是党员，怎么掌党权？你夺的权，就不稳固，迟早会落在别人手中。

> 吸收优秀的造反派入党，已经成为现在最迫切、最重要的任务。如何吸收一批优秀的造反派入党，我们来听听你们的意见。
>
> 有的同志担心，在九大以前是不是可以先发展新党员？没有新党章，能发展新党员吗？我看，这些问题都可以展开讨论。我可以告诉同志们，中央把新党章的起草工作交给了上海，我们上海在发展新党员的工作方面，也应走在全国的最前面。……

紧接着作"指示"的是姚文元。姚文元保持着他的咬文嚼字的习惯：

> 我完全同意刚才春桥同志的意见。春桥同志已经把发展新党员的标准说得很清楚，首先是吸收一批优秀的造反派入党。这就是说，头一个条件，必须是造反派。在运动中站错队的，不是不可以发展，但不能作为第一批发展入党的对象。第二个条件，是在造反派中挑选优秀的。也就是说，要首先考虑造反者，考虑造反派骨干，考虑坚决拥护毛主席革命路线、拥护上海市革命委员会的造反派。……

经过张春桥、姚文元这么一番"指示"，谁的心里都明明白白：在良工阀门厂，第一批，不，第一个要发展入党的，当然是陈阿大。陈阿大是"工总司"的发起人之一，是"工总司"的常委，又是市革会工交组的负责人，响当当的"优秀造反派"。

轮到王洪文讲话了。他当时毕竟还不是"中央首长"，讲话也就可以更加随便些。他指名道姓提到了陈阿大。王洪文说了一句"名言"："依我看，陈阿大的贡献比杨富珍更大！"

杨富珍，上海国棉一厂的挡车女工，著名的劳动模范，入党多年。王洪文居然说"陈阿大的贡献比杨富珍更大"。一言既出，四座皆惊！

张春桥、姚文元、王洪文走后，一个由市革会派出的"调查组"，便进驻良工阀门厂。与此同时，另两个"市革会调查组"进驻上海"老造反"单位——上海国棉十七厂和上港七区。

已经以"一月革命"震动全国的上海市革命委员会，企望着在"文化大革命"进入整党、建党阶段，也为全国树立"样板"。

由张春桥、姚文元授意的上海市革命委员会《关于在产业工人中有步骤地发展新党员的请示报告》，急急送往北京。1968年9月29日，毛泽东在这份报告上画了一个圈。于是，"发展优秀工人造反派"入党，便成为王洪文的重点工作。陈阿大，成了"重点的重点"。张春桥关照王洪文，要把陈阿大树为在上海产业工人中发展新党员的"先进典型"。

陈阿大是王洪文"同一条战壕里的战友"，同造反，共命运，王洪文"拉他一把"，那是情理之中。

张春桥要把陈阿大树为"典型"，那是因为在"四一二"炮打张春桥时，陈阿大带领一班人马上街,高呼:"反对张春桥就是反革命!"陈阿大在"关键时刻","立场"如此"鲜明"、"坚定",自然博得张春桥的垂青和厚爱。

陈阿大其人

陈阿大因为在家中排行老大,所以取名"阿大"。他有一个弟弟,照此"推理",名唤"陈阿二"。另外,还有一个小妹妹和两个小弟弟。

大抵受父辈影响,家中以数字来命名。他的伯父叫陈七一,他的父亲叫陈七二。

陈七二原是浙江省绍兴县陶南乡人氏。父亲陈阿澳是当地渔民。论出身,倒也符合"文革"中的"红五类"标准。

陈七二从小在家乡捉鱼。到了18岁那年,撑船做点小生意。闲时,仍捉鱼摸蟹,增加点收入。到了22岁,陈七二做了绍兴至上海的快班船船工,来来回回,在水上漂了十年。所以,陈阿大在填"家庭出身"时,总是写"贫农,船工"。

老是在绍兴和上海之间来来回回,陈七二觉得太辛苦,生活不安定。32岁那年,他一边从绍兴贩运萝卜干到上海卖,一边在上海做临时工。后来,他进入上海中华造船厂做搬运工,做炊事员,做门卫。

1942年5月2日,陈七二的妻子章桂花头胎得子,便以"阿大"命名。阿大的童年,在绍兴乡下度过,住在外婆家中。

阿大十岁那年,父亲陈七二已在上海南市聚奎街落脚。于是,阿大便到上海来念小学。

毕竟子女太多,收入微薄,陈七二不堪沉重的家庭负担。业余贩运绍兴萝卜干,赚钱也有限。有一回,他在18瓮萝卜干(约千把斤)中掺了水,以增加重量,多赚点钱。不料,被人发现,反而罚了款。

无奈,阿大在初中刚上了一年,就不得不辍学。1957年,15岁的陈阿大到上海南码头做临时工。毕竟是长子,要为父亲分忧。

因为父亲已在上海中华造船厂当搬运工,于是,在1958年,便把两个儿子——陈阿大和陈阿二,都介绍到该厂工作。

陈阿大是1958年8月15日进中华造船厂的,起初做搬运工,后来做钳工。

阿大当时的表现,还是可以的。我在陈阿大的人事档案里,见到中华造船厂当年曾为陈阿大兄弟写下这样的鉴定:"兄弟俩于1958年一起入我厂。阿弟不听组织的话,脱离我厂。阿大作风正派,生活朴素,吃穿节约,出身较苦。"

在中华造船厂度过三个春秋。1961年8月,19岁的陈阿大应征入伍。

入伍后,陈阿大是列兵,在中国人民解放军6414部队教导营当饲养员,后来当炊事员。

一年以后,陈阿大升为上等兵,在中国人民解放军6710部队当高炮指挥仪测手。

陈阿大在部队里的表现,也还是不错的。1962年8月21日——陈阿大入伍一周年,部队对陈阿大所做的鉴定如下(原文照录):

在工作中自干饲养员以来,不怕苦,不怕累,不怕脏,积极想办法完成任务。猪食没有,亲自去找。

组织纪律性强。一年来从未犯过无组织无纪律现象,"三八"作风扎实,尊重领导,服从命令听指挥,叫干啥就干啥。

在部队中度过两年半。1965年3月,上等兵陈阿大（退役军衔为下士）复员了,分配到上海良工阀门厂当工人。因为他当过兵,厂里也就让他兼任车间保卫干事,基干民兵排长。

进入良工阀门厂之后,正遇上该厂开展"四清"（社会主义教育运动）。每一个职工,都要填写履历表,亦即"社会主义教育运动职工登记表"。陈阿大进厂才两个多月,便因马虎而写过一次检讨书——他把厂里发的履历表弄丢了。他不得不向该厂"四清"工作队写检讨,这份检讨现仍可从档案内查到。他把检讨书写成了"申请书"。兹照录原文于下,错别字处在括号内注明。虽然丢失表格不过小事一桩,但从这份"申请书"中倒可觑见陈阿大的"风格":

申请书

兹有昨天工作部（应为工作队——引者注）发给我两份历史表格（应为履历表——引者注）,在回家（时）掉了。因本人思想麻痹,警惕性不高,对这项工作认认（识）不足,造成了极不好的因（影）响,对组织工（作）带来很大困难。

通过这次教训使我认认（识）了错误,以后加强思想学习,充分提高警惕。以后最（再）不重犯,请组织和领导上给我严肃处理。

陈阿大
1965.6.29

1966年1月,陈阿大加入共青团。

就陈阿大在"文革"前所走过的人生道路来看,还是过得去的。张春桥要把陈阿大树为上海首批发展的新党员的"典型",其中的原因之一,也是由于王洪文那班"小兄弟"中,大都有各种各样的"辫子",唯陈阿大算是干净些。张春桥说陈阿大"出身苦、表现好、当过兵、入过团",为的是替陈阿大树为"纳新典型"制造舆论。

不过,陈阿大从乡下来沪之后,曾与上海的小流氓鬼混,养成一股流氓习气。进入部队之后,他受到严格的军人纪律的约束。复员以后,他变得大大咧咧、无拘无束,他的上班"六件事"是:下军棋,打乒乓,打羽毛球,踢足球,举杠铃,拉"拉簧"（锻炼胸肌的体育运动器械）。

陈阿大是一个富有"喜剧"色彩的人物:

在厂里,他从来不用手推门而入,总是用脚把门踢开;

他很少端端正正坐在椅子上,要么把脚搁在桌子上,要么反过来,骑在椅子上;

工人们怕与他下棋。如果他拉着你一定下一盘,你得让着点,输给他。要不,你别想回家——他非要赢不可;

倘若跟他打乒乓，也是一个样。他总要赢了球，才会高高兴兴回家。

"文革"一开始，陈阿大就成了厂里活跃的人物，成了一车间的造反派的头儿。他手下的造反兵，最初才几个，后来十几个、几十个，以至发展到一百多个。

阿大扯起"造反"的旗号，用他的"名言"来说，那就是："胆大好做官"，"这一回，造反有窜头"。

"窜头"，上海的土话，也就是"奔头"。

陈阿大成了上海滩的"老造反"之一；

"工总司"开筹备会时，他就是七个筹委之一；

"安亭事件"中，他和潘国平、戴祖祥一起，跳上了第一趟列车，奔到南京才被截住。

他成了"良工革命造反兵团"的头头。

陈阿大成了王洪文的"亲密战友"。他的"名言"是："王洪文跟牢张春桥，我们跟牢王洪文！""啥人反对王洪文，我伲就叫伊尝尝味道！"

"文革"是一场闹剧。作为闹剧舞台上的一员"闹将"，陈阿大冲冲杀杀，打打闹闹，觉得"有劲"极了。在上海，哪里有武斗，哪里便有陈阿大。

自从陈阿大成为"工总司"的常委，他对于武斗就更加起劲了。他打一个电话，可以调来几十辆卡车、上千造反队员。他说："这比下象棋、下陆军棋有劲多了！"

在砸"联司"的时候，陈阿大又说了一句"名言"："把上海钢铁厂火红的钢锭运来，把'联司'烤成面包干！"

陈阿大依然保持他"喜剧"演员的本色，在那"严肃"的"文化大革命"中，陈阿大常常闹出一些令人捧腹的笑话，为此博得了"陈阿憨"的"雅号"。

良工阀门厂要造个新食堂，设计人员向他汇报说："新食堂是长方形的。"陈阿大眉头一皱道："什么长方形？"设计人员连忙打开图纸给他看，不懂"长方形"的他发火了："什么图纸，我不懂，你们不要用技术压人！"

在讨论马列著作的会上，心不在焉的陈阿大听见别人在谈列宁的外交政策，他忽地冒出一句："列宁跟袁世凯也建立外交关系哩！"有人很客气地向他指出："'十月革命'在1917年才发生，袁世凯在1916年已经去世，袁世凯与列宁'碰勿着'！"陈阿大当时说不出话来，却记在心里，过了几天，又开学习会了。陈阿大板起面孔，像考官似的问那人："你说说，马克思哪年生的？哪年死的？恩格斯哪年生的？哪年死的？"那架势，就跟他输了棋非要赢一盘一模一样。

当了"官"之后，种种场合，人们要他作"指示"。他的发言稿，总是要别人代为捉刀。有一回，同济大学召开"活学活用毛主席著作大会"，要陈阿大讲话。陈阿大拿起发言稿，一句一句吃力地念下去。念着，念着，忽然冒出了什么"大干加巧干三十五天"之类与"活学活用"毫不相干的话，令人莫名其妙。后来，人们才知道，陈阿大有两份发言稿，另一份也是别人起草的，是在厂里讲话用的。这两份发言稿弄混了，有一页厂里讲话用的稿纸不知怎么搞的，混入"活学活用"讲话稿。陈阿大居然照念不误！

陈阿大虽说是"草包"一个，不过，却把权捏在手心，从不放松片刻。

他成了"工总司"的常委之后，良工阀门厂的一举一动，都得向他"汇报"。"厂革会"的名单，要他过目、审定才算数。他说一，别人不能说二。

每逢回厂，轿车一到，便要开"汇报会"。开会时，倘若有人把热水瓶放在桌子上，他准会挥挥手，叫人拿开——他的习惯是谁发言他就盯着谁看，不许热水瓶挡住视线。此后，良工阀门厂里便形成"规矩"，一听说陈阿大回厂，人们赶紧把热水瓶从会议桌上拿开。

在"汇报"结束之后，阿大照例要作一番"指示"。他的话，必须用笔记下来，不可疏忽。倘若人们忘了，或者违背了他的意见，那么，下一次他回厂，你就等着挨训吧！

当然，还有一个"规矩"：听到他回厂的消息，要马上通知食堂，做一顿好菜好饭。要不，阿大又会发脾气。

陈阿大跟"上体司"的"胡司令"结识之后，意气相投，成了莫逆之交。陈阿大向"胡司令"学习，在良工阀门厂居然搞了个"良体司"。据1977年11月20日上海《文汇报》披露：

> 这个"良体司"名义上叫"维护社会治安，捉流氓阿飞"，实际上是破坏社会治安，进行流氓阿飞犯罪活动。他们把一些无辜的群众抓进"良体司"，施行惨无人道的摧残与折磨。陈阿大指使一帮人，设立了名目繁多的刑罚，什么"翻跟斗"、"倒着爬"、"吃耳光"、"打大板"、"挨皮鞭"，等等。他们先叫被打的人在一段十米长的煤渣路上翻跟斗，来回数十次，弄得人精疲力尽，再拖到房间里用木棍打，皮鞭抽，一面打，一面还要被打的人自己计数，数错了要重新打起。有时还叫被害人自己打自己的耳光，打轻了不行，打得声音不响也不行，一定要打得又红又肿，方才罢休。有时叫受害者相互对打，看谁打得重，好让他们这一伙法西斯棍徒"开心开心"。更为恶劣的是，他们把马路上的女青年任意拖来，剥去衣服，无耻地加以污辱，残酷毒打。陈阿大还对持不同意见的同志进行阶级报复。良工阀门厂有个同志，写了一张《谨防毒蛇出洞》的大字报，揭了陈阿大一伙的老底。陈阿大怀恨在心，捏造罪名，把这个同志打成"反革命"，非法抄了他的家，并把他关进"良体司"，用棍棒轮番抽打，把被打者发出的惨叫声，用录音机录下来，放给受害者的家属听，逼迫家属要受害者承认他们所捏造的"罪名"。周围居民听到这种声音，都愤慨地说：这是良工阀门厂的"白公馆"、"渣滓洞"。……

在上海滩，陈阿大是数得着的"武斗英雄"、"造反大将"："安亭事件"有他，"《解放日报》事件"有他，主张把1967年1月6日"彻底打倒上海市委"大会从文化广场改到人民广场的是他，这年7月31日在泰安路抓"支联站"头头有他，8月4日砸"联司"时从中华造船厂调三艘登陆艇、巡逻艇封锁黄浦江、切断"联司"水上退路的是他，这年10月调动大批人马集中西郊、图谋围攻上海青浦县反对派的也是他……

张春桥说："入党做官的责任，已经历史地落到了造反派头上。"在张春桥准备树立陈阿大为"纳新典型"时，陈阿大当然明白张春桥所说的"入党做官"的道理。

不过,令人纳闷的是,尽管张春桥、姚文元、王洪文"光临"良工阀门厂开"整党建党座谈会",尽管"市革会调查组"进驻良工阀门厂,万事俱备,东风也已吹起,可是却不见陈阿大递交入党申请书。

要求加入中国共产党,首先要写申请书。陈阿大不主动写申请书,"调查组"再"积极"也无济于事。

陈阿大为什么迟迟不写入党申请书呢?

原来,这位"陈阿憨"不知道入党要写申请书!

"调查组"自然不便直接对陈阿大进行"启发",他们连忙向市革会汇报。

于是,市革会一位常委出面,找陈阿大"聊聊",给他指点迷津。

陈阿大恍然大悟,连忙在1968年10月10日写了入党申请报告。

"调查组"收到陈阿大的报告,如获至宝,以异乎寻常的"加速度"办理。

才九天——1968年10月19日,良工阀门厂的中共核心小组(在"文革"中,原厂党委已被"砸烂",新建党的核心小组)在金工车间召开中共党支部大会,讨论陈阿大入党。

非同小可,市革会的常委王秀珍、黄涛亲自出席这么个小小的支部会议。

讨论陈阿大的党支部会议,一时成了为陈阿大评功摆好的会议。

党支部宣读关于陈阿大的调查资料,称赞陈阿大"进厂后一贯突出政治,与阶级敌人进行斗争","担任工总司常委、市革会工交组负责人后,坚持活学活用毛泽东思想,坚持执行毛主席的革命路线,勇于承担最困难最艰险的任务","保持工人阶级本色"……如此这般,归根结底,是因为陈阿大"学习毛泽东思想好"。

王秀珍与陈阿大是"同一条战壕里的战友",又把陈阿大着着实实地称赞了一番:"阿大路线斗争觉悟高"、"阿大勇挑革命重担"、"阿大立场坚定,态度鲜明"、"阿大活学活用毛主席著作"。

最令人作呕的是那个黄涛。此人是马天水式的"老干部",获得"解放"后,成为市革会工交组的第一把手(陈阿大为第二把手)。此刻,他扳着手指头,一口气说了陈阿大的"十个好"! 诸如"有水平"、"觉悟高"、"是老干部的学习榜样"等等。

陈阿大的入党介绍人程箴坤、蒋阿青也发了言。

就这样,陈阿大被"突击入党"!

张春桥的笔,在上海九大代表名单上,写了"陈阿大"三个字。

陈阿大不愧为一位"喜剧"演员,到了1969年,中共九大即将召开之际,在审查代表资格时,忽然发觉陈阿大竟未填写过"入党志愿书"!

须知,按照中共党章规定,"申请入党的人,必须个别履行入党手续,有正式党员二人介绍,填写入党志愿书,经支部审查,广泛听取党内外群众的意见,由支部大会通过和上一级党的委员会批准"。写入党申请报告和填写入党志愿书,都是入党必不可缺的手续。

无奈,陈阿大只得在已经入党之后,再填写"入党志愿书"!

他匆匆忙忙填毕。由于支部大会早已开过,志愿书上的"入党介绍人意见"、"党支部大会通过吸收申请人入党的决议"、"上级党组织审批意见"三个栏目便空在那里，没有补写。直至粉碎"四人帮"后，陈阿大被开除出党时，他当年的"入党志愿书"上这三个栏目仍是空白！陈阿大的"入党志愿书"，成了一份没有入党介绍人、没有支部同意、没有上级批准的没有填完的表格——这在成千上万的中共党员中是极为罕见的！

更稀奇的是，陈阿大的"入党志愿书"一式三份，最初的一份是别人代填的！然后，陈阿大照抄，填了另两份。这三份"入党志愿书"，他居然没有交给党组织，一直塞在自己的抽斗里。直至他锒铛入狱，这三份"入党志愿书"才被公安人员从他的抽斗中查出。

王洪文手下，有五员大将，人称"五虎将"。陈阿大是其中一员"虎将"。另四员乃黄金海、戴立清、叶昌明、马振龙。在陈阿大入党之后，那四员"虎将"也变成了"布尔什维克"。

"小兄弟"们"布尔什维克化"

黄金海是王洪文"三点一线"的三头目之一。沿八路有轨电车这"线"的"三点"，即上海国棉十七厂（王洪文）、上海国棉三十厂（王秀珍）、上海国棉三十一厂（黄金海）。

造反之初，王洪文便与黄金海"串连"，有过"并肩战斗"的"深厚友谊"。

黄金海是江苏镇江人，生于1935年——与王洪文同庚。"工总司"的发起人之一。

黄金海，人称"阿飞司令"，一口流氓腔，一副流氓相。

1966年11月9日下午，黄金海带领着上海国棉三十一厂的造反派参加了"工总司"成立大会。就在开会的时候，他的胃病发作，阵阵剧痛难熬，不得已，他向"司令"王洪文请了假。这样，当王洪文、潘国平带队冲往上海站月台时，少了一员"虎将"。翌日，"安亭事件"爆发。消息传来，黄金海在家里躺不住了。他忍着胃痛，带着两大捆咒骂上海市委的传单，赶往安亭。王洪文把他大大地表扬了一番，称赞他"一不怕苦，二不怕死"！

从此，与陈阿大一样，哪里有武斗，哪里就有他。在诱捕耿金章时，黄金海又立了"大功"。

1967年3月，黄金海奉王洪文之命，前往上海青浦县。那时，青浦县两派严重对立。黄金海支持其中倒向"工总司"的一派，压制倒向"联司"的一派。黄金海在倒向"工总司"的那一派的大会上，向他们授旗、授刀，鼓励他们用武力"踏平"反对派。在他的煽动之下，青浦县武斗不断。

1968年5月，上海丝织六厂工人秦明芳指斥王洪文是反革命。消息传出，黄金海和戴立清急急带领人马赶去，抓捕秦明芳，连夜审讯，直至把秦明芳逼疯。

王洪文说黄金海与他有着"生死之交"。他指名道姓，要上海国棉三十一厂发展黄金海入党。王洪文的理由颇为奇特："黄金海已经是市革会财贸组负责人，不入党怎么开展工作呀！"

在王洪文的提携之下，"小兄弟"黄金海成了"布尔什维克"。

"戴溜子"戴立清，比王洪文小三岁，生于1938年，山东省郯城县人氏。

这个上海标准件材料一厂临时工，在"文革"中跃为"上海红色工人革命造反总司令部"的"司令"之后，并入王洪文的"工总司"，居然也弄了个"常委"当当。冲冲杀杀，在上海滩上够威风的。在《解放日报》事件中，特别是在砸"联司"的日子里，"戴溜子"为"工总司"立下汗马功劳。

几乎不可想象，这个"红色工人"，一度成为上海科技系统的负责人，"领导"着那些教授、研究员、专家们。

1968年，在上海科技系统大会上，由戴立清作"清理阶级队伍"的动员报告。戴立清声称，上海科技系统"敌情严重"，有着"三多"，即"特务多，集团性案件多，现行反革命多"。

戴立清着手"深挖阶级敌人"，使上海许多专家教授无端蒙尘。这些教授大都留洋归来，都有着一批外国朋友，动不动被戴立清诬为"特务"、"间谍"，简直是"秀才遇上兵，有理说不清"。

上海有机化学研究所所长汪猷教授，是中国著名的有机化学专家、中国科学院学部委员。戴立清把他列入"特嫌"名中，使汪教授遭到多次批斗、审查。幸亏汪猷教授乐观、豁达，挺过了难关，迎来风定云开之日。1984年3月12日，这位在科学上卓有建树的教授，被法国法兰西科学院选为该院化学院国外联系院士。

上海七〇八研究所所长李志侠，因反对林彪和张春桥，戴立清便给他戴上"现行反革命"的帽子，一关便是五年。笔者在"文革"后见到李志侠，他正专心致志于推动七〇八所的科研工作。

据彭加木夫人夏叔芳回忆，带队前往彭寓抄家的，便是戴立清。

彭加木是上海生物研究所副研究员，身患癌症不屈不挠，战胜恶疾之后，热心支援边疆科研工作，在"文革"前是上海科技系统的先进标兵。戴立清居然把彭加木也划入"特嫌"名单。

1968年秋，上海科学院不远处的肇嘉浜路宿舍，忽然在傍晚时候来了一辆大客车，坐了许多造反队员，押着夏叔芳。据说是帮助彭家"扫四旧"。

彭加木已隔离在研究所里，家中只有13岁的小女儿彭荔。进屋后，戴立清要夏叔芳念《南京政府向何处去？》、《敦促杜聿明等投降书》，把她当成了"南京政府"和"杜聿明"。接着，戴立清向她交代了"政策"："胁从不问，反戈一击有功！"于是，她又成了"胁从"，而"主犯"显然是彭加木。

戴立清又抄过很多家，颇有"经验"。他先给造反队员"示范"：

他来到烟囱面前。那烟囱本是彭家冬日生炉子取暖用的，已废弃多年，却引起他的注意。他捋起袖子，在烟道里摸了一会儿，摸出了一个什么东西。

大家一看，以为发现什么"密码本"之类。结果大失所望，那是个小沙袋——彭加木女儿小时候玩的，偶然落进烟道，想不到给戴立清抄出来了！

在戴立清亲自督阵之下，抄家者从下午5点一直抄到深夜12点，装了一车"战利品"扬长而去。

为了使这个"戴溜子"入党，上海市革命委员会向戴立清所在单位派出了"工作组"，声言谁反对戴立清入党，便是"压制新生力量"、"否定文化大革命"。毕竟还是有人不顾高压，表示反对。结果，戴立清的入党志愿书送到上级党委时，有关单位党委在"上级党组织审批意见"一栏里，写上："根据上级电话通知，戴立清可以入党。"在中共党员入党时，上级党组织签署这样的审批意见，是颇为罕见的。

戴立清入了党，马上就做"官"——竟被提升为中共上海后方基地党委副书记！

叶昌明，上海嘉定县人，1944年出生。他原是上海合成纤维研究所的化验工，也是"工总司"的发起人之一，王洪文的"小兄弟"。

王洪文指名道姓，要发展叶昌明入党。但是，受到叶昌明所在单位的抵制。此人的雅号叫"刁德一"，又恶又刁。所在单位几次三番抵制了王洪文的"指示"，提出了一条否定叶昌明入党的重要理由：叶昌明与一桩人命案有关，尚待查清。

这时，马天水为王洪文帮腔，给叶昌明所在单位的党组织打电话，怒气冲冲地说："人命案归人命案，入党归入党。难道这条人命案不查清，叶昌明就不能入党了吗？"马天水用命令式的口气说道："你们要限期解决叶昌明的入党问题，不解决是个路线问题！"

哦，不光是王洪文那么说，就连"老干部"也是那么说。只得又是"根据上级电话通知，叶昌明可以入党"！

叶昌明入党之后，被王洪文安排出任上海市总工会常务副主席，后来以至成为中共上海市委的"列席常委"！

马振龙是江苏泰兴县人，1940年生，原上海搪瓷机修厂工人，也是王洪文的"工总司"干将。

王洪文责令有关部门为马振龙打开入党大门。此人入党后，成为中共上海市轻工业局党委副书记，成为王洪文的"后勤部长"。王洪文要手表，要香烟，要高级糖果，要高级照相机，要罐头，只消打一个电话，"后勤部长"保证供应！

本来，中共党员在"工总司"中属"稀有元素"，随着王洪文的"小兄弟"们一个个变成了"布尔什维克"，何况"工人阶级必须领导一切"，王洪文在上海市革命委员会中的势力大大加强，渐渐地超过了"秀才帮"的实力。

张春桥居然鼓吹起来："上海在优秀的产业工人中发展新党员，使党增加了新鲜血液，增强了战斗力。……"

顺我者昌，逆我者亡。也有正直的共产党员，勇敢地站出来，坚决抵制让叶昌明入党。王洪文和马天水大发雷霆："他不让叶昌明入党，就开除他的党籍！"结果，这位党员被调离了原工作单位。调离时，对他作如下"鉴定"："这样的人不适宜搞政治工作"！

王洪文跃为中共中央委员

1969年4月1日，对于王洪文来说是历史性的日子。

中国共产党第九次全国代表大会在这天下午于首都人民大会堂召开。

两年多以前——1966年10月18日下午1时20分，在北京和平门大街上，王洪文拥挤在成千上万的大串连来京的红卫兵之中,远远地见过毛泽东一眼,曾为此而"激动万分"。

然而,中共九大拉开帷幕,在嘹亮的《东方红》乐曲声中,当毛泽东和他的"亲密战友"林彪步上主席台之际,王洪文也登上了主席台!

在此之前,王洪文虽然已是"上海市革命委员会副主任",毕竟只是"地方粮票",从未在中央抛头露面。这次,他不仅当上九大代表,而且一跃成为主席团成员!

主席团成员共176名,是用一种非常特殊的方式,分四个档次排列姓名——在中共党史上是史无前例的:

毛泽东主席　林彪副主席
周恩来　陈伯达　康　生　江　青　张春桥　姚文元　谢富治
黄永胜　吴法宪　叶　群　汪东兴　温玉成　董必武　刘伯承
朱　德　陈　云　李富春　陈　毅　李先念　徐向前　聂荣臻
叶剑英　于会泳　王　体　王　震　王世藩　王进喜　王克京
王秀珍　王秉璋　王洪文……

显而易见,唯第四档是以姓氏笔画为序排名的。由于"徐"字笔画较多,徐景贤的名字出现在主席团名单后半部。

王洪文第一次走上如此庄严的主席台,开始他的高层政治生活。他穿了一身新军装,但没有红领章和红五角星帽徽。他的装束,介乎军人与工农之间。在九大代表中,军人一律军装,而工人、农民代表通常是穿蓝衣服,干部则穿灰色中山装。

在主席台第一排正中就座的是毛泽东,他的左侧坐着林彪,右侧坐着周恩来。自林彪向左,依次为陈伯达、康生、江青、张春桥、姚文元。

在主席台的第二排左侧,坐着王洪文。他离前排的毛泽东和林彪,只有五六米而已,可以清清楚楚、长时间地注视着伟大领袖及其亲密战友,再不像那时立于红卫兵群中匆匆一瞥。

下午5时,在雷动的掌声平息之后,毛泽东宣布大会开始。林彪戴上那双略带粉红色的透明塑料边框的老花眼镜,坐在那里开始念政治报告。

这个政治报告最初由陈伯达执笔。后来,康生和张春桥推倒了"陈老夫子"的初稿,另起炉灶,写出政治报告。经毛泽东改定,由林彪

■ 王洪文在中共九大上

来念。

尽管面前放着景德镇白瓷杯，服务员不时来冲上茶水，王洪文却很拘谨，未敢喝一口。他只是目不转睛地望着毛泽东和林彪。

听到林彪报告中这样一段话，王洪文微微一笑："具有革命传统的上海工人阶级，在毛主席和以毛主席为首的无产阶级司令部的领导和支持下，挺身而出，同广大革命群众、革命干部联合起来，于1967年1月自下而上地夺了旧市委、旧市人委中走资派的权力。毛主席及时地总结了上海一月革命风暴的经验，号召全国'无产阶级革命派联合起来，向党内一小撮走资本主义道路当权派夺权！'……"

造反起家的"司令"，如今得到了中国共产党全国代表大会的承认，变成了"具有革命传统的上海工人阶级"的"杰出代表"。

会议进行到半途——4月14日，王洪文头一回在全国党代表会上亮相。

这天，举行了全体会议。在毛泽东、林彪讲话之后，依次在大会上发言的是周恩来、陈伯达、康生、黄永胜、王洪文、陈永贵、孙玉国、尉凤英、纪登奎。其中，王洪文、陈永贵、孙玉国、尉凤英、纪登奎，是作为工、农、兵、妇女和干部代表发言的。

34岁的王洪文用一口标准的普通话流利地念着发言稿，毛泽东不时把目光投向这个模样俊俏的年轻人。王洪文在毛泽东的记忆屏幕上，留下了美好的印象。

这一次作大会发言，使王洪文成了中国工人阶级的代表！他的形象，顿时变得高大起来。

中共九大是林彪集团的鼎盛时期。"林彪同志是毛泽东同志的亲密战友和接班人"，破天荒载入《中国共产党章程》。林彪手下的五员大将——黄永胜、吴法宪、李作鹏、邱会作、叶群都进入了中共中央政治局。

江青集团也获得很大胜利——江青、张春桥、姚文元也进入了中共中央政治局。

王洪文成为出现在中国政治舞台上的一颗新星。用当时的话来说，也就是"无产阶级文化大革命中涌现的新生力量"。

4月24日，大会选出中共中央委员170人，中共中央候补委员109人。这是一次"大换血"式的选举，中共八届中央委员、中央候补委员仅53人继续当选。王洪文的名字，出现在中共中央委员的名单之中——这成为他从上海跨入中央的起点。

与他同时当选为中共中央委员的还有王秀珍、徐景贤。作为老劳模，上海国棉一厂女挡车工杨富珍也成为中共中央委员。

马天水的名字，出现在中共中央候补委员名单之中。

王洪文的"小兄弟"金祖敏，也成为中共中央候补委员。此人比王洪文大一岁，原是上海电机厂副工段长，上海市革命委员会的副主任。后来成为全国总工会筹备组组长。

大会期间，发过三回新闻公报。不过，这三份新闻公报对于上海组的爆炸性新闻，却只字未提。虽然出自上海组的新闻，九大代表人人皆知，而且会后又通过层层传达向全国扩散。

那是一出由张春桥导演，王洪文、徐景贤充任主要演员的闹剧。

张春桥拿"上海党"炮轰陈毅

每一次开党代表大会，每一个代表照例领到一个文件袋，袋里装着会议文件。

在中共第九次全国代表大会开幕之际，每一个代表的文件袋里，被塞进一份并非党代会文件的小册子。

这小册子是上海组散发的。负责编造（既不是"编著"也不是"编选"，而是编造！）的，便是王洪文和徐景贤。

小册子白皮黑字，印着书名：《陈毅反动言论小集》。

这本小册子，是从陈毅1953年至1966年期间，在各种会议上的讲话、报告以及在与外宾谈话的记录中，摘抄、选编而成。有的断章取义，有的乱上纲，有的则是陈毅说出了真理而被他们当作"修正主义"加以"批判"。

全书共分九个部分，诸如：

"恶毒攻击伟大领袖毛主席，反对战无不胜的毛泽东思想"；

"顽固反对在各项工作中突出无产阶级政治，为复辟资本主义大造舆论"；

"大肆鼓吹'阶级斗争熄灭论'，积极主张阶级合作，反对政治战线、经济战线和思想战线的社会主义革命"；

"否定工人阶级领导，丑化工人、贫下中农，反对知识分子走与工农相结合的道路"；

"贩卖赫鲁晓夫的'三和'路线，美化和投降帝修反"；

"否定历次政治运动，鼓动右派分子翻案和向党进攻"；

"坚持资产阶级反动路线，破坏无产阶级文化大革命"。

上海组把如此不伦不类的小册子，在中共九大上散发，用意是非常明白的：要在全党批臭陈毅，批倒陈毅。

张春桥发动了这场攻势。

对于上海人来说，陈老总光彩夺目的形象是无法从心头抹去的。

1949年红色的5月，是他，率领中国人民解放军第三野战军解放大上海，歼敌15300余人；

1949年5月27日，他出任上海解放后的首任市长兼军事管制委员会主任；

百废待兴的上海，是陈老总领导着上海人民振兴，迈上了一级又一级台阶；

豪爽、直率、真诚、磊落，陈老总与上海人民肝胆相照，赢得上海人民的崇敬；

虽然他从1954年起调往中央，任国务院副总理兼外交部部长，全国政协副主席，国防委员会副主席，中央军委副主席，成为中国人民解放军元帅，但他仍兼任上海市市长，直至1958年——他是新中国成立后任期最长的上海市市长，共九年。

张春桥忌恨陈老总，还不仅仅因为他对上海的深远影响，不仅仅因为在1967年的所谓"二月逆流"他与张春桥抗争，而且还在于阿丕（陈丕显）是他的老部下，张春桥把他视为陈丕显的"黑后台"。

"陈毅不倒,上海不太平!"张春桥深刻地意识到陈毅对上海的潜在的、巨大的影响。

然而,在张春桥阅定的出席中共九大的上海代表名单上,却赫然列着"陈毅"两字!

为此,陈毅曾收到上海市革命委员会的一封公函。陈毅好生奇怪,上海市革命委员会自从出世之日起,与他素无来往,为什么突然发来公函?

拆开一看,函末盖着"上海市革命委员会"红色大印,那公函以傲岸不屑的口气写道:遵照最高指示,我们上海市××万党员一致推举你作为右派代表参加九大。履历表随信寄去,填写完毕,尽快寄回。

明知是张春桥玩弄的诡计,陈毅坦坦荡荡,居然填好履历表,给上海市革命委员会寄去!

他知道,张春桥依仗"最高指示"之威,趁机给他难堪。

那是在前不久召开的中共中央八届十二中全会上,讨论了召开九大问题,同时又对1967年的"二月逆流"和1968年春的"二月逆流翻案风"进行了批判。陈毅早已是林彪的眼中钉,"新贵"张春桥又恨透了他。

陈毅眼看着九大将是林彪、张春桥之流的"胜利的大会",便说:"我在'文化大革命'中受过许多'批判',我当九大代表,不够格!"

毛泽东听罢,说道:"我看,你当九大代表是够格的——你可以作为右的代表嘛!"

张春桥马上记下了毛泽东的话,当作"最高指示",急急告诉上海市革命委员会。

根据张春桥的指令,上海市革命委员会拟就了那份公函。经张春桥阅定,盖着"上海市革命委员会"大印的公函迅速寄到陈毅手中。

也就在这个时候——1968年11月,王洪文和徐景贤共同编造那本《陈毅反动言论小集》。

快人快语,陈毅是一位刚直不阿的共产党人。他敢怒敢言,难得的直性子,难得的坦诚。他的种种"反动言论",常常是从他通篇赤子之言中掐头去尾而编造出来的。在"文革"中,面对大闹外交部的红卫兵,陈毅曾慷慨陈词,作了《我这个外交部长》即席答辩。这篇讲话曾被斥为"大毒草",许多话被断章取义作为"反动言论"加以"批判"。

笔者从档案中查到当时根据陈毅讲话录音整理的记录全文,深为陈毅赤炭般的革命热情所感动不已。兹把《我这个外交部长》照录于下,通篇激情澎湃,没有半点"反动"色彩:

> 现在该我发言了!我是政治局委员,我还是外办主任、外交部长,我又是个副总理。我这个外交部长,有很多副部长、部长助理;外办还有几个副主任。我是个头头,是外事系统的头头。没有罢官之前,我要掌握这个领导权。我说头可断,血可流,我这个领导权不可放弃。过去你们贴了我那么多的大字报,现在该我发言了。
>
> 我这个人出身地主,我这个人很顽固,比较落后,你要我这种人风大随风,雨大随雨,我就不干。我这个人不是俊杰,我这个人很蠢,我有资产阶级思想,是个折中主义者。我是文化人,文化人的习气很深。

我在党内工作四十多年了。我原来不愿意参加共产党,是周恩来要我参加的,我说参加共产党可以,要进行思想改造就不行。当年一些同志吸收我进共产党,我不干,我说我要搞文学,受不惯纪律约束,我愿意做个共产党的同情者。那些同志都是很热情的朋友,今天来跟你蘑菇,明天来跟你蘑菇,最后我还是入党了,当了一个党员。如果当时他们要来领导我,要改造我,我早就跑了!你要改造我,我就偏不接受你改造。你要领导我,我就偏不接受你领导。

我老实告诉你们,我犯路线、方向错误还不止一次。1952年犯过一次,1949年犯过一次。我犯过两次方向、路线错误,以后我没犯原则性错误。我(过去)犯错误多次,几乎每年一次。在井冈山的两年,我不支持毛主席,犯了路线错误。我不吹嘘,我讲话豪爽痛快,有时很错误,有时很准。不要以为我是在温室里长大的,我不是一帆风顺,我也挨过斗,我也斗过别人,两重身份,有过被斗的经验,也有过斗人的经验。我斗人的经验,比你们这会场上还猛烈得多,我什么武器,机关枪、炮弹、原子弹都使用过了。有人说我不识时务,但我讲的完全是真理,这是我的性格,由于我的性格作了不少的好事,也犯了不少错误。我不是那种哼哼哈哈的人,嘿嘿,我还不错嘛!

你们要打倒一切框框,要说框框,毛泽东思想就是一个最大的框框(这句话被说成"反毛泽东思想"——引者注)。如果外交人员都像红卫兵一样,头戴军帽,身穿军服,胸前挂一块毛泽东语录牌,高举毛主席语录,这岂不是成了牧师了?(这又被说成"反毛泽东思想"——引者注)

我们不要搞个人迷信,这个没有必要。对个人盲目崇拜,这是一种自由主义。我不迷信斯大林,不迷信赫鲁晓夫,也不迷信毛主席。毛主席只是个老百姓。有几个人没有反对过毛主席?很少!据说林副主席没有反对,很伟大嘛!若有百分之二十的共产党员真正拥护毛主席,我看就不错了。反对毛主席不一定是反革命,拥护他也不一定是革命的。(这一段话被说成是"恶毒攻击伟大领袖毛主席"——引者注)

我看毛主席的大字报也可以贴。毛主席也是一颗螺丝钉。他过去在湖南第一师范当一个学生,他有什么,还不是一个普通学生。林彪也没有什么了不起,过去他是我的部下。难道文化大革命这么大的运动,就是他们两人领导?老喊伟大、万岁、万万岁,对他们没有什么好处的。我天天和毛主席见面,见面就叫"毛主席万岁",行吗?(这一段话被说成"恶毒攻击伟大领袖毛主席和他的亲密战友林副主席"——引者注)

刘少奇是我的老师,是我的先生,水平很高。党内过去留学苏联的人很多都变坏了,但刘少奇是好的。刘少奇的指示我完全赞成。在人民大会堂,刘少奇同志讲得很正确。你们不但要学习毛主席著作,而且要学习少奇同志的著作。刘少奇在八大不提毛泽东思想,也作为他的一百条罪状之一。这报告是毛主席、政治局决定的,我一直在场。外面的刘少奇罪状一百条,有的是捏造,有的泄密,完全为我们党、为毛主席脸上抹黑。

成千上万的老干部都被糟蹋了。"中央文革小组"里有些青年人左得很。这些秀才不懂得造反派里有坏人。戚本禹同志现在算是左派,但是他的话,我个人也认为并非都是正确的。有些人嘛,就是权大得很,就是不讲道理,除非你完全照他的意思办就好,否则便是黑帮。有人（指江青——引者注）躲在背后，教娃娃们（指红卫兵——引者注）出来写大字报，这是什么品质？（这段话被说成是"恶毒攻击中央文革小组"——引者注）

打倒刘少奇、邓小平、陈云、朱德、贺龙，为什么要放在一起？各有各的账。"打倒大军阀朱德"？！他干了几十年，是我们的总司令，说他是"大军阀"，这不是给我们党的脸上抹黑！一揪就祖宗三代，人家会说，你们共产党怎么连八十一岁的老人都容不下。"打倒大土匪贺龙"，这是我根本不能同意的。贺龙是政治局委员、元帅，现在要"砸烂狗头"，人家骂共产党过河拆桥。现在你们身边的人是否可以相信呢？你们相信谁？相信毛主席、林彪、周总理、陈伯达、江青、康生，就只六个人？承蒙你们宽大，把五个副总理放进去，才得十一个人，就只有这么几个人干净？我不愿意当这个干净的，把我拉出去示众！

现在看来，大字报上街的危害性愈来愈多，越来越吓人，水平愈来愈低，字越来越大！"兔崽子"、"狗崽子"、"砸烂狗头"……斗啊！非斗到底，逐步升级，非要打成反革命，打成黑帮，黑帮还要打成特务，特务还要砸烂脑壳，脑壳还要把它砍下来！揪住了就不放，拉去了就回不来，动不动就下跪，那么多的老干部自杀，他们都是为的什么？成千成万的老干部都被糟蹋了，先是工作组就有四十万人，搞得好苦哟！我不能看着这样下去，我宁愿冒杀身之祸。我的老婆（张茜），以前参加日内瓦会议不穿旗袍、西装裙，硬要她穿，不穿就斗，我不便说话，只好走开，要不然，就是包庇老婆了。后来她穿了，现在又拉出来斗，说她腐化，她能服吗？把我老婆拉到街上游街，戴高帽子，她有什么罪？还不是当了工作组长吗？

我这次是保护过关的，不保护怎样能过关呢？这回大批的外交干部由你们来处理，你们要怎样斗，就怎样斗，干部的生命等于在你们手里。最严重的问题就是不分青红皂白，把一切领导干部都打成"反革命修正主义分子"，排斥一切，文章不能作绝啊！我讲这些话，可能要触犯一些人的忌讳，我要惨遭牺牲。我愿意。我也不怕！

你们以前对我有点残酷斗争，无情打击，把我的司长的职务都撤了，我还不知道，当什么部长？有人要揪我，说刘新权（当时的外交部副部长——引者注）的后面就是我，要揪我，我不怕！我是老运动员（此处"运动"指政治运动——引者注），大风大浪千千万万都经过了，还会翻了船？就是北京五十九所大学，全国一、二百所大学都来揪我，我也不怕！我就那么不争气？这次我算跳出来了，你可以跳，我怎么不可以跳？我很坚定，我准备惨遭不测，准备人家把我整死，我不怕！你们现在就可以把我拉出去！前几天，我到外交部开会，要我低头认罪，我有什么罪呢？我若有罪，还当外交部长？我的检查，是被迫的，逼着我做检查，我还不认为我是全错了，你们就说要使用武斗，一戴高帽子，二弯腰，三下跪，四挂黑牌。你们太猖狂，不知天高地厚。不要太猖狂吧，太猖狂就没有好下场。我革命革了四十几年，没想到落到这种地步，我死了也不甘心，也不服气。我拼了老命也要斗争，也要造反，今天就要出这个气！

我这个就是右派言论。我今天讲到这里，可能讲得不对，仅供参考。我这些话就说是右派言论,我也满不在乎。不要怕犯错误——不犯错误是不可能的。你们犯错误没有我多。这句话并非黑话,是白话,不,是红话!讲话容易被人抓住,抓住就下不了台,哼哼!

心如铁石,气贯长虹。"直不辅曲,明不规暗,拱木不生危,松柏不生埤。"世危识忠奸。陈毅的"右派言论",实乃一席忠言。

然而,林彪要整他,张春桥要打倒他。

在中共九大,陈毅分在华东组,参加上海小组的讨论。

分组讨论的头一天,陈毅刚刚步入上海小组会场,正笑吟吟跟代表们打招呼。他发觉,人们视他为路人一般,冷漠,不理不睬。只有几个老熟人走过来,跟他亲热地握手。

突然,徐景贤振臂领呼口号:"打倒陈毅!陈毅罪该万死!"

讨论会一下子变成了批判陈毅的会议。

陈毅到底身经百战,不慌不忙地对代表们说道:"诸位代表,各位同志,九大代表的当选标准,是毛主席关于接班人的四条要求和林副主席关于干部的三条要求,加起来总共七条。我陈毅在文化大革命中,犯了严重错误,这七条标准,我连一条也够不上。承蒙上海党选我为代表,我在此表示感谢。……"

王洪文担任华东组的召集人,主持着会议。在会前,他本来已布置好围攻陈毅的发言。此时,见陈毅"跳"了出来,心中暗喜。

这时,马上有人抓住陈毅所说的"上海党",指责陈毅在"分裂党"!

其实,陈老总在上海主持党务、政务多年,说惯了"上海党"一词,不料这时成了"大批判"的"活靶子"。

于是,一个个代表发言,轮番向陈毅发动进攻。

陈毅经历过许许多多"批判会",不过,这一回他发觉有点奇怪:"上海党"的代表们一个个手中都拿着一本小册子。发言时,看一下小册子,便会熟练地说出陈毅的一段"黑话",然后加以"批判"。陈毅不知道那小册子是什么东西——在九大代表中,唯有陈毅没有拿到这本小册子。

两个多小时过去,"批判会"算是结束了。主持会议的王洪文这才拿起一本小册子,送给陈毅。

陈毅一看封皮,哦,原来是《陈毅反动言论小集》,"上海党"编造的!

在1980年12月6日上午,中华人民共和国最高人民法院特别法庭第一审判庭审问王洪文时,法庭记录上有这样一段文字:

审判员审问王洪文:"1968年11月,你和徐景贤领导编造了一本所谓《陈毅反动言论小集》是不是事实?"

被告人王洪文:"是事实。"

审判员问:"是谁指使你和徐景贤编造这本小册子的?"

王洪文答:"张春桥。"

审判员:"你们曾把这本小册子散发给哪些人？散发的目的是什么？"

王洪文答:"散发给九大代表，实际上就是要整陈毅。这个材料在九大期间用过。根据吴法宪的布置，上海代表团根据那本小册子的材料批判过陈毅一次。批判完了之后，把《陈毅反动言论小集》送给陈毅一本。"

问:"是谁给陈毅的？"

答:"是我给的。"

问:"你除了领导编写这本小册子以外，同时还搜集编造了哪些人的材料？"

答:"有叶剑英、李先念、陈云、陈毅、聂荣臻、谭震林等人的材料。"

问:"起诉书中指控你们编造了七十六份，一千一百六十三页，是不是事实？"

答:"我相信是事实。"

法庭宣读徐景贤1980年8月22日的证词（节录）：根据张春桥的指示，专门成立了一个"九大材料小组"，层层布置收集叶剑英、陈毅、李先念、李富春、谭震林、聂荣臻等中央领导人的黑材料。

法庭宣读刘万顺1981年9月9日的证词（节录），其中提到当时参加九大的代表，每人发一本《陈毅反动言论小集》，其目的，是为到北京参加九大揭发批判陈毅使用。

法庭投影上海"九大材料小组"搜集整理的叶剑英、李先念等中央领导人的材料目录。

王洪文看后说:"在这个材料小组领导成员中，还有王少庸。其他完全是事实。"

问:"你是不是负责人之一？"

答:"我是负责人之一。"

审判员宣布以上事实调查完毕。

虽然在张春桥的"导演"之下，王洪文、徐景贤在九大发动了一场对陈毅的"大批判"，但陈毅毕竟还是登上了九大的主席台，而且当选为中共九届中央委员。

陈毅在处境险恶之年能够出席九大，能够当选为九大中央委员，当然因为毛泽东所作"最高指示"——陈毅"可以作为右的代表"。今日看来，毛泽东的这一"最高指示"，抑或是他的真正本意，抑或是在当时保护陈毅的托词——因为倘不作如此"最高指示"，林彪和张春桥绝不会放过陈毅。也许，毛泽东两种用心兼而有之。"文革"是中国历史上错综复杂的一段特殊时期，毛泽东那段"最高指示"的用意也是错综复杂的。不论怎么说，毕竟是毛泽东保护了陈老总。正因为这样，当陈毅在1972年1月6日不幸病逝，毛泽东深以战友情谊为念，亲自赶去，出席陈毅追悼大会。

王洪文成为上海"中南海"的新主人

中共九大闭幕之后，4月28日下午，王洪文在北京出席了中共九届一中全会。5月1日夜，王洪文在北京天安门广场出席了焰火晚会。

电影摄影机、照相机的镜头对准了他。

他的形象出现在中央新闻纪录电影制片厂摄制的《中国共产党第九次全国代表大会》影片中，在全国城乡广泛放映。

他的照片第一次登在中央报刊上。那是一版关于九大大会发言的照片。上半版四张大照片，分别是周恩来、陈伯达、康生、黄永胜的发言镜头。下半版并列五张稍小的照片，依次为王洪文、陈永贵、孙玉国、尉凤英、纪登奎。

陈永贵是名震全国的大寨大队党支部书记。孙玉国则因在中苏珍宝岛之战中立功而跃为解放军代表。工人代表，照理应是大庆油田的标兵、全国劳模王进喜，才能与陈永贵旗鼓相当，何况王进喜也是九大主席团成员，坐在离王洪文不远的地方。然而，造反司令取代了全国劳模。王洪文、陈永贵、孙玉国成了中国工、农、兵的代表人物。

满载中共九大上海代表的三叉戟飞机，在上海西郊机场着陆。王洪文载誉归来，春风满面。

虽然上海市革命委员会依然是"三驾马车"，但是原先"徐、马、王"变成了"王、徐、马"。王洪文的地位超越了"马老"，那因为王洪文已是中央委员，马天水则只是中央候补委员（至于原先排名在王洪文之前的"老干部"王少庸，这回连中央候补委员也没选上，自然更被甩到后边去），王洪文的名字理所当然排在马天水之前。那个"秀才帮"的首领徐景贤，虽然也当上中央委员，毕竟在中共九大没有像王洪文那样露脸。张春桥指定王洪文为中共九大华东组召集人，已确定了王洪文超过了徐景贤。

王洪文成为中共上海市委第三书记——第一书记为张春桥，第二书记为姚文元。"徐老三"换成了"王老三"！徐景贤屈居为"徐老四"。

王洪文又乔迁了。他的家搬离了原挪威领事馆，迁入书记院。他家这边紧挨着马天水家，那边挨着王少庸家。

后来，他又搬了一次，房子更大了：一个颇大的院子，楼下是汽车间，二楼是客厅、书房，三楼是卧室。他的一家，住着三层九间房子。

他的职务的每一次升迁，都与房子的扩大成正比。当年，他一次又一次率"工总司"造反队冲进康平路，找"曹老头儿"签字，提这要求、那要求；如今，他成了上海的"中南海"——康平路的新主人，他的地位已与当年的"曹老头儿"相当。

康平路的王寓，一时间响起三个老太婆的喊喊喳喳声。

那个小脚的东北口音的老太婆，是王洪文的母亲。儿子有出息，把母亲接来享福。

操苏北口音的老太婆，则是王洪文的岳母。听说康平路的房子又高又大，她也就从上海国棉十七厂那嘈杂、狭小的职工宿舍搬过来了。

还有一个老太婆是谁？她，也是王洪文的岳母，也讲一口苏北话。

王洪文只一个妻子崔根娣，怎么会有两个岳母？

那个从上海国棉十七厂迁来的岳母高小妹，是崔根娣的养母。

王洪文与崔根娣结婚之后，帮她找到了生母。这时，崔根娣的生母也搬来，享一享康平路的福气。

不过，三个老太婆同住的日子，没多久便结束了。

崔根娣的养母高小妹走了。

高小妹的走，倒并不是因为她跟另外两个老太婆怄气。据她自己回到上海国棉十七厂职工宿舍之后，跟邻居们说："康平路好是好，就是进进出出太麻烦！"

"进出有什么麻烦？"邻居们从未住过康平路，不解地问道。

"唉，进门要填单子，出门要交单子。我不识字，不会写字，烦死了！"高小妹很直率，说出了其中的原因。

高小妹所说的单子，也就是"会客单"。康平路是个门卫森严的地方。填单子、交单子，使她感到很头疼。

她还是回到她的家，这家串串，那家坐坐，自由自在，什么单子也用不着填。

她还是在王洪文那定海路的"故居"里养鸡。有人劝她，女婿是市委书记了，你还养鸡？她说："养鸡能生蛋嘛，这跟市委书记有什么关系？"

大抵正因为这个缘故，在"四人帮"被打倒之后，人们对她并没有说三道四。充其量，不过是说她的丈夫崔崇岭，一个普通工人，生病时仗着女婿的威风，住进了上海的高干病房，如此而已。

另外两个老太婆，也过惯了往日虽然贫苦却很自在的日子，住了些时候，回老家去了。

崔根娣住在那里，同样很不习惯，想走。她毕竟是夫人，怎么走得了？

她惯于哇啦哇啦大声讲话，而那里的夫人们都知书识礼，文雅得很，一开口，能讲出一套又一套政治理论。张春桥的夫人文静能说会写，姚文元的夫人金英在"文革"前便长期担任中共上海卢湾区委组织部长，徐景贤的夫人葛蕴芳在解放初便担任了夏衍的秘书，而她，只有小学文化水平，"文革"前只是一个临时工。她，自惭形秽，自叹弗如！说实在的，她有时觉得，还不如住在定海路的小屋里，跟纺织女工姐妹们说说笑笑来得痛快。一种空虚感，一种失落感，常常袭上她的心头。她无处可讲，无人可诉，只把这种隐痛深深埋在心中。

在康平路，崔根娣几乎不串门走户。她自知粗浅，不愿与那些高干夫人们来往。她在上海国棉十七厂，倒有一班亲亲热热的小姐妹，可是上海国棉十七厂在上海东北角，康平路在上海西南角，坐公共汽车要一个半小时才到，何况康平路深院小楼，小姐妹们进出诸多不便。她感到孤独、空虚。

她是一个工人，做惯了工，却很不习惯于当"书记夫人"。王洪文每月工资64元，后来厂里每月给10元补助。她有时借领工资，回到上海国棉十七厂，看看小姐妹们。不过，自从王洪文成了市里的"大干部"，每逢每月18日——上海国棉十七厂发工资的日子，厂里总派人送工资来，或者由廖祖康代领。再说，即便是她去上海国棉十七厂，也总是坐小轿车去，小姐妹们要么见了她远而避之，要么有求于"书记夫人"而缠住了她——她已失去了当年作为一名普通女工的那些真诚、坦率的朋友。

她的心境是矛盾的：她既为自己成为"书记夫人"、入主康平路而感到兴奋，荣耀；又为自己难言的苦恼、孤独而感到烦闷、沮丧。

王洪文与她截然不同。他踌躇满志，每迈上一个新的台阶，都要高兴一番。想当年，"曹老头儿"、"市委书记"、"康平路"，在他的心目中，都是高不可攀的。眼下，自己竟坐到了"曹老头儿"的位子上，他这才品味到"造反"两个字的滋味儿！

王洪文成了康平路的新主人，而"曹老头儿"则成了阶下囚，被关入上海漕河泾监狱。

光是"执行资产阶级反动路线"，凭这一条，张春桥、姚文元、王洪文是打不倒曹荻秋的。那毕竟是属于"人民内部矛盾"，充其量写份检查，认个错，完事。

在那人性扭曲的岁月，有人对曹荻秋投井下石，使曹荻秋被逐出了康平路！

那是上海市公安局办公室里的一名干部，在曹荻秋处境险恶之际，从背后向他射来冷枪，击中要害！

此人曾接触过敌伪档案，看过国民党特务张剑鸣在曹荻秋被捕后所作的"谈话察看"记录。那记录的原文为："在谈话时态度尚佳，但未肯将过去的错误坦白承认，虽经晓喻，未有表示，仅声言此后不过问政治云云。"此人在1967年1月写出大字报《心脏爆炸第一声》，断章取义，诬陷曹荻秋在1932年被国民党逮捕时，在狱中"态度尚佳"，并声称"此后不过问政治"，是一个"大叛徒"。

张春桥如获至宝，亲笔写下一封"寄谢富治转中央文革小组康生"的信，派那人带着《心脏爆炸第一声》大字报底稿及敌伪档案材料，直飞北京。

其实，曹荻秋在国民党狱中那一段情况，中共中央组织部早已作过审查，并于1957年10月28日作了结论："曹荻秋同志在监狱和反省院期间政治上是坚定的。"

欲加之罪，何患无辞。张春桥和谢富治、康生串通一气，硬是给曹荻秋安上了"叛徒"、"变节自首分子"的大帽子。

虽然曹荻秋一再据理抗争："我没有叛变自首行为，你们怎么可以强加于人？即使把我打倒了，在这个问题上，我还是要保留我的权利。"无奈，张春桥、姚文元、王洪文已大权在握，岂容曹荻秋申辩？

于是，"曹老头儿"被赶出了康平路。王洪文趾高气扬，坐进了"曹老头儿"的办公室。他，取"曹老头儿"而代之！

上海国棉十七厂成了"红色堡垒"

就在王洪文出席中共九大归来不久，1969年6月20日，上海国棉十七厂里锣鼓喧天，大红标语糊满厂门口。

是欢庆"最新最高指示"发表？是纪念什么"半周年"？不，不，是一块白地红字的新牌子，在欢呼声中挂到了大门口："中国共产党上海国棉十七厂委员会"。

当时的《文汇报》、《解放日报》作了这样的报道："这是根据党的九大通过的《中国共产党章程》建立起来的上海第一个基层党委会。"

王洪文赢得了一个"上海第一"！

报道还给上海国棉十七厂送上一顶光彩四射的桂冠，曰"红色堡垒"。

"上海国棉十七厂，是一个'老造反'厂。全厂有八千六百多工人，现共有党员一千零三十五人。在无产阶级文化大革命中，这个厂的党内外无产阶级革命派团结全厂的工人群众，紧跟毛主席的伟大战略部署，为捍卫毛主席的无产阶级革命路线，作出了很多贡献。上海的广大革命群众提到国棉十七厂，都亲切地称之为上海无产阶级文化大革命的'红色堡垒'。从新党委成立的第一天起，他们又把建设一个忠于毛主席的战斗堡垒作为努力奋斗的方向。"

"红色堡垒"是王洪文的后院，也是张春桥、姚文元要在全国树起的"样板"。

1968年9月14日，张春桥、姚文元、徐景贤由王洪文陪同，来到上海国棉十七厂，召开整党建党座谈会。这一天，成为上海国棉十七厂的"大喜日子"。于是，上海市革命委员会便把上海国棉十七厂作为整党建党的"样板"加以"培养"了。

张春桥已着意于"树"王洪文，"树"上海国棉十七厂。

1969年初，署名为王洪文的《发扬一月革命精神将革命进行到底》一文见报了。

王洪文在文章中"回顾两年多来文化大革命的战斗历程，展望无产阶级文化大革命即将取得全面胜利的新的一年"，他"感到无比的激动，无比的兴奋"。

王洪文"夫子自道"，来了一个又一个"回想"，向读者透露他当年的"丰功"：

回想在同党内一小撮走资派生死搏斗的时刻，回想在同资产阶级反动路线浴血奋战的岁月里，我们无产阶级革命派为什么不怕围攻，不怕被打成"反革命"，不怕坐牢杀头，就是因为有着一颗无限忠于毛主席的红心，战无不胜的毛泽东思想给了我们无穷的力量，毛主席的革命路线指引着我们奋勇前进。……

回想在"一月革命"前后，我们和群众真是鱼水相依，血肉相连，群众吃啥，我们吃啥，群众步行，我们步行，始终同群众团结在一起，战斗在一起，胜利在一起。没有群众，就不可能摧毁资产阶级的反动堡垒；没有群众，就不可能取得"一月革命"的胜利。今天我们掌了权，就不能忘记群众，我们的职务变了，紧密联系群众的作风不能变……

确实，王洪文的"职务变了"，关于他的"颂歌"也渐渐在报刊上唱了起来。一篇题为《"红色堡垒"里的革命火车头——记上海国棉十七厂最早杀出来的六个共产党员》的通讯，称颂起王洪文及其"红色堡垒"，把王洪文誉为"革命火车头"：

"上海国棉十七厂是全市一面鲜艳的红旗，是无产阶级文化大革命的一个'红色堡垒'。在这个'红色堡垒'里，王洪文、唐文兰、孙一中、董秋芳、孙德永和徐玉起等六名共产党员，在战无不胜的毛泽东思想的哺育下，在阶级斗争和两条路线激烈搏斗的大风大浪中，带领广大革命群众，团结一切可以团结的力量，紧跟毛主席的伟大战略部署，为无产阶级文化大革命作出了卓越的贡献。群众称他们是'红色堡垒'里的革命火车头。……"

这篇通讯，赞扬了王洪文作为"革命火车头"在"红色堡垒"里作出的一系列"贡献"。这是在上海报刊上，头一回如此详细报道王洪文：

"在（1966年）6月12日，联名贴出了《剥开党委画皮看真相》的大字报，一针见血地提出'打倒资产阶级当权派，挖掉修正主义老根'的响亮口号，并用大量事实责问旧党委：你们为什么像害怕瘟疫一样，害怕搞阶级斗争？你们推行的修正主义干部路线，不是为资本主义鸣锣开道又是为什么？你们要把整个厂八千多个职工引向什么地方去？这张大字报冲破了一度'万马齐喑'的沉闷空气，像一颗重磅炸弹在旧党委的心脏爆炸了开来。……"

接着，描述王洪文"走路有人盯梢，说话有人偷记"，成了"反革命集团"的嫌疑。又描述了王洪文与"灭火队"（即"工作队"）的斗争，如何遭到"长时期围攻"，"被毒打吐血"，但是他"没有退缩，没有被压垮"。

"1966年8月，他们怀着对毛主席的赤胆忠心，串连了三十多人，成立了'誓死将无产阶级文化大革命进行到底战斗队'。在厂里无法活动，就到家里和公园里去，一起学习毛主席著作，学习中央报刊社论，经常到深夜二三点钟才稍稍休息一会儿，第二天照常上班工作。……"

"在这六个共产党员的带领和影响下，不少革命造反派战士在严峻的阶级大搏斗中逐渐成熟起来，他们团结了一大批群众，形成了一支一千多人的革命造反派队伍，成立了'永远忠于毛泽东思想战斗队'。"

这篇通讯还历数王洪文的"红色堡垒"的"战绩"：

"冲破重重阻挠，串连了两百多家工厂，得到了兄弟工厂无产阶级革命派的声援和支持，共同发起筹建了'上海工人革命造反总司令部'。"

"在'八·四'行动中，上海国棉十七厂是第二线指挥部，担负着保卫杨树浦发电厂、杨树浦煤气厂、上海炼油厂等单位的重要使命。"

在毛泽东的"工人阶级必须领导一切"号召下，"他们派出了六百十九名优秀工人，进驻高等院校和一些'老大难'单位"。

没多久，在上海报刊上又冒出一篇歌颂"红色堡垒"的文章：《朝气蓬勃，勇敢战斗——上海国棉十七厂党的队伍一派新面貌》。

这篇文章，详细介绍了上海国棉十七厂在中共九大之后的新面貌。文章一开头便写道："被称为'红色堡垒'的上海国棉十七厂，文化大革命运动一开始，两个阶级、两条道路、两条路线的斗争就异常激烈。……"

这么一来，"红色堡垒"的美誉，仿佛成了给上海国棉十七厂"定做"的光环。一提及上海国棉十七厂，就马上称一声"红色堡垒"。

这篇通讯用反衬法歌颂王洪文，把王洪文的形象"拔"得更高了。

通讯中写了上海国棉十七厂"不少党员原来对自己站错队很不理解"，"存在着三股气：怨气、泄气、不服气"。他们说："造反派额角头（意即额头高，给碰上了。上海土语——引者注），阿拉触霉头（意即倒霉——引者注）。以后你们抓革命，我们促生产。"

可是，这些党员后来想通了，转变了，其中的关键是——

"很多党员把自己同王洪文、唐文兰等老造反党员对照，深深觉得惭愧：'他们是党员，我也是党员；他们是苦出身，我也是苦出身；他们热爱毛主席，忠于毛主席，我平时也讲热爱毛主席,忠于毛主席,可是我们只热爱在嘴巴上,没有热爱在心坎里,只忠在嘴巴上,没有忠在行动上。'……"

找着了与王洪文之间的"差距",这些党员的觉悟也就"提高"了!

"红色堡垒"的名声越来越大。"秀才"们也深入上海国棉十七厂,接二连三写出关于这个"红色堡垒"的整党建党的"经验",见诸于《文汇报》、《解放日报》以至上了《红旗》杂志,上了《人民日报》。

中共九大闭幕后一周年——1970年4月,中共中央召开了整党建党座谈会。政治局候补委员纪登奎主持座谈会,政治局常委康生、陈伯达作了讲话。在这次座谈会上,宣布成立中共中央整党三人小组,这三人是康生、张春桥和谢富治。

北京树立的整党建党"样板"是"六厂二校"。那是"毛主席亲自指导"的。

张春桥呢?拿出了上海的整党建党"样板"——上海国棉十七厂。

经毛泽东批示"照发",中共中央下达文件,向全国各级党组织转发了北京大学、北京七机车车辆厂、上海国棉十七厂等单位整党建党经验。于是"红色堡垒"名噪全国。

上海国棉十七厂整党建党,有些什么"重要经验"呢?

"秀才"们妙笔生花。那些"重要经验",近乎玩弄辞藻:"建设忠于毛主席的战斗堡垒,就要'举旗抓纲'";"建设忠于毛主席的战斗堡垒,党就要管党";"建设忠于毛主席的战斗堡垒,就要加强领导班子的思想革命化";"建设忠于毛主席的战斗堡垒,就要实现一元化的领导"。

此外,还有:"把思想整顿放在首位,教育党员提高阶级斗争、两条路线斗争和继续革命的觉悟,彻底改造世界观";"根据党组织就应是无产阶级先进分子所组成的根本原则,落实毛主席的无产阶级政策,认真搞好组织上的吐故纳新";"建立忠于毛主席的领导班子,不断加强党的组织建设和思想建设"。

如此空洞的"经验",并无"重要"可言。不过,郑重其事地以中共中央红头文件下达,大大提高了上海国棉十七厂的声望。不言而喻,也就大大提高了王洪文的声望。王洪文一直兼任着上海国棉十七厂革命委员会主任,也兼任着厂党委委员。

王洪文成了"王老三",掌管着上海的日常工作。虽说他有野心,企望着进入中央,不过,上海已有张春桥、姚文元在北京做"中央首长",看样子已不大可能再把他调入中央。至多,或者到北京当个什么部的部长之类。

然而,王洪文却突然受到提升,如同坐火箭似的飞速上窜,成为"火箭式干部"。这,连王洪文自己,都感到惊讶、意外。

第十八章
与林彪又握手又踢脚

与组长陈伯达的争斗

江青的权力不断膨胀。她根本不把中央文革小组组长陈伯达放在眼里。

她这个"第一副组长",实际上成了中央文革小组组长。

在陈伯达晚年,笔者多次访问了他。陈伯达曾对他与江青在"中央文革小组"中的激烈争斗,作了回忆。陈伯达说,江青在中央文革小组实行"独裁":

> 中央文革小组如开会,江青总是继续瞎想瞎说,并且说了就算,跟她不能讨论什么事。
>
> 这种会开下去,只能使她可以利用小组名义,把小组当作她独立的领地,继续"独裁",胡作非为。
>
> 我认为自己应该做的,是学习,是到些学校、工厂或一些居民地点,看看谈谈。根据毛主席规定的"要文斗,不要武斗"的方针和中央的决定,只要我知道哪里有打砸抢的事,我是要去制止的。有时带了一些打人的武器回来,为的是要告诉小组的人知道有这些事,江青便说:"你放着小组的会不开,搞这些干什么。"
>
> 我的最大罪恶,首先是极端狂妄地提所谓路线问题。这是永远无法宽恕的。同时,我又胡乱随便接见一些人,乱说瞎说,让一些同志蒙受大难,这也是无法宽恕的。

陈伯达回忆起江青如何在中央文革小组里"臭骂"他的:

周总理主持中央文革小组碰头会后，我只参加周总理召集的会，不再召集小组的会。周总理不在钓鱼台召集会的时候，我通常不再进那个"办公楼"。
　　不记得是哪一年，我曾经不经心地走进那个办公楼，看看管电话的同志，并且在开会厅坐了一下。忽然，江青来了，康生也来了，姚文元就在楼上住，一叫就到。
　　江青即宣布开会，臭骂我一通，康生也发言。他们那些话，我已记不住，主要是说，为什么不召集小组开会，等等。我只得让他们骂，不作回答。显然，我只有不肯召集小组单独开会这点本能，可以对付一下江青。

　　由于陈伯达无法在中央文革小组待下去，他曾一度提出，希望辞去中央文革小组组长之职，到天津去工作。陈伯达曾这样回忆：

　　天津问题的由来，是我听说中共天津市委第一书记万晓塘同志自杀。万晓塘同志我是很熟的，在文化革命前我到天津去，差不多都是他出面招待，文化革命后听到他自杀，我很苦闷，有一回，还作了调查，没有调查出什么眉目。
　　因为我不想当那中央文革小组组长，也实在当不下去，天津出了此事，我就在中央会议上提出我到天津工作，毛主席表示同意。虽则我没有提出辞去"组长"名义，但意在不言中了。此时陶铸同志也在，我还要陶铸同志帮腔。后来听说有人批评我，听说有同志还帮我说话，说我就要到天津去重新学习。但是，过了些天，毛主席又说，天津情况也很复杂，你也难工作，让解学恭去。中央谈话的这一切经过，解学恭当然不可能知道。一回，在天安门上，毛主席遇见解学恭，就告以此事，可能周总理也在。解学恭到天津的经过，的确是这样。后来我听说，毛主席过去曾经认得解学恭。以后解决各省问题，中央会议在周总理的具体主持下，做了分工，由我参与天津事，在决定主要人选时，我根据中央的意见，就提解学恭担任中共天津市委第一书记。
　　江青插进一脚，解学恭应该是会觉得到的，在北京解决天津问题的会议上，戚本禹来了，一晚，在会上发号施令，要大家把材料都送给他。这时我就离开会场，在会场外找人聊天，让戚本禹去发威风去。

陈伯达还回忆起，在中央文革小组，他与江青互相"回敬"："我看不起你！"
陈伯达说：

　　可能是在1968年，有一回，接到江青那里的电话，说要开会，是在她的住处。我去了，江、康、姚都已先在。
　　江青提出："你要迫死《人民日报》一个文艺编辑。"
　　我说，报馆编辑部互相审查历史，我没有发动，没有参加，没有出什么主意，怎么会是我要迫死他？
　　康生说："你没有看他写的东西，那是'绝命书'呀。"

接着，江青把她桌上的大瓷杯子狠狠地往地上一摔，化作粉碎，表示她对我的极度愤怒。我觉得房外有警卫战士，如果看到这堆碎片会很奇怪，因而把这些碎片一点一点地收拾起来，带回自己住处，要我那里的工作人员放到人足踩不到的河沟里。

那时，如果那位文艺编辑竟然屈死，我就要对此负重大的罪。但康、江并不关心任何人的命运。这件事当作问题向我提出，仅仅是"欲加之罪，何患无辞"。

听别人说，江青那时正要用那个文艺编辑当秘书，为此找了这样的借口。也是听别人说，因为毛主席反对此事，故未用成（这些事只是当时听说，没有做任何事实查对）。

江青早已找了一个借口，把我赶出中南海。上面的事发生后，第二天我即到当时新找的房子住下来，想避免在钓鱼台继续受她的糟蹋。当然，有时我也还到钓鱼台那个原住处看看。

就我离开钓鱼台这件事，在毛主席主持的一次会上，江青乘机正式告我一状，说："陈伯达已不要我们了，他已离开钓鱼台，另住其他地方。我同××（指她的女儿）回到中南海给主席当秘书好了。"她在搞挑拨离间的勾当。在当时的情况下，我一句话未说。

一次会上，江青说："我同陈伯达的冲突，都是原则的冲突。……"

张春桥也在会上鼓起怒目视我。

我火气一发，不再听江青霸道下去，从座位上起来，即走出会堂。

江青回过头来大声说："我看不起你！"

我回了一句："我也看不起你！"

陈伯达在中央文革小组里，不断与江青对吵。但是，陈伯达不能不容忍江青，这全然是因为江青是"第一夫人"：

《人民日报》有一个不懂事的管照片的青年，找了毛主席一张相片，又找到江青一张，就拼凑成一块。据说，这是那个文艺编辑授意的。我原不知道这事，有一次开会后听说过，也没有再去询问。但有一次会议时，江青忽然对这张相片事发言，大意是："人家说我要当武则天，慈禧太后，我又没有她们的本事。×××有什么历史问题，也不跟我说。"

我插了一句说："你说我要迫死他，谁敢给你说？"

江青便大声说："你造谣！"

周总理接上一句："你是说过呀。"

江青就跟总理对顶起来。

这时我离开会场，在大会堂转了一圈，又要进会场。周总理说："你回来干什么呀？"

我听了周总理的话，觉得可不再参加会议，就回到住处。

当夜，有两位同志来，一个当时在总理处管警卫工作，一个是当时中央办公厅的工作人员。见面时,他们没有说什么话,但我一见,就觉得总理的高义盛情,深为感动。我说了一句:"如果不是因为毛主席的关系,谁理她呀?"

这样的话,后来我也跟别人说过。

此事以后,我才通过宣传联络员去了解这张相片的制作的经过,也才看到这张假照片。

陈伯达还回忆说:

> 在"文化革命"中,一回在碰头会上,江青突然问我是否在三十年代曾参加北方局整过她。
>
> 王、关、戚倒台后,江青自称她有功,她不是从此收敛些,而是更狂妄了。据一位同志给我说过,她自称她保护了"中央三个常委"。当然,这是很可笑的。

到了后来,陈伯达这中央文革小组组长形同虚设,江青成了实际上的中央文革小组组长。所以,连陈伯达都称江青成了"中央文革小组第一首长":

> 自此,除了江青是中央文革小组第一首长外,她的女儿当"中央文革小组"秘书,事实上一度是第二首长。江青公开说明,王、关、戚的案件,只有她和她女儿能管,别人不能管。但过了不久,不知怎样的,她跟她的女儿也搞翻了。
>
> 当江青造成上述局面,在她女儿还未离开的时候,曾公开在毛主席主持的一次会上,说陈伯达已不住钓鱼台,已不要她们母女,她们愿意回中南海给毛主席当秘书。
>
> 江青(忘记是在什么场合)讲,毛主席说过(大意):"给陈伯达很多工作位子,他都没有拿住……"毛主席这话看得很透彻,中央文革小组的例子,是最后的一个证明。

此外,笔者也采访了陈伯达的两位秘书"二王"——王文耀、王保春,据他们回忆:

> 1967年2、3月间,陈伯达对我们说,毛主席在一次小范围的会议上,对江青严厉地批评过:"有人说她是一人之下,万人之上,这话不对!她是一人之上,万人之上!她根本就没有把我放在眼里!我多次批评过她,她听了吗?!她这个人呢,有武则天之心,而无武则天之才!"

"四一二"第二次炮打张春桥

物理学上有一条这样的定律:作用力与反作用力相等。

其实,物理学的定律不只适用于物理学。张春桥的高压政策、倒行逆施、特务统治、残酷迫害,骑在上海人民头上拉屎撒尿,那强大的反作用力早已形成。

"一·二八"炮打张春桥,以仅仅两小时的时差,被张春桥用"中央文革小组特急电报",用"工总司"压了下去。

15个月过去。1968年4月12日,上海爆发了更为猛烈的第二次炮打张春桥的高潮。

《文汇报》突然成了脱缰之马。在"一月革命"中"新生"的《文汇报》,本来成了张春桥手中的舆论工具,这天却脱离"张春桥轨道",成了炮打张春桥的"舆论大炮"。

这天的《文汇报》,打的是"拐弯炮"。今日的年轻人,倘若重读1968年4月12日的《文汇报》,会如坠云雾之中。那是在特殊年代用特殊方式进行的"炮打"。第三版,印着这样的通栏标题:"誓死保卫毛主席!"

"誓死保卫林副主席!"

"誓死保卫以毛泽东为首的党中央!"

"誓死保卫中央文革小组!"

"誓死保卫江青同志!"

忽然来了这么五个"誓死保卫",究竟出了什么大事?

哦,"注释"就在第三版上,全文转载了这年4月7日《北京日报》社论:《彻底粉碎"二月逆流"的新反扑》。

不知内情者,把《北京日报》的社论读了一遍,仍不得要领。

当然,如果把《文汇报》"星火燎原"造反总部印发的传单《十个为什么?》读一遍,那就会明白一些:

一、最近上海市召开的活学活用毛主席著作积极分子代表大会,为什么新华社不发报道?

二、《人民日报》、新华社为什么一连三个月不转载、转发上海的社论?

三、北京3月27日十万人大会之后,上海3月28日召开二十万人大会,为什么张春桥亲自和群众一起上街游行?这是从来没有过的。

四、前几天江苏省革委会成立的消息里(江苏省"革委会"于1968年3月23日成立,3月25日见报。——引者注),张春桥的名字为什么放在最后,又不加"中央文革副组长"和"南京军区第一政委"的头衔?

五、北京"三二四"会议,为什么姚文元不让驻京办事处把消息捅到上海?这在过去是从未有过的。

六、第二军医大学"红纵"(即"红色造反纵队"的简称——引者注)为什么在沪特别吃香?他们公开反邱会作(邱会作当时任中国人民解放军副总参谋长兼总后勤部部长,为林彪死党。——引者注),把矛头指向林副主席,上海市革委会为什么没人去碰一下?

七、张春桥原在石家庄报社当社长,杨、余、傅都是晋察冀那个山头的。

八、张春桥在市革会扩大会上呼叫打倒杨、余、傅时,为什么紧张到把"傅崇碧"叫成了"邱会作"?

九、《解放日报》、《文汇报》都是毛主席支持的，为什么张春桥提出要合并成一家？

十、为什么陕西省委书记霍士廉愿以党籍担保张春桥是叛徒？

这份《十个为什么？》传单，当然要比4月12日《文汇报》说得明白得多。

不过，"三二四"是什么样的会议？"北京3月27日十万人大会"又是怎么回事？跟张春桥又有什么关系？

事情的突然爆发，是在3月22日，林彪发布两项命令：一项命令宣布杨成武、余立金、傅崇碧犯有极严重的错误，决定撤销他们的所有职务；另一项命令是任命黄永胜为总参谋长。

当天夜里，余立金被捕，杨成武、傅崇碧遭软禁。

当时，杨成武为中国人民解放军代总参谋长；余立金为空军政委；傅崇碧为北京卫戍区司令员。

3月24日，林彪召集驻京机关部队一万多人在人民大会堂开大会。林彪作了长篇演讲历数"杨余傅"之"罪状"："……杨成武同余立金勾结要篡夺空军的领导权，要打倒吴法宪。杨成武同傅崇碧勾结要打倒谢富治。杨成武的个人野心，还想排挤……黄永胜以及比他的地位不相上下的人。"

林彪还说，"杨余傅"是为"二月逆流翻案"，是"二月逆流"的一次"新反扑"。

对于"杨余傅"的"批判"，在三天之后——3月27日，又升级了。北京工人体育场涌入十万之众，倾听着"中央首长"对于"杨余傅事件"的说明。陈伯达、康生和江青登台，作了极为"精彩"的演讲。

陈伯达这位"哲学家"，着眼于事物的"彼此联系"，作了如下推理："杨成武、余立金、傅崇碧就是王力、关锋、戚本禹的后台，他们是刘、邓、陶遗留下来的余党，同时又是刘、邓、陶的小爪牙……"

你看，陈伯达一下子就把杨余傅、王关戚、刘邓陶串连在一起。

康生主管组织大权，此人最擅长于"揭老底"。他仿佛忘了王、关、戚一直是他手下的得力干将，却翻出了陈账烂芝麻：

"钻进中央文革小组的刘邓分子王关戚，企图把矛头指向无产阶级司令部，指向中央文革。王力是什么人？王力是个国民党。王力是执行邓小平、王稼祥'三和一少'路线的积极分子，他在1962年莫斯科裁军会议上就实行邓小平的'三和一少'的路线，得到了赫鲁晓夫的欣赏，还要送给他金质奖章。关锋、戚本禹是什么人呢？他们是彭真的亲人。我介绍一下，黑帮反革命叛徒彭真收买关锋、戚本禹。向他们联络，请他们吃饭。这些变色的小爬虫，就感恩戴德。在1964年1月27日戚本禹也代表关锋给彭真一封信，在这封信里面说：'初次到您的家里，感到有些拘束，但是吃了饭就舒服了，就已经像在亲人家里一样。'瞧，他们是彭真的亲人了！他赞扬彭真说：'您平易近人！有善于诱导的作风。'……"

康生的话，令人大惑不解。既然王力的事发生在1962年，关锋、戚本禹给彭真的信写于1964年，你康生怎么到了1968年才"揭老底"呢？

江青呢？她扮演了一个"受蒙蔽"的角色：

"我们过去不知道他们（王、关、戚）是刘邓的黑爪牙，他们是被刘邓安在我们队伍里的钉子，他们打着红旗反红旗，到处招摇撞骗，不请示不报告，封锁我们，背着我们耍阴谋，干了很多坏事……他们勾结杨成武，他们勾结很早了，我们不知道，勾结着余立金、傅崇碧。他们企图在群众中造成中央文革小组出了坏人，来否定中央文革小组，这意味着什么？"

北京的消息，飞快地传到上海。上海市民议论纷纷。经过将近两年的"文革"锻炼，人们也变得聪明起来：这样再次大动荡的时刻，岂不是揪出张春桥的良机！

于是，《北京日报》4月7日社论中提出的口号——"揪出杨、余、傅的黑后台"，马上在上海产生了反响。人们巧妙地把这句口号移用到张春桥身上：张春桥就是"杨、余、傅的黑后台"！

借助于这种"打着红旗反红旗"的高超手法，上海街头陡地冒出一批大字标语："揪出杨、余、傅的黑后台！"

还有的标语真微妙，特地加了"上海"两字："揪出杨、余、傅在上海的黑后台！"

真个是"此地无银三百两"。谁都明白，这"上海的黑后台"指的是谁。

张春桥哭笑不得。派人去撕标语、覆盖标语吧，这不就等于自己承认了是"杨、余、傅在上海的黑后台"。由它去吧，这些大字标语把上海闹得满城风雨，他成了人们暗中议论的中心话题。

正因为这样，4月12日，《文汇报》突然转载了《北京日报》4月7日社论。一场炮打张春桥的怒潮，磅礴于上海……

也就在这一天，张春桥的"老底"被人揭穿，在张春桥的脚下响起一声炸雷。

"狄克攻击鲁迅，罪该万死！"

"打倒狄克！"

"狄克=张春桥。打倒张春桥！"

多少年来，一直用浓发遮盖着的张春桥头上的这块癞疤，被用大标语、大字报公诸于睽睽众目之前。

林彪救了张春桥

上海永福路344号。4月12日清早，"扫雷纵队"全体紧急集合。

"誓死保卫中央文革小组！"

"誓死保卫春桥同志！"

在领着呼喊了口号之后，游雪涛沉默了半响，在极为严肃的气氛中，用低沉的声音发表"训话"："同志们，最严峻的考验的时刻到了！我们要用鲜血和生命，保卫我们最敬爱的春桥同志。刀山敢上，火海敢闯，为了春桥同志，我们要豁出去了！"

稍停一会儿，他拿出了笔记本，轻声地说：

"刚才，我接到文静同志的电话，她要我向全体同志交底，把她的话原原本本地告诉同志们。"

"文静同志说，春桥同志的历史完全清白，一点污点也没有。这样干净的历史，在老干部中是少见的。任何关于春桥同志的谣言，都是最恶毒的攻击和最无耻的捏造。"

"文静同志还指出，春桥同志说话，总是引用毛主席的原文，很少发挥自己的意见。毛主席对他非常信任，他对毛主席非常忠诚。春桥同志是一个毫无政治野心的人。他曾说过，他平生的夙愿，就是用全部精力写出一部《毛泽东传》，此外一无所求。"

"同志们，我们一直在为捍卫春桥同志而战。春桥同志的胜利，就是我们的幸福。在今天这样的紧要关头，文静同志亲自给我们这个小组打来电话，这是最大的信任，最大的鼓舞。"

"今天，各种各样隐藏的'雷'，都抛头露面了，正是我们'扫雷纵队'的扫雷最佳时机……"

游雪涛一声令下，"扫雷纵队"全体出动，在上海那滔滔人海中游弋。

秘密拍照、录音、录像，一切有关"炮打"的标语、大字报、动向，都纳入"扫雷纵队"扫雷范畴。

面对张春桥写下的"谢谢同志们"五个字，"扫雷英雄"们是当之无愧的。

早在1967年11月21日，"扫雷纵队"就已经向张春桥密报了《文汇报》"星火燎原"造反总部那"三驾马车"（也有人称之为《文汇报》"造反三巨头"）的"反叛"动向。为此，张春桥要秘书何秀文在暗中调来了"三驾马车"的人事档案。张春桥已做好了整人的准备。

神通广大的"扫雷纵队"还获得重要情报：1967年1月，"工总司"的"北上返沪一兵团"曾包围了张春桥家，准备抄张春桥的家，被张春桥发觉，调来王洪文的小兄弟解围……是谁把张家的地址泄露出去？这个哑谜被"扫雷纵队"查明，是上海市委写作班党支部副书记郭仁杰！

"原来，郭仁杰这小子背有反骨，忘恩负义！"张春桥听了游雪涛的报告，把牙齿咬得嘣嘣响。

张春桥记得，过去看过郭仁杰的档案。那是1964年，是他亲自点将，把郭仁杰调入市委写作班的。调动前，他查看过郭仁杰档案。那时，他以"十"的目光看郭仁杰。如今，郭仁杰反了，他以"一"的目光看郭仁杰。于是，他再一次调看郭仁杰的档案。

郭仁杰的历史，倒是无可挑剔的：一个从苦水中泡大的孩子，很早就参加解放军，加入中国共产党。1949年，随军进入上海。1957年，担任复旦大学哲学系党总支副书记。

在翻阅郭仁杰档案的附页时，张春桥看到了一份外调材料，笑得眯起了眼睛。原来，此人也好色！

张春桥给游雪涛下达了"特殊任务"：抓住郭仁杰在男女关系上的小辫子！

张春桥深知，这类桃色新闻，在"文革"中只消用大字报一公布，很容易就可以把一个人搞臭的。

果真，"克格勃"游雪涛弄来了极为详细、具体的情报。

就在郭仁杰忙着与复旦大学"红革会"的那些红卫兵们频繁来往，筹划着第二次炮打张春桥的时候，突然，受游雪涛暗中指使的华东政法学院的红卫兵，在一天深夜把他抓了去。

郭仁杰被关进了上海卢湾区公安分局。在二楼的囚室里，红卫兵们逼问着他，要他交代"男女关系"问题。

秀才最爱面子。尤其是像"男女关系"之类隐私，一旦公诸于众，已经跻身于上海市革委会领导人之列的郭仁杰，脸往哪儿搁呢？

据当时的档案记载："郭仁杰要看守的红卫兵给他倒一杯开水，把红卫兵诓出室外，立即把门碰上，从窗口跳下……"

地上顿时溅满一摊鲜血。

从此，张春桥少了一个政敌。

"杀一儆百。"消息传出，那些已经扯起造反旗号的原市委写作班的秀才们人人自危，深知张春桥不是好惹的。

郭仁杰之死，在反张之心早已坚定的人们那里，产生的不是畏惧，却是更深刻的仇恨。"四一二"一把火点起了堆满上海的干柴。

《文汇报》"星火燎原"造反总部真是星火燎原，那《十个为什么》传单已经一再加印，仍是上海的"抢手货"。

不知道从哪里冒出一个"揭老底"战斗队，刊印了鲁迅批"狄克"的《三月的租界》和"狄克"的《我们要执行自我批判》，刊印了李淑芳——当年的文静怎样成为"东方的摩登女士"……上海人民也学会以张春桥"以其人之道，还治其人之身"，揭起张春桥那"老底"来了。这些"揭老底"传单，一时风靡上海。

不可一世的张春桥，仿佛成了泥足巨人，风一吹，就要倒了。

一连串的新消息，通过"244"，传入张春桥耳中：《文汇报》印的《十个为什么？》已发向全国各地；华东六省的省报都向《文汇报》看齐，要在4月13日头版头条转载《北京日报》4月7日社论，而且《解放日报》居然也要同步行动。

这一回"炮打"来势，比15个月前要凶猛得多。眼看着，张春桥会成为"王、关、戚"第四了，成为中央文革小组"端出来"的第四个恶棍。

张春桥毕竟还是张春桥。他紧急召见王洪文。"工总司"上街了。王洪文率队冲进《文汇报》社了……15个月前，张春桥打退"一·二八"的"红革会"，靠的是"工总司"，这一回又甩出这张在安亭结下"火线友谊"的王牌。

张春桥又一次拨通了北京钓鱼台的长途电话，向江青呼救。

"是不是再给上海发一个'中央文革小组特急电报'？"江青问道，"你现在就把电报内容告诉我，我马上发到上海！"

江青倒也痛快，她请张春桥自己拟一个"中央文革小组特急电报"！

"不，这一回光用中央文革小组的名义，恐怕还不行。"张春桥说道。

"中央文革小组的牌子还不响吗？"江青一听，怔住了。

"不，我不是这个意思。"张春桥连忙解释道，"因为这一回的主要的炮打口号，说我是杨、余、傅的黑后台。杨、余、傅都是军人。只有以林彪副主席或者中央军委的名义，给上海发紧急电报，才能最有效地制止这一次的炮打……"

"好吧，我马上转告林副主席。"江青明白了张春桥的用意，挂上了电话。

张春桥与林彪之间，本来连话都说不上。"文革"前，林彪身为元帅，来来去去上海，从不把柯庆施的那个"政治秘书"张春桥放在眼里。自从张春桥进入中央文革小组，林彪才注意起张春桥其人。不过，这时的林彪居高位，住深院，张春桥难以接近他。虽然张春桥借助于江青，已经得到毛泽东的信赖，但是他为了能在中央牢牢扎根，不能不企望着巴结林彪——因为林彪已是举足轻重的第二号人物了。

1967年11月，毛泽东的一句话，无意之中为张春桥搭起了与林彪高攀的梯子。那时，毛泽东已经在考虑中共第九次全国代表大会的准备工作了，他把修改党章的任务交给了上海。叶群向张春桥透露了来自林彪的意思：林副主席的接班人地位，应当在党章中明确地规定下来。

张春桥是个一点就明白的聪明人。他回到上海之后，便放出风声："上海广大党员和革命群众，强烈要求在党章上写明林彪同志是毛泽东同志的接班人，以保证我们的党永不变修，永不变色！"

于是，在张春桥负责起草的党章草案上，出现了所有中共党章上未曾有过的词句：

"林彪同志一贯高举毛泽东思想伟大红旗，最忠诚、最坚决地执行和捍卫毛泽东同志的无产阶级革命路线。林彪同志是毛泽东同志的亲密战友和接班人。"

党章草案飞快地送到林彪手中。投之以桃，报之以李。林彪马上"回赠"张春桥一个军职——南京军区第一政委。

从那以后，张春桥跟"林副统帅"之间，架起了热线：张春桥借口汇报南京军区工作情况，常常给林彪挂电话，向他请示这，请示那。林彪呢？也拖着腔，拿着调，跟这位秀才说上几句"热络"话。

在"四一二"这风雨飘摇之际，张春桥通过江青，向林彪发出了"SOS"讯号。

果真，林彪伸出了救援之手。

那个在"杨余傅事件"中红得发烫的空军司令吴法宪，奉林彪之命，在4月12日下午飞抵上海。

上海的"四马路"———福州路，当年"狄克"曾在那里度过不平常的岁月，如今上海党、政、军、文各界头目急急赶往那里的"市革会礼堂"。

中央军委吴法宪突然出现在主席台上，从口袋里掏出一纸公文。

台下鸦雀无声。人们屏气敛息。对于吴法宪从天而降，许多人曾作了美妙的推测：一定是来宣布当场逮捕"杨余傅"黑后台张春桥的命令！

■ 1968年10月1日,张春桥(前右)与林彪死党黄永胜(前左)交谈。(孟昭瑞 摄)

吴法宪当众宣读来自北京的四点指示:第一,张春桥同志仍然是中央文化革命小组副组长。第二,张春桥同志仍然是南京军区第一政委。第三,张春桥同志仍然是上海市革命委员会主任。第四,张春桥同志仍然是上海警备区第一政委。

完了!完了!这四个"仍然是",顿时把一场如火如荼的"炮打",降到摄氏零度!

印刷机在飞速运转。印着四个"仍然是"的传单,撒向四面八方。

"一·二八"炮打,被"中央文革小组特急电报"所吹灭;这一回,"四一二"炮打,又被来自林彪的"四点指示"所压服。

张春桥摸了摸自己的脑袋,哦,"仍然是"长在脖子上!

张春桥笑了,哦,"仍然是"胜利者的微笑!

权力膨胀的"中央文革"

靠着"大批判"开路,仗着"样板戏"作资本,江青一手掌握着中央文革小组,一手操纵着中央专案组,她在中国政治舞台上显山露水了,再不处在云雾之中了。

江青在中央文革小组中的权力不断膨胀,取组长陈伯达而代之;与此同时,中央文革小组本身的权力也在不断膨胀之中。实质是第一的,名目是无谓的。

按照《五一六通知》的规定,中央文革小组原本只是"隶属于中央政治局常委"的那么个"小组"。用江青自己的话来说,只是"政治局常委的秘书班子"。

可是,这个"秘书班子",却在1967年1月,取代了中共中央书记处。

在"文革"开始时,中共中央书记处的阵营如下:

书记为邓小平、彭真、王稼祥、谭震林、李雪峰、李富春、李先念、陆定一、康生、罗瑞卿。

候补书记为刘澜涛、杨尚昆、胡乔木。

1966年5月23日，中共中央政治局扩大会议作出了关于停止彭真、陆定一、罗瑞卿的中央书记处书记的职务，停止杨尚昆的中央书记处候补书记的决定。1966年8月12日，中共八届十一中全会批准了这一决定，并且决定撤销他们在中共中央书记处担任的职务。

1966年5月23日，中共中央政治局扩大会议还决定，调陶铸担任中央书记处常务书记，调叶剑英担任书记处书记。

随着陶铸在1967年1月被打倒，中共中央书记处陷于瘫痪状态。中央文革小组当即取而代之。

1967年2月，所谓"二月逆流"遭到批判，叶剑英、陈毅、谭震林、李富春、李先念、徐向前、聂荣臻"靠边站"了，中共中央政治局也陷于瘫痪。中央文革小组又进一步取代了中共中央政治局！

在"文革"初期，中央文件大都是以"中共中央、国务院"共同署名下达的。1967年1月11日，中央给上海市各革命造反团体的贺电，却是以"中共中央、国务院、中央军委、中央文革小组"共同署名。这么一来，"中央文革小组"也就和中共中央、国务院、中央军委并列。此后的许多中央文件，都以四者并列的署名方能下达。

中央文革小组权力的膨胀，意味着江青权力的膨胀。她是中央文革小组的第一副组长——实际上，在中央文革小组，她说了算，组长陈伯达也不得不听命于她。另外，随着"文革"浪潮的不断冲刷，中央文革小组成员之中也被"刷"掉不少，到了1967年8月底王力、关锋倒台，1968年初戚本禹被拘捕，中央文革小组的权力更加集中于江青手中。

1968年10月，中共八届十二中全会前后，中央文革小组扩大成为中央文革小组碰头会。这个碰头会，除了中央文革小组五位成员陈伯达、康生、江青、张春桥、姚文元外，扩大的有周恩来、谢富治、黄永胜、吴法宪、叶群、汪东兴、温玉成，共12人。

中央文革小组碰头会由周恩来主持，他在异常困难的条件之下，在"左派"们的包围之中工作。这个"中央文革小组碰头会"，实际上主持着中共中央的日常工作。

就这样，中央文革小组一时间成了"无产阶级司令部"。凡是对中央文革小组、对江青稍有不满的，便可定为"恶毒攻击无产阶级司令部"，定为"现行反革命"，要"依法惩办"。

只要稍稍列一下当年署有中央文革小组名义的文件，便可看到江青手中拥有的权力有多大：

1967年1月23日，中共中央、国务院、中央军委、中央文革小组作出关于人民解放军坚决支持革命左派群众的决定；

1967年5月12日，中共中央、中央军委、中央文革小组关于甘肃问题的几点决定；

1967年5月31日，中共中央、国务院、中央军委、中央文革小组关于成立地专级、县级革命委员会筹备小组和正式革命委员会的审批权限的规定；

1967年8月10日，中共中央、国务院、中央军委、中央文革小组关于派国防军维护铁路

交通的命令;

1967年10月21日,中共中央、中央文革小组关于征询对九大问题意见的通知;

1967年11月12日,中共中央、国务院、中央军委、中央文革小组关于广东问题的决定;

1967年12月2日,中共中央、中央文革小组关于整顿、恢复、重建党的组织的意见和问题;

1967年12月16日,中共中央、中央文革小组关于进行修改党纲党章工作的通知;

1968年1月29日,中共中央、国务院、中央军委、中央文革小组批准河北省成立革命委员会的报告(在此前成立的省、市革命委员会,是以"中央"名义批准的;此后成立的省、市革命委员会,均以中共中央、国务院、中央军委、中央文革小组四者联名下达批准的文件);

1968年11月2日,中共中央、中央文革小组关于八届扩大的十二中全会传达及其文件处理的通知。

"永远忠于毛主席!永远忠于党中央!永远忠于中央文革小组!"这成为当时最为流行的口号。"忠于中央文革小组",亦即"忠于江青"。

步入"中央首长"之列的江青,到处发表讲话。起初,她的讲话被印入《中央首长讲话集》之中,随着她的讲话越来越多,各种版本的《江青文选》也就由红卫兵组织、造反派组织印行。其中,正式公开发行的,是1968年2月由人民出版社出版的《江青同志讲话选编》。这本书,收入了江青的八篇讲话记录稿(包括《纪要》),曾作为"学习文件"广为发行。

这八篇讲话是:

《林彪同志委托江青同志召开的部队文艺工作座谈会纪要》(1966年2月2日—2月20日);

《江青同志在文艺界大会上的讲话》(1966年11月28日);

《为人民立新功——江青同志1967年4月12日在军委扩大会议上的讲话》;

《江青同志在北京市革命委员会成立和庆祝大会上的讲话》(1967年4月20日);

《江青同志在安徽来京代表会议上的讲话》(1967年9月5日);

《江青同志在接见河南、湖北来京参加学习班的军队干部、地方干部和红卫兵会议上的讲话》(1967年9月26日);

《江青同志在北京文艺座谈会上的讲话》(1967年11月9、12日);

《江青同志在北京工人座谈会上的讲话》(1967年11月27日)。

从1967年1月起在江青身边工作多年的机要秘书叫阎长贵。阎长贵大学毕业,能写文章,江青把他调到中央文革小组办事组工作。1967年10月,中共中央办公厅主任汪东兴给江青调来一位新的机要秘书,名叫杨银禄。

1998年,杨银禄在第五期《百年潮》杂志上发表《我给江青当秘书》一文,回忆了初见江青时,亦即1967年处于"鼎盛"时期的江青给他的印象:"她有一头乌黑铮亮、厚厚的头发,男式背头发型,梳理得很利落,还不时地用小木梳梳理几下。她五官端正,眼睛虽不是双眼皮,但大小适度,并不难看。脸上的皮肤细润光滑,没有一丝皱纹,只是鼻尖右侧长有一个褐色小痣。身材细长(后来听医生说她身高一米六六),五十四岁的人了,腰不弯,背不驼,身子挺拔,走起路来姿势也比较好看。她当时穿一身绿色军装,看上去很得体。总之,江青的面貌体态比较标致,并不像刚刚粉碎"四人帮"的时候,社会上传说的那样丑陋,什么都是假的。"

江、张、姚进入中共中央政治局

中国的报纸,是很讲究排名顺序的,笔者仔细查阅了"文革"期间的报纸,从各种报道中的排名顺序,勾画出江青的政治地位逐步上升的历程。

最初,从1966年8月19日《人民日报》所载《毛主席同百万群众共庆文化革命》(新华社讯),可以看出江青在中共八届十一中全会刚刚结束后的地位——排名第25位。那篇报道是这样开列名单的:

"毛主席、林彪、周恩来、陶铸、陈伯达、邓小平、康生、刘少奇、朱德、李富春、陈云、董必武、陈毅、贺龙、李先念、谭震林、徐向前、叶剑英、薄一波、李雪峰、谢富治、刘宁一、萧华、杨成武、江青……"

说实在的,在那么多的老帅、那么多的老革命之中,江青能够挤到第25位,已经算很不容易的了。

一年多以后——1967年10月2日,在《人民日报》所载《毛主席同首都五十万军民欢度国庆》报道中,江青升至第17位:

"毛主席、林副主席、周恩来、陈伯达、康生、朱德、李富春、陈云、宋庆龄、董必武、陈毅、李先念、徐向前、聂荣臻、叶剑英、谢富治、江青……"

到了1968年5月2日,《人民日报》所载《毛主席和林副主席同首都五十万军民欢庆"五一"国际劳动节》的报道中,江青迅速地升至第九位:"毛主席、林副主席、周恩来、陈伯达、康生、朱德、李富春、陈云、江青……"

在江青之后是"张春桥、姚文元、董必武、陈毅、刘伯承、李先念、徐向前、聂荣臻、叶剑英……"这清楚地表明,中央文革小组的新贵们,超过了老帅们。

1968年10月2日,《人民日报》所载《毛主席同全国工人代表和首都军民欢度国庆》报道中,江青地位显赫,一下子升到第六位!

报道是这么写的:"同毛主席、林副主席一起在天安门城楼检阅的,有周恩来、陈伯达、康生、江青、张春桥、姚文元、谢富治、黄永胜、吴法宪、叶群、汪东兴、温玉成同志。"

这里所开列的,自周恩来起至温玉成,实际上就是中央文革小组碰头会成员的名单。江青,跃为中共第六号人物之际,她尚不是政治局委员,甚至连中共中央委员都不是!

报道的"笔法"是颇为奇妙的。

在开列了中央文革小组碰头会的名单之后,接着是"二十九个省、市、自治区革命委员会来京参加观礼的负责同志和工人代表"长长的名单。此后才这么写及:

"登上天安门城楼的还有:中共中央政治局委员朱德、李富春、陈云、董必武、陈毅、刘伯承、李先念、徐向前、聂荣臻、叶剑英，以及在北京的其他中共中央委员和候补委员。"

这时，江青虽然名列第六，但她的实际职务还是中央文革小组第一副组长。

对于江青来说，1969年4月28日下午举行的中共九届一中全会是至为重要的，在这次会议上，她进入了中共中央政治局，从此在党内有了正儿八经的职务。

会议公报上是这么写的：

中央政治局委员：

　　毛泽东　林彪

　　（以下按姓氏笔画为序）

叶群　叶剑英　刘伯承　江青　朱德　许世友　陈伯达　陈锡联　李先念　李作鹏　吴法宪　张春桥　邱会作　周恩来　姚文元　康生　黄永胜　董必武　谢富治

虽然那"按姓氏笔画为序"，回避了政治局委员们的真正序列，但是关于中共九大的两次新闻公报（1969年4月14日、24日），都点明了江青排名第六位："今天在主席台前列就座的有：周恩来、陈伯达、康生、江青、张春桥、姚文元………"

在江青之前的五位，即毛泽东、林彪、周恩来、陈伯达、康生，为政治局常委。江青，实际上成了不是常委的常委——因为她是毛泽东的妻子，如果她进入常委，过分的显眼了。

江青终于步上权力的峰巅。她是一个权欲熏心的女人，如今如愿以偿！

耐人寻味的是，在她成为中共第六号人物的整整30年前——1938年，她与毛泽东结合。韬光养晦，徐图进取，从30年前上海滩上争风吃醋又争强好胜的一名演员，到30年后进入中共中央政治局，江青可谓处心积虑，用尽心计。

在中共九届一中全会上，中央文革小组的五位成员——陈伯达、康生、江青、张春桥、姚文元，全部进入了政治局。此后，中央文革小组这"草台班子"也就随之收场。

中央文革小组，是江青们走向政治局的阶梯。既然已经成了政治局委员，也就把这阶梯弃之不用了。此后，下达的文件均以"中共中央"名义，再也不见那不伦不类的所谓中央文革小组了——虽说"文革"还在进行之中。

江青跟林彪的微妙关系

进入了中共中央政治局，成了"第六号人物"，江青自鸣得意。特别是她一手扶植的"哼哈二将"——张春桥和姚文元，也跟她一起进入政治局，江青以为羽翼渐丰，在中国的政治舞台上有了自己的势力。

另一个有着羽毛已丰之感的人是林彪——他成了中共唯一的副主席。

中共八大时，设四名副主席，即刘少奇、周恩来、朱德、陈云。

1958年5月,在中共八届二中全会上,增选林彪为副主席、政治局常委,这样中共有五位副主席。

1966年8月的中共八届十一中全会后,刘少奇、周恩来、朱德、陈云的副主席的职务不再提及。

在中共九大时,江青曾建议多设几位副主席,并吹嘘自己"有掌握国家全盘领导的能力,就是许多人不了解我"。江青的弦外之音,是她可以成为副主席。

毛泽东一眼就看穿她的用意,说"多设几位副主席可以,江青不能当副主席"。①

江青当不成副主席,她也反对别人当副主席。如此这般,最后的结果是只设一位副主席,亦即林彪。林彪成了唯一的副主席,处于"一人之下、万人之上",他的接班人的地位"铁定"了。

林彪颇为得意的是,他手下的五员"虎将"——黄永胜、吴法宪、叶群、李作鹏、邱会作,全部进入了政治局。"林家班子"的格局已经形成。

在中共九大之后,中共中央政治局委员21人的排名顺序是毛泽东、林彪以下按姓氏笔画为序,这么一来,叶群排在江青之前。

江青看了这排名顺序,极为不满。江青对秘书说:"中央政治局委员的名单这样排列是有问题的,我看这是别有用心的人故意这样搞的,是为了制造矛盾,在党内造成思想混乱。叶群的名字列在我的名字前面,是很不正常的,她的历史贡献和影响力怎么能和我相比?没法比嘛!不行,我得跟林副主席去谈谈。"

江青果真"跟林副主席去谈谈",林彪马上指示,今后在所有的文件中,江青的排名应在叶群之前。

林彪跟江青的关系,非常微妙而复杂,千变万化着。

林彪跟江青之间的联系变得频繁。不过,林彪几乎很少直接给江青打电话,江青与林彪的联系主要是通过林彪办公室主任、林彪夫人叶群。叶群是江青那里的座上宾。她们之间也常用电话联系。

林彪对江青非常"关心"。林彪知道江青怕风,就让叶群带上总后勤部部长邱会作和建筑房子的设计师到江青的住地钓鱼台10号楼②,拟订了建造从车库直达楼房的通道方案。然后派出部队,只用了五天,就建造好这一通道。江青表示对林彪深为感谢。

江青和林彪,彼此互相利用着:

江青最初要在中国的政治舞台上露脸,曾借助过"林彪同志委托",召开了部队文艺工作座谈会,弄出了那份《纪要》;

林彪在1967年1月,任命江青为中央军委文革小组顾问。同年9月,又任命江青为中国人民解放军文化工作顾问;

---

① 金春明:《"文化大革命"论析》,上海人民出版社1985年版,第191页。
② 江青最初住在钓鱼台11号楼。后来由于她怀疑11号楼被安装了窃听器,于1969年2月令人对11号楼进行大检查。虽然在检查中没有发现窃听器,江青仍然不放心,迁至钓鱼台10号楼居住。

■ 1966年10月1日,江青与林彪相见甚欢。(孟昭瑞 摄)

　　1968年3月,江青要提级,周恩来不批,林彪一下子把她从行政九级提高到行政五级；

　　1968年3月24日,林彪在接见部队干部的大会上,"高度评价"了江青。林彪说：江青同志是我们党内的女同志中间很杰出的同志,也是我们党内干部中间很杰出的一个干部,她的思想很革命,她有非常热烈的革命情感,同时,又很有思想,对事物很敏感,很能看出问题、能发现问题并采取措施。过去由于她多年身体不好,所以大家不了解她,在这次"文化大革命"期间就看出她伟大的作用。她一方面是忠实执行毛主席指示,在另一方面她有很大的创造性,能够看出问题、发现问题。文化革命中间树立了许多丰功伟绩。固然是毛主席的英明领导,中央文革小组同志的努力,党中央同志的努力,但是她有她独特的作用,她始终站在这个运动的最前线。

　　就在林彪讲话的时候,叶群领众高呼："向江青同志学习！向江青同志致敬！誓死保卫江青同志！"

　　林彪如此看重江青,其实是看重她的"第一夫人"的地位和作用。他深知,取悦于江青,即可取悦于毛泽东。对于他来说,毛泽东才是至关重要的。

　　"投木报琼,投桃报李。"江青也在关键的时刻支持林彪。

　　就中共党章而言,唯有中共九大通过的党章上写了这么一段话：

　　"林彪同志一贯高举毛泽东思想伟大红旗,最忠诚最坚定地执行和捍卫毛泽东同志的无产阶级革命路线。林彪同志是毛泽东同志的亲密战友和接班人。"

　　指定某某人为接班人,载入党章,这在中共党史上是"史无前例"的。

最初，中央文革小组的"秀才"们，在整理关于党章修改意见时，写上这样的情况："许多同志建议，九大要大力宣传林副主席是毛主席的亲密战友，是毛主席的接班人，并写入九大的报告和决议中，进一步提高林副主席的崇高威望。"

这"许多同志"，原本只是一些造反派战士。他们也只是建议在"九大"的报告和决议之中，写入林彪是毛泽东的接班人。

1968年10月27日，在中共八届十二中全会讨论党章时，江青坚持要把林彪作为毛泽东的接班人这一条写入党章。江青说，林彪"很有无产阶级革命家的风度"，"他那样谦虚，就在党章上写他"。

1969年4月，在中共九大前夕，在中央讨论党章的会议上，江青又说："林副主席的名字还是要写上，写上了，可以使别人没有觊觎之心。"

张春桥附和道，把林彪的名字"写在党章上，这就放心了"。

康生也力主此议，跟江青唱同一个调子。

张耀祠在他的回忆录中，这么写及江青提出把林彪作为接班人写进党章：

> 林彪折戟沉沙后，我始终想不通一个问题：为什么要把林彪作为"接班人"写进党章，是谁提的？
>
> 我问汪东兴同志，我说："为什么要把林彪作为接班人写进党章，是谁提议的？"
>
> 汪东兴说："是江青提的。"
>
> 1968年10月17日中共八届十二中全会讨论党章时，江青提出，"林彪同志很有无产阶级革命家的风度。""他那样谦虚，就应该写在党章上。""作为接班人写进党章。"她进一步强调说："一定要写！"
>
> 1968年10月27日讨论党章时，江青"坚持要把林彪作为毛主席接班人这一条写入党章"。
>
> 1969年4月中央讨论修改党章的会议上，江青说："林彪的名字还是要写上，我们写上了，可以使别人没有觊觎之心，全国人民放心。"
>
> 张春桥第一个赞成。他说："是这样，写在党章上，这就放心了。"
>
> 康生极力吹捧林彪，他说："八届十一中全会确定林彪同志为毛主席的接班人，是关系到我国革命和世界革命的大事，林彪同志很谦虚，他要求把党章草案提到他的那一段删去。我们的意见，这一段必须保留。林彪同志是毛主席的接班人，这是会上公认的，是当之无愧的。"又说，"我的意见，林彪同志是毛主席的接班人是应当写入党章。"
>
> 之后，起草报告的人对毛主席也不同程度地说了假话。他们对主席讲："大部分同志要求把林彪作为主席的接班人写进党章，写进九大的报告和决议中，以进一步提高他的威望。"
>
> 康生在吹捧林彪时，他自己心里也不是滋味，起初提出的候选人有康生，但是在搞无记名投票时，康生少了几票，他当天晚上就追查汪东兴，汪东兴说："谁没有投

票，我怎么知道？"

关于林彪的名字是否写进党章的问题，主席考虑了一个晚上。最后对"写作班子"说："既然大多数同志都同意，那就把林彪写进去吧。"

主席哪里知道，实际上只有那么几个人在为此事闹腾。有些同志虽然口头上同意，但心里却不怎么赞成，因为选定林彪作为接班人是主席提出来的，所以只好附和同意了。

此后，江青跟林彪的关系便难以琢磨了。

因为江青的好多事情不得不倚重于林彪。但林彪虽然在许多场合也在吹江青，可他眼睛盯着的还是主席这里。于是二人总是在"换手搔背"，相互利用着。

多少年来，林彪既用语录、口号和"天才"吹捧毛主席，又跟叶群一起在各种不同的会上高度评价江青，给江青以许多桂冠。这对于想当副主席的江青来讲，是求之不得的事，加之主席又在会上讲她不能当副主席，她非常需要林彪和叶群这样为自己"提高威望"。可作为林彪来说，他并不认为江青有多了不起，只是看到主席这里的分量太重了。

说实在的，江青并不希望林彪当副主席。但是林彪还是当了。在万般无奈的情况下，就不得不在很多场合支持林彪了。所以，她的心里还是比较矛盾的。

江青与林彪的关系就是这样微妙。

江青与林彪尽管在相互支持，都不公开他们各自心中的账。

江青好事可以做，但坏事做起来特别心狠手辣，林彪对此是很害怕的。①

在"中央文革小组"的"秀才"们的一片赞成声中，林彪作为毛泽东的接班人，被写入中国共产党党章。

在中共"九大"之后，都有着羽毛已丰之感的林彪和江青之间，不时产生着矛盾，却又眉来眼去，你利用着我，我又利用着你……

陈伯达倒向了林彪

就在江青手下的"秀才"们和林彪手下的"武将"们在政治局里形成两股势力的时候，一位"大秀才"从江青的"战友"倒向林彪，使林彪"有文有武"加强了力量。

这位离江青而去的"大秀才"，便是"老夫子"陈伯达。

据陈伯达告诉笔者，他多年担任毛泽东政治秘书，对于江青此人志大才疏、刚愎自用、心狠手辣、心胸狭窄的品性是颇为了解的。正因为这样，最初要他出任中央文革小组组长，他曾再三推辞。陈伯达说，他不愿当组长，并不在于中央文革小组本身，而在于江青是副组长。他深知，他"领导"不了江青，无法当组长。然而，毛泽东提名他为中央文革小

---

① 张耀祠：《回忆毛泽东》，中共中央党校出版社1996年版，第113—115页。

组组长,他不得不从命。

据陈伯达回忆,1966年7月9日夜,周恩来打电话给他。周恩来说,翌日见报的两条新华社电讯,要写上他的"中央文化革命小组组长"职务——这将是他的这一职务第一次公开见报。

那是在7月9日这一天,刘少奇接见了出席亚非作家紧急会议的代表。当晚,周恩来、康生、陈伯达、陶铸举行盛大宴会,庆祝亚非作家紧急会议闭幕。新华社为此发出两条电讯加以报道,内中都要写及陈伯达:"中共中央政治局候补委员、中央文化革命小组组长陈伯达"。

在电话中,陈伯达请周恩来转告新华社,在电讯中不要写及他的中央文革小组组长职务,因为他想在适当时机辞去这一职务。周恩来没有同意。翌日,《人民日报》及全国各报都刊载了新华社这两条电讯——这是陈伯达担任中央文革小组组长职务第一次公开见报。

在"文革"初期,陈伯达曾和江青有过合作,他也曾为江青在中国政治舞台上露面而吹喇叭、抬轿子。然而,自从他生了一场病,中共中央于1966年8月30日发出《关于江青同志代理中央文化革命小组组长职务的通知》以来,中央文革小组的实权就握在江青的手中。虽然出于政治上的需要,他仍与江青保持着"联盟",一起反对陶铸,一起打倒刘、邓,但是他和江青的矛盾日深。特别是江青的"嫡系"张春桥、姚文元,在"文革"中扶摇直上,也不把他放在眼里。最后,中央文革小组只剩下五名成员——陈伯达、康生、江青、张春桥、姚文元,陈伯达完全处于孤立地位,那四人联合起来反对他。陈伯达搬出了钓鱼台,回到北京米粮胡同家中居住。

中央文革小组的内讧,终于爆发了。陈伯达赠给笔者一份他在1982年9月26日所写的手稿,内中有这么一段回忆:

> 在九大前,江青和康生出谋划策,以所谓我"封锁毛主席的声音"为借口,在东大厅搞了一个大会,到会的人在大厅里几乎坐得满满的,江青自己宣布:她是会议主席,"陈伯达做检讨"。她同康生二人"你唱我和"。我只说一句话便被打断。江青说:"陈伯达不做检讨不让他说了。"她也不让参加会议的其他人发言。当时工作人员一般都穿军装,我在会上穿的也一样,江青提出要摘掉我衣帽上的帽徽领章。我看,这个会是为打倒我而开的会,没有什么可辩的,大喊一声:"大字报上街"!(即赞成打倒我的大字报上街),叶群在会上高呼:"拥护江青同志。"

陈伯达和江青、康生的矛盾发展到如此激烈、尖锐,表明中央文革小组早已严重分裂,组长名存实亡。

江青给陈伯达加上"封锁毛主席的声音"的罪名,其实是由争夺中共九大政治报告起草权引起的。

中共九大政治报告由林彪念,以林彪名义发表,而政治报告却是由"秀才"们捉刀的。毛泽东指定陈伯达、张春桥、姚文元三人起草。陈伯达跟张、姚早已不和，不愿和他俩合作。于是，陈伯达甩开张、姚，独自起草。

张、姚也不示弱，联合康生，三人另行起草。

陈伯达抢先起草，写出初稿，送呈毛泽东。毛泽东看了，跟陈伯达谈了意见，内中有些意见很重要。比如，毛泽东不同意陈伯达稿子中"刘邓路线"一词，指出："邓小平同志打过仗，同刘少奇不一样，报告上不要提他。"

毛泽东的这些意见，陈伯达只向周恩来说过。

后来，江青从毛泽东那里得知毛泽东曾跟陈伯达谈及起草政治报告的意见，而陈伯达并未向康生、张春桥、姚文元传达，她气坏了。

于是，江青就给陈伯达加上"封锁毛主席的声音"的罪名，召开了斗争会——须知，当时陈伯达是仅次于毛泽东、林彪、周恩来的第四号人物！

陈伯达斗不过江青。

江青为康生、张春桥、姚文元撑腰，让毛泽东多次跟他们谈话，撇开了陈伯达，对陈伯达"封锁毛泽东的声音"！

这么一来，毛泽东也就采用康生、张春桥、姚文元起草的政治报告。

陈伯达写出政治报告，装入牛皮纸口袋，密封，写上"即呈毛主席"。可是，这牛皮纸口袋很快从毛泽东那里退回来，上面写着毛泽东字迹"退陈伯达同志　毛泽东"。陈伯达细细一看，那牛皮纸口袋竟未拆过！

陈伯达大哭一场，因为毛泽东对他的稿子连看都不看，就原封不动退回去了！

毛泽东采用了康生、张春桥、姚文元起草的政治报告。这下子，陈伯达作为"大秀才"、

■ 1968年10月1日，陈伯达（左一）与林彪（右一）亲密交谈。（孟昭瑞　摄）

作为"马列主义理论家",威风扫地!

陈伯达板着面孔,步入中共九大会场。他以为,这一回彻底完蛋了!

不料,毛泽东仍给他"面子",他仍被选入政治局,依然坐在第四号椅子上。

不过,经过中共九大前的那一番围绕政治报告起草权的角斗,陈伯达跟江青以及康生、张春桥、姚文元闹翻了,闹僵了。

陈伯达是一个有野心而无原则的人。他在中国的政治舞台上,从来没有形成一股独立的力量,他总是附庸于别人。他的擅长,是手中的那支笔,而他却缺乏组织能力。

"中央文革小组"既然吵翻了,散伙了,他不能不另找新的伙伴。林彪正野心勃勃,雄踞于中国政坛。他改换门庭,选择了林彪;而林彪呢,手下尽是"武将",正缺乏"大秀才"。双方的政治利益,决定了陈伯达倒向林彪——虽说在历史上,陈伯达跟林彪并没有什么渊源。

在庐山浓雾遮掩下的搏斗

"不识庐山真面目,只缘身在此山中。"苏东坡的名诗《题西林壁》,流传千古,形象地勾画了多雾的庐山。

不识真面目的庐山,在中国当代史上两度成为中共党内大搏斗的所在:一回是在1959年炎夏,那批判"海瑞"——彭德怀的庐山会议,曾震撼着华夏大地;另一回,则在1970年酷暑,又一次庐山会议召开了。

庐山多雾。尤其是夏日清晨,群峰被雾海所淹没,庐山成了"牛乳世界"。

就在雾浓如粥的清早,常有一辆轿车从芦林一号缓缓驶出。车前,有两位战士手执马灯开道,轿车跟随着马灯徐徐向前,其速度比往常步行还慢。如此这般,当轿车驶抵脂红路175号,常常要花一个来小时——按正常车速行驶的话,用不了十分钟就到了!

车上坐着脸色倦怠的毛泽东和中央警卫团团长张耀祠[①]。中共九届二中全会正在庐山召开。激烈的斗争正在进行。

毛泽东公开的办公地点在芦林一号。那里不仅有宽大的办公桌,而且有为他特制的宽大的木板床,似乎表明他睡在那里。

其实,他的真正的住宿处是脂红路175号。那是美国亚细亚银行在1920年建造的一幢别墅,面积为664平方米。1924年,转到美国托克博士手中。中共九届二中全会召开前,先行上山的中共中央办公厅主任汪东兴选中了这幢僻静宽敞的房子,作为毛泽东住房。

毛泽东依然保持着夜晚工作的习惯。形势是那样的严峻。自以为羽毛已丰、急于抢班夺权的林彪,串通陈伯达、黄永胜、吴法宪、叶群、李作鹏、邱会作,大搞突然袭击。毛泽东通宵在芦林一号找人谈话,一个个做工作。拂晓,当毛泽东结束了工作,准备从芦林一号返回脂红路175号休息时,扑面而来的浓雾使他的轿车行路艰难,何况庐山的公路往往一

---

① 1991年5月19日,叶永烈在成都采访张耀祠。

侧是悬崖,稍一疏忽便会出现险情。为了毛泽东的安全,张耀祠安排警卫战士手执马灯在车前开道。

这一回,江青是作为政治局委员,堂而皇之出席了庐山会议。

据中共江西省委第一书记杨尚奎的夫人水静回忆:

> 江青一上庐山就给了我一个惊愕:作为毛主席的夫人却不与毛主席住在一起,毛主席住芦林别墅,江青偏要住到1959年毛主席住的"一八〇"去,两地相隔近十来里。
>
> 其实,芦林别墅有她的住处,而且靠山临水,清静优雅,远胜"一八〇"。在建造这座别墅时,考虑到毛主席的工作特点,曾向中央有关部门征求过意见,并参考了兄弟省市的同类建筑,一切都有两套。西边是毛主席的卧室、办公室、会议室、文娱室;东边也同样有卧室、办公室、会议室等等,只是西边的房子略大些,东边的房子略小些。她一切都要和主席一模一样,房子小一点都不满意,所以就独住"一八〇"了。当时有关设施,都分两组,毛主席用的称甲组,江青用的叫乙组,一提到甲乙组江青就有气,说:"我是主席夫人,什么都应该跟主席一样的,为什么要分甲乙组呢?"主席喜欢坐列车巡视各地,所以他的专列其实是个流动办公室。主席路经南昌,要尚奎坐他的专列到浙江开会,我们就住在那个乙组,卫士长说,乙组虽是为了江青而做的,但江青从未住过一次。
>
> 江青总想和主席"平起平坐",这不仅给主席造成不少麻烦,也给她自己招来很多不快,有位夫人告诉我,因为主席是晚上工作,白天睡觉,所以卫士是二十四小时值班,而江青并没有多少事情要做,晚上自然不会"加班加点",可她也提出,白天晚上也要有人到她室外坐班。毛主席知道后非常恼火,指示有关部门,决不能迁就这种无理要求。江青为此闹得很凶,最终却未能如愿以偿,自然很不满了……
>
> 主席夫人当然和主席关系密切,不同一般,但两者根本不是一回事,江青却硬要使之等同起来,无其功而受其禄,这就使自己老是处在"越位"的位置上,经常性的"越位",一方面积累了群众越来越多的不满,而在江青来说,却渐渐形成了一种心理定势,视之为"必须"。正是循着这条邪路,江青写完了她的人生悲剧。

庐山上的新斗争,是在毛泽东和林彪之间展开。可是,这场斗争被罩上了浓雾,叫人难识真面目。

中共九届二中全会讨论的议题,是关于即将召开的第四届全国人民代表大会。围绕宪法的修改,两个问题一时成为毛、林交锋的焦点:

一是在刘少奇死后,还要不要继续设国家主席?

二是在修改宪法时,要不要在前言中写上"毛泽东同志天才地、创造性地、全面地继承、捍卫和发展了马克思列宁主义"这句话——这原是《毛主席语录》林彪所写"再版前言"中的一段"名言"。

看似平常的两个问题，潜伏着幕后不平常的争斗：

毛泽东坚决反对设国家主席，因为他已看出林彪急于想当国家主席，以求形成"两个主席"的格局；林彪力主设国家主席，明明是为了自己当国家主席，却偏要说成要毛泽东当国家主席！

毛泽东否认自己是"天才"，林彪坚持毛泽东是"天才"——世上有无天才，原本是可以平心讨论的理论问题，可是在庐山上却成了一场政治斗争的焦点。

尤为微妙的是，毛林之争在幕后，而公开爆发于会场却是两位"秀才"之争！

毛派"秀才"乃是张春桥，林派"秀才"则是陈伯达。两位"秀才"围绕宪法的修改，爆发了空前激烈的论战。

张春桥依据来自江青的指令，江青根据毛泽东的意见，反对在宪法前言中写上"天才"之类字眼。

林彪把张春桥定为"陆定一式人物"，要陈伯达以及"五虎大将"——黄、吴、叶、李、邱，集中火力攻击张春桥，"但在发言中半个字也不能涉及江青，否则就要碰壁"。

于是，在会上，陈伯达这位"理论家"，从"理论"上阐述了恩格斯、列宁以及毛泽东关于天才的论述。吴、叶、李、邱则接着起哄，攻击张春桥"想利用毛主席的伟大和谦虚，妄图贬低毛主席，贬低毛泽东思想"。

一时间，张春桥成了"靶子"。

林彪把张春桥作为攻击目标

中央文革小组副组长是张春桥在"文革"中赖以立命的王牌。毕竟，这么个"小组"的"副组长"，是个不伦不类的头衔。

张春桥在中共中央站稳脚跟，始于中共九大。

1969年4月1日，中共九大在秘密状态下，于北京召开。

下午5时，当毛泽东在主席台正中就座时，他的两侧的阵营是那么的分明。今日用历史的眼光细细审视那张主席台照片，不由得令人惊叹不已！

毛泽东左侧，依次为：林彪、陈伯达、康生、江青、张春桥、姚文元、谢富治、黄永胜、吴法宪、叶群、汪东兴、温玉成；

毛泽东右侧，依次为：周恩来、董必武、刘伯承、朱德、陈云、李富春、陈毅、李先念、徐向前、聂荣臻、叶剑英。

在中共八大，张春桥连中央委员都挨不上，而在中共九大，一跃为中共中央政治局委员，成为中共第七号人物。在很讲究排名次序的会议新闻公报上，是这样提到张春桥的名字的："毛泽东、林彪、周恩来、陈伯达、康生、江青、张春桥、姚文元……"

由于中央文革小组的五名成员——组长陈伯达、顾问康生、第一副组长江青、副组长张春桥以及唯一的组员姚文元已全部进入中共中央政治局，中央文革小组从此也就退出了历史舞台。林彪在政治报告中，用了一句话，算是肯定了中央文革小组的历史功勋：

"这个《通知》（指《五一六通知》——引者注）决定成立的中央文化革命小组，坚决执行了毛主席的无产阶级革命路线。"

就在张春桥进入中共中央政治局之后的一年零四个月，他受到了一次猛烈的冲击。

这一回，不是"红革会"炮打，不是《文汇报》炮打，却是林彪这位"副统帅"率众围攻张春桥。

"横看成岭侧成峰，远近高低各不同"。江西庐山，炎炎酷夏中的清凉世界。

两度"庐山会议"，都风雷激荡，震撼着中国：

头一次庐山会议是在1959年8月2日至16日召开的。那次会议突然发动了对彭德怀、黄克诚、张闻天、周小舟的批判，把一场"反右倾"斗争推向全国。

1970年8月23日至9月6日，中共九届二中全会，毛泽东与林彪在这里摊牌。林彪不敢正面强攻毛泽东，却把张春桥当作总攻的目标。

这次会议原定的议程是为召开第四届全国人民代表大会作准备，讨论修改宪法问题，国民经济计划问题，战备问题。

林彪集团发动了突然袭击，打乱了整个议程。

事情还是要追溯到中共九大。

中共九大通过的党章，是张春桥、姚文元负责起草的。

党章的《总纲》，原本从林彪为《毛主席语录》写的"再版前言"中，照抄了一段"名言"："毛泽东同志天才地、创造性地、全面地继承、捍卫和发展了马克思列宁主义，把马克思列宁主义提高到一个崭新的阶段。"

毛泽东一看，皱起了眉头，圈去了那三个副词——"天才地、创造性地、全面地"。

毛泽东说："我不是天才。我读了六年孔夫子的书，又读了七年资本主义的书，到1918年才读马列主义，怎么是天才？那几个副词，是我圈过几次的嘛。"

在中共九大之后，开始了召开第四届全国人民代表大会的准备工作。其中重要的一项，便是修改宪法。毛泽东指定康生和张春桥负责宪法的修改工作。

康生是个喜欢动动嘴皮的人，具体的修改便由张春桥着手。

张春桥遇上了棘手的事：按照当时的形势，在修改宪法时，必须补入对于毛泽东的高度赞扬的话，以表示新宪法"突出毛泽东思想"。可是，那三个副词要不要写入新宪法呢？

倘若写进去，毛泽东见了会发火，毛泽东已经几次圈去这三个副词；不写进去吧，显然会得罪林彪。《毛主席语录》几乎人手一册，"再版前言"人人皆知。删去三个副词，显然是对"林副统帅"的不敬。

在毛泽东和林彪之间，张春桥只能选择一个。权衡再三，张春桥倒向毛泽东。多年的政治经验告诉他，毛泽东确确实实是中国至高无上的权威。

另一个尖锐的问题，自1970年3月8日起，又摆在张春桥面前，迫使他再一次要在毛泽东和林彪之间作出抉择：原宪法中是设国家主席的。毛泽东在1970年2月8日提议，不设国家主席。显然，倘若照毛泽东的提议去办，修改宪法时要删除原有的关于国家主席的条文。

1970年4月11日,林彪与毛泽东针锋相对,坚持设国家主席。

据这天深夜11时半,林彪秘书于运深所记述的林彪意见,原文如下:

一、关于这次"人大"国家主席的问题,林彪同志仍然建议由毛主席兼任。这样做对党内、党外,国内、国外人民的心理状态适合。否则,不适合人民的心理状态。

二、关于副主席问题,林彪同志认为可设可不设,可多设可少设,关系都不大。

三、林彪同志认为,他自己不宜担任副主席的职务。

这下子,问题复杂化了。

中华人民共和国的第一位主席,原是毛泽东。那是1954年9月第一届全国人民代表大会选举产生的。到了1959年4月,经毛泽东提议,第二届全国人民代表大会选举刘少奇为国家主席。到了1964年底,第三届全国人民代表大会仍然选举刘少奇为国家主席。随着"文革"的进行,刘少奇被打倒了,而且在1969年11月12日晨惨死于河南开封的软禁之地。眼下,要举行第四届全国人民代表大会,如果仍设国家主席,可供选择的只有两个人,要么毛泽东,要么林彪。

毛泽东早在1959年就主动辞去国家主席职务,为的是集中精力,做好中共中央主席的工作,可以有更多的时间思考中国面临的重大问题。过了11年,已经77岁高龄的毛泽东,显然不可能再去当国家主席。毛泽东不当国家主席,顺理成章,非林彪莫属了。毛泽东已经察觉林彪的野心,故明确主张取消宪法中关于国家主席的条文。

林彪呢?他的三点意见,说穿了是为了自己当国家主席。因为毛泽东不会再当国家主席,林彪又表示他"不宜担任副主席的职务",那只有一个结果——林彪当国家主席。

林彪的妻子叶群,把话讲得很明白:"如果不设国家主席,林彪怎么办,往哪里摆?"

毛泽东与林彪矛盾的焦点,又一次集中在宪法修改问题上。张春桥卷入了旋涡的中心。

张春桥再一次在毛泽东与林彪之间,选择了毛泽东。张春桥精于权术,他深知林彪的分量远不如毛泽东。

1970年8月,在中共九届二中全会上,林彪选择了张春桥为攻击目标——为的是间接地打击毛泽东。

张春桥一下子成了整个会议的中心人物。

林彪在庐山上发动了突然袭击。这位"副统帅"的火力,够厉害的,集中地轰击着张春桥,使张春桥的衬衫一直被冷汗所浸湿。

大抵是林彪出身行伍,习惯于信号弹上天,各路兵马同时总攻。在庐山,林彪也来了这么一手。

总攻张春桥的时间,定在8月24日下午。一律用"有人"、"有个别的人",影射张春桥。

五员大将一起上阵,臭骂张春桥。当时的会议记录,记录了他们的原话。

华北组。陈伯达以他那别人难以听懂的闽语发言:

"有人想利用毛主席的伟大和谦虚,妄图贬低毛主席,贬低毛泽东思想。但是这种妄图,绝对办不到的……竟然有个别的人把毛泽东同志天才地、创造性地、全面地继承、捍卫和发展了马克思列宁主义这句话说成'是一种讽刺'。……"

中南组。叶群一边说着,一边把手搁在脖子上,仿佛有人要杀她似的:

"林彪同志在很多会议上都讲了毛主席是最伟大的天才。说毛主席比马克思、列宁知道的多、懂得的多。难道这些都要收回吗?坚决不收回,刀搁在脖子上也不收回!"

西南组。吴法宪(中国人民解放军副总参谋长兼空军司令)那厚厚的嘴唇一张一合,气嘟嘟地说道:

"这次讨论修改宪法中有人对毛主席天才地、创造性地发展了马列主义的说法,说是个讽刺。我听了气得发抖。如果这样,就是推翻八届十一中全会,是推翻了林副主席的"再版前言"。

中南组。李作鹏(中国人民解放军副总参谋长兼海军第一政委)戴着一副墨镜,附和着叶群:

"有人在宪法上反对提林副主席。所以党内有股风,是什么风?是反马列主义的风,是反毛主席的风,是反林副主席的风……"

西北组。邱会作(中国人民解放军副总参谋长兼总后勤部部长)振振有词地说:

"林副主席说'毛主席是天才,思想是全面继承、捍卫……'这次说仍然坚持这样观点。为什么在文化革命胜利、在二中全会上还讲这问题,一定有人反对这种说法,有人说天才、创造性发展……是一种讽刺,就是把矛头指向毛主席、林副主席。"

■ 林彪和他的"四大金刚"黄永胜(右二)、吴法宪(左二)、李作鹏(左一)、邱会作(右一)在一起。(杜修贤 摄)

山下。留守北京的黄永胜（中国人民解放军总参谋长），打来长途电话，要秘书代他写书面发言稿：

"要指出有人反对在新宪法中写上以毛泽东思想为指针，有人说'天才地、全面地、创造性地发展了马列主义'是'讽刺'，指出这是反毛泽东思想，反党的八届十一中全会公报。……"

好家伙，林彪一声令下，山上山下、海、陆、空一齐出动，差一点把张春桥轰扁了！

朱永嘉后来曾经这样谈及庐山会议对于张春桥的教训[①]：

> 城府最深的是张春桥。当然，他在前期和后期有变化。前期夺权时，比较张扬，敢于讲话。在后期，这方面性格就没有了，少了，特别是庐山会议以后，他知道得罪人太多了，要收敛。他要主动去改善与别人的关系，但是没办法了，结怨已深，没有群众基础。
>
> 毛泽东跟林彪讲过，让小张（指张春桥——引者注）上来接我们的班，这一下就把张放在火上烤了。他自然就成了大家的目标。

其实，在上庐山之前，毛泽东便已经对这一形势了然于胸。据姚文元日记记载，在八月十五中秋节，"毛主席送给江青同志五个玉米，而且指定是五个，江青同志送张春桥和我各一，我在吃晚餐时吃了。一面嚼着清甜而韧的玉米粒子，一面凝神细思主席的用意所在，觉其味无穷。"

姚文元从五个玉米之中，觉什么味呢？

姚文元在日记中没有说。

江青当时把玉米送康生、张春桥、姚文元各一个。据康生秘书黄宗汉后来对江青秘书杨银禄说：

> 康生对于这件事，跟我说过："那五个玉米主席肯定指的是军委办事组的那五个人（指黄永胜、吴法宪、叶群、李作鹏、邱会作）。'玉'寓指'欲'，意思就是说，庐山会议上的问题还没有完，预示着还有更大的斗争，山雨欲来风满楼嘛。'米'寓指'迷'，意思是提醒江青在斗争中不要迷失方向，头脑要清醒，不要迷迷糊糊，以此可以看出来主席对江青的看法有所变化，我的这种分析你不要告诉任何人，更不要向江青透露，江青这个人很聪明，也很敏感，她会领悟到主席送给她五个玉米的含义的。"[②]

那五个玉米的含义是否如同康生所言，不得而知。

---

① 章剑锋：《"文革"上海写作组的那些事儿》，《南风窗》2010年第8期。
② 杨银禄：《江青的亲情世界》，《同舟共进》2010年第6—7期。

上海冒出另一个"王"——王维国

原以为华东组大抵会太平无事，谁知冒出了另一个"王"，在发言中明确支持林彪。

这个"王"的名字，在中共九届候补中央委员名单上，出现在离马天水不太远的地方——王维国。

在上海，此人既与王洪文那班"小兄弟"毫无瓜葛，也与徐景贤手下的"秀才帮"从无来往，更与马天水那样的"老干部"素昧平生。在"一月革命"的一片造反声中，见不到此人踪影——他既不是造反派，也未曾保过陈丕显、曹荻秋。他是军人。他能够成为中共九届候补中央委员，原因很简单——他宣誓忠于林副主席，而林副主席也看中了他。

他只比张春桥小两岁，河北省元氏县人，有过不短的革命经历——1938年3月入伍，获得过二级独立自由勋章和二级解放勋章。他向来在军内任职，与地方没有太多的联系。他担任七三四一部队第一政委，人称"王政委"。只是在毛泽东发出军队要"支左"，驻防上海的空四军派出"军宣队"随同王洪文派出的"工宣队"一起"进驻"上层建筑时，王维国才与地方有些来往。

林彪权重一时，炙手可热。原本与林彪没有结派拉帮的王维国趋炎附势而来，林彪则正感到自己在上海的力量太单薄，正感到需要在张春桥的手指缝里插上一把刺刀，于是接见王维国，于是宴请王维国，于是合影，于是送礼……一个想巴结，一个想利用，一拍即合，挂上了钩，拉上了线。

林彪跷起大拇指："王维国很年轻、很优秀、很聪明。"这三个"很"，一下子使王维国乐得合不拢嘴巴。

林彪的那只"老虎"——林立果，也给他来了三顶高帽子："王维国是好领导、好班长、难得的人才。"

自从1969年10月17日林彪指使吴法宪任命林立果为空军司令部办公室副主任兼作战部副部长，林立果变成了王维国的上司。林立果的一句话，便使王维国俯首帖耳："打算让王政委当南京空军的副政委。"

王维国也够机灵的，马上给林立果送上三顶高帽子："林副部长是天才，是好领导，是最好的接班人。"

王维国也给林彪写信，表露一颗忠诚之心："没有林副主席就没有我的一家，就没有我的一切。""一切听从林副部长指挥，一切听从林副部长调动"，"把空四军建设成为林副主席放心的基地，信任的基地，巩固的基地，安全的基地"。

王维国的年纪比林立果大三十多岁。然而，当王维国、江腾蛟这两个年过半百的老头子陪年方二十的林立果游长城时，竟一左一右搀扶着林立果！

王维国的脑袋里，仿佛灌满了奴性。他张口便能说出一套一套的话来，脸不发红心不跳。诸如，坐了林立果开的车，那是坐"政治车、幸福车、保险车"，"不迷失方向，永不翻车"！

1969年6月，中共九大刚刚结束，这位新当选的中共中央候补委员忙什么呢？忙着为林立果选美女！他还有"理论"哩，说"这是为天才人物选助手，是有伟大深远意义的"。

一个稀奇古怪的"找人小组"在王维国领导下成立了。"找"什么"人"？为林立果"找"女"人"！

这个"找人小组"共八名成员，又称"八人小组"。这个小组是在上海，又得名"上海小组"。

"上海小组"的成员，自然都是"信得过"的。1970年5月，这个"上海小组"经王维国加以整顿，居然变成了上海滩上一支绝对忠于林立果的别动队。"找人"已不再是重要任务了（因为已经选中南京军区前线歌舞团舞蹈演员张宁），而是接受了更为重要的政治任务："每一件工作、行动，都要考虑大局"，"要有助于大局，大局就是副部长！"——副部长是谁？林立果！

这个"上海小组"，成了林彪安在上海的一颗钉子。毕竟是部队，特别是那飞来飞去的空军，王洪文管不着，管不了。何况，一切都在绿军衣、红领章的掩盖下进行，上海的这个"王"，并不显山露水——虽然张春桥已获知了关于这个"王"的秘密情报。

动身前往庐山之前，作为中共中央候补委员的王维国，倒过来向连中央委员都不是的林立果请示："开会要做哪些准备？会中需要做些什么？"

林立果呢，居然颐指气使，发号施令。林立果通过空军司令部办公室副主任、死党周宇驰转告王维国："他（即林立果）叫你放，你就放；他不叫你放，你不能放。"

在庐山，林彪下令放，王维国就在华东组噼噼啪啪放了起来，猛烈攻击张春桥。

除了王维国之外，另一位候补中央委员、7350部队政委、浙江的陈励耘，也在华东组向张春桥放炮。

华东组是张春桥的天下。王维国和陈励耘扛起林家大旗，陷入了极度的孤立之中。

毛泽东无法容忍林彪的放肆攻击。8月25日，毛泽东撩开庐山云雾，召开中共中央政治局常委扩大会议，责令陈伯达作检查。31日，毛泽东写了《我的一点意见》，给了陈伯达狠狠的一击。

打在陈伯达身上，痛在"林副主席"心上。林彪集团败北——毛泽东的话，虽然不见得"一句顶一万句"，起码一句算一句，具有最高权威性。

下山那天，林立果垂头丧气地对王维国、陈励耘说道："这次把力量暴露了，也暴露了你们。首长（林彪）知道你们两个受损失很难过。"

林立果开着汽车，在前往庐山仙人洞途中，回过头来对坐在"幸福车"上的王维国、陈励耘说道："看来这个斗争还长。我们要抓军队，准备干！"

山间别墅，张春桥在叮嘱王洪文："回上海以后，盯住王维国的一举一动！"

陈伯达遭到"全党共讨之，全国共诛之"

在庐山，与其说是炮轰张春桥，倒不如说是炮轰毛泽东。

就在林彪指挥陈伯达等猛攻张春桥之后，1970年8月31日，毛泽东写了《我的一点意见》，以陈伯达为"靶子"，猛烈反击，批驳了天才论。毛泽东写道："我跟陈伯达这位天才理论家之间，共事三十多年，在一些重大问题上就从来没有配合过，更不去说很好的配合……"

毛泽东称陈伯达是"号称懂得马克思，而实际上根本不懂马克思"。

毛泽东一言九鼎。他的《我的一点意见》，等于在政治上宣判了陈伯达的死刑。尽管陈伯达曾以"马列主义理论家"在中国政界享誉多年，此时如同泥足巨人，毛泽东一戳即倒。

陈伯达彻底垮台了！江青为之欢欣鼓舞，因为她早在中共九大之前，就要以"封锁毛主席的声音"的罪名打倒陈伯达。

陈伯达求见毛泽东。毛泽东当面批评了他一顿，并嘱他："找和你一块工作的几个人谈谈。"

陈伯达当然遵命照办。所谓"和你一块工作的几个人"，亦即中央文革小组那班人。

陈伯达去看江青，江青连声说："稀客！稀客！"

"稀客"两字表明，这位中央文革小组的组长和第一副组长之间，已经许久没有来往了！

江青带陈伯达进入康生的房间，张春桥、姚文元正在那里。

于是，中央文革小组的"全体成员"——陈伯达、康生、江青、张春桥、姚文元，最后一次聚在一起。

这次聚会，陈伯达低着头，硬着头皮听着当年的"伙伴们"对他的尖锐批判。

据陈伯达对笔者说，他只记得江青开头讲的一句话："你们借口拥护林副主席，实际上反对林副主席……"

从此，中央文革小组散伙了。组长陈伯达从中国政治舞台上消失。

1970年11月6日，经毛泽东批准，中共中央作出《关于成立中央组织宣传组的决定》，决定在中央政治局领导下，设立中央组织宣传组，管辖中央组织部、中央党校、人民日报社、红旗杂志社、新华通讯社、中央广播事业局、光明日报社、中央编译局的工作，管辖工、青、妇中央级机构及其"五七"干校。组长为康生，组员为江青、张春桥、姚文元、纪登奎、李德生。

康生自中共九届二中全会之后，便称病不出，李德生后来调往沈阳军区。这个中央组织宣传组，实际上是以江青为组长，张春桥、姚文元、纪登奎为组员。江青掌握了中央的组织、宣传大权。

终于打倒了陈伯达，江青非常得意。就在这时候，江青到海南岛去"度假"了。据江青秘书杨银禄回忆[①]：

> 1970年冬天，北京下了一场大雪，天气比较寒冷。11月11日晚上，江青做了一个梦，梦见她在海南岛，天气暖融融，到处鲜花盛开，遍地是成熟了的又甜又脆的无籽

[①] 杨银禄：《江青的"女皇"生活》，《百年潮》1998年第6期。

大西瓜,她吃了一块又一块。她一觉醒来,向护士讲述所做的梦,又叫我立即打电话请示毛主席,并报告周总理给她安排专机,要求当天下午就到海南岛。因为她外出时带的东西太多,我们工作人员准备不及,飞机也要检查,劝她多给一点儿准备的时间,明天再出发。可她执意下午必须到达海南岛。我们没有办法,只好打扰周总理,请总理说服她明天再去。

  总理对她说:"我中午通知空军准备飞机,你下午就要走,连检查飞机的时间都没有,在飞机安全上没有把握。为了保证你的安全,还是明天动身的好。"

  江青听了总理的话以后,怕飞机出事故,有生命危险,也只好焦急地等待第二天。

  第二天下午,专机终于降临在和风徐徐、郁郁葱葱、鸟语花香的海南岛。

  江青一走下飞机,就直挺挺躺在停机坪旁的草地上,面朝天空,闭着双眼,四肢张开,高兴地说:"北京的天气太冷,最近又下了一场大雪,在户外活动不方便,这里多好啊,我又复活了。"

  江青第一天晚上睡觉时做梦在海南岛,第二天就真的到了海南岛,所以我说她是特殊人物。

1970年11月16日,中共中央下达《关于传达陈伯达反党问题的指示》,称陈伯达为"假马克思主义者、野心家、阴谋家"。

此后,1971年2月23日,中共中央又转发毛泽东主席关于批陈整风的指示。

于是,先是全党,然后是全国,掀起了一个新的运动,名曰"批陈整风"。

陈伯达遭到了"全党共讨之,全国共诛之"。

后来,毛泽东曾这样谈及第二次庐山会议:

  1970年庐山会议,他们搞突然袭击,搞地下活动,为什么不敢公开呢?可见心里有鬼。他们先搞隐瞒,后搞突然袭击,五个常委瞒着三个,也瞒着政治局的大多数同志,除了那几位大将以外。那些大将,包括黄永胜、吴法宪、叶群、李作鹏、邱会作,还有李雪峰、郑维山。他们一点气都不透,来了个突然袭击。他们发难,不是一天半,而是8月23日、24到25中午,共两天半。他们这样搞,总有个目的嘛!……

  我看他们的突然袭击,地下活动,是有计划、有组织、有纲领的。纲领就是设国家主席,就是"天才",就是反对九大路线,推翻九届二中全会的三项议程。有人急于想当国家主席,要分裂党,急于夺权。天才问题是个理论问题,他们搞唯心论的先验论。说反天才,就是反对我。……九大党章已经定了,为什么不翻开看看?《我的一点意见》是找了一些人谈话,作了一点调查研究才写的,是专批天才论的。我并不是不要说天才,天才就是比较聪明一点,天才不是靠一个人靠几个人,天才是靠一个党,党是无产阶级先锋队。天才是靠群众路线、集体智慧。

  林彪同志那个讲话(指林彪1970年8月23日在九届二中全会上的讲话——引者注),没有同我商量,也没有给我看。他们有话,事先不拿出来,大概总认为有什么把握了,好像会成功了。可是一说不行,就又慌了手脚。起先那么大的勇气,大有炸平庐山,停止地球转动之势。可是,过了几天之后,又赶快收回记录(指叶群私自收回她在九届二中全会中南组会议上的发言记录——引者注)。既然有理,为什么收回呢?说明他们空虚恐慌。

……

我同林彪同志谈过,他有些话说得不妥嘛。比如他说,全世界几百年,中国几千年才出一个天才,不符合事实嘛!马克思、恩格斯是同时代的人,到列宁、斯大林一百年都不到,怎么能说几百年才出一个呢?中国有陈胜、吴广,有洪秀全、孙中山,怎么能说几千年才出一个呢?什么"顶峰"啦,"一句顶一万句"啦,你说过头了嘛。一句就是一句,怎么能顶一万句。不设国家主席,我不当国家主席,我讲了六次,一次就算讲了一句吧,就是六万句,他们都不听嘛,半句也不顶,等于零。陈伯达的话对他们才是一句顶一万句。什么"大树特树",名曰树我,不知树谁人,说穿了是树他自己。还有什么人民解放军是我缔造和领导的,林亲自指挥的,缔造的就不能指挥呀!缔造的,也不是我一个人嘛。……

陈伯达的倒台,使江青十分得意。就在这个时候,在湖南衡东县国家科委的"五七"干校,出现了一张"炮打"江青的大字报。

大字报的作者,颇有资历——乃陈云夫人于若木也。她见到江青颐指气使,不可一世,便对江青开了一"炮":

于若木先写了一份交给党组织的揭发材料《铺张浪费、挥霍无度的盖子必须揭开——江青是党内最大的剥削者、寄生虫》;接着,她又于7月3日贴出一张题为《必须揭开铺张浪费的盖子——江青是马克思主义者还是修正主义分子》的大字报,以她1962年在上海所见江青腐朽的生活作风,来揭露江青的丑恶本质。

1962年春天的一个夜晚,于若木随陈云到上海,住进太原路上海交际处管的一所房子。刚一进门,就感到异常豪华,尤其是清一色的绿颜色,别具一格:地毯是绿的,沙发是绿的,窗帘是绿的,甚至桌子也是用绿绒布包了的,连厕所里马桶的盖子和坐圈也用绿丝绒包着,房子的所有窗户都是三米多高的落地窗,每扇窗都是两层窗帘,且系用高级质料做成,仅窗帘布就不下几十匹。陈云同志说:"这房子过去我住过,怎么现在全变了?"

一问,才知道专为江青整修的。现在江青不住这里了,才让陈云夫人来住。在上海,像这样布置的江青住所还有三处,陈设更是豪华奢靡……[①]

于若木的大字报,表明了广大老干部对于江青的强烈不满的情绪。不过,此时江青正红得发紫,没有理会于若木的"炮轰"。

[①] 据经盛鸿:《于若木勇斗江青》,《周末》1988年5月14日。

"峻岭"为林彪拍摄了《孜孜不倦》

随着公开亮出"批陈整风"的旗号,庐山上的云雾算是散去了一部分。

可是云雾并未全部散去,林彪仍处于云绕雾障之中。

毛泽东在庐山上说过:"这一回保护林副主席。"虽说他明知林彪是陈伯达的主子,还是给林彪留了"面子"。

毛泽东在《我的一点意见》中,把批判陈伯达说成是"我同林彪同志交换过意见,我们两人一致认为"。如此这般,也就拉了林彪一把。

也正因为这样,1970年9月6日发布的中共九届二中全会公报上,仿佛庐山风平浪静似的,声称:"毛主席和他的亲密战友林彪副主席在会上讲了话。"公报还发出响亮的号召:"在毛主席为首、林副主席为副的党中央领导下,'团结起来,争取更大的胜利!'"

毛泽东讲究"有理、有利、有节"。在庐山倘若跟林彪闹翻,为时尚太早——中共九大结束才一年多,那写在中共党章上的关于林彪为接班人的一句墨迹未干。然而,打倒了陈伯达,清楚地意味着林彪的地位已岌岌可危。

随着陈伯达的倒台,康生向前递进,成了中共第四号人物。江青同样向前递进,成了中共第五号人物,即毛泽东、林彪、周恩来、康生、江青……

"批陈整风"运动一步步深入,触及到了林彪手下的五员"大将"——黄永胜、吴法宪、叶群、李作鹏、邱会作。

林彪暗中磨刀。1971年3月18日至24日,林彪之子林立果在上海制订了政变计划,亦即《"571"工程纪要》。所谓"571",亦即"武装起义"的谐音。

中国的政局,剑拔弩张。一场政变处于一触即发的状态。

就在这极不平常的时刻,发生了一桩极不平常的事情。那是1971年7月31日,《人民日报》刊载了一条消息——《第七、八期〈人民画报〉合刊和〈解放军画报〉合刊8月1日出版》。消息说:

> 两本画报都以单页篇幅刊登了毛主席的照片。刊登了毛主席的亲密战友林彪副主席学习毛主席著作的照片,这张照片把林副主席无限忠于毛主席的深厚的无产阶级感情,生动形象地展现在人们面前,给了人们巨大的激励和鼓舞。

那幅"林彪副主席学习毛主席著作的照片"是空前的,因为林彪通常总是戴着军帽,这幅照片却是免冠的,显眼地暴露出那光光的秃头。这表明摄影者绝非普通的摄影师,足以叫林彪取下那顶长年不离的帽子。

照片题名《孜孜不倦》,摄影者的名字却是陌生的,曰"峻岭"。

"峻岭"何人? 江青也!

这张照片是江青在1971年6月9日亲自为林彪拍摄的。

当时身在现场的江青秘书杨银禄回忆说：

1971年6月初，江青叫谢富治给她在钓鱼台17号楼精心布置了一个照相室。

6月9日，江青特邀林彪、叶群到钓鱼台照相。当时，我们看林彪并没有照相的思想准备，连胡子都没有刮。江青为了给林彪照好，使他满意，就把他带到10号楼刮胡子。

林彪说："年龄大了，有胡子没有关系，我不想刮。"叶群忙劝说："江青同志亲自给你照相，不刮了不好，刮了显得年轻，精神焕发。"

■ 江青拍摄的林彪学《毛选》的照片

江青也劝说："你是党的副主席，解放军的副统帅，照的相应有领袖气派。"

两个女人都在劝说，林彪也就勉强同意刮了。

林彪刮胡子和通常人刮胡子不一样，既不用热水湿一湿，也不用热毛巾敷一敷，更不用香皂、肥皂和剃须膏，而是干刮（林彪刮胡子用的是我的刮脸刀，我现在还保存着。"飞鹰牌"双面刀架）。林彪刮完胡子，在江青、叶群的陪同下，又回到17号楼的照相室。

江青一会摆弄照相机，一会搬弄着灯具，还对林彪吹捧说："广大党员和广大群众都知道林副主席跟毛主席跟得最紧，对毛主席的著作学得最好，用得最活，毛泽东思想的伟大红旗举得最高。"

林彪端坐着，江青调整好了焦距和灯光，马上就要按动照相机的快门了。

"请林副主席把帽子摘掉，我想给你照一张免冠相。"江青说。

林彪的头顶光秃秃的，看样子他很不想摘掉帽子，但是，在那种场合又不好说什么，于是，不好意思地把帽子摘掉了，扔给他的工作人员。

江青等林彪摘掉帽子，第二次准备按动快门的时候，又说："我觉得这样照还是不够理想，没有林副主席的特点，林副主席最好是拿着一本《毛泽东选集》，两手捧着，真的是在看书，因为你学习毛主席著作是孜孜不倦的。"

叶群称赞说："还是江青同志想得周到。"

江青叫我跑回10号楼把《毛泽东选集》四卷合订本拿去，交给林彪（那本《毛泽东选集》合订本也是我自己的，是人民出版社出版发行，1967年7月济南第一次印刷，书号1001.750，定价每册5.5元。这本书现在我也完好地保存着）。

林彪被几个大灯烤得满头大汗，江青递给他一条毛巾擦了擦，摆弄好姿势以后，终于按动了快门。

《样板戏出台内幕》一书则这样记载：

> 摄影在唯精神至上的年代里，是个非常让人眼热的"爱好"。林彪夫妇尽管出头露面的机会很多，闪光灯亮个不停，但那都是大众场合，完全是新闻照片。当时，中国绝大多数家庭还没有这等高档的消费，中央领导人里面，有消闲时间照相的人也寥寥无几。
>
> 1971年春（应为初夏——引者注），江青要在十七号楼（指钓鱼台——引者注）小会议室里为林彪照相，这又是她的一处兴趣活动中心。她的那间颇有照相规模的会议室，平时可以休息，也可以会客，高兴起来还能照几张人物像。会议室里不仅装了固定摄影灯，还配有移动的灯具，照人物像时，光从几个方面射来，照片出来有立体感，有层次。江青照相比较讲究运用光线，喜欢用逆光、侧光。她的所有的灯具都是从新影厂搞来的，江青这个人确实有点创造"才能"，她异想天开搞成的摄影室，竟然效果不错，比中南海里毛泽东的书房还强。为毛泽东摄影，用的都是记者手里的摄影灯，直到1974年春天，通过江青推荐，才在毛泽东会见外宾的书房里安装了固定摄影灯。
>
> 江青叫卫士打电话给林彪办公室，说她要为林彪照艺术照。
>
> 叶群接到电话后，也不管林彪愿意不愿意，就满口答应了。
>
> 林彪和叶群第二天来到江青的水银灯下，江青先照了几张林彪侧面照，觉得空洞洞的，没有含意，太单调。江青站在林彪对面想了一会，觉得拍林彪就要有林彪的特色，不能指望像年轻人的脸庞那样显示出男人的英俊。
>
> 她对着镜头愣了愣，突然找到了感觉。她叫林彪手捧《毛泽东选集》，同时摘掉他几乎永远不离头的绿军帽，让人深刻体会林彪的好学，即使工作繁忙，仍在孜孜不倦学习毛泽东著作。
>
> 林彪这时闷声不响，成了任人摆布的木偶。叶群在一边，使劲说这样好，林彪也不好说不好，更不能拉下脸子。
>
> 到了七八月，《解放军画报》的扉页上出现了一张令人惊奇的照片，不是惊奇林彪学毛选，而是他半秃的油光大脑门和作者峻岭的名字。江青也由此被人们发现原来还会摄影，这大概是第一次引起人们如此注意的照片。以后人们一见峻岭，就知道是江青的作品。[①]

她要林彪捧起《毛泽东选集》，那红色的封面、金色的大字，表明了他对毛泽东的虔诚——实际上，林彪正在暗中磨刀，要叛离毛泽东，哪有心思捧读《毛泽东选集》。

---

① 顾保孜：《样板戏出台内幕》，中华工商联合出版社1994年版，第208—209页。

毛泽东在专列上接见上海"二王"

毛泽东和他的"亲密战友"在庐山上摊牌之后,矛盾日深,对抗日烈。

"翻车了,倒大霉了!"林彪之子林立果的一声惊呼,倒是最形象地勾画了林彪在庐山上的一败涂地。

林彪集团要作最后的拼搏。

在上海,"二王"之争也就随之日趋紧张。不过,王洪文奈何王维国不得。

林彪把上海作为他的"基地"之一。林立果飞来飞去,频频来沪。王维国成了林家在上海的"头"。

上海,江青、张春桥、姚文元、王洪文苦心经营的"基地",如今,林彪也插上一手了。

上海巨鹿路,当年王洪文的"工总司"的所在地,如今,挂着军车牌号的小轿车在那里出出进进。

1971年3月21日,在巨鹿路一幢小洋房里,林立果召开他的"联合舰队"的秘密会议。出席者均为他的死党——那个空军司令部办公室副主任周宇驰,那个空军司令部副处长于新野,那个王维国的部下、7341部队政治部副处长李伟信。臭名昭著的《"571"工程纪要》,就在那幢房子里秘密地炮制出来。

他们用空军的特殊语言,称呼毛泽东——"B-52",一种巨型轰炸机。《"571"工程纪要》指出:"B-52……对我们不放心。"他们在"军事行动上要先发制人","夺取全国政权"或制造"割据局面"。

十天之后——1971年3月31日晚,在离巨鹿路并不太远、极不醒目的一个地方,那是上海岳阳路,原"少年科技站",又一次重要的绝密会议在召开。这次会议,用林立果的话来说,叫"三国四方"会议。出席者为:南京部队空军政委江腾蛟、7341部队政委王维国、7350部队政委陈励耘和南京部队空军副司令员周建平。

在这个"少年科技站"里,林立果确定了"武装起义"的指挥班子:上海的"头"为王维国,南京的"头"为周建平,浙江的"头"为陈励耘,江腾蛟为"第一线指挥","进行三点联系,配合协同作战"。

位于上海复旦大学与上海外国语学院之间并不醒目的空四军宿舍——新华一村,成为王维国的秘密据点。那个"找人小组"的成员——空四军司令部军务处处长蒋国璋、空四军政治部组织处处长袭著显,被王维国指定为"教导队"负责人。

一支绝对忠于林立果的武装力量,在新华一村集训。"教导队"的编制为三个区队,九个班,每班12人。

这支"教导队"给林立果写了如下"决心书":"我们一定要人人想着您,步步紧跟您,一切听您的领导,一切服从您的指挥,紧跟您,顶逆风、战恶浪,风吹浪打不回头。……为誓死捍卫林副主席最高副统帅地位,为誓死捍卫您——我们的好领导,不怕牺牲,不怕坐牢。只要您一声令下,我们就立即行动。您指向哪里,我们就冲向哪里。"

林立果让周宇驰转达了他的话，在上海，一切听命于王维国："王政委的意见有时不是他个人的意见，大家一定要信任他，要做到王政委说白的，就是白的；说黑的，就是黑的；就是王政委说太阳从西边升起来，也要相信。"

不言而喻，倘若林彪的"武装起义"成功，"王政委"必然取代王洪文，成为上海之"王"。

王维国的种种秘密活动，林立果在上海进进出出，王洪文知其大概，不晓其详。王洪文没有军职，军队是他的势力的空白点。

乌云在上海上空翻滚。1971年9月上旬，雷鸣电闪，上海处于最紧张的时刻——毛泽东途经上海，林彪把谋杀毛泽东的地点选择在上海！

毛泽东是在1971年8月14日乘坐专列离开北京，巡视大江南北。毛泽东每到一处，就向当地党政军负责人"吹风"，指出"庐山这件事还没有完"，"陈伯达后面还有人"。

8月16日，毛泽东抵达武汉，住了十天，8月27日至9月2日，毛泽东到达长沙、南昌。9月3日，毛泽东抵达杭州，进入陈励耘的势力范围。

9月7日，林彪通过林立果，对"联合舰队"下达"一级战备"的命令。

9月8日，林彪下达反革命政变手令："盼照立果、宇驰同志传达的命令办"。

陈励耘注视着毛泽东的一举一动。

箭在弦，弹上膛，一场震惊世界的武装政变，在中国即将发生。

9月8日子夜，林立果在北京西郊机场，对这场武装政变作出了具体部署：

地点——上海。用林立果的话来说，"现在的情况很紧急，我们已决定在上海动手。"

政变方案——三个。用林立果的话来说，"我们研究了三条办法，一是用火焰喷射器、四〇火箭筒打B-52的火车；二是用一百毫米口径的改装高炮，平射火车；三是让王维国乘B-52接见时，带上手枪，在车上动手。"

政变第二步——林立果说："等上海打响后，北京由王飞率领空直警卫营攻打钓鱼台。"也就是说，干掉江、张、姚。

林彪集团与江青集团，在"文革"初期曾有过"密切合作"。在庐山上，林彪集团对张春桥的猛烈攻击，使这两个集团转为对立。王维国是林彪集团在上海的"头"，王洪文是江青集团在上海的"头"。"二王"在上海的争斗，也就是林彪集团和江青集团在上海的争斗。林彪从毛泽东的"亲密战友"，转为谋杀毛泽东的主谋，而江青集团则站在毛泽东一边，借伟大领袖的威望与林彪集团对抗。历史，云谲波诡，变幻万千，浪啸潮涌，瞬息万变。在那样特殊的历史时刻，王维国在上海布下谋害毛泽东的暗网的千钧一发之际，王洪文作为江青集团中在上海的"头"，站到了伟大领袖的大旗之下。

王维国原本以为，毛泽东会在西子湖畔优游一番，过些日子才会到达上海。

毛泽东早已对林彪的阴谋有所察觉。他已经意识到自己处境的危险。他必须尽快回到北京。可是，他不能坐飞机——空军的指挥权，已落到了林立果手中。他只能坐他的专列前进，而专列必须在铁轨上运行，他的前进路线是明摆着的。杭、沪、宁，林彪安了陈励耘、王维国、周建平三颗钉子。他的专列经过这个三角区，如同在百慕大三角区前进！

9月8日深夜，原先停在杭州笕桥机场附近的毛泽东的专列突然开动。因为紧挨着笕桥机场，不安全是显而易见的。

　　当毛泽东的专列在漆黑的子夜移动时，陈励耘正在与专程赶到杭州的于新野密谈。得知这一消息，陈励耘大吃一惊，急问："朝哪里开？"

　　"到绍兴！"

　　"到绍兴？"陈励耘百思不解。

　　王维国得讯，以为毛泽东对鲁迅的故乡发生兴趣。

　　就在王维国的神经暂时松弛了一下的时候，杭州发来急电：毛泽东专列朝上海前进！

　　那是9月10日下午3时，毛泽东突然命令专列朝上海前进！

　　毛泽东吩咐："走的时候，不要陈励耘他们送行。"

　　9月10日下午6时，毛泽东专列驶抵上海。专列不进那熙熙攘攘的上海北站，却悄然停在西郊吴家花园附近。虽然那里离毛泽东平常路过上海时所住的西郊寓所并不远，毛泽东却没有下车，住在专列上。

　　王维国急急赶去，王洪文也急急赶去。

　　毛泽东在专列上接见了上海"二王"。王维国的神经紧张到了极点，坐在那里，连手都不知该放在哪儿合适。王洪文也极度紧张，因为他已经知道王维国心怀叵测。

　　王洪文做好保卫毛泽东的准备。

　　毛泽东在如此危急之际，却坦然自若，谈笑风生，把王维国镇住了！

　　晚8时，王维国想请毛泽东下火车吃晚饭。

　　毛泽东摆摆手道："你们吃吧，我不下车啦，就在列车上休息。"

　　毛泽东沿途在武汉、长沙、南昌、杭州，都一住好些天。王维国以为，毛泽东在上海也会住些天。

　　毛泽东的突然行动，又一次使王维国失算了：翌日上午，奉毛泽东之命，南京部队司令许世友从南京飞抵上海，直奔专列，与毛泽东作了重要的谈话。下午1点，许世友回到上海锦江饭店吃午饭之际，毛泽东的专列已经启动，离开了上海。

　　许世友急飞南京，在南京车站迎候毛泽东。

　　9月12日，在一片暮霭之中，毛泽东的专列驶抵北京丰台。

　　王维国的一切暗杀计划都落空，林彪的狰狞面目彻底暴露。

　　终于，1971年9月13日晨，蒙古温都尔汗的一声巨响，林彪、叶群、林立果"折戟沉沙"，林彪集团从此覆灭。

　　张春桥顿时成了反林彪的"头号英雄"，庐山会议成了他最为得意的政治资本。

噩梦连连

　　就在"九一三"事件前夕，1971年9月8日，林彪还让叶群从北戴河给江青打电话："林彪同志问候江青同志，请江青同志保重！"

江青则在电话中说:"请林副主席放心!"

叶群派人给江青送去了几个西瓜。

就在9月12日下午,江青还带着林彪所送的四个西瓜游颐和园。江青在和她的随从们吃西瓜时,还特地说:"这些西瓜是林副主席送给我的,我再送给同志们。这是林副主席对我们的关心,我们大家一起谢谢林副主席!"

然而,翌日林彪就折戟沉沙,摔死在蒙古温都尔汗。

据粉碎"四人帮"之后从江青住处查到的一份电话记录统计,仅仅是从1969年到1971年9月上旬的两年零九个月中,江青和林彪、叶群之间的通话便达470余次,平均每隔两天多就要电话联系一次!

林彪事件之后,江青的话少了,精神恍惚,睡眠不好,噩梦连连。

江青曾经对秘书杨银禄说起自己的噩梦[①]:

> 她打铃叫我。我进入她的办公室,看到她眯缝着眼睛,靠坐在沙发上,指着她旁边的一个沙发,说:"请坐。我昨天想对你说的话没有说完你就走了。一段时间以来,我常常做噩梦,有一天晚上梦见死有余辜的阴谋家、野心家林彪了,他那被烧焦的尸体,在大漠中站立起来了,跌跌撞撞地向我走来,两只眼睛闪着蓝光,他一边走,一边操着浓浓的湖北口音说:'我们都变成了烧死鬼,你怎么还没有死呀?'他说着说着,叶群从一个沙丘里也钻了出来,她赤身露体,披头散发,青面獠牙,大声喊叫:'姓江的,你今天可跑不了啦,跟我们一起走吧!'她伸出两只大黑手,指甲老长老长的。我真有点害怕了,于是,就跑啊跑啊。可是,怎么拼命也跑不动,喊也喊不出声音来,可把我给急死了。我被噩梦惊醒,发现出了一身大汗,被子都湿了……"
>
> 江青说完,两手紧捂着胸部,哭丧着脸,用颤抖的声音说:"我希望这样的梦可不要再做了。"
>
> 她停顿了一下,继续说:"我不希望做噩梦,可是,与我的希望恰恰相反,非做噩梦不可。有一天晚上做梦,说是解放军出了大问题,有一位军队的干部指挥几个战士来绑架我,有端着冲锋枪的、步枪的,有举着手枪的,一齐向我冲过来。我对他们说,我是忠于毛主席的,你们不能抓我,战士同志们,指挥你们的这个干部他背叛了革命,你们受骗了,不能听他的,你们应该反戈一击呀!真奇怪,这些战士不听我的,还是听他的。他们说抓的就是你。我想,坏了,这是原来忠于林彪的部队。我用尽全力喊叫:警卫部队快阻止他们的犯罪行为。我突然看见你们几位站在一旁,可是,任凭我怎么喊,谁也不理睬我,也不说话,像一尊尊泥塑,我真的感到孤立无援的可怕。我拼老命也得跑,不能束手就擒,刚要跑,就听到嘭嘭两声枪响,我就倒下去了。我还在想,这一次兵变,我真的死啦,就这样结束了我的生

[①] 杨银禄:《林彪与江青的你来我往》,《中国改革》,2011年第3期。

命。我醒来以后，一摸心脏还在跳动，我没有死，我还活着，刚才是在做噩梦，虚惊一场！"

江青连做这么多噩梦，恐怕是她从林彪、叶群之死看到了政治斗争的残酷性，担心自己也有朝一日重蹈林彪、叶群的覆辙，才会这样坐立不安。

毛泽东致江青的信提高了江青的声望

"九一三"事件发出巨大的冲击波，冲击着中国的政治舞台，也冲击着每一个中共党员，每一个中国大陆老百姓。

人们百思不解：两年前被写入党章、明文规定为接班人的林彪，怎么会一下子成了叛国投敌分子？人们的思想，转不过这个弯来。

毛泽东明显地衰老了，虽然林彪自取灭亡，毕竟也极大地影响了他的威信：林彪这个接班人，是毛泽东亲自选定的！

中共中央在1971年9月18日，发出了《关于林彪叛国出逃的通知》，传达的范围限于高层。《通知》指出：

> 林彪叛党叛国，是长期以来，特别是党的九届二中全会以来阶级斗争和两条路线斗争的继续，是林彪这个资产阶级野心家、阴谋家的总暴露、总破产。九届二中全会上，国民党老反共分子、托派、叛徒、特务、反革命修正主义分子陈伯达敢于那样猖狂进攻，反党、反"九大"路线，反马克思主义、列宁主义、毛泽东思想，主要原因就是依仗林彪这个黑后台。陈伯达路线，实际上是林彪、陈伯达路线……

这份在"九一三"事件之后第五天发出的中共中央《通知》，清楚地说明了林彪事件的性质，林彪陈伯达之间的关系。尽管当时这份《通知》是在"严格保密"状态中下达的，"根据内外有别、有步骤地传达的原则，目前只传达到省、市、自治区党委常委以上的党组织。有关林彪的文字、图画、电影等均暂不改动。"

江青急转弯，她"控诉"起林彪来："这几年，他采取种种阴险毒辣的手段，想把我干掉。""我是在同林彪的接触中，并同他进行斗争中，逐步地了解了林彪。"

1971年10月3日，中共中央又下达通知：

> 为彻底审查、弄清林陈反党集团问题，中央决定成立中央专案组，集中处理有关问题。中央专案组由周恩来、康生、江青、张春桥、姚文元、纪登奎、李德生、汪东兴、吴德、吴忠十人组成。在专案组领导下，设立工作机构，由纪登奎、汪东兴两同志负责进行日常工作。各地、各单位今后凡向中央上报有关林陈反党集团的揭发材料，统请以绝密亲启件送交中央专案组统一处理。

江青进入"林陈专案组",而且名列第三,这表明在"九一三"事件之后,江青的政治地位不仅稳固,而且加强了。在中共党内,她排名第四——毛泽东、周恩来、康生、江青。

不过,那份"林彪同志委托"的《纪要》,毕竟曾给人们留下很深的印象。加上"峻岭"那幅《孜孜不倦》,人们对江青颇有微词。

给江青帮了大忙的,是毛泽东在1966年7月8日写给她的那封信。

毛泽东销毁了此信的原件,但留下了一份抄件。

过了五个多年头,林彪从党的副主席变为反革命集团头目,毛泽东找出了那封信的抄件。在1972年5月21日至6月23日召开的全国批林整风汇报会上,此信作为会议的最重要文件印发,政治局九人分头至各组解释此信,传达到全党。

信是毛泽东写的,而此信是毛泽东写给江青的,包含了两层意思:第一,毛泽东对江青是极为信赖的,这才把如此重要的意见写在给她的信中;第二,这表明江青早在1966年7月便知道毛泽东"看穿"了林彪,因此江青也老早"看穿"了林彪。批林整风会议的简报上登载了江青对此信的解释,声称毛泽东早就看出林彪"不是马克思主义者"。

另外,在毛泽东于7月8日写好信后,并没有通过机要发给江青,而是先给正在武汉的周恩来、王任重看,然后才由周恩来带信到上海给江青看。毛泽东这样做,表明这并不是一封普通的家信,而是一份党内文件。正因为这样,在林彪事件之后,此信会作为中央文件印发。

于是,全党都学习毛泽东写给江青的这封信,反复咀嚼着那些"预言式"的话语:

> 牛鬼蛇神自己跳出来。他们为自己的阶级本性所决定,非跳出来不可。我的朋友的讲话,中央催着要发,我准备同意发下去,他是专讲政变问题的,这个问题,像他这样讲法过去还没有过。他的一些提法,我总感觉不安。我历来不相信,我那几本小书,有那样大的神通。现在经他一吹,全党全国都吹起来了,真是王婆卖瓜,自卖自夸。我是被他们逼上梁山的,看来不同意他们不行了……

人们读着这封信,惊叹毛泽东的超前的预见——林彪果真是以政变相抗,以政变告终。这封信的广泛传达、学习、讨论,大大提高了江青的政治声望——虽然她跟毛泽东在"文革"中早已完全分居,只是"政治夫妻"而已。

据传,在毛泽东写给江青的信作为中共中央文件印发时,江青曾经要求毛泽东把信的开头称谓"江青"改成"江青同志"。但是毛泽东没有同意。后来采取折中的办法,即在印发此信时在标题上加了"同志"两字,即变成《毛泽东致江青同志的信》。

江青得意起来,便筹划着举行自己的摄影作品展览会。然而,由于毛泽东的坚决反对,使江青的影展梦化为泡影。

江青从1962年开始学摄影到1972年,正好十年。这时她萌动了办个人影展的想法,她把想法告诉了石少华。江青要办影展!谁能说不行,老师当然只能赞同。

石少华像接力赛那样把江青办影展的事情交给了摄影部主任杜修贤筹办。展出地点选定在人民大会堂，大家对江青影展的事情还是很认真的，精放了一百多张照片，又做了精致的镜框，连夜运到大会堂的展厅。新闻机构也做好了报道的准备。

就在影展筹备工作全部完成之后，却是江青影展美梦化为乌有之际！

人民大会堂从建成到现在，几乎没有办过什么展览，除1963年办过一次"周恩来访问十四国"的影展外，一直为中央召开会议的场所。这次江青把影展的地点选在人民大会堂，也是有一番用意的，既不混同艺术馆的纯艺术展品，又不失艺术作品的风雅；既有艺术馆的档次，又显示了不同寻常的政治地位。行家分析，江青的个人摄影展一定会有轰动效应的。一是江青的作品还是有一定水平的，再加上江青的政治身份，如果开幕，展况必盛！

大家翘首以待，等候江青一声"开幕"令下，影展的"盛况"马上会席卷全国城乡的角角落落。

这对江青来说是多么激动而辉煌的时刻！比发表一百次讲话还要奏效！就在江青为影展而自鸣得意时，无风不起浪！——毛泽东出乎意料出来讲话了，这次他不是支持江青，而是阻止。以前请摄影老师是为了江青的身体和精神，而现在江青不再为身体烦恼，所谓的影展也不过是为了抬高自己的政治身份和名气。

晚年毛泽东仍然心明如镜，洞察秋毫。

毛泽东对江青越来越强烈的表现欲十分恼火，他把江青找去，严厉地批评了一顿，叫她立即取消影展计划，注意政治影响！

负责筹办影展的工作人员最后等到的不是"开幕"而是"撤销"的通知。

大家空忙了一场，只好将江青的摄影作品搬回钓鱼台——江青的住所，像货物一样堆放在一间空房里。转眼间，一场大出风头的辉煌突变为落满尘埃的寂静，如此巨大的落差，让江青心灰意冷了好一阵子。[1]

姚文元取代陈伯达成为"舆论总管"

陈伯达垮了，姚文元晋升为全国舆论总管。

从此，姚文元手中的笔，非同凡响，具备了"多功能"：

他的笔，成了指挥棒。他用笔指挥着全国所有的报刊，从新华社《人民日报》《红旗》杂志到各省、市报刊，总编们的眼睛无时无刻都要盯着姚文元手中的指挥棒，照棒行事，不可稍有违怠，不能奏出一个越轨的音符。

他的笔，成了权杖。大大小小"写作组"，从丁学雷、罗思鼎、石一歌到后来的梁效、池

---

[1] 顾保孜：《样板戏出台内幕》，中华工商联合出版社1994年版，第209—210页。

恒、初澜、唐晓文……全都归顺于姚文元麾下。他是这支无耻文人大军的统帅。人们冷笑着，讽之为："小报抄大报，大报抄梁效。"其实，梁效听命于姚文元。

他的笔，还成了魔杖。他的笔伸到哪里，可以使哪里燃起一场"革命大火"，也可以使那里的反抗的火焰立时烧灭。他的笔能使"造反英雄"青云直上，他的笔也能使"走资派"人头落地。

舆论一律，一律舆论。说一不可道二，指鹿不可曰马。在姚文元主宰中国笔政的年月里，报刊变得清一色，说同样的话，唱同样的调。话，说得空空洞洞；调，唱得难以入耳。江青的"文艺革命"取得"辉煌"成果是："八亿人口看八个'样板戏'。"姚文元成为舆论总管的"辉煌"成就是："读者'看报看题，看书看皮'！"

沉闷的空气笼罩着中国大地。万马齐喑，思想被锁上镣铐，言论处处受到审查。在19世纪，当欧洲盛行舆论专制之时，一个名叫沙飞的作家曾辛辣地讽刺道："只有做梦时无审查，只有打鼾时无警察。"如果把这句妙语移来形容姚文元统治下的中国文坛，真是像"定做衣服"一般贴切。

后来，中央广播事业局局长邓岗，曾这样揭发"舆论总管"姚文元对广播事业局的控制：

> 姚文元对广播局进行控制，主要是利用他在中央窃取的权力和地位，打着中央的旗号，发号施令。最基本的是，披着马列主义外衣，大量散布反革命修正主义谬论，在政治上、思想上给我以影响。而我的路线斗争觉悟低，分不清被"四人帮"颠倒了的思想，理论和路线斗争的是非界限，更识不破他们玩弄的阴谋诡计，加上又有怕挨整、官迷心窍的私心杂念，这是我接受姚文元控制的错误思想基础。
>
> 姚文元对广播事业局的事情管得很宽，宣传、外事、新闻、业务、政治思想、保卫工作他都过问。我错误地把他看成是代表中央来分管广播局工作的，凡是重大事情向中央的请示报告，都经他转报中央。他的黑指示，我也错误地把它看成是代表中央所作的指示，坚决贯彻执行。我们给中央的许多重要报告，在他批了意见以后，才送政治局传阅，有的还送毛主席圈阅后才退给我们，这更增加了我对他的迷惑（此句不通，原文如此。——引者注）。
>
> 姚文元控制广播局的具体渠道大致有以下几个方面：
>
> 一、当面谈话，下达黑指示。
>
> 我来广播局两年，两年多，当面同姚文元直接谈话的次数不是很多，核心小组其他成员同姚文元谈话的更少。
>
> 谈话的场合比较多的是陪见外宾之后，我和张振友、王寿仁（核心小组成员，副局长）等都是这样。如我刚到广播局，姚文元就利用我参加陪见外宾的机会第一次单独和我谈过一次话。不久，又同我和张振友一起谈了一次。这是最重要的一次，时间也比较长，对控制广播全局起了很大作用。其他也还有几次，主要谈话内容是要我们召开一次全国电视工作会议。他说：学习无产阶级专政理论要反对经验

■ 姚文元（前左二）接见外宾

主义，至于如何联系广播局实际，你们先出一个题目，过几个月再回答。他还批评我们对第三世界友好国家的宣传有模糊阶级界限的倾向，提出中央几个新闻单位的外事活动可以成立一个协作小组，搞一个统一计划报批等等。但他并不是每次陪外宾后都找我们谈话，每次谈话也不都是单独同广播局的同志谈，更多的是同时和参加陪见的几个新闻单位的同志一起谈，我也不是每次谈话都参加。姚文元每次同我的谈话我都在核心小组传达或讨论，有的还向全局作了传达。姚文元还规定，他同外宾的谈话记录，整理以后，清样都要先送他亲自审阅修改后才准打印，这也是一种控制。

除此之外，在其他一些场合，姚文元也直接同我谈过几次话。一次是在劳动人民文化宫吊唁总理的灵堂里，姚文元向我下达不准第三遍播放向总理遗体告别的电视片；不准电视记者拍摄天安门广场群众悼念总理的活动；机关里不准搞计划以外的大型悼念总理的活动等黑令。还有一次是在1976年4月7日把鲁瑛、解力夫（光明日报总编辑）和我一同叫到人民大会堂去列席政治局会议，听毛远新传达毛主席的指示，参加《人民日报》炮制的那篇有关天安门政治事件黑文件的定稿，在此过程中，姚文元同我们谈了一些话。还有一次是在1976年9月9日凌晨，毛主席逝世后，中央办公厅通知鲁瑛、解力夫和我到怀仁堂去值班，姚文元在那里也同我们谈了一点话。以上几次的谈话主要内容我已根据回忆写了交待材料。

……

我同姚文元私人之间没有任何来往和交谈。

二、通过新华社对宣传报道的方针和口径严密进行控制。

新华社记者遍布国内外，每天编发大量新闻报道，担负着向国内外宣传和向中央反映情况的任务，处于宣传第一线。电台广播的新闻节目，稿源主要来自新华社。姚文元控制新闻宣传报道的主要渠道是向新华社下达黑指示并审阅新华社的稿件。姚文元对新华社的黑指示传到广播局以后，同样起了严密控制广播、电视宣传的作用。姚文元直接给广播局的黑指示并不多。

为了加强宣传业务上的联系，了解中央宣传意图和精神，广播局总编室一直派人每天晚上参加新华社总编室的汇报会。批林批孔开始后，一度中断。我来广播局后，感到广播局了解情况太少，宣传上不好掌握，经征得朱穆之同志同意，并报告姚文元批准，又恢复了这种联系。总编室每天去参加新华社汇报会的同志，把了解到的情况和新华社的宣传意图，主要是姚文元对新华社的黑指示的精神，写成书面记录材料供核心组、总编室和各宣传口的领导同志传阅。我对姚文元在宣传上向新华社下达的那些黑指示十分重视，把它看成是了解中央宣传方针的主要来源。有些还作了批示，要总编室讨论研究，贯彻执行。两年多来，广播、电视的宣传完全纳入了"四人帮"另搞一套的轨道，如对邓小平同志的攻击不断升级；突出宣传"按既定方针办"；不准提"高举"毛泽东思想伟大红旗等等，都是从这条渠道来的。总编室存有参加新华社汇报会的记录档案材料。组织上可查阅。"四人帮"被粉碎后，我曾整理了一下，摘记在我的工作笔记本上，已上交专案组。

我来广播局后，还曾想同《人民日报》也建立这样的业务联系渠道，同样是为了想从那里更多地了解姚文元黑指示的精神。经过几次交涉，鲁瑛不同意，没有搞成。现在看，倒是一件好事。否则，我的错误会更大。……

姚文元还规定，中央电台转播《红旗》的文章，每期都要交报目录，经他审批决定。

三、直接电话联系。

姚文元（或经他的秘书郭文）通过电话向广播局发号施令，有直接打给我的，有打给总编室和局办公室的。打给总编室和局办公室的，当时都有电话记录。打给我的，凡是重要的，我也有简要记录。遇有重要事情，我和总编室也直接用电话向姚文元请示报告。张振东、王守仁是否同姚文元直接打过电话，我记不清楚。

我来广播局后，到1976年9月，直接同姚文元的电话联系不多。经回忆，还能想起来的大致有以下几次：

1. 1975年评论《水浒》开始时，姚文元给我来电话，说主席最近对《水浒》有个重要评论，新华社和广播局没有宣传任务，所以没有告诉你们。但还是送给你们看一下好。过了几天，朱穆之同志就把姚文元送给我们看的主席的批示和姚文元关于评论《水浒》问题给主席的一封信在看过以后就转给了我。我看后退给了姚文元。

2. ……

3. 1975年9月15日，为纪念毛主席为广播题词十周年和广播局成立三十周年，我们准备开一个文艺晚会，除请中直单位、新闻单位和与广播局工作有关的一些单位的负责同志参加外，还准备请江青、姚文元和登奎同志、东兴同志参加。在事前报批的计划上，姚文元在他的名字下批了"到时再看"。9月13日，我打电话给姚文元，问他是否能来？他考虑了一下，要我们把晚会日期推迟几天。我照他说的，改到9月18日。当天上午又联系，姚文元说可以来参加，登奎同志也说可以参加，东兴同志说不来了,江青找不到(后来才知道到大寨去了)。可到了晚上,姚文元又来电话说,政治局要开会,不能来了。我们瞎忙乎了一顿。

4.1975年10月。我在上报的准备召开全国电视工作会议给中央的请示报告中,有"以三项指示为纲"的提法。姚文元看了之后,第一次并没改,第二次改掉了,退给我重新打印上报。我当时不了解背景,没有引起重视,在同时批发的另外一个有关农村有线广播工作的通报中,仍然有"以三项指示为纲"的提法。总编室根据这个文件编发了一期工作简报,也是我批发的。姚文元看到后大发雷霆,要郭文打电话找我。当时正是晚上,我有外事活动,在饭店陪外宾吃饭。郭文把电话通到饭店,说你们报告上"以三项指示为纲"的提法文元同志已经给你们改过了,那是认真考虑过的,怎么在广播工作简报上又出现了?这时姚文元接过话筒对我说:"我那样改,你们仔细想过没有?为什么不想一想?广播工作简报要立即全部收回。"他把我批了一顿,第二天我向核心小组说了此事,仍然不知道错在哪里。只好将简报收回,我并向姚文元写了一个检讨,才算了事。

……

8.毛主席逝世后准备追悼大会期间,技术处干扰科忽然收到一个可疑的新的干扰频率讯号。当时我们估计可能是苏修为干扰追悼大会的实况转播搞的。我当即先在电话里向姚文元作了报告,接着又写了书面报告。姚文元要我们继续注意。并说已报告了华国锋同志。

9.毛主席追悼大会结束后,第二天姚文元来电话问广播和电视的实况转播情况。我说转播情况良好,未发现干扰。电视实况的转播录像已在审看,不大理想,主要是华国锋同志致悼词的镜头偏向东侧,我们准备采取一些技术措施,如问题不大,打算重播。电视片正在洗印编辑。姚文元表示同意。

据我再三回忆,在这次电话联系之后,姚文元就没有再来过电话,我也没有向姚文元再打过电话。

……

姚文元通过各条渠道控制广播局,首先是控制我。为了达到控制我的目的,他甚至采取极其卑鄙的资产阶级政客手腕。有关情况,我过去已有过详细揭发,这里就不重复了。

邓岗

1978年5月25日

说明:有些事实的时间已记不具体,确切,因手头材料都已上交,请组织上查对。

姚文元"左"眼看画

做了"京官",回上海就像走"娘家"似的。不过,他在上海说的每一句话,都成了"无产阶级司令部"的"指示"。他走到哪里，都有人拿着小本本，不断记下他的"指示"。

他呢？也拿腔作势，对这发"指示"，对那也发"指示"。

我从一大堆档案中，找到1970年春节前——1月20日，张春桥、姚文元"视察"上海百货一店时的"指示"。那是张、姚当年趾高气扬的真实记录，现照录于下：

（在玻璃、搪瓷部）

姚文元：这些玻璃杯的图案都是修正主义的，不是我们的。是一些什么三角形的、方块形的。让现代修正主义的美术全部占领了。这个是从法国和苏修画报上抄来的。这是什么派？你们要查一查。我们中国过去不是这样的。现在变了，我还是第一次看到。

（在布匹部）

张春桥：这种花布给铁梅、小常宝（铁梅、小常宝分别为"样板戏"《红灯记》和《智取威虎山》中青年女性人物。——引者注）穿了，像什么样子？这样的花布，与欣欣向荣的祖国多么不相称！

牡丹花布就不要生产了吧，牡丹花是富贵花！

（在毛巾、手帕部）

姚文元：我一向用"414"毛巾，又厚实又柔软，花色也最朴素。

张春桥：手帕的问题很大。现在把资本主义国家最坏的东西搬进来了，把我们要打倒的东西都拾进来了，这是反文化大革命。

姚文元：这些手帕，是典型的现代派。燕子是中国的，可是下面还搞了一条条的，成了法国象征派的画。这些，又像林风眠的黑画！

两位"大批判专家"，居然在百货商店里批这批那，简直是乱批一气，近乎胡闹！

其实，他们并非信口雌黄。两位"左"公，是以"左"眼看待一切。

1973年11月26日，张春桥看到上海出口年历卡上的画，不由得勃然大怒。

张春桥写下了这样的"批示"："祝这些大老板、大设计家们早日成仙，离开工农兵越远越好。"

一个多月后——1974年1月2日，姚文元学着张春桥的腔调，对外贸部作为出口画广告的《中国画》册，进行"批判"："这是一本地地道道的'克己复礼'的画册。"

《中国画》册里，有一幅题为《迎春》的图画，画的是一只在迎春花前引颈高鸣的公

■ 姚文元（前排左一）、张春桥（前排右一）在一起。

鸡。这幅《迎春》画,充满盎然生机。姚文元用"左"眼看《迎春》,居然写下这样的批示:"公鸡怒目而视,尾巴翘到了天上去……这那里是在迎春,完全是对社会主义的春天,对无产阶级文化大革命后所出现的欣欣向荣的景象的极端仇视。"

一只公鸡,一丛迎春花,如此简单明了的画面,竟然被姚文元看成是对"社会主义的春天"的"极端仇视"!

徐景贤紧跟姚文元,说那只公鸡"寄托了今天社会上一小撮'复辟狂'的阴暗心理,他们不甘心自己的失败,随时随地准备同无产阶级决一死战。"

于是,一个"黑画展览"在北京举行,一个"批黑画"浪潮推行全国。那些"批判",可收入"笑林新编"之中。

这位"左家庄"的"大将",即便就《诗刊》复刊问题给毛泽东写信,也不忘对1957年曾经"大批判"的流沙河的"大毒草"《草木篇》,"捎"上一笔:

主席:

送上要求《诗刊》复刊的一封信,请阅。我赞成《诗刊》重新出版,并有个想法:新出的诗刊可否兼登一些歌曲、歌词、民歌,以促进新诗的民族形式的发展。主席曾经指出:"诗当然应以新诗为主体,旧诗可以写一些,但是不宜在青年中提倡。"并且还说过,"新诗应该在批判地继承古典诗歌、民歌的基础上发展。"(大意)现在诗歌集子出得不少,但内容深刻、能唱、能被人们记住和背诵的好诗很少,这是一个很大的缺点。

鲁迅对新诗的意见,我觉得是正确的。他说:"诗歌虽有眼看的和嘴唱的两种,也究以后一种为好;可惜中国的新诗大概是前一种。没有节调,没有韵,它唱不来;唱不来,就记不住,记不住,就不能在人们的脑子里将旧诗挤出,占了它的地位。"又说:"我以为内容且不说,新诗先要有节调,押大致相近的韵,给大家容易记,又顺口,唱得出来。"

白话诗要这样做,当然很不容易。要在百花齐放中,逐步总结经验。但就进一步发挥诗的战斗作用、真正能更好为广大工农兵所利用来说,就向着革命的政治内容与尽可能完美的艺术形式的统一的目标前进来说,是应当这样去努力的。

《诗刊》刊登歌曲、歌词,包括某些戏曲曲调的歌词,刊登新民歌,是促进新诗顺口、易记、有韵、能唱的方法之一。真正优秀的革命曲子甚至可以据以新作歌词。中国古典诗词有诗和音乐相结合的长处。革命诗歌如《国际歌》、《三大纪律八项注意》、《东方红》,都可以谱曲,并更加广泛流传。

是不是因此而排斥只能看而不易记和不能唱的诗呢?并不。这类诗还将是大量的,包括散文诗,即使是很不整齐的楼梯式的诗,真正写得好,还可发表。

编辑部的组织也不太难,老、中、青三结合,并吸收几位音乐工作者参加就行了。出点《草木篇》之类并不可怕,我们都是经历过来的。

以上意见，妥否，请批示。如同意，可否将来信及此信印送有关部门与政治局同志参阅。

此致

无产阶级革命敬礼！

姚文元

9月19日

毛泽东在1975年9月19日批示"同意"。这样，《诗刊》在1976年1月，出版了复刊号。在这一期上，发表了毛泽东1965年写的《水调歌头·重上井冈山》和《念奴娇·鸟儿问答》。

第十九章
毛泽东一度选定王洪文接班

北京盛传"江青要当副主席"

北京的政治"铁三角"不复存在,林彪的毛家湾消失了,只剩下毛泽东、周恩来的中南海和康生、江青、张春桥、姚文元的钓鱼台。

忽地,在钓鱼台不见康生了。虽说那里的8号楼仍保存着康生的住房,但是,他搬回家去住了——他的家,在北京旧鼓楼大街西侧的小石桥胡同。

康生为什么离开钓鱼台?

此人堪称老奸巨猾。他从林彪、陈伯达的垮台中,看到了自己的影子。他已是仅次于毛泽东、周恩来的第三号人物,却自知"高处不胜寒",说不定会成为下一次党内斗争中的林彪、陈伯达。何况,步步上升着的江青,迟早会嫌他碍手碍脚。经历了一次次党内斗争的康生,深知其中的奥秘。他称病在家,虽说他也确实有那么一些病。

康生朝后缩,江青向前进。随着毛泽东写给她的那封信的印发、传达,她的自我感觉越发"良好",何况,江青的个性向来是好胜争强的。由于康生称病,她实际上迈入了第三号人物的地位——仅次于毛泽东和周恩来了!

■ 1977年3月21日《时代》杂志封面上的毛泽东和江青

北京传言颇盛:"江青要当副主席啦!"

其实,江青岂止是要当副主席,她还要当主席哩:因为她比毛泽东小21岁,比周恩来小16岁,比康生也小16岁,何况她有一张万夫莫敌的"王牌"——毛泽东夫人!虽说她没有上过井冈山,没有爬雪山、过草地,却也住过延安窑洞,吃过小米,跟随毛泽东转战过陕北。她不是"三八"式,是1933年的中共党员,论资历也还是过得去的。她在中共九大时,便要争当副主席。眼下,林彪死了,陈伯达倒了,康生"病"了,她怎不跃跃欲"上"呢?

1972年1月11日《人民日报》报道《首都隆重举行追悼陈毅同志大会,伟大领袖毛主席参加了追悼会》,清楚地显示了江青的政治地位。报道在提及"伟大领袖毛主席"、"中共中央政治局常委周恩来"之后,紧接着提到的便是"政治局委员江青"。

《人民日报》的报道,明明白白地把江青排在第三号地位。

陈毅的去世,使江青又少了一个政敌。但是,两个多月后——3月26日,江青则失去了一个得力的政治伙伴,担任中共中央政治局委员、国务院副总理兼公安部长、北京市革命委员会主任等一系列要职的谢富治病逝了。

江青亲手"培养"的张春桥和姚文元,此时成了她政治上最为重要的"嫡系"力量。在中共党内,张春桥和姚文元的地位,仅次于江青。当时的外电,称江青、张春桥和姚文元为"文革新贵"。他们借着"文革"发家,平步青云,登上了权力的峰巅。

张春桥的自我感觉也极为良好。在庐山,在中共九届二中全会上,张春桥成为林彪、陈伯达一伙集中攻击的目标。如今,林彪、陈伯达一伙成了反革命集团,张春桥受他们攻击,成了不可多得的政治资本。张春桥不时估计着自己的政治前途:要么成为党的副主席,要么当国务院总理。

姚文元自从陈伯达倒台之后,取而代之,成为中国的"舆论总管"。这个以评《海瑞罢官》而一鸣惊人的"秀才",对江青言听计从。他深知"第一夫人"的力量。他当年正是因为在上海骑着自行车前往锦江俱乐部,见到了这位"第一夫人",才得以直上青云。

三名"文革新贵"踌躇满志。尤其是毛泽东、周恩来明显地衰老了,他们益发为自己的"年龄优势"而兴高采烈。在他们看来,中国未来的权杖,必定落在他们手中。

江青早在中共九大前就声言自己"有掌握国家全盘领导的能力,就是许多人不了解我",此时江青更是要"掌握国家全盘领导"了!

毛泽东突然休克

1972年2月21日上午11时30分,美国"空军一号"总统专机,降落在北京机场,成为举世瞩目的时刻。这时正是美国东部标准时间星期日晚上10时30分,收看电视的黄金时间。中美双方精心挑选了这一时间,让美国总统尼克松和中国总理周恩来握手的时刻,出现在大洋两岸数以亿计的电视荧光屏上。

中美关系的冰河,从此解冻。

尼克松到达北京才四个小时，毛泽东便出乎意料地迅速会见了他。这是毛泽东临时决定的，虽然双方事先商定的程序表上列有这一最重要的会见，但没有确定时间——因为毛泽东正在病中，中国方面无法事先定下毛泽东何时能够会见尼克松。

尼克松在他的回忆录中，写及他目击的毛泽东病态：

> 他身体的虚弱是很明显的，我进去时，他要秘书扶他起来。他抱歉地对我说，他已不能很好地讲话。周（指周恩来——引者注）后来把这一点说成患了支气管炎的缘故，不过我认为这实际上是中风造成的后果。他的皮肤没有皱纹，不过灰黄的肤色看上去却几乎像蜡黄色的。他的面部是慈祥的，不过缺乏表情。他的双目是冷漠的，不过还可以发出锐利的目光。他的双手好像不曾衰老，也不僵硬，而且很柔软。不过，年岁影响了他的精力。中国人只安排我们会晤15分钟。毛完全被讨论吸引住了，因而延长到一个小时，我注意到周在频频地看表，因为毛已开始疲乏了。

尼克松还描述会谈结束时，毛泽东显露的病态：

> 毛陪我们走到门口。他拖着脚步慢慢地走。他说他身体一直不好。
> "不过你气色很好。"我回答说。
> 他微微耸了耸肩说，"表面现象是骗人的。"

尼克松的目光是异常敏锐的，毛泽东确实在病中。就在几小时之前，毛泽东还不是出现在电视镜头上的"光辉"形象：他的头发很长很长，胡子也好多天没有刮了。急急召来理发师"突击"给他理了发、刮了胡子，换上新做的"毛式"衣服，他这才变得"容光焕发"，才变成观众们熟悉的往常的形象。只是他的那双脚，并未引起人们的注意——他的脚肿得很厉害，以至穿不进原先的鞋，不得不新做了一双格外肥大的圆口黑布鞋。尼克松注意到了他步履蹒跚，但他肿胀的脚被宽大的裤子遮住了。

毛泽东的体质是不错的。虽说他年轻时得过肺病，但后来一直很健康。1971年林彪的严重"挑战"，使他的精神颇受打击。

"九一三"事件之后，毛泽东开始患病。他的沙发之侧，总要放着痰盂了，起初是感冒，转为支气管炎，转为大叶性肺炎。

考虑到毛泽东在病中，定于1972年1月10日下午举行的陈毅追悼会，没有安排毛泽东出席。毛泽东看到了有关陈毅追悼会的文件，于1月10日中午突然决定出席追悼会。当时时间已很紧迫了，他连睡衣都未换下，只是套了一身"毛式"外衣，就上车直奔八宝山公墓礼堂。

那正是北京最寒冷的时候，八宝山公墓礼堂气温很低，尽管临时安放了一个废旧汽油桶，里面装满烧红的煤块，但是礼堂那么大，无济于事，很多出席追悼会的人都感到寒气逼人。毛泽东从温暖如春的中南海卧室，突然来到那么冷的八宝山公墓礼堂，感到不适。

回来后，毛泽东显得异常疲乏，肺炎加重，发低烧。肺部的感染又使心脏受到损害，发生肺心病。过了些天，毛泽东竟突然休克！

周恩来闻讯，火速跳上轿车，从中南海西花厅赶来。他竟由于过度的紧张，许久下不了车！

毛泽东是由于肺心病伴严重缺氧，导致休克。他的护士长吴旭君首先发现险情，马上告知毛泽东的随身服务员张玉凤，急请大夫。医生们随即赶来。心脏病专家胡旭东上前用手放在毛泽东的鼻孔处，发现呼吸已经停止。他马上采取了紧急抢救措施，对毛泽东进行人工呼吸。胡旭东原是北京阜外医院心内科主任，因医术高明，进入中南海，成为毛泽东的保健医生。

几分钟之后，毛泽东的心跳恢复了，救护车也赶到了。

毛泽东终于从休克中苏醒。他在病中仍不失风趣，说道："我好像睡了一觉！"

毛泽东这次休克，表明79岁的他，已明显地在走下坡路。毕竟岁月不饶人，他老了！虽然报上仍用"神采奕奕"之类仿佛他的"专用词"来形容他，虽然"敬祝毛主席万寿无疆"的口号声仍响彻中国大地，但是自然规律无法违抗，毛泽东已是"夕阳无限好，只是近黄昏"。

这次休克，是毛泽东身体从健康走向疾病缠身的转折点。从此他每况愈下，步入多病的晚年。

在抢救毛泽东时，周恩来说了一句动情的话："这个国家的担子，我担不起来，不能没有主席。"

那时，正处于美国总统尼克松准备访华之时，毛泽东和周恩来正忙于准备那历史性的会晤。然而，毛泽东在病中，无法事先安排他和尼克松会面的时间。

正因为这样，在尼克松到达北京之后，毛泽东突然决定立即会见他，把身边的工作人员忙得团团转。

张玉凤眼中的江青

当毛泽东病倒时，在他身边护理的，除了护士长吴旭君，便是张玉凤了。

张玉凤本是毛泽东专列上的服务员。1968年，24岁的她，和在铁道部工作的刘爱民结婚。不久，她生下了一个女儿。

据刘松林告诉笔者，有一回毛泽东乘坐专列外出，正值张玉凤在专列上当服务员。毛泽东问起张玉凤的姓名。回到北京之后，汪东兴在毛泽东书桌上看见一张纸，上面写着"张玉凤、张玉凤、张玉凤"。汪东兴心知肚明，便调张玉凤到毛泽东身边工作。

就这样，张玉凤从毛泽东专列上的服务员，进入了中南海，在毛泽东身边当服务员。那时，毛泽东已不住在丰泽园——1966年上半年，毛泽东几乎不在北京，当他在7月18日一回到丰泽园，发现园内所有的房子都修葺一新，正房向阳一面还新修了一道双夹道走廊，安上双层玻璃。毛泽东大为不悦，因为这样的修缮未得他同意。他搬到中南海怀仁堂

■ 江青与张玉凤（杜修贤 摄）

东侧的房子里去住了，一直住到1976年唐山大地震，住了十年。江青则在钓鱼台另住。

毛泽东的新住处，人们通称"游泳池"，因为他住在中南海室内游泳池旁。

前已述及，中南海原本只有一个露天游泳池，冬天无法游泳。中共中央管理局后来决定在中南海建造一座室内游泳池。这个室内游泳池由中央建筑设计院设计。据中直修建处的田恒贵回忆，整个建筑的中央是游泳池，一进门有个门厅，里头两边是更衣室、淋浴室，南面是一个大厅，可以用作会客，东南角是一间住房，是供毛泽东休息的地方。

毛泽东很喜欢这座游泳池，不仅来这里游泳，还时常在此留宿。1958年8月，毛泽东就在中南海这个室内游泳池会见苏共中央第一书记赫鲁晓夫。

田恒贵说："毛主席特别喜欢中南海这个室内游泳池，一是那里的房间比较高，起码有五六米高，二是房间前面全是大玻璃窗很有气派，特别敞亮，相比之下，菊香书屋的房间就感觉有些憋屈。毛主席后来时不时就住在那儿，因此在后来的日子里我有幸多次在这里遇见他。游泳池这边的建筑内没有厨房，毛主席住在这里的时候，还在原来住处的厨房做饭，再给把饭送过来，我多次看见毛主席身边的服务人员往这里送饭。"

从1966年到1976年，毛泽东在中南海室内游泳池整整住了十年。毛泽东喜欢在那里的书房会见重要客人。所以那间放满许多古书的房子，常常出现在电影、电视和新闻照片中。

张玉凤进入中南海不久，便遇上毛泽东患病。毛泽东的生活便由她悉心地照护着。

江青在公众场合，总是要把这句话挂在嘴边："我代表毛主席向同志们问好！报告同志们好消息，毛主席的身体非常健康！"实际上，江青已经不大来中南海。她在钓鱼台建立她的"独立王国"。只是由于"毛泽东夫人"是她的政治护身符，所以她总是要以毛泽东夫人的身份对公众发表讲话。对于她来说"毛泽东夫人"的身份，比其中央政治局委员职务更为重要。

其实，江青当时并不能随便去见毛泽东。毛泽东吩咐，没有他的同意，江青不能进入中南海游泳池旁他的住处。

当时担任毛泽东警卫战士的陈长江曾回忆说：

江青见主席必须经过批准。

有一次，江青来几次电话要见主席，主席坚决不同意。我给游泳池南台检查站和北大门的哨兵交代了，没有得到命令批准，不开大门。

可是这次江青自己闯了来，气氛十分紧张。哨兵从小门往外看，见她向门口走来，板着脸。江青对哨兵说："不要通知，我不到主席那里去，我到里面看看卫生。"

当时年轻的哨兵，也不好用手挡她。她在室外游泳池转了一圈，踱进室内游泳池北门，执意要看室内卫生。

当时，我和办公室副主任张耀祠在，见江青进来，预感风暴就要来临。果然，她见到了张耀祠就大骂："你老糊涂了，不尊重我！""哨兵为什么不让我进？"她头也不回往里走，我们又不好拦，眼巴巴地望着她走过南面小门拐进主席卧室。我心里有点儿紧张，主席吩咐过没有他的批准，不准江青进来。

主席发火了，把汪东兴主任找了去，问："为什么不把江青挡住？她和其他人一样，没有我同意不能来。"

汪主任连夜把张耀祠、我及另一位同志找来，共同研究，确定下一条：任何人不经主席同意均不能进来，江青也一样。我当时做了检查：没有给哨兵和值班同志下死命令，让江青钻空子，总认为江青是主席的夫人，不敢挡，没有当做是一项工作任务。我要吸取这次教训，坚决执行任务，加强责任心，保证主席绝对安全。①

江青知道张玉凤成了毛泽东身边的服务员。张玉凤回忆江青如何对待她：

毛泽东患病时的医护工作由汪东兴、张耀祠同志领导，同时，也有周总理的支持。经医护人员精心治疗以及毛主席的积极配合，他的病总算一天天好起来。

开始，江青与很多当时的领导干部一样，并不知道主席的病情。后来，她知道了消息，便说："主席的体质是好的，怎么可能病得这么厉害，你们谎报军情！"还说毛主席身边的工作人员和中央办公厅、警卫局的领导同志是"反革命"、"特务集团"。

按理说，江青身为毛主席夫人，又是当时的政治局委员，应该对为毛主席健康付出了用语言无法形容的辛劳的人们充满感激之情。谁知她不仅没有给予鼓励与感激，反而扣上这个可以置人于死地的罪名。说实在的，那个时候听了江青这番话真让人感到寒心、紧张、茫然不知所措。事后，中办的负责同志将这一情况报告了毛主席。

有一天，周总理陪江青来探望康复不久的毛主席，一起前来的还有汪东兴同志。

毛主席是了解人、理解人的，他当着总理、汪东兴的面对江青说："你说这些人（指毛主席身边工作人员）是'反革命'、'特务集团'，你知道这个集团的头子是谁？那就是我。"并用手指着自己。毛主席这句话不仅保护了我们这些无名之辈，也使身

---

① 陈长江口述，李忠诚、伏慧敏执笔：《跟随毛泽东二十七年——一个警卫战士的自述》，《党史博览》1994年第1期。

为政府总理的周恩来同志如释重负。

江青挨了主席的批评之后,心头的火无处发泄,她出得门来,便向我开火。她说:"你不懂医,又不是护士,走路这么重,一阵风吹着我了。"

我赶忙告诉她:"在这里,主席有规定,走路要响一些,好让他知道有人来了,免得他不知道给吓着。"

江青当着总理、汪东兴,还有五六个工作人员的面,厉声指责我:"你狡辩!"

周恩来总理为了不使这一状态持续下去,便走过来对我说:"你认个错吧。"也许,我当时作为一个普通的工作人员,不知自量地回答"首长"责问,也是该挨批评的。我的头脑真的就是这么简单、直率,不知利害。

后来,发生了毛泽东休克事件。当时,并没有告知江青。当毛泽东醒来后,张玉凤这样回忆:

我们把周总理、汪东兴请到主席面前。主席说:"谢谢你们。"并邀他们两位一起到沙发上坐坐。他们问主席:"是否把刚才的情况告诉江青?"

主席看看大家,又看看总理,说:"不要告诉她,告诉她只会添麻烦。"江青在毛主席心目中的形象,便是如此,这是常人很难理解的,我们也不很理解。因为普通人的家庭,这种情况不是太多。

张玉凤的回忆,生动而逼真地勾画出当时毛泽东和江青之间"常人很难理解"的关系。

秘书眼中的江青

江青从1938年8月起就是毛泽东秘书,最初的名分是中央军委办公室秘书,而中央军委主席是毛泽东,所以实际上也就是毛泽东秘书。从1956年起,江青被正式任命为毛泽东的生活秘书,成为毛泽东当时的五大秘书之一,即陈伯达、胡乔木、田家英、叶子龙、江青。作为毛泽东秘书的江青,并没有秘书。

在"文革"中,随着江青成为中央文革小组副组长,从1967年1月起,中共中央办公厅为江青配备了专职秘书:第一任为阎长贵,第二任为杨银禄,第三任为刘真,第四任为刘玉庭。

其中,阎长贵担任江青秘书一年,而第二任秘书杨银禄在江青身边工作时间最长,从1967年10月4日调到江青身边,到1973年6月11日被江青赶出钓鱼台,前后五年多,是江青历任秘书中任职时间最长的。

杨银禄这样描绘了江青一天的生活[①]:

---

① 杨银禄:《江青日常生活方式》,《文史精华》2009年第11期。

在正常情况下，江青每天下午1时左右醒来，先是打几个慵懒的哈欠，再象征性地张开双臂，做两个扩胸运动，然后准备起床，这就是早晨起床。

起床前，她习惯地伸手打两声电铃通知护士。护士听到铃声，便把事先准备好的漱口水、麦片粥用托盘快捷轻盈地端到江青的床边，小心翼翼地放在床头柜上，然后慢慢地将厚绒布窗帘拉开半边，透进一点光亮。

江青穿着睡袍半躺在床上，护士帮助她漱口、吃麦片粥；而后又帮她换上另一件睡袍，搀扶她到卫生间解大小便、洗手、洗脸；再往后，护士给她脱去睡袍，穿上衣服鞋袜，这才到办公室办公。

江青到办公室后，阅读、阅批文件、看数据是每天的必修课。这似乎成了她人生的象征。

她在宽敞高大的办公室里体味着权力、地位、高贵和柔和的灯光。办公时，她习惯吃些新鲜可口的水果，仿佛为了消解一种生命的紧张。

她办公的时间多则一个小时，少则几分钟。兴奋中常常夹带着一些烦恼和不安，每天的内心活动和表情都深不可测。然后，她打铃三下通知警卫员准备到室外散步。

散步时有时步行，有时骑马，有时学开汽车。江青骑马的技术高超，马背上的江青神气活现。散完步，即到17号楼，或是打扑克，或是打乒乓球，或是看电影。在17号楼一般要消耗两个小时。警卫员估计她玩儿累了，便悄悄地把安眠药送到她手里，吃完药回到她的住楼吃午饭。

江青的午饭一般是下午4时左右开始。饭后，她再吃一次镇静药，由护士搀扶到卧室上床睡觉。下午6时左右起床后，中央有会就去参加会议；没有会，看半个小时的文件，就再到户外散步、骑马、开车，到17号楼打扑克、打乒乓球等。

晚上8时左右，回住楼吃晚饭。晚饭后，约上住在钓鱼台的陈伯达、康生、张春桥、姚文元，后来还有王洪文，到17号楼礼堂看电影。

回住楼之前，江青吃上一次安眠药；回住楼之后，洗澡、漱口、冲牙、解大小便、按摩，然后，吃第二次安眠药，上床之后，再吃第三次安眠药。

护士还要在她的床头柜上放一份备用安眠药。凌晨4时左右，江青带着无限的幸福或痛苦，慢慢进入梦乡。

江青就是这样结束了一天的生活。

杨银禄曾经回忆，毛泽东是在中共九大之后开始疏远江青[①]：

从1967年开始到1969年上半年，为了给毛主席留下勤奋好学、阅读广泛、理解深刻、政治敏锐、尊敬领袖的好印象，江青给毛主席选送过大量参阅材料。

江青选送的材料种类有：报纸，如《人民日报》、《解放日报》、《光明日报》、《参

---

① 杨银禄：《江青的亲情世界》，《同舟共进》2010年第6—7期。

考消息》《解放军报》《文汇报》等;刊物,如《参考资料》(大参考)《红旗》《新情况》等;材料有《内部参考清样》,各地记者站了解到的情况反映,如文革小组记者站的《快报》《文化革命简报》《要事汇报》等了解到的重要情报,中央召开的会议重要简报等。

  选送的内容大部分是:各省市自治区、中央各单位、国家机关以及世界上各兄弟党对毛主席最新指示的评论(好的评论)、执行的情况;对中央文革小组、党中央的路线、方针、政策、决议、决定的表态和执行情况(表态正确的,执行坚决的);阶级斗争新动向;国内、国际上的突发事件等。

  呈送的方法是:江青认为某某报刊上的某篇文章、消息、情况等很重要,值得呈送毛主席参阅的,她就用红铅笔在那篇文章、消息、情况题目的左边画一个大圈圈,在大圈圈内画一个小圈,或者画一个大三角,以表示要参阅的就是这一篇,再在左眉处写上"请主席参阅"或"请主席阅"的字样,落款是"江青"。最后注明年月日,有时还注明几时。装入信封前,把要呈送的文章、消息、情况翻折到明面上,使主席一打开信封,抽出材料,就知道哪一篇,不用到处翻找,以示对主席的尊重。

  信封是这样写的:右边写"即送"二字,中间写"主席亲启"四个字,左边写"江青"二字,在信封的左上角写"急"或"特急"(有时还注有"绝密"二字)。在"急"、"特急"、"绝密"的右边画几个圈,以引起重视。毛主席看完以后,在他的名字上用黑铅笔或红铅笔、蓝铅笔画一个大大的、圆圆的圈,有时还写上"已阅"两个字。在信封上他的名字上再画一个大圆圈,在江青的名字上方写上"退"字。有时,江青认为内容特别重要,就在信封上写"请杨英路同志(杨银禄注——江青给我改的名字)面呈主席亲启,江青托",并在"亲启"二字的右边画上两个圈,用以引起秘书的重视,秘书不能擅自拆开信封。

  在党的"九大"以前,毛主席对江青选送他的材料都很重视,篇篇都看,篇篇都画圈。不知为什么"九大"以后看得就少了,退给江青时,有的画圈,有的不画。1969年七八月份之后,就基本上不画圈了,有时甚至连信封都不拆,原封退了回来。江青自讨没趣,也就不再选送了。

杨银禄还回忆说[①]:

  我知道九届二中全会以后,尤其是"九一三"事件以后,毛主席不太想见江青了。九届二中全会以前,江青到中南海去看毛主席还比较方便,只要毛主席不是在睡觉,不是在接见外宾,不是在参加常委会,她想去的话,只要打一个电话说去就去了。有时看了毛主席以后,她还在丰泽园(毛泽东住所)住上一个晚上,她说这是回家。

---

① 杨银禄:《江青的亲情世界》,《同舟共进》2010年第6—7期。

九届二中全会以后,她再想去看毛主席,就更不方便了。

江青秘书杨银禄和阎长贵特别强调说,江青是毛泽东的妻子,在私生活方面她不敢胡作非为,还有她的生活一步、一时一刻也离不开工作人员。说她养"面首"云云,完全是胡编乱造,人身侮辱。

杨银禄和阎长贵还说,有人讲江青养"面首",指浩亮、庄则栋等。杨银禄和阎长贵问过浩亮、庄则栋,他们都说江青在我们面前是长辈,我们对她很尊重,她在钓鱼台住哪个楼我们都不知道。

杨银禄还忆及,江青也做过一些有益的工作。其中最使杨银禄感动的是,江青曾经热心救助过处于困境之中的数学家陈景润。

杨银禄记得:"1973年3月底的一天中午1时许,江青起床以后,洗漱,吃了早点,照例到办公室看文件。她在我给她挑选的文件中看到一份《国内动态清样》,内容是我国对数学上的难题哥德巴赫猜想有重大贡献、震惊世界的数学家陈景润,极为艰苦的工作和生活情景。"

杨银禄回忆说,江青看完这条迟到的消息以后,立刻打铃叫我进她的办公室。我进入她的办公室,看到她拿着一块小毛巾正在抹眼泪,因为我不知道她为什么流泪,所以不敢问她这是怎么了。过了一会儿,她拿起那份《国内动态清样》,手哆哆嗦嗦,眼含泪水,慢腾腾地对我说:"小杨呀,你看到这份清样了吧?"

杨银禄记得当时的情形,江青放下那份《清样》,用哭腔对我难过地说:"哥德巴赫猜想,是数学领域内最深奥的理论,不少发达国家的高级数学专家都在研究运算,陈景润在这方面作出贡献,这是中国人的骄傲。而他的境况竟是这样,我们能不管吗?"她说了这些话就叫我离开了。

杨银禄说,过了几天,江青又打铃叫我。我到她办公室后,她急急忙忙地跟我说:"你再看看这份《清样》,现在有主席和我的批示。"我接过一看是关于陈景润情况的那份《清样》,发现上边有江青批示:"主席,是否先救活陈景润为好?"毛主席批示:"请文元同志办。"姚文元又批示:"陈景润的论文在哲学上有什么意义?"

杨银禄记得,江青说:"姚文元'书呆子',他的批示文不对题。你给迟群打个电话,告诉他赶快到我这里来,关于陈景润的工作、生活条件我跟他讲一讲,这是他负责的领域,我命令他快快来。"

迟群当时任国务院科教组副组长,相当于科教部的副部长。

杨银禄说,半个小时后,迟群风风火火地来了。

杨银禄回忆道:

> 江青对迟群说:"今天我看到一份材料,使我心中很不安。"说着就把那份《清样》递给了迟群,叫他仔细看看。她接着说:"陈景润是我国,也可以说是全世界著名的数学家,许多外国著名学者都为他的刻苦钻研精神和伟大成果所打动。我们本来

应该对他好好进行褒奖的,但是,你看看他的工作、生活条件多么差呀!不用说叫他搞科研,连起码的生存条件都不具备,可怜得很啊!主席历来尊重知识分子,他说,中国的革命和建设离开了知识分子是不会成功的。即使是成功了,也不会巩固,有人对主席关于'老九不能走'一句话有误解,理解为'老九',就是把知识分子排在了第九位了,这不是误解是什么?主席说的这句话是借用《智取威虎山》戏中的一句台词,'老九'指的是杨子荣,杨子荣是英雄,是这出戏中的主角。主席是把知识分子比喻作英雄、主角。你看科学院怎样对待陈景润的,我累了,难过极了,不想跟你再多说了,你自己看看材料吧。"

她激动得再次用毛巾擦了擦含泪的双眼,说道:"我委托你马上去了解一下是不是像材料中所说的那样?如果真的是那样,马上改善他的工作和生活条件,你把了解的情况和处理的情况尽快告我!"

迟群表态:"我按主席批示和江青同志的指示,立即去了解和解决,如果材料讲的属实的话,我也是有责任的。听了你的指示,我的心也不安。"

江青着急地挥手说:"你不要再说了,快去快去!"

第三天,迟群来电话说:"经了解,《清样》讲的情况属实,我们正在采取有力措施尽快改善他的身体不好和工作、生活条件不好的情况,请江青同志放心。"

应当说,江青对于陈景润的关心,为陈景润艰难的生活处境流泪,表现出她既有在政治斗争中冷酷无情一面,也有富有人情味的关心人的另一面。

江青看电影

江青喜欢看电影,她常常在吃过晚饭之后看电影。每星期往往看两三次。

江青看电影,喜欢一个人看,看电影时聚精会神,不愿有任何杂声干扰她。也有时她跟身边两三个工作人员一起看,那些工作人员都知道江青的脾气,看电影时静静地看,不讲一句话。

在"文革"中,江青在钓鱼台宾馆看电影,则往往通知陈伯达、康生、张春桥、姚文元、王洪文,谁有空而且有兴趣,就过来一起看。放映什么电影,由江青指定。

江青看电影时,总是在脚下放一张小凳,膝盖上放一块小毯。

江青住在中南海的时候,在丰泽园西北的春藕斋看电影。春藕斋在颐年堂旁边。颐年堂是毛泽东召集中央领导人开小型会议的地方,而春藕斋则是中南海举行周末舞会的场所。江青喜欢在春藕斋的放映室里看电影。那里的电影放映机是1960年从德意志人民民主共和国进口的,在当时的北京算是很好的放映设备。

在"文革"中,江青住在中央文革小组的大本营——钓鱼台国宾馆,就改在钓鱼台17号楼礼堂看电影。

江青爱看电影,有几方面因素:

一是为了欣赏——当年她是上海的电影演员,而新中国成立后又担任中共中央宣传部电影处处长,出于职业习惯,她当然喜欢看电影;

二是为了休息——她在20世纪50年代患病之后,医生嘱咐她进行"文化疗养",看电影就是"文化疗养"之一;

三是为了批判——她为了"批判三十年代以来的文艺黑线",看了大量的国产电影;

四是为了借鉴——为了把"样板戏"搬上银幕,她请电影摄制组的主要创作人员跟她一起看外国的参考片。

在1963年、1964年这两年里,江青看了大量的新中国成立后拍摄的国产片。看完之后,江青通常一言不发,谁都不知道她为什么要看这么多新中国成立后的国产片。

直到1966年2月,江青在上海锦江小礼堂里举行的那"一人谈"座谈会——所谓的"林彪同志委托江青同志召开的部队文艺工作座谈会"上,这才一语惊人:"近期以来,我有系统有目的地看了一百多部电影,发现问题很严重。长期以来我们被一条资产阶级黑线统治着……舞台被帝王将相、才子佳人占据着……这种情况我们的部队,我们的干部,我们的人民岂能容忍!必须砸烂。"

在"文革"中,江青以看外国影片为多。那时候,有所谓的"过路片"。所谓"过路片",是指从香港路过的外国电影,由新华社香港分社临时借调,三五天就送回去。笔者当时在上海的电影制片厂工作,常常有机会在上海指定的内部电影院——新光电影院观看"过路片"。据说,这些"过路片"往往是江青在北京先看,如果认为有艺术参考价值,就"过路"上海,上海的电影制片厂组织主要创作人员观看。

据江青秘书阎长贵说,江青看什么电影是由身边工作人员选的。江青有交代,她有"三不看"——第一不看恐怖片;第二不看黄片,有下流动作、床上动作的,她不看;第三不看软体动物,如蛇、蛤蟆等,她看了恶心,不舒服。

外界传说江青经常看黄色电影。阎长贵说,至少我在的那一年,她没看过黄色电影。有部日本电影《广岛之恋》,一开头就是男女裸体拥抱的镜头,江青一看就急了,起身就走。

江青秘书杨银禄则说,有一次江青身边工作人员正在选电影,在毛泽东身边做一点儿医务工作的李某某去了,李选了一部《格林的故事》,里面有些镜头很恶心。江青看了晚上睡不着觉,在床上翻滚,打铃叫我们上去,问是谁挑选的电影?我们说是李某某。她生气了,说:"李某某把我害了,他故意害我,我看他就是美国特务。"

杨银禄回忆说:"她喜欢美国电影《红菱艳》,看了好几次,后来又看了《冷酷的心》,还有一部《女人比男人更凶残》。为什么看这些电影,她主要是看色彩,看镜头、灯光、演技。如《红菱艳》里一个情节,男主角发火打碎玻璃的一瞬间。她说演得好,光这镜头就看了很多遍。她看电影,有时就看一小点。时间长了,钓鱼台电影放映员的技术都很高,成百上千部电影,江青要看哪一点,很快就能找出来。"

前面已经提及,江青看了电影,通常不语。江青成为中央首长之后,有时候她看完电影之后会说一些话,秘书就赶紧记下来,成了江青对电影工作的指示。

1975年8月11日,江青秘书刘真向当时的文化部部长于会泳传达了江青谈影片《简爱》的记录稿：

《简爱》这部电影，内容是很反动的，这部小说在英国文学史的地位也不高。

但是，这部电影在制作上是严谨、细致的。从改编剧本看，除了后边简爱出走那一段有某些多余以外，其它都还是可以有所借鉴的，因为一部长篇小说改编为一部一小时半的电影，是比较困难的事。

导演不错，细致、严谨，给演员以充分的表演过程和作戏的机会。因此画面上表现出人物的内心活动是不错的，它的画面也不乱蹦乱跳，对话比较少。

演员我不太喜欢，但是他们演这个戏，还是称职的。

■"江记"文化部部长于会泳

这部电影的摄影技巧，那是值得我们借鉴的重要部分。它拍的早上是早上，中午是中午，黄昏是黄昏，采光技巧是相当高明的。例如：简爱的到达是黄昏，画面上没有说，但是可以直接看出是黄昏。罗杰斯特的摔马那一段，一看就知道是傍晚。接着就是晚上，第二天简爱在户外画画是早上，使人感到清晨的清新，颜色极为丰富，特别是绿色。又例如：疯子伤了她的弟兄，是深夜，接着是拂晓的外景，简爱在平台上来回焦虑地走着等待罗杰斯特，一直到后来两个人见面，这一场戏的摄影技巧了不起，我还没有看过像这样的电影，拍拂晓一看就懂，丰满的绿层次间以暖色的小花，沉浸在朦胧的晨雾中，很好地衬托出这一场戏的内容，内容和形式是统一的，相当吸引人。选景也好，使人总是感觉到面前是个大花园，其中有座古堡。内外景配合得好，例如：简爱坐在窗子旁边，望着窗外，窗外在下雨，但是使观众能隐隐约约地看到窗外茂盛的树木郁郁苍苍。

这一部电影我推荐给春桥同志看，暂留钓鱼台。你们四位要想这几天看，可以到这儿来看。以上意见，只是提供你们几位参考。如果你们这几天能有时间看，可以打电话找17楼的康玉和同志。

于会泳当即于翌日——8月12日晚，赶往钓鱼台看《简爱》，以求"深刻"领会江青的指示。

护士眼中的江青

1974年3月起，马晓先担任江青的护士。

马晓先听说江青脾气大，所以不大愿意到江青那里去。

正巧，那时候马晓先的丈夫得了急性黄疸肝炎，她就以此为理由，说是到江青那里工作不合适，以免传染给江青。

起初，汪东兴也同意马晓先的意见。可是过了十多天，汪东兴还是来找马晓先谈话，要马晓先到江青那里当护士。其中的原因可能是马晓先曾经在江青的女儿李讷那里做过护士，李讷的脾气也大，她挑了好多护士都不行，最后还是要马晓先。当时李讷就对马晓先说："你可以，你在我妈那可以。"大约是江青从李讷那里听到对马晓先好评，所以非要马晓先当护士不可。

果真，尽管江青脾气大，马晓先在江青那里一直工作到1976年10月6日——江青被捕。在江青被捕之后，马晓先还作为江青的看管人员，在地下工程里看管江青达半年之久，直到把江青送进秦城监狱。

马晓先知道，江青患有肾功能失调[①]，容易出汗。马晓先说，给江青想了个钉小毛巾的办法，帮她在每件圆领汗衫上都钉两个子母扣，每条小方毛巾也钉上，跟汗衫的子扣一摁，这样出汗后可以经常更换，免得着凉。那些毛巾很多都是人民大会堂里用过的，都是特别旧、起了毛的毛巾，经高温消毒后，我们就给她用，但非常软。

马晓先注意到，江青的衣服、睡衣都是她自己裁的，她心灵手巧。马晓先说，江青自己用那种棉卡布做睡衣，裙式的，特漂亮，又朴素。

马晓先说，江青口味很淡，不喜欢大鱼大肉，吃的都是活鱼、淡水鱼，荤素搭配。她喜欢吃洋葱头，也喜欢吃苹果。有时提出吃点粗粮，吃点青菜。江青的内衣，喜欢棉布的，还不要新的，要旧的。其实这都很符合科学。

马晓先说，江青化妆品都不抹。江青没有描眉、涂口红、抹化妆品的习惯。江青的头发又黑又亮，67岁的时候头发还是黑黑的，没有染发。有人说江青的头发是假的，那是相声演员讽刺她的时候编的段子。江青也有假发，但只是为了装饰，比如说那次马科斯夫人访华，因为马科斯夫人比她年轻些，她就弄了个像辫子盘起来的假发，增加点装饰。

马晓先说，她喜欢摄影，钢笔字写得很好，也喜欢写毛笔字。马晓先看到江青批文件写的钢笔字很漂亮，很有劲。江青学毛泽东签字，也学得挺像。

不过，江青有明显的权力欲。比如有的信写着"江青政治局委员收"，她就很高兴地拆看；如果写"毛泽东夫人收"，她就不太高兴。这些小事情能看出她的想法。

马晓先说，江青一天要按时间吃几次药，我们的手表都要跟她对时，不能跟中央电视台对，她的表快我们就得快，她的表慢我们就得慢。有时候提前了一点到，她一看表还差一分钟，"啪"就吐出来，那你就得等。但等你再拿回去的时候，时间可能又过了。江青的难伺候，就在这种地方。

马晓先说，有次江青要接见外宾，她那肾功能失调症一紧张就出汗，穿衣服时系扣子手都有点不听使唤，她便不想去，但又不得不去。这时候江青的情绪就不太好。她很怕风，

[①] 田炳信：《红墙内的护士长——访"文革"期间中南海保健组成员马晓先》，2005年4月27日《新快报》（田炳信于2005年1月2日在北京建国饭店9009房采访马晓先）。本文引述马晓先在接受采访时的口述。

出去之前我们都要先看好风向，不能让风冲着她，怕她着凉。钓鱼台一座楼的顶上有一面旗子，马晓先平常就是看旗帜判断风向。但是这风向不是那么容易看的，有时风从这边刮过来，但在楼里拐个弯风向又不一样了。那次遇上江青一着急，又被风一吹，她就说："不去了，你们怎么看的这个风向啊？你们这是软刀子杀人！"可是她不出席这个会，政治影响很大。那次马晓先就被停职反省了。江青那里一共就两个护士，马晓先被停职，另外一个就得累死。支部书记来做工作，马晓先总算又回到江青那里工作。从那以后，遇上江青要外出，马晓先点香来测风向。

美国总统尼克松眼中的江青

"榕树的须再多一些。洪常青的装显得人短了。前奏曲应出现琼花主题。音乐上洋教条、土教条都要打掉……"江青从1963年起，便"指导排演"了芭蕾舞剧《红色娘子军》，把它树为"样板戏"。

1972年2月24日晚，芭蕾舞剧《红色娘子军》在北京作为一项"极为重要的政治任务"演出。周恩来、江青陪同尼克松夫妇观看演出。这是江青第一次在重要的外事活动中露面。作为"无产阶级文艺革命的旗手"，江青让美国总统观看"革命样板戏"，心中充满了自豪之感。

尼克松在他的回忆录中，记述了他对江青的印象：

> 我从事先为我们准备的参考资料中得知，江青在意识形态上是个狂热分子，她曾经竭力反对我的这次访问，她有过变化曲折的和互相矛盾的经历，从早年充当有抱负的女演员到1966年"文化革命"中领导激进势力。好多年来，她作为毛的妻子已经是有名无实，但这个名在中国是再响亮没有了，她正是充分利用了这个名来经营一个拥护她个人的帮派的。……

■ 江青和尼克松在一起看样板戏

在我们等待听前奏曲的时候,江青向我谈起她读过的一些美国作家的作品。她说她喜欢看《飘》,也看过这部电影。她提到约翰·斯坦贝克,并问我她所喜欢的另一个作家杰克·伦敦为什么要自杀。我记不清了,但是我告诉她好像是酒精中毒。她问起沃尔特·李普曼,说她读过他的一些文章。

毛泽东、周恩来和我所遇到的其他男人具有的那种随随便便的幽默感和热情,江青一点都没有。我注意到,替我们当译员的几个年轻妇女,以及在中国的一周逗留中遇到的其他几个妇女也具有同样的特点。我觉得参加革命运动的妇女要比男子缺乏风趣,对主义的信仰要比男子更专心致志。事实上,江青说话带刺,咄咄逼人,令人很不愉快。

那天晚上她一度把头转向我,用一种挑衅的语气问道,"你为什么不早一点到中国来?"当时,芭蕾的演出正在进行,我没有搭理她。

原来我并不特别想看这出芭蕾舞,但我看了几分钟后,它那令人眼花缭乱的精湛表演艺术和技巧给了我深刻的印象。江青在试图创造一出有意要使观众既感到乐趣又受到鼓舞的宣传戏方面无疑是成功的。结果是一个兼有歌剧、小歌剧、音乐喜剧、古典芭蕾舞、现代舞剧和体操等因素的大杂烩。

舞剧的情节涉及一个中国年轻妇女如何在革命成功前领导乡亲们起来推翻一个恶霸地主。在感情上和戏剧艺术上,这出戏比较肤浅和矫揉造作。正像我在日记中所记的,这个舞剧在许多方面使我联想起1959年在列宁格勒看过的舞剧《斯巴达克斯》,情节的结尾经过改变,使奴隶取得了胜利。

中国的外事活动是十分周密的,讲究纪律性。江青陪同尼克松夫妇观看《红色娘子军》,是经过中共中央政治局讨论、同意的。可是,翌日晚,当尼克松在北京人民大会堂举行答谢宴会,事先并未安排江青出场。

晚6时30分,江青自说自话来了,要求会见尼克松夫妇。

出于礼貌,尼克松夫妇只得跟江青会面,说一些无关紧要的话。可是,此时此刻,周恩来和众多的客人却在新疆厅里干等着。

这一回,轮到尼克松不断地看手表,因为他知道早已过了宴会开始的时间。

江青说了一阵子废话,这才站起来告辞——她并不出席宴会。

她的突然出现,无非是向即将离开北京飞往杭州的尼克松夫妇,显示一下她的存在——她是毛泽东夫人,中国的第四号人物。

英籍女作家韩素音婉拒为江青立传

江青是怀着嫉恨之情,离开了人民大会堂:美国的总统和夫人举行答谢宴会,她作为中国的"第一夫人",怎么可以被排除在宴会之外?

她不满周恩来。

她见到尼克松夫人,也使她感慨万千。因为尼克松夫人仅仅是"第一夫人"而已,并没有她那样具有"政治局委员"、"第四号人物"那么显赫的职务,可是,尼克松夫人却随丈夫周游世界,频频出现于电视屏幕上,具有很高的国际知名度。

对于江青来说,她只具有中国知名度。就国际知名度而言,她无法跟尼克松夫人匹敌。

她早就注意到国际知名度的重要,企望着提高自己的国际知名度。

江青常常模仿毛泽东。她跟毛泽东结合之后,就连写字也学"毛体",以至1983年在北京军事博物馆展出的一份毛泽东手迹,经笔迹专家指出那出自江青之手,这才取了下来!江青成为"中央首长"之后,好在种种文件上写"批示",那语气、那字体,也照搬毛泽东的样子。

当然,江青也注意毛泽东的种种工作方法、谋略,暗中模仿着。

她曾细细读过美国记者斯诺的《西行漫记》。她知道,1936年斯诺前来陕北保安对毛泽东作了长时间的采访之后,写出《西行漫记》(英文版书名为《红星照耀中国》),在英国和美国分别出版,为毛泽东赢得了国际声誉,提高了国际知名度。

1970年12月,斯诺再度访华,毛泽东又与他长谈。虽说此时的毛泽东早已名震世界,但他通过斯诺,把他的许多新的思索告诉了西方众多的读者。

她知道记者、作家手中的笔的影响力,她知道"无冕皇帝"的无比威力。

她寻觅着自己的"斯诺",她希望她也有一本在西方广为传播的传记。

最初,江青选择了英籍女作家韩素音。

韩素音当然是很合适的人选。她比江青小三岁,1917年中秋那天出生在中国河南省南部信阳周家谷。父亲是中国铁道工程师,名叫周映彤;母亲却是比利时人,叫玛格丽特。这个混血女婴,被取名为周光瑚,又名周月宾。

周光瑚最初学医。偶然,她对写作发生了兴趣。1942年初,她在美出版了题为《目的地重庆》的小说,署名"HanSuyin",亦即"韩素音"。那是她的笔名。"素音",也就是小而平凡的声音。后来,她竟弃医从文,以写作为业,也就以笔名"韩素音"知名。

韩素音加入了英国籍,她是以英文写作的,她的作品在西方具有相当的影响。然而,

■ 叶永烈采访韩素音,她差一点成为江青的"斯诺"。

她又能操一口流利的汉语。何况她对中国革命相当了解,在中国生活过多年。她跟中国当局有着良好的关系。

正因为这样,江青看中了韩素音。

不过,江青自己不便于直说,她让张春桥向韩素音转达了为她写传的意思。

韩素音向笔者讲述了当时的情景①:

在1971年夏天,江青请我和我的丈夫陆文星以及荷兰电影导演伊文思和罗丽丹吃饭。

那天,在一开始,我就得罪了江青。她问我有多高,我说不上来,就说不知道。其实,我真的说不上我有多高。江青显得很不高兴,就只顾跟伊文思说话了。

这时候,张春桥过来了,他跟我谈起了江青。他说,江青的一生很了不起,把一切都献给了革命事业。他又讲,听说你对样板戏很喜欢,样板戏就是在江青领导下搞出来的……

不错。当时我看过几个样板戏,确实说过一些赞扬的话。不过,张春桥却借这个做由头,暗示我为江青写传——江青自己不说,叫张春桥跟我说。

当然,我不能干干脆脆地说,我不写。我只好转了个弯,说自己很忙,一下子恐怕顾不上,推掉了。其实,张春桥的意思,就是江青的意思。江青听说以后生气了!

江青找错了人!韩素音跟周恩来有着深厚的友谊。韩素音跟周恩来的助手龚澎(乔冠华夫人)是燕京大学同学。借助于龚澎的介绍,韩素音得以在1956年5月访问新中国,荣幸地一次又一次会晤周恩来总理,前后进行了八次长谈。

尽管那时江青正是炙手可热的时候,韩素音还是婉拒了为她立传——因为韩素音知道,中国老百姓对江青没有好印象,虽说她当时对江青的认识并不那么深刻。

"直到后来,我才知道江青的那些阴谋勾当。我庆幸没有去当她的'斯诺'。"韩素音对笔者说,"我最崇敬的人是周恩来总理。正因为这样,我花费多年时间,在最近完成了《周恩来传》。"

江青寻觅着自己的"斯诺"

在韩素音那里碰了一鼻子灰之后,江青仍在继续物色、寻觅着自己的"斯诺"。

在尼克松总统访华之后,随着历史性的文件——《中美上海公报》的发表,中美关系走上了正常化的轨道。

1972年7月19日,一架波音客机降落在北京机场,一群在当时中国罕见的穿高跟鞋的女郎,款款走下舷梯。这是访问中国的第一个美国妇女代表团。他们是应中国对外友好协

---

① 1989年9月12日,韩素音和叶永烈在北京饭店的谈话。

会的邀请，于7月18日飞抵香港，取道九龙、深圳和广州，来到北京。

内中有一位34岁的女士，是代表团中的"中国历史学家"。她名叫露克珊·维特克（Roxane Witke）。她毕业于美国斯坦福大学，在芝加哥大学获历史学硕士学位，20世纪60年代末在台湾做过研究工作，1970年在加州大学伯克利分校完成博士论文《五四运动时期对妇女态度的转变》，获哲学博士学位。后来在美国纽约州宾翰顿大学讲授中国近、现代史，古代史以及日本历史。当时中国报纸称她是副教授，实际上她只是"助教授"。直至1978年，她才升任正教授。她的丈夫叫恩特洛·纳森，也研究东亚问题。

据露克珊·维特克自述：

她学过中文，能说简单的汉语，但是只能说略懂而已。

她曾在亚洲和欧洲做过两年研究，对中国问题很有兴趣。她对中国的现代史还是了解的。

她曾经就毛泽东的早期作品写过一篇论文，题目颇怪，叫作《毛泽东、妇女和五·四运动时期的自杀现象》。

她能够前来中国，据她自述，是富有戏剧性的：

> 1971年秋末，我照常到纽约参加在哥伦比亚大学举行的"现代中国"研讨会。那晚我住进了简朴的罗斯福饭店。第二天早饭后，当我正在饭店的大厅里浏览《纽约时报》时，一些人排着整齐的队伍从我面前走过，他们目不斜视，留着短短的平头，身着立领海蓝色制服。这些人立刻吸引了我的视线。他们无疑正是新近到来的中华人民共和国的代表（当时，联合国刚刚恢复中华人民共和国的合法席位，中华人民共和国代表团到达纽约。——引者注）。这些人暂时在十四层下榻，而与他们居于同一屋檐下的我，竟差点错失良机。
>
> 正好，我还有一点时间，于是便迅速跑进电梯，按了十四层。当时我的脑子里只是想要去看看这些面孔严肃的北京使者们是否保持着我五年前在台湾所了解到的那些饮食传统。他们也许正在大门口吞咽着大饼油条——一种典型的华北早餐，说不定他们正在饭店的老式散热器上暖着他们的茶壶呢。
>
> 电梯口站着两位身材高大的警察和一名身着制服的侍者。"请说明您的身份。"一位警官对我说。我告诉了他。"你到这里干什么？"我正含糊其辞地向他解释对中国文化的兴趣时，突然发现有一个身着睡衣的中国人，正好奇地从一扇门后探出头来张望。我用中国俗语向他打招呼："你吃了吗？"并问他和他的伙伴们在这座美国城市里过得怎样。这个人警觉地抽身退了进去。
>
> 一阵忙乱之后，由后门走出一位身着短袖衫和肥裤子的瘦小男子。"我姓刘。"他很不自然地说，同时陪我进入一个小房间。落座后，他给我递烟上茶，用的都是中国货。我们夹杂着汉语、法语和英语礼貌地开始交谈。我们谈到中国外交政策的转变，互换学生的可能（目前不太可能），以及在中美人民之间寻找共同的思想意识的可能性。谈话很空洞。但双方都未使用批评的言辞。我们没有提到毛主席的名字。

当时我告辞出来时，这位刘先生用低而温和的语调邀请我改日再来。

……

这次出人意料的会面，使我意识到：中国共产党人有时也是很灵活的，他们并不完全像自己在宣传中所说的那么死板。而冷战的阴影和学者的单纯曾经使我完全忽略了这一点。

几周之后，当我为了学术上的事再次来到纽约时，中国人已搬到西六十六街的另一家旅馆去了。在那里他们开始卓有成效地改变他们在持有偏见的美国人心目中的印象。我正好有几个小时的空闲时间，于是决定再拜访他们一次。可这回就不像上次那样容易了，我打了大约二十个电话才联系上，其中有一次是把电话打到了"中华民国（台湾）驻美联络处"（正准备撤回台湾），一个狂怒的男子在电话中对我吼道："共匪们不住这儿！"

不久，我见到了刘先生的一位助手何理良女士，她是代表团的顾问，还是代表团团长黄华大使的夫人，而黄华在数年内一直是国外任职的中国人中职衔最高的。何女士那天下午抽时间会见了我。我们用汉语和法语（当时法语是她使用的主要外交语言）交谈，在场的还有代表团的二等秘书高良。高良显得活泼健谈，但她只说汉语。

从谈话中可以看出，她们已通过自己的渠道，了解到我正准备出版一本以中国女权运动为题材的书，而正是在写这本书的过程中，我熟悉了许多现在已成为"老革命"的人在青年时候的斗争事迹。她们还得知，我是一套十六卷本的名为《红旗飘飘》的书的合编者之一，此书是一些革命者的回忆录摘集……

需要说明的是，那时，中美之间的大门，才打开一条缝，来华的美国客人很少。另外，正处于"文革"之中的中国人，听说露克珊·维特克翻译过《红旗飘飘》中的一些文章，也就把她划入了"友好人士"的行列。

露克珊·维特克向中国方面再三说明，她为了了解中国的现代妇女运动，准备写一本关于中国女权运动的书。她希望会见中国妇女领袖，做些采访。

其实，那天露克珊·维特克就谈及了江青：

我提到在结束两年的亚、欧学术研究后，我在1967年秋返回伯克利，期间读了很多关于江青的报道，我对她很感兴趣。这位曾经令人琢磨不透的毛泽东夫人，突然开始在全国人民面前发号施令，四处攻击老一辈和他们所做的事情。我禁不住想放下手头的其他工作来进行一项几乎不能的计划——记述她的故事。直到1966年公开爆发的"文化大革命"，她本人和她可能扮演的任何政治角色一直被共产党的新闻媒体很少提及。中央的这种沉默使中国观察家们作出了各种各样轻率的猜测，他们对出现一位操纵大权的中国女性感到既惊讶又兴奋。

我谈到江青在国外令人反感的形象使何理良引起注意并感到愤怒。她承认江青是一个有独创性的革命者，但是说我不应该老是纠缠她的过去。我为什么不考虑研究年轻的妇女同志,特别是那些近几年提拔到中央委员会的女同志?还问我是否介意她和高良代表我给北京写一封信,说我请求访问中国,研究革命的女性和文化?她还说只有我亲眼到这个国家看看,同人民群众直接对话,才能避免以国外图书馆里一些错误的,或是不令人满意的文献为基础进行"学术性"写作的缺陷。

就这样,露克珊·维特克受到了访华邀请。

露克珊·维特克是这样自述的:

我当然乐于接受这样的机会。不过我也没太把她的建议当真。我又回到了纽约州立大学宾汉姆顿分校教学,并继续1920年代中国女权运动史的写作。几周以后,高良给我打电话,她的声音因激动而有些颤抖:

"中国人民对外友协(这是当时中国政府用以与那些尚未与之建立正式外交关系的国家打交道的机构)已邀请我在当年夏天方便的时候,以个人身份访问中国。所有在中国的费用都由中方负责。"

高良还告诉我,不必到渥太华申请签证,我只要把护照——一本清除掉曾去过台湾的记录的新护照——送去即可。

几天之后护照就被送了回来,装在一个棕色的信封里,签证也附在一起。

就这样,露克珊·维特克的访华请求,得到了批准。

露克珊·维特克继续叙述说:

1972年7月18日,我飞赴香港,在启德机场我受到了"我们的朋友"友好协会和蔼可亲的代表的接待,我被送到一家不太引人注目的酒店。第二天早上,这些朋友的领导赖先生,和其他偷偷跟着我的两个人,陪同我坐火车穿过九龙半岛到达深圳——香港和中华人民共和国的边境检查站。在那里我站在一种文明的边缘,对它,我仅仅知道一些历史,几乎想不出现实的景象。从深圳我继续坐火车到广州,我被交给地方友好协会的两位女成员,一位比较年轻,另一位是中年妇女,都特别热情。在经过一段时间午睡(这是她们强加给我的习惯——我只有假装睡觉)和享用非常可口的、具有典型南方特色的晚餐后,我继续坐飞机去北京。但是在路上,我们极其谨慎的飞行员接到了危险天气的预报,随后突然决定在郑州停一个晚上,……早上继续完成了飞行,到达了北京。

她来到北京,受到邓颖超、康克清的接见,回答了她关于中国妇女运动的一些问题。在访问了邓颖超、康克清之后,露克珊·维特克又要求访问江青。

其实,后来的情况表明,露克珊·维特克访华的潜在目的,是访问江青。她提出"为了了解中国的现代妇女运动,准备写一本关于中国女权运动的书",为的是便于被中方所接受,以求能够受到中方邀请。另外,她也无法预计能否受到江青的接见。所以,提出"为了了解中国的现代妇女运动,准备写一本关于中国女权运动的书"是最为名正言顺的。倘若她无法在中国见到江青,她就写"关于中国女权运动的书"。

她访华的真正采访目标,是江青。

露克珊·维特克的自述,清楚地表明了这一点:

> 共产党的新闻界对她的个人经历,以及她所扮演的政治角色,一直是避而不谈的。这种隐讳,使得对这位执掌重权的中国妇女感到惊异的中国观察家们不得不进行臆测。
>
> 在纷纭众声中,也有一些上了年纪的中国绅士宣称了解这位复出的旧日明星,说她当初只是一个貌不惊人、也未曾引起轰动的演员,但却以脾气乖戾、性格孤僻而闻名。与此相应的还有人们可以想象的各种桃色新闻,似乎在她走上政坛的路上,满是电影明星的罗曼史和一颗破碎的心。这些消息的准确性及其价值都很令人怀疑。如果所有这些传闻的主人公是位大权在握的男人,情况又会如何?曾有六个星期的时间我专心研究这些材料。

所以,露克珊·维特克是有备而来的,事先看了大量关于江青的背景资料。

露克珊·维特克终于提出希望采访江青,中国的有关接待部门不能不郑重加以考虑:邓颖超早在1927年便担任中共中央妇委书记,新中国成立后担任了全国妇联第一至第三届副主席;康克清在抗日战争时期担任中共中央妇委会委员,新中国成立后担任全国妇联常委、副主席。她俩都是中国现代妇女运动领导人,由她俩接待露克珊·维特克是恰当的。可是,江青并没有跟中国现代妇女运动有多大瓜葛,由她出面接待露克珊·维特克并不合适。当然,更使外事部门担心的是,江青那么任性,说起话来没遮没拦,吹起牛来没完没了,所以外事部门极少安排她接待外宾。

不过,露克珊·维特克的要求,又不能不向江青通报。不然,如果事后江青知道,追究起来,谁也受不了。

于是,露克珊·维特克的报告,被呈送到周恩来那里。

此事理所当然使周恩来为难:不同意让她见江青吧,江青会不高兴;让她见江青吧,说不定会惹出麻烦来。

周恩来写下了这样的批示:

江青同志:
　　如你这两天精神好,可以见见此人,谈上一个钟头就可以了。如不愿见,也可不见。

当时,江青正准备去外地休养,她见了周恩来的批示,又看了关于露克珊·维特克的简介,她觉得才34岁的露克珊·维特克,资历太嫩了点——"不过,斯诺当年去延安,也只这样的年龄。"江青曾如此说。

巧真巧,露克珊·维特克希望访问江青,而江青把她看作是自己的"斯诺"——一方有所求,一方有所需,也就一拍即合。

于是,她打电话给姚文元,约定翌日——1972年8月12日晚上,一起会见露克珊·维特克女士。

《江青同志》与《红都女皇》

1972年8月11日,忙了一天的露克珊·维特克到凌晨才睡。第二天,即8月12日上午她还将访问周恩来夫人邓颖超、朱德夫人康克清。

露克珊·维特克回忆说:

> 回到北京饭店后,我第一次睡了一个中国式的午觉。后来被于世莲(露克珊·维特克的中国陪同人员——引者注)叫醒了,令我很是迷惑不解,因为每天那个时候都是她和其他人打瞌睡的时间。于压低声音对我说:"今天下午一些年轻同志们可能会到你房间来拜访你。""谁?""我也不知道。"她推托地回答。刚过一会儿,她又出现在我的门口,告诉我年轻同志们很有可能就要来拜访我,"你最好收拾一下,我会准备一些好茶叶和干净的杯子。"
>
> 我整理桌子上的纸和书的时候,茶杯的托盘、矿泉水和一盘堆着像金字塔的新鲜水果也送了进来。于又回来了,眼里闪烁着激动和兴奋,"她们已经在路上了。看起来似乎她们是江青同志派来的!"
>
> 三点整,两名具有严肃的革命风格、极具吸引力的年轻女性,站在了我的门前。徐尔维和沈若芸同我握手之后,带着高层党务工作者的诚恳作了自我介绍。我用汉语向她们问好,她们用标准的英语作了回答,带着上层英国人的口音。"江青同志想让你了解她的政治思想",沈开始谈话,"她指示我们把她文化大革命期间的四次讲话读给你听。""为什么这么急?"我问道,觉得很奇怪。"我们对此也不知道。"她们微笑着回答,然后开始工作。
>
> 在那两个半小时里,期间仅仅因为喝水而中断了一次,她们用英语读着江青同志1966年2月在军队文艺工作座谈会上发表的一篇冗长的讲话稿。
>
> 他们告诉我,我的任务不仅是要认真地听,而且要以共产主义的方式大胆地写。在听这些辞藻华丽的或重复的篇章过程中,如果我的笔停了下来,她们中的一个或两个人一起就会盯着我,直到我重新写下去为止。
>
> "为什么不让我自己看这些原文呢?""因为江青同志指示我们读给你听。"那时我的预感——后来在我回到美国能够研究江青讲话的记录时得到了证实——是原始的印刷版本,大多数在中国是严格限制发行的,其中还战友般地提及到林彪、陈伯达和其他"文化大革命"的领航人,他们后来都被驱逐出革命队伍。
>
> 他们继续读,我继续记,一直到于向她们示意为止,已经五点半了。她们立即拾

起她们的黑色塑料包（象征干部地位的包）和江青未经审查的讲话稿，然后和我作了一个迅速的告别。

于告诉我说最好洗一洗，收拾干净。但是我和缔造了这个特别的社会秩序的女性们在一起谈了一个上午，然后又在热浪中写了一个下午，现在已经筋疲力尽了。我告诉于，晚上我想静静地一个人吃一顿晚餐，写下我的一些想法之后早点睡觉，好好休息一下。

"你不能那样，"她坚决地回答道。

"为什么？"

"因为今天晚上江青同志有可能会有时间会见你，所以动作快点吧！"

一会儿工夫，"有可能"变成了"很可能"，接着变成了"肯定"。

对这次会见的性质、地点、甚至目的，我都一无所知。

"20分钟后出发！"于匆匆对我说。

我赶快脱掉从早上五点就一直穿在身上，已经被汗水浸透了的衬衫和裤子，冲进浴室洗了个凉水浴，吃了双份剂量的头痛药后，钻进于选中的我的两套旅行服中的一套，她说"黑色的比红色的好一些。"

我们的车行驶在长安街上的时候，我提醒自己，中国人的好客是闻名四海。还有就是他们能够通过纵容客人的兴趣和爱好而控制客人，从而使客人放松警惕。随着我们的车慢慢靠近人民大会堂前的广场——领导人组织重大政治活动和娱乐表演的地方，那晚看起来好像是试探性的安排，实际上是经过精心策划的。因为江青向一个外国人发出了邀请，这是很少有过的事，在这种情况下，由她来决定一切。媒体被动员起来制造一种官方的气氛。我们登上台阶的时候，党的新闻机构新华社的摄影师一下聚到跟前，不停地拍照，跑前跑后地用电视摄影机摄像。到了大厅里面，我飞快地向江青的众多随从点头致意，互相介绍姓名，其中包括毛泽东很有名气的侄女、外交部副部长王海容。

穿过好几个厅之后我们被带到一个灯火通明的巨大门廊里停了下来。有一个人清了清嗓子，抬高声调宣布江青同志就在旁边的房间里面……

北京，人民大会堂的江苏厅，那时几乎成了江青的专用厅。
穿着一身连衣裙，显得年轻又漂亮的露克珊·维特克，在那里第一次见到了江青。
露克珊·维特克继续写道：

门打开来，江青一边快步向里走，一边向众人挥着手，带着居高临下的微笑。她握着我的手，以审视的目光注视着我。我们松开手之后，仍相互凝视着对方，似乎过了很漫长的一段时间——也许是两分钟，才开始交谈起来。

江青说："我非常高兴见到你。作为研究中国问题的副教授，你不远万里前来中国，我

■ 江青接见美国作家维特克。左二为姚文元。

热烈地欢迎你！"

露克珊·维特克说："江青夫人，我见到您非常荣幸！今天，是我来到中国后最为高兴的一天！"

双方几乎一拍即合：江青正在物色着自己的"斯诺"，恰恰在这个时候，露克珊·维特克出现了；露克珊·维特克来中国了解现代妇女运动，所获甚少，正为难以出研究成果而发愁之际，江青热烈的握手，表明写作江青传记这一新课题远比研究中国现代妇女运动更容易获行成功。

露克珊·维特克这样记述对于江青最初的印象：

> 江青戴着一副褐色塑料边的眼镜，从一些照片里看，她似乎从六十年代初起，就戴着这副眼镜。她的保养得很好的皮肤，由于天气的炎热而微微泛光。她的鼻子和面颊，轮廓分明，跟毛泽东的有些相像。鼻子尖上和右嘴角的几粒雀斑，不仅不难看，反倒更显得增色。
>
> 站直了的话，她的身高有五点五英尺，她说自己的身材很高（大多数山东人身材都很高）。和我站在一起时，她要矮几寸，于是她抱怨说我占有了高跟鞋的便宜。她的身材很苗条，削肩细腰，举止显得十分轻柔端庄。她的手指纤细，恰如古代诗人所形容的"纤纤素手"。做手势时，她用手在空中划出弧形的线条。
>
> 她的衣着很保守——珠灰色的裤子，与之相配的束腰上衣，里面穿的是一件白色丝衬衣。和所有的中国人一样，她也穿着塑料凉鞋；只是她的是白色的，这一点显得有些与众不同。与鞋相对应的是一只白色手提包。这些东西倒真像是属于美国的无产者文化。和邓颖超的一样，她的衣服式样、做工都要比普通人好多了。同时，她们的衣服在边角的地方都有些微的磨损。莫非她们就是把这当作无产者的象征？

后来，美国《基督教箴言报》这样报道：

"江青和维特克女士第一次见面后，维特克女士就认为江青想确立她自己在历史上的地位，所以两人'合写一本书的意念'，马上形成了。"

据当时在场的外交部工作人员回忆，江青跟维特克见面之后，便这样说道：

"关于我本人的历史，从来没有对外国人讲过，你是第一个外国人。"

"我谈的都可以发表。"

"斯诺写了一本《西行漫记》世界闻名，我希望你走斯诺的道路。"

"我政治、经济、军事、文化都可以跟你谈。"

江青的态度如此明确，当然使露克珊·维特克深为喜悦。

姚文元则为江青敲边鼓。姚文元用曹操晚年的诗《步出夏门行·龟虽寿》中的句子来形容江青："老骥伏枥，志在千里；烈士暮年，壮心不已。"

江青很高兴，接过姚文元的话说，"这首诗前面几句也不错。"江青接着念道："神龟虽寿，犹有竟时；腾蛇乘雾，终为土灰。"

江青又说，"后面还有四句"："盈缩之期，不但在天；养怡之福，可得永年。"

江青称曹操的诗"其中体现了朴素唯物主义思想"。

她一边用筷子敲打着面前的一排冷盘，一边说："最近我一直在休息。但今天为了你的缘故我不得不来。我身体状况不怎么好，最近睡得也不好。我需要治疗和休息，还要锻炼。"

"你做什么锻炼？"露克珊·维特克问。

"游泳、骑马、散步，有时弄弄园艺。"她回答道，一边从衣兜里掏出一把在中南海自家种的茉莉花来。

但是江青强调，"我现在快六十了，我仍决心保持自己的政治青春。"

尽管周恩来批示"谈上一个钟头就可以了"，江青不予理睬，第一次跟露克珊·维特克见面，就谈了六个小时。

江青非常明确地对露克珊·维特克说："我希望你能走埃德加·斯诺的路，走斯诺夫人的路。"

既然一个愿意谈，一个愿意写，谈六个小时当然是远远不够的。"合写一本书的意念"既已明确，江青就要跟自己的"斯诺"长谈。

姚文元掌控着媒体。在姚文元的指示下，《人民日报》对江青接见露克珊·维特克一事进行了专门报道，并配发了照片。

江青要飞往广州休养，她要把露克珊·维特克也接往那里。

周恩来得知，加以劝阻。他通过外交部接待人员向江青传达："不要多谈，只谈一次，最多两次，只谈文艺，不要谈其他问题。"

江青大为不悦，说道："我的事，用不着你们管！"

已经从北京来到上海的露克珊·维特克接到陪同人员的通知："江青同志已秘密飞往广州，她要在那里思考一下有关她的生活和革命的一些问题。她要在那里见你。你最近几天提的有关她的所有问题，都将得到答复。你明天将乘一架由北京派来的飞机飞往那里。除了我们这些陪同人员之外，不能让任何人知道。"

露克珊·维特克平生第一次坐上专机。

露克珊·维特克说，与她同行的有"张颖，一位负责宣传事务的高级官员；翻译沈若芸；唐龙彬，礼宾司的副司长，他同时也将是我们这一行程中唯一的男性"。

露克珊·维特克还说："这架飞机内舱宽敞，装饰豪华，远超过普通的中国飞机。有人把我和张颖领到前舱，这里面有写字台和餐桌，一些电器，一张大床，床上铺着精织的绸子床单，一只很相称的粉白色夹白色的枕头。我们俩人单独待在那里……"

在广州，江青告诉露克珊·维特克，为什么选择广州？为了从日常工作脱身，休几天假，同时也为了治病。没有了北京那种压力，她吃睡都比以前好多了。近几个月来，她的记忆力时好时坏，这几天里也得到了恢复。

江青猜测，露克珊·维特克更多地想了解她的个人生活。江青保证，她的讲述肯定不会乏味。她从童年开始，谈她的个人故事。

露克珊·维特克说，此时已是夜里9点。我们中间休息了一次，吃了一顿饭，并换到另一个空气清新些的房间。江青不停地讲，一直讲到次日早晨三点半。随着时间流逝，她的精力也变得越来越充沛。听的人已经疲乏不堪，甚至因酷热而昏昏欲睡，可她对此似乎根本就未曾留心。每天晚上，江青都是在卫兵、护士的一再催促下，才肯停下来。她的两位保健医生有时在房间里踱来踱去，有时从屋子角落里静静地看着她，他们也不时地向她打手势，让她去休息……

原总参测绘局局长张清化，曾奉命于1972年8月18日前往广州。江青限令他于8月25日前整理出"解放战争西北战场情况（包括毛泽东主席行动路线），还要整理抗美援朝战争情况和中印边境自卫反击战况。各种材料要简单扼要，都要附图。"

张清化说："江青于8月25日将维接到广州，维到后，当夜江青就与她开始谈话，之后，每天一次，一般每次都谈五六小时左右，长者达八九个小时，一直谈到8月31日。"

江青与露克珊·维特克的谈话，前后共七次，60小时。谈话时，有两位翻译，一个速记员，两个医生，一个外交部新闻司干部和外交部礼宾司副司长。

露克珊·维特克后来曾回忆说："跟江青共同度过的一个星期，那是对我非常有影响的一个星期，它改变了我的生活。"①

露克珊·维特克所说的"非常有影响的一个星期"，是指1972年8月25日至8月31日。

在跟露克珊·维特克谈话时，露克珊·维特克当场做笔记。另外，江青还安排工作人员录音。江青答应把录音带复制一份送给露克珊·维特克，并送一份根据录音整理的记录。

回到北京之后，忙坏了江青手下的一批工作人员。七个人用了三天时间，把录音带上的谈话整理成文字稿。

江青看了文字稿甚不满意，嘱令作修改、补充。她自己也动手改。

江青曾打电话要姚文元参与修改。姚文元平素对她言听计从，这一回却打起"太极拳"。他深知这稿子非他能改的。每一回江青派人送来稿子，他只说看过，未改一字，连错

---

① 《〈红都女皇〉作者维特克女士访问记》，《新观察》1988年第9期。

别字也不改。

文稿经江青改定,排印。1973年3月,江青跟露克珊·维特克的谈话记录稿,印了出来,共印十本。

江青把记录稿,派人送到了周恩来那里。也送给张春桥、姚文元各一份。

不久,周恩来召集了一个会议,出席者是参加过接待过露克珊·维特克的工作人员和参加整理谈话记录稿的工作人员。

周恩来在会上郑重地宣布:"经请示毛主席,说记录没有必要送露克珊·维特克女士。围绕此事的一切工作马上停止。所有的记录、录音、资料要逐件清理、封存。绝不能把这些材料外传,已经流入社会的要想法追回。"

周恩来传达了毛泽东的意见,来了个急刹车!

虽然没有得到江青组织工作人员整理的记录稿,也没有得到复制录音带,露克珊·维特克根据自己的笔记,在美国还是着手江青传记的写作。

据韩素音回忆,1973年4月,当她来到美国纽约时,她当年燕京大学的同学、那时担任中国驻联合国代表的黄华转告她,露克珊·维特克希望跟她见面。

韩素音同意了。

韩素音提醒露克珊·维特克:"中国的老百姓不大喜欢江青。你要小心点。"

露克珊·维特克也说,她感到江青"有些专横跋扈",她周围的一帮子人使她想到"慈禧太后","姚文元真像个太监"!但是,露克珊·维特克认为:"江青将会成为中国极为重要的人物!"

露克珊·维特克写出了关于江青的传记,书名为"Comrade Chiang Ching",亦即《江青同志》。这本书1977年在美国出版。封面上印着江青1945年在延安所摄一帧披着军大衣的侧面照片。书前印着江青赠给露克珊·维特克的一首诗的手迹,那是江青题写在她所拍摄的庐山汉阳峰照片背后的。全文如下:

　　庐山汉阳峰
　　　江上有奇峰,锁在云雾中。
　　　寻常看不见,偶尔露峥嵘。
　　　　　　　　　　　江青摄
　　　　　　　　　　　诗赠维特克夫人
　　　　　　　　　　　1972年8月30日

那是江青在与露克珊·维特克第一次见面后翌日,题赠露克珊·维特克的。

这首诗和那帧照片,是江青最绝妙的自我写照。照片上的庐山汉阳峰,在江边弥漫的云雾中孤耸着一座山头——那便是江青的"形象"。

据日本NHK电视台导演山田礼於先生告诉笔者,他于2011年4月6日在美国纽约采访了露克珊·维特克。露克珊·维特克出示江青赠给她的庐山汉阳峰照片。山田礼於先生在

■ 维特克所写《江青同志》一书的封面　　　■ 江青所摄、以琅玡台名义发表的《庐山汉阳峰》。

写给笔者的电子邮件中称：

> 看见那张庐山的照片很是吃惊——
> 一是因为照片尺寸很大（A3，30cm×40cm）；
> 二是题诗和签名都是用的红色铅笔。

在中国人的习惯中，用红笔写字是很不礼貌的，除非是表示皇帝御笔批示。江青用红色铅笔题词赠露克珊·维特克，大约是表示"御批"。

有人曾经猜测这首诗是毛泽东写的。但是，在1974年夏，江青把这首诗和那帧照片通过别人拿给了《中国摄影》编辑部，指令该刊发表。诗署名"琅玡台"。当时，江青再三叮咛编辑部为她保密，对谁也不准说，特别是不能泄露作者的姓名。倘若是毛泽东所写，不可能署名"琅玡台"。这清楚表明，诗是江青所写，"琅玡台"是江青的笔名。

1974年底，当《中国摄影》编辑部把这首诗排出的清样送给她看，她又突然变卦了，不许该刊发表。

直至江青倒台之后，《中国摄影》1977年第一期发表了《中国摄影》编辑部批判组所写《篡党夺权野心的自供状——评江青在照片上所配的一首黑诗》，披露了那帧照片和诗。

据露克珊·维特克称，她在1972年返回美国后的一年多，通过中国驻联合国大使黄华和他的夫人何理良提供的外交渠道，江青与她互相交换了很多书籍和照片，两部故事片以及各种消息。然而露克珊·维特克所关注的那些余下的录音文稿一直没有交给她。

1973年5月，露克珊·维特克正式接到何理良的通知，称江青的谈话记录"太长、很繁杂",不宜作为有关党和政府的正式报道发表。这样,中方也就不向露克珊·维特克提供江青的谈话记录以及相关的录音带。

何理良还说,露克珊·维特克可以出版自己的记录,但最好不要写成"江青传记"形式。可以用毛泽东的观点写一部中国革命史,其中包含一章或两章有关江青的内容。

这使露克珊·维特克感到为难,因为她很难完成一部以毛泽东的观点写成的中国革命史。

露克珊·维特克隐约感到中国高层内部关于江青有着复杂而尖锐的争议。

也就在这个时候,美国国务卿基辛格的办公室、中央情报局和联邦调查局都派了代表,通过朋友和同事直接或间接地向露克珊·维特克索取她在采访江青时的记录的完整复印件。

露克珊·维特克说,她出于两方面的原因拒绝了他们的要求:

一是在中国,没有中国政府的代表把她当作一个美国政府政治信息的管道,谈话里面不涉及任何有关国家安全的问题;

二是作为一位曾去过中国的历史学家,除了她自己以外她不代表任何人,在她亲自检查、确保准确和慎重的基础上,出版一本会让公众理解江青的不平凡生活及其与革命历史的密切联系的书之前,我没有义务把我的原材料交给他人。

露克珊·维特克说,她从中国回来之后,在斯坦福大学待了一年,接着又在哈佛大学待了两年。她对江青进行访谈的情况,仅仅只是其中某些部分,在学术圈中和部分公众中流传,因为她曾经与他们大体上谈到过江青的生活、她的同志们以及中国的一些情况。

露克珊·维特克的《江青同志》是在"四人帮"被捕后出版的。1977年由英国威德菲尔德与尼科尔森出版公司出版。许多西方报纸、杂志加以摘载、转载,一时间,江青在西方成了引人注目的人物。

这里值得提到的是,露克珊·维特克的《江青同志》,曾被误为《红都女皇》。

据传,《红都女皇》在《江青同志》之前,在"文革"中由一家香港出版社出版的。《红都女皇》没有署名,是在露克珊·维特克访问江青之后在香港出版的。

《红都女皇》鼓吹在毛泽东之后,江青必定"主宰"红都,成为中国的"女皇"。

令人不解的是,《红都女皇》中,有不少内容是江青跟露克珊·维特克谈话的内容。是露克珊·维特克回到美国之后,向外泄露了跟江青谈话的内容,还是中国方面有人泄露了谈话内容,不得而知。

毛泽东见了《红都女皇》,异常震怒。据云,毛泽东写下对江青的批示:"孤陋寡闻,愚昧无知,立即撵出政治局,分道扬镳……"

关于《红都女皇》一书,传说是如此"有鼻子有眼",然而我经多方查寻,却一直没有查到此书。香港的研究者在香港的诸多图书馆查找,也未能找到这本据说是在香港出版的《红都女皇》!

不过,陪同露克珊·维特克会见江青的张颖却说:"当时在香港确实出版过一本名为《红都女皇》的书,'文革'以后我阅读过。书中极力吹捧江青,而许多事实都子虚乌有。

稍微知道江青的人都会认为那不过是胡吹乱捧,不是事实。"①

《红都女皇》一书至今仍是一个谜。

还应提到的是,在2006年——"文革"40周年之际,香港星克尔出版社推出范思译的露克珊·维特克著《江青同志》中译本。为了吸引读者,封面上印着比书名更突出的"红都女皇"四字,使读者误以为这本书就是传说中的《红都女皇》。其实,这本书与传说中的《红都女皇》不相干。

我读了露克珊·维特克著《江青同志》一书,以为这本书的可贵之处是作者直接采访了江青本人,有不少第一手资料(虽说内中有些是江青吹嘘自己之话)。但是也有三点明显的缺陷:

一是江青在自述中回避了许多重要问题。比如,《江青同志》一书无一处提及江青的前夫俞启威(黄敬),而俞启威是江青的入党介绍人,曾经给予江青以深刻影响,怎么可以回避俞启威呢?同样,《江青同志》一书也无一处提及江青的前夫唐纳。

二是露克珊·维特克在采访时,起初做了详细的笔记,但是后来江青要她集中精力听讲,不要做记录——反正有记录员在场,将来可以送露克珊·维特克一份记录以及录音带。由于后来周恩来不同意把江青的谈话记录以及录音带送给露克珊·维特克,所以露克珊·维特克在回到美国之后只能依靠记忆来记述江青的谈话,可以看出《江青同志》一书后半部的内容很多内容松散,没有多少第一手的可参考的价值。

三是没有涉及江青在"文革"中的罪行以及江青的被捕、受审直至自杀身亡。

香港的评论也以为:"书中对文革的错误描绘也不少,有些尽管冠以'据江青介绍',但真实性十分牵强。譬如,文革中曾有十个甘肃人强行闯入毛泽东办公的怀仁堂……一个中央委员无礼地给主席拍电报,为转移领袖对北京危机的注意力。这一闻所未闻的秘辛,即便真有其事,作者也该讲明时间、地点及主使者,而含混表述只能证明作者对文革无法作出起码的判断。维特克的学术功力可见一斑,显然在史景迁、麦克法夸尔、索尔兹伯里和黎安友等中国问题专家之下。"

毛泽东面临着第三次挑选接班人

不论《红都女皇》一书如何,不过,称江青为"红都女皇",是再确切不过的了。

她的"女皇梦",在1972年越做越美。

1972年1月,毛泽东突然休克,意味着毛泽东的余生已经屈指可数。他说:"我已经收到上帝的请柬。"

就在毛泽东休克不久,1972年4月,在例行的体检中,发现周恩来患有早期癌症!这表明,周恩来也余日不多了!

这么一来,排名于江青之前的毛泽东、周恩来、康生都在受疾病困扰,"第四号人物"

---

① 张颖:《外交风云亲历记》,湖北人民出版社2005年版。

江青充满信心,仿佛未来的党的主席非她莫属了!

除了江青在做"主席梦"之外,张春桥也自我感觉甚好,在做着"总理梦"。

江青和张春桥向周恩来发动了挑战。

1972年11月30日,中共中央对外联络部和外交部共同打报告给周恩来,请示即将召开的外事工作会议的有关问题。报告以为:"会议的任务,联系外事工作的实际,以批林整风为纲,彻底批判林彪反党集团煽动的极'左'思潮和无政府主义……"

这一报告是根据毛泽东1972年6月28日与斯里兰卡总理班达拉奈克夫人的谈话精神写出来的。在那次谈话中,毛泽东曾指着在座的王海容、唐闻生对班达拉奈克夫人说:"在外交部,她们这一派是'右派',就是保守派,靠边站,弄得吃不下饭,睡不着觉。外交部被那些'左'派夺了权,一个半月,权不在我们手里,在那些所谓'左'派手里。这些所谓'左'派,其实就是反革命。"

周恩来在病中看了中共中央对外联络部和外交部的报告,写了批示:

> 拟同意,请送耿飚同志会签后,再呈主席、康生(暂不送)、江青、春桥、文元、剑英、先念、登奎、德生、东兴、洪文同志批示。
>
> 周恩来
> 1972年11月30日

翌日,张春桥在报告上写道:"送江青同志、总理再阅。"

在这一行字下面,张春桥又写了这样一段文字:

> 总理:
> 我不了解外事工作的全面情况,但是,当前的主要问题是否仍然是极"左"思潮?批林是否就是批极"左"和无政府主义?我正在考虑。建议外事会议批林要批得全面一些,
> 同时要讨论毛主席关于深挖洞、广积粮、不称霸的指示。
> 妥否,供参考。
>
> 春桥
> 1972年12月1日

看了张春桥的批语,江青表示完全赞同。江青写道:

> 我个人认为应批林彪卖国贼的极右,同时批他在某些问题上的形左实右。在批林彪叛徒的同时也应着重讲一下无产阶级文化大革命的胜利。因为,没有这次无产阶级文化大革命,暴露不出他们来,他们还隐藏下来,那时我们党和人民将造成很大损失。当然,天也塌不下来。

供总理参考,又及。

江青
1972年12月2日

在周恩来和江青、张春桥之间,最高的裁决是毛泽东。

正在这时,12月5日,人民日报社王若水给毛泽东写了一封信,信中表示拥护周恩来关于批判极左的意见,反映了张春桥、姚文元不同意批判极左的问题。

12月17日夜,毛泽东在中南海游泳池住处接见了张春桥和姚文元。毛泽东从王若水的来信谈起。

毛泽东说:"批极左,还是批右?有人写信给我,此人叫王若水。我认识此人,不很高明。也读过一点马克思,参加过合二而一,一分为二,桌子的哲学……"

毛泽东接着说:"极左思潮,少批一点吧。王若水那封信,我看不对。"

毛泽东在这时又否定了自己6月跟班达拉奈克夫人谈话中关于批判极左思潮的意见,其实是因为毛泽东晚年思想中有许多极左的成分,批判极左也就触动了"文革",触动了毛泽东的晚年思想。

江青、张春桥、姚文元在与周恩来的这一斗争中,由于毛泽东的天平最后向他们倾斜,越发趾高气扬了。

然而,毛泽东尽管不同意批判极左思潮,但是他并不准备把江青、张春桥定为自己的接班人。

毛泽东在思索着,斟酌着,在考虑着第三回挑选自己的接班人。

毛泽东没有选择江、张、姚接班

早在1956年2月25日,一个圆而发亮的光秃的脑袋出现在苏共第二十次代表大会上,他所作的"秘密报告"《关于个人崇拜及其后果》,字字句句,使毛泽东听来非常刺耳。

赫鲁晓夫戴着金丝眼镜,在讲坛上怒容满面,发表着他对斯大林的猛烈抨击:

斯大林利用无限的权力,滥用职权,以中央的名义行事。但不征求中央委员们,甚至中央政治局委员们的意见。斯大林做了许多专横的事,他经常个人决定党和政府极其重要的事务,连政治局委员也不通知。……

斯大林认为他现在可以决定一切事务,他所需要的只是统计员,他使得别人处于只应听从和歌颂的地位。……

斯大林是个非常不信任旁人的人,有病态的疑心,我们和他一起工作,都知道这一点。……他到处都看到"敌人"、"两面派"、"间谍"……

请大家回忆一下《攻克柏林》,影片上只有斯大林一个人在活动,他在放着空椅的大厅里发布命令,只有一个人走近他,向他低声报告些什么,这个人就是波斯克列

贝舍夫,斯大林忠贞不渝的侍从。(笑声)

而军事领导者在哪里?政治局在哪里?政府又在哪里?他们在做些什么,关心些什么呢?这在影片中看不到。斯大林包揽一切,不和任何人商量,也不需要听别人的意见。一切的一切就是用这种歪曲的形式放映给人民看的。为了什么?为了颂扬斯大林,而这一切是违反事实,违反历史真实的。……

应该说,战后时期情况更加复杂了。斯大林更加任性、易怒、粗暴,尤其是他的猜疑心更加滋长了。迫害狂到了惊人的程度。在他的眼中,许多人都成了敌人。战后,斯大林更加脱离集体,完全是个人专断独行,不顾任何人和任何事。……

斯大林一向同人民隔绝。他一直没有下去过,几十年都是如此。……

赫鲁晓夫在历数斯大林严重的个人崇拜错误之后,鲜明地号召全体苏共党员:"必须布尔什维克式地谴责和根除个人崇拜,把它看成是和马克思列宁主义相敌对,与党的领导原则和党的生活准则毫不相容的东西,要同形形色色恢复个人崇拜的一切企图,进行无情的斗争。"

赫鲁晓夫所尖锐批判的只是斯大林,一个字也没有涉及毛泽东。但是,由于毛泽东的个人崇拜并不亚于斯大林,他理所当然地对赫鲁晓夫产生强烈的反感。

从此,他与赫鲁晓夫之间,产生了严重的分歧。毛泽东开始郑重其事地考虑接班人问题。他一次又一次强调,严防出现"中国的赫鲁晓夫"。他绝对不允许在他百年之后,在中国出那么个"赫鲁晓夫式的人物",也来一个"秘密报告",痛斥他的个人迷信。

毛泽东早就注意接班人的问题。1961年,当英国元帅蒙哥马利访问中国时,毛泽东跟他谈起了接班人问题。

毛泽东注意到,斯大林没有解决好接班人问题。他说:"斯大林是最有权威的领袖,但缺乏远见,没有解决继承人的问题,搞了三驾马车,只会用皮鞋敲桌子"。

毛泽东又说:"不是三驾马车,而是三马驾车,又没有人拉缰绳,不乱才怪呢!赫鲁晓夫脱下皮鞋敲桌子,是两面派。斯大林在时和死后,完全是两副面孔。"

蒙哥马利问起,将来谁是毛泽东的接班人?他要对此作"战略观察"。

毛泽东答道:"主席谁来当?七个副主席第一个是刘少奇。前年开会选了国家主席。原来两个主席都姓毛(指中国共产党主席和中华人民共和国主席——引者注),现在一个姓毛,一个姓刘了。过几年两个主席就都姓刘了。谁是我的继承人,何须战略观察?"

毛泽东的话,明白无误地道出,他所选的接班人是刘少奇。

刘少奇只比毛泽东小五岁。严格地讲,刘少奇是毛泽东的同辈战友,不能算接班人。但是,在"文革"前,刘少奇是仅次于毛泽东的中国第二号人物。一旦毛泽东"被马克思请去",势必是刘少奇接班。

1964年7月14日《人民日报》发表的重要文章《关于赫鲁晓夫的假共产主义及其在世界历史上的教训》一文,毛泽东在其中亲笔加了一段话。毛泽东明确地强调了"防止赫鲁晓夫修正主义在中国重演的问题"。他指出:

这是关系我们党和国家命运的生死存亡的极其重大的问题。这是无产阶级革命事业的百年大计，千年大计，万年大计。帝国主义的预言家们根据苏联发生的变化，也把"和平演变"的希望，寄托在中国党的第三代或第四代身上。我们一定要使帝国主义的这种预言彻底破产。我们一定要从上到下地、普遍地、经常不断地注意培养和造就革命事业的接班人。

毛泽东接着提出了关于"革命事业的接班人"的五项条件。这五项条件，每一条都把赫鲁晓夫作为反面教训提及了，足见毛泽东对于"中国的赫鲁晓夫"的出现的高度警惕。

具备什么条件，才能够充当无产阶级革命事业的接班人呢？

他们必须是真正的马克思列宁主义者，而不是象赫鲁晓夫那样的挂着马克思列宁主义招牌的修正主义者。

他们必须是全心全意为中国和世界的绝大多数人服务的革命者，而不是像赫鲁晓夫那样，在国内为一小撮资产阶级特权阶层的利益服务，在国际为帝国主义和反动派的利益服务。

他们必须是能够团结绝大多数一道工作的无产阶级政治家。不但要团结和自己意见相同的人，而且要善于团结那些和自己意见不同的人，还有着善于团结那些反对过自己并且已被实践证明是犯了错误的人。但是，要特别警惕象赫鲁晓夫那样的个人野心家和阴谋家，防止这样的坏人篡夺党和国家的各级领导。

他们必须是党的民主集中制的模范执行者，必须学会"从群众中来，到群众中去"的领导方法，必须养成善于听取群众意见的民主作风。而不能象赫鲁晓夫那样，破坏党的民主集中制，专横跋扈，对同志搞突然袭击，不讲道理，实行个人独裁。

他们必须谦虚谨慎，戒骄戒躁，富于自我批评精神，勇于改正自己工作中的缺点和错误。而绝不能象赫鲁晓夫那样，文过饰非，把一切功劳归于自己，把一切错误归于别人。

毛泽东这一段话中，处处提醒人们，"不能像赫鲁晓夫那样"。

毛泽东终于发动了"无产阶级文化大革命"，其目的据说是"防止资本主义复辟"和"批判修正主义"。其实，中国未曾建立过资本主义制度，哪谈得上"资本主义复辟"？至于"批判修正主义"，其矛头仍是指向中国的"赫鲁晓夫式的人物"。毛泽东把赫鲁晓夫看成"现代修正主义"的总头目。

在1966年那著名的《五一六通知》，亦即关于"无产阶级文化大革命"的纲领性文件中，毛泽东强调，"例如赫鲁晓夫那样的人物，他们现在睡在我们的身旁"，"被培养为我们的接班人"。

遗憾的是，毛泽东把刘少奇当成"现正睡在我们的身旁"的"赫鲁晓夫那样的人物"，当成了"中国的赫鲁晓夫"。毛泽东的《炮打司令部》一文，宣告了刘少奇的垮台。

毛泽东不得不第二次选择接班人——按照中国共产党当时的体制，跟苏联共产党一样，接班人是由最高领袖指定的。

毛泽东晚年异常重视接班人的选择，这本是作为领袖应当慎重考虑的。可悲的是，他总是由个人决断，在选择接班人这个问题上屡犯错误。

在1966年6月10日，"文革"刚刚兴起。毛泽东在与越南民主共和国主席、越南劳动党中央委员会主席胡志明谈话时，说了一段意味深长的话：

> 只要理解了，我们有准备，全党大多数人有准备，不怕。我们都是七十以上的人了，总有一天被马克思请去。接班人到底是谁，是伯恩施坦、考茨基，还是赫鲁晓夫，不得而知。要准备，还来得及。总之，是一分为二，不要看现在都是喊"万岁"的。

然而，毛泽东恰恰选定了"喊万岁"的人作为接班人！

林彪在自己的笔记本中写下的一段话，曾泄露了他的天机：

> 大拥大顺，仿恩（格斯）之于马（克思），斯（大林）之于列（宁），蒋（介石）之于孙（中山），跟着转，乃大窍门所在。

毛泽东被这位手挥红语录的"跟着转"的林彪所迷惑，把这个比他小14岁的"亲密战友"定为接班人。

"九一三"事件之后，毛泽东白发骤增，香烟一根接着一根，变得沉默寡言。

他是胜利者。不过，一度大肆宣传过的他的"亲密战友"陡然成了叛逆，不能不使他感到难堪。他的这位"亲密战友"是以"高举毛泽东思想伟大红旗"而著称于世的，他的这位"接班人"的名字是载入神圣的党章的。林彪，曾被宣传成"国际共产主义运动史上第三位伟大助手"，诚如恩格斯是马克思的伟大助手，斯大林是列宁的伟大助手，当今林彪是毛泽东的"伟大助手"。

历史无情地勾销了一切美丽的肥皂泡。坐在中南海那间放满直排繁体汉字古书的书房里，毛泽东不得不重新考虑自己的接班人。

"九一三"事件的爆发，照理会使毛泽东清醒：由他个人选择、指定接班人的做法，是不是合适？

可惜毛泽东，没有接受林彪事件的教训，他又一次个人决断，开始选择了新的接班人。

毛泽东在思索着，斟酌着。当年，在他第一次选定接班人时，确定刘少奇是因为非他莫属；在他第二次选定接班人时，林彪的地位也是明摆着的。可是，如今第三次选择接班人，却不那么容易，没有一个人是"呼之欲出"的！

虽然江青自以为这第三个接班人非她莫属，但毛泽东的视野里却没有她。毛泽东早在中共九大前，当江青想当党的副主席时，就明确地说："江青不能当副主席！"

也正因为这样，当刘松林后来问及江青会不会成为党的副主席时，毛泽东一口否定：

"不会的,她不行!"为此,尽管江青暴跳如雷,把刘松林投入监狱,毛泽东仍不改口。

毛泽东深知,不论是就理论水平、领导能力、革命经验、个人品格,江青都够不上成为中国共产党的领袖。正因为这样,毛泽东在第三次遴选接班人时,根本没有考虑江青。何况江青是他的夫人,就连有人提议江青担任政治局常委,毛泽东都未同意。

当然,除了江青之外,张春桥也是很有可能入选的人物。他在党内的地位紧挨在江青之后。

就连张春桥本人,在当时也俨然以"接班人"自居。张春桥比毛泽东小24岁,整整相差一代。在中共九届政治局委员中,刷掉了林彪集团的陈伯达、叶群、黄永胜、吴法宪、李作鹏、邱会作之后,周恩来、朱德、康生、叶剑英、刘伯承、李先念、许世友、陈锡联、谢富治,年纪都与毛泽东相差不太大,剩下的江青、张春桥、姚文元,以张春桥"接班"的可能性最大——江青毕竟是"第一夫人",而姚文元的资历比张春桥差了一截。尤其是在庐山,张春桥是林彪集团重炮猛轰的目标,林彪的倒台成了张春桥的"光荣"。

完全出乎张春桥的意料,也出乎中共中央政治局委员们的意料,毛泽东并没有选择张春桥为接班人。

关于张春桥没有成为接班人,有人猜测可能由于张春桥与江青的政治关系太密切了。

也有人以为,毛泽东向来善于玩弄政治平衡术。林彪集团与江青集团原本是中共中央政治局中的两大势力。江青集团一下子战胜了林彪集团,这时毛泽东便对江青集团采取遏制政策。不然,江青集团的势力会过于强大,以致难以控制、驾驭。

不管怎么说,毛泽东把江青、张春桥、姚文元排除在接班人名单之外!

邓小平得到毛泽东重新起用

毛泽东在着手做各种调整工作。

林彪倒台后,由军委副主席叶剑英主持军委工作。

1972年4月24日,《人民日报》发表社论《惩前毖后,治病救人》,强调"经过长期革命斗争锻炼的老干部,是党的宝贵财富","不但要看干部的一时一事,而且要看干部的全部历史和全部工作"。于是,1972年8月1日,在国防部举行的庆祝建军四十五周年的招待会上,陈云、王震显眼地露面了——他们"下放"到江西,已经三年多未曾露面。

也就在陈云、王震露面后的第四天,毛泽东接到了一封从江西寄来的信。这封信使毛泽东的眼睛忽地一亮。

那封信来自江西省南昌市附近的新建县望城岗原步兵学校一座小院里。小院里有一幢两层红砖小楼,本是步兵学校校长住的。自1969年10月下旬起,一位65岁的老人成了那里的新居民。这位老人是从北京用专机押去的。从此,他默默地"贬居"于这座小院里。

他,便是中国当年"第二号走资派"邓小平。

邓小平和妻子卓琳、继母夏培根生活在一起,他成了家中的"壮劳力",扫地、劈柴、砸煤之类活儿,都由他"承包"。他还"奉命"每日上午去新建县拖拉机修配厂劳动。

每当黄昏来临,邓小平总是在小院子里散步,走了一圈又一圈,日复一日,月复一月,年复一年,邓小平在小院里走出了一条"邓小平小道"。他一边散步,一边沉思。

他在思索着中国的未来,思索着中国共产党的未来。

终于,发生了"九一三"事件。当邓小平坐在工人之中,在新建县拖拉机修配厂听完中共中央有关"九一三"事件的文件的传达,邓小平回家后说了一句:"林彪不死,天理难容!"

林彪的倒台,给了"左"派们沉重一击。

差不多同时跟邓小平来到江西的陈云和王震,被调回了北京。那些日子里,陈云在南昌的江西化工石油机械厂"蹲点调查",王震则在东乡红星垦殖场"蹲点调查"。

1972年五一节前夕,邓小平的身患残疾的儿子邓朴方获准去京就医。邓小平的女儿毛毛陪同哥哥邓朴方前往北京。

在北京,王震托人找到毛毛,要毛毛上他家。王震详细询问了邓小平的近况,他对毛毛说:"我要向主席及中央上书,让你父亲出来工作。"

毛毛回到南昌,把"胡子叔叔"王震的话,转告了父亲。

周恩来更是关心着邓小平,最初,在1972年1月10日,毛泽东突然出现在陈毅追悼会上。毛泽东那天在与张茜的谈话中,提及邓小平,说邓"属人民内部矛盾"。在侧的周恩来注意了这一重要信息,他知道毛泽东已原谅了邓小平。

1972年8月3日,邓小平在那小院里写了给毛泽东的信。此信很快地通过中共中央办公厅主任汪东兴转给了毛泽东。

8月14日,毛泽东对邓小平的信,作了如下批语:

请总理阅后,交汪主任印发中央各同志。邓小平同志所犯错误是严重的。但应与刘少奇加以区别。(一)他在中央苏区是挨整的,即邓、毛、谢、古四个罪人之一,是所谓毛派的头子。整他的材料见《两条路线》,《六大以来》两书。出面整他的人是张闻天。(二)他没有历史问题。即没有投降过敌人。(三)他协助刘伯承同志打仗是得力的,有战功。除此之外,进城以后,也不是一件好事都没有做的,例如率领代表团到莫斯科谈判,他没有屈服于苏修。这些事我过去讲多次,现在再说一遍。[①]

毛泽东提及的"邓、毛、谢、古",即邓小平、毛泽覃、谢维俊、古柏,由于支持毛泽东,在1933年4月在中央苏区遭到王明路线执行者们的批判。

毛泽东的这一批示,是一个重要的信号,意味着将重新起用邓小平!

周恩来一边把毛泽东的批语和邓小平的信派人送往印刷厂排印,一边通知中共江西省委,解除对邓小平的监督劳动,恢复党的组织生活。

[①] 中国人民解放军国防大学党史党建政工教研室:《"文化大革命"研究资料》中册,1988年版,第707—708页。

■ 邓小平夫妇与秘书在江西

1973年2月20日,邓小平终于离开了那小院,从江西返回北京。

邓小平在北京出现,使周恩来有了一位得力助手,对中国的政局产生了重大影响。

1973年3月10日,周恩来根据毛泽东对邓小平信件的批语,主持政治局会议。会议作出了《关于恢复邓小平同志的党的组织生活和国务院副总理的职务的决定》。这一决定,意味着邓小平正式复出了。

4月12日。北京人民大会堂里,中国领导人宴请柬埔寨国家元首诺罗敦·西哈努克亲王。邓小平出现了!这是他被打倒之后,第一次以国务院副总理的身份公开露面。

当时在场的匈牙利记者巴拉奇·代内什这样描述:

他孤独一人站在大厅里。他个子明显矮小,但体肩宽阔,显得刚毅有力。身着深色的毛式干部服,但袜子是白颜色的。此刻,他当然知道,从远处,从人民大会堂大厅里的许多圆桌旁边,数百双眼睛正好奇地注视着他,因为他是在消失之后又从被遗忘的角落里突然出现在人们眼前的……

4月的这天晚上,筵席未散就抢先急匆匆地走下楼梯的却不是外交官,而是各国的新闻记者。他们直奔近处的邮电总局,向全世界传播一件重大新闻:邓小平复出![1]

---

[1] 巴拉奇·代内什:《邓小平》,解放军出版社1988年版。

毛泽东调来王洪文、华国锋、李德生

就在毛泽东对邓小平的信作了批示后的20多天——1972年9月7日,毛泽东从上海调回一个年轻人,说是来京"学习",连此人自己也一时闹不清来京干什么。

此人只有37岁,标准的"少壮派"。在"文革"中,他靠造反起家,成了"上海工人革命造反总司令部"的"司令"。后来,成为"上海市革命委员会"的副主任。在上海,他排名于主任张春桥和副主任姚文元之后,是那里的第三把手。

毛泽东十分看重这位年轻人,称他是"工农兵"干部——工人出身,在农村干过,又当过兵。早在中共九大时,王洪文便跃升为大会主席团成员,还作为上海工人阶级的"杰出代表"在大会上发言。

毛泽东还从湖南调来了一位中年人。此人51岁,名唤"华国锋"。其实他本姓苏,单名铸。1938年参加游击队时苏铸取了个化名"华国锋"——取义于"中华民族抗日救国先锋"。后来他以"华国锋"这一化名闻名于世,以致很少有人知道他的本名苏铸。其实,如今他的子女,仍用苏姓,并不姓"华"。

华国锋是山西交城县南关街人氏。1945年任中共交城县委书记。1949年南下。1951年6月出任中共湖南湘潭县委书记——成了毛泽东家乡的"父母官"。由于这一历史的机缘,他得以结识毛泽东,引起毛泽东的注意。

1958年,华国锋任湖南省副省长。翌年任中共湖南省委书记处书记。1968年8月,任湖南省革命委员会副主任。

1969年,当中共九大召开时,华国锋与王洪文一起进入大会主席团,同时被选为中共中央委员。

1970年12月,华国锋任中共湖南省委第一书记兼湖南军区第一政委、广州部队政委、湖南省革命委员会代理主任。

1971年2月,华国锋除了仍任中共湖南第一书记外,还兼任国务院的一些工作,参与农业、财政、商业方面的领导,表明他开始迈入中央。

毛泽东还看中了李德生。李德生比华国锋大四岁,河南新县人,中国人民解放军少将,他在1930年参加红军,1932年参加中共。李德生是"打"出来的,从排长、连长、营长、团长逐级提升。解放战争时,他已是第二野战军师长。1951年参加抗美援朝,任副军长。回国后,升为军长,进入高等军事学院学习。毕业后,仍任军长。因主持总结"郭兴福教学法"引起广泛注意。1968年后,升任南京军区副司令、北京军区司令。在中共九届一中全会上,他被选为政治局候补委员。

从江西调来邓小平,从上海调来王洪文,从湖南调来华国锋,从南京调来李德生,这表明毛泽东在考虑中国政治舞台的新布局。因为在爆发"九一三"事件之后,他要召开中共十大,以对林彪、陈伯达问题作出决议,对林彪、陈伯达以及黄永胜、吴法宪、叶群、李作鹏、邱会作倒台所造成的政治局内的空缺,作出组织调整。

当然，毛泽东也在考虑，从陆续调到中央的邓小平、王洪文、华国锋、李德生四人之中，选择接班人。

不过，在邓小平、王洪文、华国锋、李德生四人之中，起初最受毛泽东青睐的，还是王洪文。

毛泽东称赞王洪文是"工农兵"干部

对于王洪文来说，1972年9月7日，是一个难忘的日子。

王洪文坐飞机离开上海，前往北京。随行的唯有他的秘书廖祖康[①]。

是中共中央召开中央委员会议？不像，因为徐景贤、王秀珍、马天水都在上海。

是出席别的什么会议？也不像，因为去开会带个小包就行了，这一次他带着箱子。

下了飞机，轿车直抵北京钓鱼台9号楼。从此，王洪文和廖祖康住进了二楼的侧楼。9号楼二楼，住着两位"大人物"：一上楼梯，那里住的是姚文元。往里，则住着张春桥。

从这一天起，王洪文成了张春桥、姚文元的邻居。9号楼二楼，成了"上海市革命委员会"一、二、三把手的大本营。

最初，就连王洪文自己也闹不清楚调他进京干什么。当时，张春桥给他挂长途电话，据说是来北京学习。学习什么？不得而知。

一到北京，王洪文对那种昼夜颠倒的工作时间表，很不习惯。无奈何，张春桥、姚文元是那样工作的，他也不得不"同步"进行：每天不再是早上六点起床，而是下午三四点钟起床。起来后，看看文件。吃过晚饭，出席各种会议。略事休息，从午夜起开始办公，处理文件。直到清晨，吃过早饭，拉上灯芯绒窗帘，遮住那明亮的阳光，开始睡觉。

这是毛泽东的工作习惯。张春桥、姚文元不得不与毛泽东"同步"。王洪文呢，也只得随之"同步"。这种类似于上海国棉十七厂的夜班工人的工作时间表，使初来乍到的王洪文感到疲惫不堪，不住地抽烟。

在上海，王洪文的"小兄弟"们你来我往，热热闹闹。进入钓鱼台，王洪文如同变成了垂钓老翁一般需要平心静气：中央文革小组办公室给他送来四卷《毛泽东选集》，还有烫着金字的马克思、恩格斯、列宁、斯大林的文集。这些都是他来京学习的课本。

一是读书，二是开会。七机部的会议，关于河南的会议，关于湖南的会议……一个一个的会，要他去参加。他只是一个列席者而已。只带耳朵，不带嘴巴。坐在那里旁听，如此而已。这种"旁听生"生活，也是他来京学习的项目。各种各样的会场，成了王洪文的"课堂"。

王洪文感到困惑，感到寂寞，他不知道调来北京究竟干什么。实在闷得慌，他只好给马天水挂长途电话，听听上海消息。自从他离开上海之后，张春桥指定由马天水主持上海的日常工作。上海依然是"三驾马车"，只是由"王、徐、马"变成了"马、徐、王"。如今的那个"王"，是王秀珍。她成了上海工人造反派的领袖人物。

[①] 1988年4月5日，叶永烈在上海的劳改工厂采访廖祖康。

王洪文并没有意识到,他的邻居——张春桥,正用嫉妒的目光注视着他。

张春桥只是对王洪文说,中央调他来京是让他来学习。至于学习的时间多长,为什么来京学习,张春桥都没有明说。

张春桥的心中,一清二楚。

林彪的自我爆炸,陈伯达的下台,使排在张春桥之前的两个名字勾销了,张春桥从第七号人物递升为第五号人物,即毛泽东、周恩来、康生、江青、张春桥。

林彪是当时中共中央唯一的副主席。林彪来了个"嘴啃泥"之后,副主席空缺了。

张春桥的眼睛,盯着那空了的位子。特别是毛泽东下令筹备中共十大之后,张春桥以为机会来了,正在谋算着怎样才能成为中共中央副主席。

张春桥借助于种种去中南海的机会,尽力去接近毛泽东,企求着伟大领袖的垂青,以便谋得"接班人"的地位。

一天,在中南海,谈完工作之后,毛泽东忽然问了张春桥一句话:"王洪文会不会写文章?"

毛泽东的话,使张春桥感到意外。他答道:"王洪文也能写写。当然,比起姚文元来,要差得远。"

"灵敏度"极高的张春桥,立即从这一句问话中,窥见毛泽东心中的奥秘——他,正在注意着王洪文!

回到钓鱼台,张春桥琢磨着毛泽东为什么问起王洪文。他意识到,毛泽东正在考虑中共十大的人事安排。毛泽东突然问及王洪文,莫非他看中了王洪文?

他当然无法启唇问毛泽东。他,求助于江青。

江青如今与张春桥已是有着多年的"战斗友谊",无话不谈。她告诉张春桥重要的动向:"前几天,康老跟主席谈话。康老说,他过去一直是搞工人运动的,所以很关心'文革'中涌现的各地的'工人领袖'。他对主席说,上海的工人运动搞得很不错,王洪文是一个值得注意的人才……"

张春桥一听,脸色顿时变得惨白。他明白,康生在背后耍弄着伎俩,想方设法限制他的权力的进一步膨胀。

果然,几天之后,毛泽东更详细地向张春桥询问王洪文的情况。但是,毛泽东没有说明意图。

毛泽东终于明确地提出,让王洪文到北京来。

1972年9月7日,王洪文奉命来到了北京。就连王洪文自己,也不知道来北京意味着什么。

毛泽东的召见,使王洪文深感意外。

在书房里,毛泽东紧紧地握着这个37岁的年轻人的手。79岁的毛泽东,自从"亲密战友"林彪的反叛,使他的心灵蒙受了很大的打击,老态明显地增加了。

召见之际,张春桥在侧,看得清清楚楚,听得明明白白。

毛泽东对王洪文问长问短,显得很热情,问他念过几年书,当过几年兵,称赞王洪文集"工农兵于一身"——当过兵,务过农,做过工。

毛泽东犹如考官一般，提出了一个又一个问题，要王洪文谈观点，说见解。

"你在北京多看点马列的书，多听听各种会议的意见……"临别时，毛泽东对王洪文说了这番话。

毛泽东没有说明调王洪文来京的原因，张春桥又不便点明，王洪文在北京住了下来，闷得发慌。

厚厚的《马克思恩格斯全集》、《列宁全集》，王洪文翻了几页，就索然无味。

没有"小兄弟"可以吹牛，他觉得寂寞极了。

他望着桌上的电话机，打电话到上海解闷。

马天水的笔记本上，有一段当时王洪文的电话记录：

"到北京以后，太寂寞了！有时，一整天开会，又累得很！这几天，一连出席七机部的会、河南的会、湖南的会。下午3时出去，夜里3时回来。我看不进书。调到上面来，真不习惯，巴不得早一点回上海……"

也就在这个时候，张春桥向毛泽东反映了王洪文想回上海去的念头。

"他怎么能回上海去呢？"毛泽东笑了，"我想提议他当副主席呢！不过，这只是我个人的看法，还没有经过政治局讨论，你不要传出去，也不要告诉王洪文。"

张春桥的旁敲侧击成功了。他终于巧妙地从毛泽东的嘴里，得知了意图。

张春桥的心情是矛盾的：王洪文这个上海国棉十七厂保卫科干部，是他在"安亭事件"中一手扶植起来的，成了上海市"革委会"副主任，成了中共九大中央委员。如今，王洪文坐上了"火箭"，从他的部属跃为他的上司，抢走了原本注定属于他的副主席的位子，这使他大为不快。当然，也有使他觉得宽慰的，因为王洪文毕竟是他的人，王洪文来到中央，增强了他的势力。王洪文不论怎么样翻跟斗，也翻不出他的手心。

醋意和欣喜双重对立的感情，在张春桥的心头交织。

至于毛泽东为什么会看中王洪文，或许是王洪文在中共九大发言时留下那美好的印象，或许是1971年9月10日那千钧一发的傍晚王洪文所表露的忠诚之心……张春桥没有问，也不敢问。

于是，毛泽东下令，调王洪文进京学习。

最初，确实只是学习。毛泽东几次找他谈话，了解他，观察他。

王洪文进京近两个月，1972年11月2日下午2时30分至6时40分，张春桥在上海康平路小礼堂接见了上海工会代表大会的部分委员（内中大都是王洪文的"小兄弟"），在谈话中透露了关于王洪文的重要信息。

现把张春桥讲话记录中涉及王洪文的部分，摘于下面：

> 老王到北京已好久了，快两个月了（王秀珍：9月7日走的），哦，马上就两个月了。我听到有的人说他是犯了错误，到北京去办学习班的（众：没有听到这个反映）。你们没有听到，消息比我还不灵！我听到外地都在传，有人说，因为有人要解放陈丕显，王洪文不同意，所以犯了错误，所以到北京去办学习班。……

洪文同志在北京,主席同他谈了几次,问他的历史,提出各种问题,听他的观点,这样帮助、教育他。

洪文同志在北京着急了,一个是要看很多很多的书,一个是联系群众困难。

洪文同志与马老通电话时,说很寂寞。……

洪文同志还会回来的。中央考虑要培养同志,调一些年轻同志到中央参加工作一段时间,然后回原来的单位。这次,参加中央,包括政治局的活动,第一名就是他。以后还会从各地再调一些,现在先叫他去。当然,洪文同志将来不回来,也有这个可能。

洪文同志的好处是做过工人,当过兵,当过农民。主席说,你、我两个,要搞调查研究,他(王洪文)自己做过工了,当过兵了,这方面洪文同志比我优越,我还需要调查研究。……

往常剑戟森森的张春桥,嘴巴是很紧的,大抵是"小兄弟"们急切向他打听王洪文的消息,他才说出了毛泽东关于王洪文的"最高指示"。

"毛主席称赞洪文同志是'工农兵干部'!"

"是毛主席点名调洪文同志到中央工作!"

"老王不简单,如今在北京参加政治局会议!"

"小兄弟"们飞快地传播着"特大喜讯"——因为王洪文是他们的靠山。

经过一段"见习",王洪文在北京崭露头角了。

王洪文成为筹备中共十大的负责人

在中国现代史上,中国共产党的每一次全国代表大会都深刻地影响着中国的命运,都标志着一个新的阶段的开始,一个旧的阶段的结束。

1945年4月23日至6月11日在延安召开的中国共产党第七次全国代表大会,第一次在党章中规定"以马克思列宁主义的理论与中国革命的实践之统一的思想——毛泽东思想,作为我们党的一切工作的指针"。虽然毛泽东在中共的领导地位是遵义会议(1935年1月)上确立的,但中共七大可以说开始了毛泽东时代。

1956年9月15日至27日召开的中国共产党第八次全国代表大会,由刘少奇作政治报告,邓小平作修改党章报告。大会强调了反对个人崇拜,强调了民主集中制与集体领导,确立了刘少奇作为二号人物的地位。

1969年4月1日至24日召开的中国共产党第九次全国代表大会的主题是打倒刘少奇,确立林彪作为第二号人物的地位。大会全面肯定了毛泽东发动的"无产阶级文化大革命"。中共九大是林彪集团的全盛时期。

"九一三"事件之后,全党开展了批陈(伯达)、批林(彪)运动。召开一次新的党代会,已成为刻不容缓的大事:中共九大的政治报告是林彪作的,党章中写入了林彪的"大名",如今林彪成了"死有余辜的反革命集团的首领","亲密战友"成了谋杀伟大领袖的元凶，不能不在全党造成极大的思想混乱。

中共七大与八大之间，相隔11年；中共八大与九大之间，相隔13年。照此推理，中共十大起码是在1980年左右才考虑召开。然而，那载着"林彪同志是毛泽东同志的亲密战友和接班人"的党章，怎么还可以继续使用下去？林彪所作的政治报告，尽管是康生和张春桥为之捉刀，毕竟多处明显地用上了林彪那些特有的"习惯语言"，诸如毛泽东"继承、捍卫和发展了马克思列宁主义"等等，打上了林记印戳。毛泽东不得不在中共九大结束才几年，就提出召开中共十大了。不言而喻，中共十大的主题是批判林彪，确立新的接班人的地位。这确立新的接班人的地位，也是迫在眉睫的：中共九届一中全会破例只选举党的一位副主席——林彪。林彪死后，中共变成唯有主席毛泽东，而副主席一位也没有！何况，在21名政治局委员中，一下子倒了三分之一——林彪、陈伯达、黄永胜、吴法宪、叶群、李作鹏、邱会作七人，亟待补充新人。

毛泽东的人事新布局，终于在1973年5月20日至31日召开的中共中央工作会议上披露端倪。这次中共中央工作会议在北京召开，246人出席会议，会议的主题便是讨论中共十大的准备工作。

5月20日晚，会议在人民大会堂隆重开幕。毛泽东没有露面，但会议的一切按毛泽东的意见进行。周恩来主持会议。中共中央政治局委员、候补委员、中央军委副主席、各省市区党委、各兵种大军区负责人出席了会议。

会议印发了三个重要文件：

一是印发了林彪、叶群的反动笔记。林彪的日记是他的内心独白。人们感到震惊，这位"语录不离手"的"副统帅"的内心，竟是那样龌龊、卑劣！印发这批笔记，为的是进一步开展批林整风。

二是印发《中央关于党的十大代表的产生的决定》。这是经毛泽东阅定的，规定中共十大的代表条件：

（1）所有代表必须是中共党员；

（2）坚决贯彻执行毛主席的无产阶级革命路线，在"无产阶级文化大革命"中，特别是第十次路线斗争中（即指与林彪集团的斗争——引者注）经过锻炼考验表现好的，联系群众，为群众信任的，也要包括一部分犯了严重错误，作了检讨，愿意改正，并取得群众谅解的；

（3）本人历史清楚。

三是印发毛泽东核定的《中央政治局关于修改党章问题的请示》。中共中央政治局本是中共最高领导机构，在这个文件中，却要向主席请示！

会上传出最敏感的消息，莫过于接班人问题了。会议宣布，根据毛泽东的提议，中共中央政治局决定把王洪文调到中央，王洪文、华国锋、吴德列席中央政治局并参加工作。

这么一来，王洪文结束了学习阶段——或者更确切地说，结束了"实习"阶段。从1972年9月7日王洪文进京"实习"，经过毛泽东八个多月的观察，对这个年纪比自己小42岁的年轻的接班人，投了信任票。于是，王洪文正式从上海跨入中央，尽管在名义上还颇含糊——"列席中央政治局并参加工作",还处于"过渡时期",但是他的接班人地位已经充分"显影"了。

根据毛泽东的意见,会议对王洪文委以如下重任:

一、与张春桥、姚文元一起负责起草中共十大政治报告;

二、由王洪文负责党章修改小组,起草修改党章报告,提出中国共产党新的章程草案。

在确定王洪文为接班人的同时,毛泽东还考虑另一个人作为候补者,那便是华国锋。与中国共产党同龄的华国锋,那年52岁,他比毛泽东小28岁,比王洪文大14岁。华国锋担任过毛泽东故乡的"最高长官"——从1952年任湖南湘潭县委书记、湘潭地委副书记兼湘潭行署专员,直至1968年4月8日任湖南省革命委员会主任。华国锋给毛泽东留下了很好的印象。1970年10月,毛泽东在与美国作家斯诺谈话时,便以赞扬的口气提到了华国锋。

至于吴德列席中央政治局会议,则是考虑到他是中共北京市委书记。

另外,会议还宣布解放13名老干部,即谭震林、李井泉、乌兰夫、李葆华、廖志高、江华、江渭清、王稼祥、秦基伟、李成芳、方强、陶鲁笳、曾希圣。

会议结束后两个多月,中国各省市忽然都办起了"学习班"。这些"学习班"戒备森严,"学习"什么,外界莫知。

全国举办的34个"学习班",都是从8月12日开始,为期一周,19日结束。

那是根据中共中央8月8日的通知,在全国各地以"学习班"名义,举办中共十大预备会议,讨论由张春桥、姚文元、王洪文负责起草的十大文件,即《在中国共产党第十次全国代表大会上的报告(草稿)》、《关于修改党章的报告(草稿)》、《中国共产党章程修改草案》。

在这些"学习班"结束之后,8月20日,104名委员在北京出席了中共十大的选举准备委员会会议。

这是一次极为重要的有关人事安排的会议,任务是协商中共十大的主席团名单和中央领导机构人选。

毛泽东依然没有出席会议,由周恩来转达他的意见,即重视对于新生力量的提拔。

周恩来宣布,根据毛泽东的意见,王洪文担任选举准备委员会主任,副主任为周恩来、康生、叶剑英、江青、张春桥、李德生。

这么一来,连周恩来都成了王洪文的副手!

由于毛泽东的一手提拔,王洪文一下子跃居到仅次于毛泽东的地位!

至此,王洪文作为接班人的地位,已经完全确立,只欠东风——由中共十大得以确认了。

王洪文晋升中共中央副主席

1973年8月24日下午,王洪文又一次在人民大会堂,登上中国共产党全国代表大会的主席台。与四年前不同的是,九大时他坐在一大片主席团成员之中,并不十分醒目。这一次，在十大上，他成了国内外瞩目的人物——主席台中央，在毛泽东的一侧是周恩来，另一侧便是他！

又是别出心裁，这一次主席团的名单，采用了不同于任何一次全国党代会的主席团名单的排列方式：

毛泽东
周恩来 王洪文 康生 叶剑英 李德生
张春桥
（以下按姓氏笔画为序）
江青（女） 朱德 许世友 陈锡联 李先念
姚文元 董必武 纪登奎 华国锋 吴德
马天水 马宁 马金花（女） 于会泳 邓小平
邓颖超（女） 王体 王六生 王必成
王永祯 王秀珍（女）……

在这张名单上，王洪文已成为中共第三号人物！

在这张名单上，张春桥单列一行，因为他担任了大会秘书长！须知，中共七大的大会秘书长是任弼时，中共八大的大会秘书长是邓小平，这表明张春桥已在党内掌握重要实权。

年届八十的毛泽东是中共众望所归的最高领袖。与四年前九大时相比，他已明显地苍老，尽管当他登上主席台时耳边不绝地响着"万岁，万万岁"的热烈呼声。

75岁的周恩来显得瘦削，脸上浅褐色的老年斑明显增多。他已查出身患癌症，他的步伐依然是那么坚定，目光还是那样敏锐。

与年迈的毛泽东、重疴缠身的周恩来相比，38岁的王洪文步履轻捷，充满着活力。他依然穿着一身军装，但比出席九大时多了领章、帽徽。

■ 毛泽东（中）、周恩来（右）、王洪文（左）在中共大十主席台上。（杜修贤 摄）

■ 王洪文在中共十大会议上

在毛泽东用一口湖南话宣布"中国共产党第十次全国代表大会现在开始"之后，周恩来拿起政治报告排印稿，念了起来。

十大的政治报告由张春桥、姚文元起草，共分三个部分：关于九大路线；关于粉碎林彪反革命集团的胜利；关于形势和任务。虽然报告的基调仍是肯定"文化大革命"，但在批判林彪集团时用了一句颇为形象的话："语录不离手，万岁不离口，当面说好话，背后下毒手。"

在周恩来念完政治报告之后，王洪文成为1200多位代表目光聚集的焦点。他开始作《关于修改党章的报告》。

王洪文在报告中，完全肯定了中共九大，只是说九大党章中那段关于林彪作为"接班人"的话必须删去：

四年多来的实践充分证明，九大的政治路线和组织路线都是正确的。九大通过的党章，坚持了我们党一贯的根本原则，反映了无产阶级文化大革命的新经验，在全党、全军、全国人民的政治生活中起了积极的作用。修改草案的总纲部分，保留了九大党章关于我们党的性质、指导思想、基本纲领、基本路线等规定，结构和内容作了一些调整。条文部分改的不多，总的字数略有减少。九大党章总纲中有关林彪的一段话，这次全部删去了，这是全党、全军、全国人民的一致要求，也是林彪叛党叛国，自绝于党，自绝于人民的必然结果。……

王洪文在报告中，强调了"反潮流"，为那班"造反英雄"们助了威：

要有敢于反潮流的革命精神。毛主席指出：反潮流是马列主义的一个原则。许多同志在讨论修改党章时，联系党的历史和自己的经历，认为这是党内两条路线斗争中的一个十分重要的问题。我们党在民主革命前期，曾经几次出现过错误路线的统治，在民主革命后期和社会主义革命时期，在以毛主席为代表的正确路线占主要地位的情况下，也有过某种错误路线、某种错误观点一度被许多人当作正确的东西加以拥护这样的教训。以毛主席为代表的正确路线，同那些错误的东西进行了坚决的斗争，并且取得了胜利。事关路线，事关大局，一个真正的共产党员，就要出以公正，不怕撤职，不怕开除党籍，不怕坐牢，不怕杀头，不怕离婚，敢于反潮流。……

在一片掌声中，王洪文兴冲冲地结束了讲话。

中共十大与前几次代表大会比较，是节奏最快的一次：七大开了49天，八大开了12天，九大开了24天，而十大按预定的议程，只开五天。这因为十大肯定了九大路线，不用在制定政治路线上多花工夫，着重于补上因林彪集团下台而造成的空缺。

8月24日举行开幕式之后，花四天时间分组讨论。王洪文突然成为接班人，成为小组讨论的热点。

党内毕竟有许多正直的同志，即使在那样的政治高压之下，还是有人对王洪文提出了异议：安亭拦车卧轨，能算是"革命行动"？20多万人用暴力踏平"联司"，能算是"革命行动"？让这样的"造反司令"充当接班人，合适吗？妥当吗？

在这个节骨眼上，上海组有人作了长篇发言，盛赞王洪文，给了王洪文有力的支持。此人不是张春桥，不是姚文元，却是那个"老干部"马天水！

马天水的发言，令人作呕："我觉得洪文同志到中央工作以后，进步很大，看问题、讲话，都很深刻，很全面，对我教育很深。……"

马天水历数"造反司令"王洪文在上海的造反功绩，然后，竭尽吹捧之能事："我和洪文同志相处工作多年，我觉得他看问题、想问题很全面，有组织工作、领导工作的能力，不是一个只会冲冲杀杀的人，这一点我可起誓！""春桥同志、文元同志长期在中央，上海是洪文同志主持工作。我觉得：洪文同志至少比我强得多！……"

这一席又"起誓"又拍着胸脯说的话，倘若出于张春桥、姚文元或者王秀珍、徐景贤、陈阿大之口，也许"感染力"就差了许多，由久经沙场的"识途老马"说出，便产生很大影响。

就连江青，虽然没有直接听到马天水的发言，但很快有人向她汇报，她跑来紧握马天水的手："马老，你讲得好，讲得真好！"

8月28日，王洪文的名字，再度出现在中共中央委员名单里。

耐人寻味的是，"王"与"邓"都是四划。在公布主席团名单时，"邓"在"王"前；公布中共中央委员名单时，"王"在"邓"前。

根据毛泽东的意见，中共中央于1973年3月10日，决定恢复邓小平党的组织生活和国务院副总理职务。毛泽东对邓小平多次采取了保护性措施：在八届十二中全会上，江青要求开除邓小平党籍时，毛泽东未予同意。当戚本禹编了一本《中国赫鲁晓夫刘少奇反革命修正主义言论集》，内中亦收入邓小平言论，毛泽东亲笔圈掉了邓小平的名字。

曾被作为"中国第二号大走资派"打倒的邓小平，被选为中共十届中央委员，使他也成为大会的一个热点人物。

在中共十届中央委员的名单中，还有马天水。他因为对张、姚、王曲意逢迎，从候补中央委员成为中央委员。

8月31日，中共十届一中全会在京举行，王洪文擢升为中共中央副主席，名列第三。

　　　　中央委员会主席：毛泽东
　　　　中央委员会副主席：周恩来　王洪文　康生　叶剑英　李德生
　　　（以下按姓氏笔画为序）

中央政治局常委：毛泽东　王洪文　叶剑英　朱德　李德生　张春桥　周恩来　康生　董必武

中央政治局委员：毛泽东　王洪文　韦国清　叶剑英　刘伯承　江青（女）朱德　许世友　华国锋　纪登奎　吴德　汪东兴　陈永贵　陈锡联　李先念　李德生　张春桥　周恩来　姚文元　康生　董必武

至此，王洪文作为中共第三号人物、作为接班人的地位，在全党内完全确立。

1966年的"造反英雄"，成了1973年的中共中央副主席，王洪文取林彪而代之，成为毛泽东的"接班人"。

张春桥在十大期间，见到上海国棉十七厂代表杨小妹，说了一句"名言"："十七厂贡献了一个王洪文！"

外国记者敏锐地发表评论："毛泽东选定了年轻的上海工人首领王洪文作为接班人。"

还有的国外评论，说得不大客气了："毛泽东习惯于自己指定自己的接班人。他最初选择了刘少奇，被他发动'文革'打倒了。他又选择了林彪，而林彪却反叛了他。这一次他指定王洪文为接班人，天晓得这个年轻的接班人后来会怎么样？"

在召开中共十大的日子里，张春桥忙得喘不过气。他担任大会秘书长。8月30日，中共十届一中全会公布选举结果：中共中央主席毛泽东、中共中央副主席周恩来、王洪文、康生、叶剑英、李德生。张春桥呢？他的名字出现在中共中央政治局常委的名单中。

望着中共十届一中全会新闻公报，张春桥的心情是沮丧的：忙忙碌碌起草了中共十大的政治报告，忙忙碌碌担任了大会秘书长，结果只落得个中共中央政治局常委！

在他的名字之前，如今不仅多了一个第三号人物王洪文，还增加了叶剑英、李德生。

望着叶剑英的名字，张春桥由沮丧转为恼怒了。本来，在林彪集团覆灭之后，张春桥以为凭着他在庐山会议上的一身冷汗，理所当然会得以擢升。不料，林彪的倒台，却导致了"二月逆流"的平反，那一批在怀仁堂里坐在张春桥对面的老帅、副总理复出了！

1971年11月4日，毛泽东在接见成都地区座谈会代表时，便宣布为"二月逆流"平反。毛泽东说："你们再不要讲他（指叶剑英——引者注）'二月逆流'了。'二月逆流'是什么性质？是他们对付林彪、陈伯达、王、关、戚。王、关、戚那个'五一六'要打倒一切，包括总理、老帅。老帅们就有气嘛，发点牢骚。他们是在党的会议上，公开的，大闹怀仁堂嘛！缺点是有的。你们吵一下也是可以的。同我来讲就好了。那时候我们也搞不清楚。"

于是，老帅们、副总理们一一恢复名誉。就连被打成"二月逆流黑干将"的谭震林也平反了。显然，他们没有一个会与张春桥握手言欢的。

王洪文陪同毛泽东十六次会晤外国首脑

也许是历史的巧合，1973年9月13日——林彪自我爆炸整整两周年的日子，王洪文与毛泽东的合影,第一次出现在《人民日报》上。

《人民日报》在头版头条,刊登了新华社9月12日所发出的电讯《毛泽东主席会见法国总统乔治·蓬皮杜》。电讯提到了当选才十几天的中共中央副主席王洪文。

这是王洪文有生以来第一次参加重大的外交活动。

电讯全文如下:

新华社1973年9月12日讯

毛泽东主席9月12日下午五时会见了法兰西共和国总统乔治·蓬皮杜。双方在无拘束的气氛中,就共同关心的问题广泛地交换了意见。

法国外交国务秘书让·德利普科夫斯基参加了这次会见。

贵宾们由周恩来总理陪同来到毛主席住处,首先在门口受到王洪文副主席的接待。

会见时在座的有王海容、唐闻生、齐宗华、罗旭。

《人民日报》刊登了中法首脑会晤时的照片。在中南海,毛泽东那间堆满古书的书房里,毛泽东、蓬皮杜居中,两侧为周恩来、王洪文。这样的外事安排,最清楚不过地向全世界表明了王洪文的接班人地位。

这一时期,毛泽东总是在中南海他的书房里会见外宾。美国作家斯诺与毛泽东的长谈,也是在这间书房里进行。斯诺1971年在第4期美国《生活》杂志上曾这样描述过:

"毛宽敞的书房里四面都是书架,书架上摆满了数以百计的中文书籍,其中也有少量的外文书籍。许多书中插着注有解释的、作书签用的纸条。大写字桌上高高地堆着报刊和手稿。这是正在从事写作的作家的工作室。通过宽敞的窗户,可以瞥见园景,据说主席亲自在园子里种植蔬菜和试种庄稼。……"

当上中共中央副主席之初,王洪文进进出出于毛泽东的书房,一次又一次参加会见外国首脑。毛泽东确实把这个年轻人当作助手培养,寄予了厚望。毛泽东让王洪文与外国首脑见面,让他出现在照相机、电影摄影机、电视摄像机镜头前,树立他的威信,便于他接班,每一次参加会见外国首脑,都是对王洪文的一次大宣传:他的名字出现在众多的电讯上;他和毛泽东、周恩来、外国首脑的合影,印在中国的大报小报上,印在世界各国的报刊上。

Wang Hongwen,随着新闻媒介的传播,原本不名一文,如今在全世界享有颇高知名度。

1973年9月23日下午,毛泽东会见阿拉伯埃及共和国副总统侯赛因·沙菲,进行两小时的交谈。作陪的是周恩来和王洪文。

1973年10月13日下午,毛泽东会见加拿大总理皮埃尔·埃利奥特·特鲁多总理。参加会见的是周恩来和王洪文。在中南海的书房里,特鲁多总理坐在毛泽东和王洪文之间,周恩来反而被安排在一个角落里,他和毛泽东之间坐着外交部部长助理、毛泽东的侄孙女王海容。

1973年11月2日，毛泽东在中南海书房会见澳大利亚总理爱德华·高夫·惠特拉姆。陪同会见的是周恩来和王洪文。

五天之后——1973年11月7日，毛泽东会见塞拉勒窝内共和国总统史蒂文斯。坐在毛泽东两旁的还是周恩来和王洪文。

1973年12月9日，当毛泽东会见尼泊尔国王比兰德拉陛下和皇后时，王洪文和周恩来在座。这时的王洪文，坐在那格子布沙发上，已不像最初几次那般拘谨，正襟危坐，毕恭毕敬，而是跷着二郎腿，斜倚在那里。

在1973年，王洪文参加了这样六次高级首脑会见。在外国记者的眼里，王洪文也就成了中国的首脑人物。一位英国记者写道："38岁的上海造反领袖王洪文，已明白无疑地成为毛的继承人。毛在中共十大之后每一次会见外国首脑，坐在他的两侧总是周和王。周已75岁，是毛的同辈战友。因此，毛用这种特殊的方式，向全世界表明，王是他的接班人。未来的中国，是王洪文的中国。毛显然已经吸取林彪事件的教训，不再把接班人的名字写入中共党章。但是，毛仍明确地指定了自己的接班人。因为毛毕竟已是八十老翁，随时都可能发生意外。毛在生前指定接班人，为的是在他突然亡故时，可以使人口众多、派系纷争激烈的中国，有一个众所公认的领袖，避免中国的内战和混乱。……"

这位英国记者是有眼力的，说出了毛泽东没有说出的潜台词。

1974年上半年，毛泽东依然采用"毛、周、王"的阵营，十次会见外国首脑：

■ 1975年4月，王洪文（前右一）陪同朱德（前左二）会见朝鲜劳动党中央委员会总书记金日成（前左三）。

1月5日上午,会见日本外务大臣大平正芳;

2月22日下午,会见赞比亚共和国总统肯尼思·戴维·卡翁达博士;

2月25日,会见阿尔及利亚民主人民共和国革命委员会主席、政府总理胡阿里·布迈丁;

3月25日下午,会见坦桑尼亚联合共和国总统朱利叶斯·克·尼雷尔;

4月2日,会见柬埔寨国家元首西哈努克亲王及副首相兼国防大臣、人民武装力量总司令乔森潘;

5月7日上午,会见塞内加尔共和国总统列奥波尔德·塞达·桑戈尔;

5月11日晚,会见巴基斯坦伊斯兰共和国总统布托;

5月18日,会见塞浦路斯共和国总统马卡里奥斯大主教;

5月25日,会见英国首相希思;

5月29日下午,会见马来西亚总理侯赛因。

这样的"毛、周、王"模式,在会见外国首脑人物时,总共进行了16次。

1974年6月1日,就在会见马来西亚总理侯赛因之后,周恩来病重,不得不住入北京医院。他在5月19日、23日、25日曾三次发生缺氧病状,大夫劝他必须入院动手术。从此,周恩来总是在北京医院会见外宾。

1974年7月5日,报上刊登周恩来会见美国民主党参议员亨利·杰克逊和夫人时,首次披露了会见地点是北京医院。周恩来病重的消息,在全世界引起了震动。

毛泽东也许久没有露面。1974年9月4日,毛泽东在书房会见多哥总统埃亚德马时,坐在毛泽东之侧的,不再是王洪文,而是国务院副总理邓小平!

从此之后,毛泽东会见外国首脑,再也没有要"王副主席"参加!

是王洪文外出了吗?不,王洪文在北京。

毛泽东有意疏远了王洪文,使王洪文的接班人的形象逐渐变得模糊起来。用外国记者的话来说,"王洪文失宠了"。

9月10日,毛泽东会见尼日利亚联邦军政府首脑戈翁将军,在座的是国务院副总理李先念。

9月19日上午,毛泽东会见毛里塔尼亚伊斯兰共和国总统达达赫,陪同会见的是邓小平。

10月5日,毛泽东会见加蓬共和国总统邦戈,在座的还是邓小平。

10月20日,毛泽东在湖南长沙会见丹麦王国首相哈特林,在座的居然仍是邓小平。

就在"王洪文失宠了"的日子,毛泽东要王洪文读《后汉书》中的《刘盆子传》。刘盆子原本是一个放牛娃,但是跟汉朝皇室有点血统关系。赤眉起义军领袖樊崇为了师出有名,号令天下,竟然把15岁的什么也不懂的刘盆子推上了皇帝的宝座,号建世元年。后来赤眉军大败,刘盆子也就随樊崇成为阶下囚。

《后汉书》是用古文写的,王洪文读不懂,不得不请教朱永嘉。后来,朱永嘉回忆说[①]:

[①] 章剑锋:《"文革"上海写作组的那些事儿》,《南风窗》2010年第8期。

毛泽东让他（指王洪文——引者注）读《刘盆子传》，这是古文方面的，当然就要找我。

这样一个题目，我不能多讲的。因为刘盆子的结局是不好的。起家也不好。这无非是毛泽东给他敲警钟——你不要自以为了不起，你不过就是个刘盆子。这种话我不好说。他也不好问我。他已经到中央了，地位那么高，你不能去扫他的兴。我就是告诉他这篇传记里讲的这个人，是怎么起来的，怎么当皇帝的，结果没办法指挥局面，让他心里有数。

在"四人帮"中，文化知识和教养方面他是最差劲的一个，地位太低。江青说话他不敢不听，张春桥说话他也不得不听；姚文元他又不好顶。你叫他怎么办？对于那些大人物（叶剑英、李先念）来讲，他就更是儿童团，小孩子了，是由不得他作主的。

1974年10月13日凌晨，毛泽东由汪东兴陪同，乘火车抵达长沙，在那里竟住了114天，直至1975年2月3日才返回北京。

在长沙期间，毛泽东六次会晤外国首脑。继会见丹麦首相之后，那五次会见，也始终没有王洪文的份。

11月6日晚，毛泽东在长沙会见特立尼达和多巴哥总理兼外长威廉斯博士，李先念陪同。

11月12日下午，毛泽东会晤也门民主共和国主席鲁巴伊，邓小平陪同。

12月17日，毛泽东会见扎伊尔共和国总统蒙博托，由邓小平陪同。

1975年1月，毛泽东在长沙会晤马耳他和联邦德国贵宾，陪同者仍为邓小平或李先念。

王洪文"失宠"，连外国记者都已看出来了。作为"接班人"，王洪文怎么会那样快失去了毛泽东的信任？

林彪从1969年4月中共九大被确定为"接班人"，到1970年8月庐山会议（中共九届二中全会）上"翻车"，不过一年零四个月。

王洪文从1973年8月中共十大成为"第三号人物"，到1974年7月17日受到毛泽东尖锐批评，连一年都不到！

是毛泽东亲自选定了王洪文为接班人，他是王洪文坐着"火箭"上升的推力；又是毛泽东发觉王洪文不适宜于作为接班人，特别是几经教育之后王洪文仍不悔改，毛泽东对他投了不信任票。

第二十章
四人结帮斗"周公"

江青"迫不及待"攻击周恩来

在1973年8月30日中共十届一中全会选出的中共中央机构中,江青的地位大大地降低!本来,她已经成为仅次于毛泽东、周恩来、康生的第四号人物,如今却只是21位中央政治局委员中的一个!

不过,虽说江青"降位",但王洪文却"擢升"。王洪文是张春桥、姚文元一手扶植的,诚如张春桥、姚文元是她一手扶植的一样。王洪文成了钓鱼台的新居民,成了江青的新伙伴。

于是,江青、张春桥、姚文元这"三人核心"中,增加了一名重要成员——王洪文。

江青和张春桥、姚文元、王洪文结成了"联盟",在政治局中形成了一股不小的势力。

江青攻击的目标,不言而喻——周恩来!

这是因为毛泽东的身体状况,已一年不如一年,成为风中残烛了。中共十大举行闭幕式时,在帷幕拉开之前,毛泽东已端坐于主席台上;散场时,直至代表们退尽,他才离开。毛泽东已经步履不稳,要由工作人员扶着走路。所以,在中共十大新闻纪录片中,既没有毛泽东入场的镜头,也没有他退场的镜头!而报纸上仍吹嘘他"神采奕奕"。

周恩来成了江青一伙的权力障碍。在江青看来,只有攻倒了周恩来,大权才能落入她们一伙手中——王洪文已成了她的"伙"中之人。

其实,就在毛泽东第一次休克之后的四个月,周恩来的健康状况也亮起了红灯。那是在1972年5月12日,医生在周恩来每月一次的小便常规检查中,发现了四个红细胞。这引起医生的高度重视。经过多次化验尿样,确诊周恩来患"膀胱移行上皮细胞癌"。从此,周恩来也像毛泽东一样,步入多病的晚年。即便如此,江青一伙仍把周恩来视为攻击的第一目标。

中共十大刚刚结束,在新的中央政治局里,江青就开始向周恩来发动攻击了。

那是1973年11月10日至14日,美国国务卿兼总统国家安全事务助理基辛格又一次访华。

周恩来虽已患病,尚能正常工作。他跟基辛格进行了长时间的会谈。

这位戴着黑框宽边眼镜的基辛格博士颇为敏感,他后来在《动乱年代》一书中如此回忆:

> 1973年11月12日星期一,我们开始明白在这次访问中为中国外交政策规定官方路线的并不是周恩来。那天午后较晚的时候,我们应邀去见毛泽东主席。同过去会晤主席的所有情况一样,这次召见也是命令式的,收到邀请时我们正在举行研究情况的例会。我和周恩来同乘一辆中国轿车沿着现在已经熟悉的路线前往毛泽东在皇城里的朴素的住处。摆着一张乒乓球台的门厅和沿墙摆满书籍、中间是摆成半圆形的沙发的书房也是我们相当熟悉的了。但是,在带着具有嘲弄味道、而又有点令人生畏的特有微笑迎接我们的那位意志力的化身面前,人们是永远不可能习以为常的……①

基辛格感到"为中国外交政策规定官方路线的并不是周恩来",而是毛泽东。本来事实确是如此,但基辛格的这一感觉,有其特殊之处。

基辛格当时并不知道,就连他写回忆录时也未必知道:毛泽东批评了周恩来!

事情是由参加周恩来、基辛格会谈的翻译引起的。毛泽东在会见基辛格之前,召见了那名翻译,听取会谈情况。翻译在汇报时说及,周恩来对有些问题的意见不请示主席、不报告主席,他被美国的原子弹吓破胆了!

毛泽东偏听偏信了翻译的不如实的意见。他在跟基辛格会谈时,态度格外强硬,所以

■ 毛泽东会见基辛格(杜修贤 摄)

---

① 亨利·基辛格:《动乱年代》,世界知识出版社1983年版。

连基辛格都明显感到,中国外交政策的制定者是毛泽东,不是周恩来。

11月14日,中美双方发表了公报,周恩来送走了基辛格,毛泽东就要求政治局开会,批评周恩来在跟基辛格会谈中犯了"右的错误"。

那时,毛泽东已不大出席政治局会议,会议通常由周恩来主持。

江青知道毛泽东批评了周恩来,喜出望外。在政治局会议上江青显得格外激动,把久久郁积在内心的对周恩来的不满,倾泻出来。

江青尖锐地说:"这是第十一次路线斗争!"

"大秀才"姚文元马上附和江青的这一新见解。

所谓"第十一次路线斗争",那是因为按照当时流行的说法,中共党内已进行过十次路线斗争,被斗争的代表人物是陈独秀、瞿秋白、李立三、罗章龙、王明、张国焘、高岗、彭德怀、刘少奇、林彪。江青的意思是,如今所进行的是"第十一次路线斗争",其代表人物便是周恩来!

江青还当着周恩来的面说,他"是迫不及待地要取代毛主席"!

江青那张"刀子嘴",也真是够锋利的了!

周恩来毕竟富有涵养,端坐不动。他跟江青打交道那么多年,深知其人。

毛泽东听了关于政治局会议情况的汇报,感到江青讲话太过分。

11月25日,毛泽东收到一封署名"一个普通共产党员"的来信,信中批评江青"民主作风较差",把文艺强调过分,在文艺工作中不执行"双百"方针等等。信中认为,"一切为样板戏让路"的口号是不恰当的,称江青为"文化大革命的英勇旗手"也是不恰当的。

倘若此信落到江青手中,非要追查那个"普通共产党员"不可,非要将其打成"现行反革命"不可,毛泽东却在来信上,写了一段批示:"印发政治局各同志。有些意见是好的,要容许批评。"①

毛泽东实际上是借"一个普通共产党员"的来信,批评了江青。

半个月后——12月9日,毛泽东会见了尼泊尔比兰德拉国王和艾什瓦尔雅王后之后,把陪同会见的周恩来、王洪文以及王海容、唐闻生留了下来。

晚年的毛泽东,几乎不出席会议,见他很不容易。会见外宾之后,把陪同的人留下来聊几句,成了那时毛泽东跟党政主要领导人会面的特殊方式。

那天,毛泽东先是说:"这次会开得好,很好。"他说的"这次会"就是批评周恩来的政治局会议。

毛泽东接下去又说:"有人讲错了两句话。一个是讲'十一次路线斗争',不应该那么讲,实际上也不是;一个是讲总理'迫不及待'。他不是迫不及待,她(指江青)自己才是迫不及待。"②

---

① 《建国以来毛泽东文稿》第13册,中央文献出版社1998年版,第367页。
② 金冲及主编:《毛泽东传(1949—1976)》(下),中央文献出版社2003年版,第1671页。

毛泽东的话,挫败了江青发起的对周恩来的攻击。毛泽东指出江青"才是迫不及待"地想当主席,可谓一针见血。

王海容、唐闻生成为特殊的"桥梁"

此处要顺便提一下王海容和唐闻生。在毛泽东晚年,倒是她俩常能见到毛泽东,常为毛泽东"传话"。

当时,人们把王海容、唐闻生、齐宗华、罗旭和章含之称为中国外交界的"五朵金花"。在这"五朵金花"之中,由于王海容、唐闻生的特殊身世,成为两朵最引人注目的"金花"。

王海容跟毛泽东沾亲带故。王海容的爷爷王季范,是毛泽东的表兄。王季范在湖南第一师范教过书,跟毛泽东又算是师生。毛泽东见了他,喊"九哥"。1972年夏王季范病故时,毛泽东所送的花圈上便写着"九哥千古"。

王海容的父亲王德恒,经毛泽民介绍加入中共,毕业于延安抗日军政大学。后来,在回湖南从事地下工作时被国民党特务杀害。

王海容生于1938年9月25日,湖南长沙人。她的名字是爷爷王季范取的,取义于林则徐的名联:"海纳百川,有容乃大。"

王海容在长沙读完初中,于1952年进入北京师大女附中。1957年毕业后,在北京化工厂当过学徒工。1960年至1964年在北京外语学院俄语系学习。然后到北京外语学院进修英语一年。1965年11月,她调入外交部办公厅工作。

王海容是烈士子女,她爷爷又与毛泽东交厚,很自然的,毛泽东对她很关心,也很信任。1970年夏,王海容出任外交部礼宾司副司长。1972年,她任外交部部长助理。尼克松访华时,担任毛泽东和尼克松谈话翻译的,便是王海容。(后来,在1974年11月,她升任外交部副部长。1984年,王海容被任命为国务院参事室的副主任。)

王海容早在1967年,就已经为毛泽东"传话"。

那年8月7日,中央文革小组成员王力,对外交部的工作发表了一通讲话。这个讲话被印成传单,到处传播,人称"王八七讲话"。王力在讲话中,称外交部"运动阻力太大",鼓吹要夺外交部的权,矛头直指外交部部长陈毅。

王力的讲话发表后,外交部的"保陈派"们要弄清毛泽东对王力讲话的态度,便派出王海容去毛泽东那里"摸情况"。

据刘华秋回忆:

> 我们请王海容尽快设法摸清毛主席的反应。(1967年)9月24日凌晨4点,毛主席从南方乘火车回到北京。早已等候在中南海的王海容同志向毛主席汇报了有关情况,试探他老人家对陈毅同志及王、关、戚的态度。当王海容说到王力"八七讲话"不得人心时,毛主席针对王、关、戚问题,只援引了两句诗:"时来天地皆同力,运去英雄不自由",并说,"你回去吧,我要休息了。"

早上6时多，王海容回到外交部办公厅综合组。我们焦虑地询问她毛主席究竟讲了什么话？她说：主席对王、关、戚的问题只引用了两句古诗。我们立即翻阅唐诗、宋词，一时没查到出处。我们认为这两句诗很重要，关系到王、关、戚的定性，无论如何要把意思搞明白、搞准。我提议去请教王海容的爷爷、毛主席的表兄及国文老师王季范先生。

上午10时，我们骑车跟随王海容到她家，将已准备好的白纸黑字向王季范老先生展示，请教"时来天地皆同立，运去英雄不自由"两句诗出自何处。王先生拿起铅笔，将我们抄写字条中的"立"字改为"力"字，并从书架上取出一本厚厚唐诗，向我们指明了出处。我一看，原来出自罗隐的《筹笔驿》，全诗是：

抛掷南阳为主忧，北征东讨尽良筹。
时来天地皆同力，运去英雄不自由。
千里山河轻孺子，两朝冠剑恨谯周。
唯余岩下多情水，犹解年年傍驿流。

我一看全明白了，匆忙抄下了罗诗，告别了王先生，风驰电掣般骑车回到办公室。

我们一致认定：毛主席援引罗隐这两句诗，寓意深长，耐人寻味，给王、关、戚作了"盖棺定论"。意思是说，王力、关锋、戚本禹等人，"文化大革命"开始以来，时来运转，红极一时，似乎天、地、人都协力支持他们，一切都很得手；但曾几何时，他们多行不义必自毙，好运不长，气数已尽，曾经不可一世的"英雄"，将要被历史的车轮压倒，成为得不到自由的阶下囚。结论只能是：王、关、戚快完蛋了。[①]

后来，"王、关、戚"果真下台了！这表明，王海容所传的毛泽东的话，非常准确！

唐闻生则出生于外交世家，唐闻生之父唐明照，历任外交部专员、中国人民保卫世界和平委员会联络部副部长、中共中央对外联络部副秘书长。1971年，唐明照作为中国代表团副代表赴纽约出席联合国大会。未几，他出任联合国副秘书长。

唐明照原名唐锡朝，1910年生于广东恩平，少年时代他随家迁居美国旧金山，在那里读小学、初中，因此他英语纯熟。1927年他回国，不久进入清华大学政治系，"九一八"事变后加入中共，任中共北平市委组织部长。他再度赴美，就读于加州大学历史系。1940年出任《美洲华侨日报》社长、总编辑。在美国，他与加州莴苣种植园主的女儿张希先结婚。斯诺夫人曾称张希先是燕京大学未名湖畔"最漂亮的姑娘"。

1943年3月，当唐明照从外地回家之际，他的女儿出生于纽约布鲁克林区一家产科医院，"闻父归而生"，取名唐闻生。正因为唐闻生从小在美国长大，所以能操一口道地的美国英语。1971年，唐闻生接待第一次秘密踏上中国国土的基辛格博士时，基辛格调侃她

[①] 刘华秋：《忆毛泽东主席援引罗隐诗》，《党的文献》1998年第3期。

"可以竞选美国总统"。

1950年7岁的唐闻生随父母回到中国，1965年毕业于北京外国语学院英语系。她既擅长英语，父亲又是资深中共党员，因此当周恩来的英语翻译到北京外国语学院，为外交部挑选高级翻译人才时，一眼就选中了她。从此，唐闻生进入外交部，并迅速得到重用，活跃于中国外交界，为周恩来、毛泽东当译员，成为继冀朝铸之后中国外交界最优秀的英语译员。

1971年，唐闻生加入了中国共产党，时年28岁。不久，唐闻生出任外交部美大司司长。两年后，在中国共产党第十届全国代表大会上，唐闻生当选为候补中央委员。

从20世纪70年代初到周恩来、毛泽东辞世以前，王海容和唐闻生几乎参加了这两位伟人与来访各国政要、知名人士的所有会见。在那特殊的岁月，中国的特殊情况，王海容、唐闻生还成了架设于毛泽东和中共中央政治局之间的一座"桥梁"。

郭沫若忽地成了政治斗争的焦点

前波未消，后浪又起。

在第一个回合中，江青受到毛泽东的批评，未能获胜。她处心积虑，又一次向周恩来发动攻击。

政治风云变幻莫测。这一回，年已82岁、沉寂多年的郭沫若（他比毛泽东年长一岁），忽地成为中国政治舞台上的"热点人物"。

郭沫若，中国文坛巨子，集学者、诗人、作家于一身，集思想家与社会活动家于一体，原本是中国文艺界活跃的人物。"文革"一开始，郭沫若便吃了一闷棍。荒唐岁月的荒唐批判，今日成了笑柄。

郭沫若写过一首词《满江红》，内中有一句"听雄鸡一唱遍寰中，东方白"。这"东方白"遭到多方责难，理由是人人皆知"东方红，太阳升，中国出了个毛泽东"，你这"东方白"不是明目张胆"反毛主席"！

吴晗的《海瑞罢官》，据云是"为彭德怀翻案"。偏偏郭沫若曾写过许多替曹操翻案的文章，这"翻案"乃是当时中国政坛最大的禁忌。郭沫若被指责为"大刮翻案风"。

1966年4月4日，面对种种诘难，郭沫若激动起来，说了一番激动的话："我以前所写的东西，严格地说，应该把它全部烧掉，没有一点价值！"

康生从内部简报上见到郭老这番"慷慨陈词"，当即嘱令《光明日报》于4月28日公开登出，弄得郭沫若好尴尬！

幸亏郭沫若跟毛泽东、周恩来交谊甚厚，总算在"文革"中被列入"重点保护"名单，免遭"喷气式"批斗。

郭沫若悄然度着垂暮岁月。

1974年1月25日，郭沫若被叫到首都"批林批孔"万人动员大会上，几次三番遭到点名批判。点名之际，随着"郭沫若站起来"，年逾八旬的他不得不颤颤巍巍地站起来。

江青在大会上作"动员报告"，她说郭沫若"对待秦始皇，对待孔子那样的态度，和林彪一样"！

当天夜里，周恩来急急派人前往郭寓，传达他的指示："郭老已经是八十多岁的高龄了，要保护好郭老，要保证郭老的安全。"

周恩来还作了四条具体规定：

一、郭老身边二十四小时不能离人，要配备专人昼夜值班；

二、要郭老从十多平方米的卧室中搬到大房子里住（理由是房子小，氧气少，对老年人身体不利）；

三、郭老在家活动的地方，要铺上地毯或胶垫，避免滑倒跌伤；

四、具体工作，由王廷芳组织执行，出了问题，由他负责。

听罢周恩来的有关指示，郭沫若连声说："谢谢总理！谢谢总理！"

■ 郭沫若

可是，郭沫若未得安宁。几天后，张春桥便闯到他家。

张春桥还要郭沫若当面承认：在抗日战争期间所写的剧作和论著，是王明路线的产物，是反毛主席的。

张春桥说，《十批判书》中批判了秦始皇，这是极其错误的，是与毛主席的意见背道而驰。

不过，郭沫若顶了他一句："我那时骂秦始皇，是针对蒋介石！"

郭沫若此言，顶得张春桥说不出话来。

张春桥还要他写文章"骂秦始皇的那个宰相"。

郭沫若理所当然地回绝了张春桥。

周恩来得知此事，两度亲自前往郭寓，慰问郭沫若。

2月10日，江青忽地前来郭府。江青胡搅蛮缠，无论如何要郭沫若作检查，折腾了三小时！

郭沫若当晚病倒，被急送医院。

这下子惊动了毛泽东，他当即派人前往医院慰问，周恩来则派出自己身边的医生为郭沫若诊视。

一时间，郭沫若处于一场政治斗争的焦点，事出有因——那便是江青向周恩来发起第二次攻击。

抓住毛泽东的话"做文章"

"批林批孔"的政治运动浪潮，把郭沫若卷了进去。

"批林批孔"，林是林彪，孔是孔子。把林彪跟孔子"挂钩"批判，形成一次席卷全中国的"批林批孔"运动,颇为令人费解。

事情的起因,最初是在"九一三"事件之后,查抄了北京毛家湾林家住宅,发觉那里挂着林彪、叶群所书孔孟格言,诸如"克己复礼"、"悠悠万事,唯此为大","君子坦荡荡,小人常戚戚"等。这样,在批判林彪时,便称他是"孔孟信徒"。不过,仅仅凭借林府的几幅条幅,还无法发展成为一场"批林批孔"运动。

1973年7月4日,毛泽东召见张春桥、王洪文,原本是谈中共十大的政治报告和修改党章问题。

毛泽东忽地谈起了外交部最近的一份简报。他不同意这期简报中对于苏美关系的分析。

毛泽东说:"你们年纪还不大,最好学点外文,免得上那些老爷们的当,受他们的骗,以至于上他们的贼船。"

毛泽东又说起对外交部的意见:"'明灯'是用我的名义写的,我就没有看。凡是这类屁文件,我就照例不看。总理讲话也在内,因为不胜其看。"

毛泽东所说的"明灯",是指1966年10月25日以毛泽东名义发出的《致阿尔巴尼亚劳动党第五次代表大会的贺电》,内中称"英雄的人民的阿尔巴尼亚,成为欧洲的一盏伟大的社会主义的明灯"。据王力告诉笔者[①],这一贺电是他起草的。

毛泽东还批评外交部:"又是外交部一个什么屁司,说是田中不能上台,上台也不能改善中日关系。以五十步笑百步,弃甲曳兵而走,逃到五十步的笑一百步的。这是以数量而论。如果拿性质而论,都是逃兵,你去翻那个《孟子》。"

毛泽东以《孟子》上的典故,批评了外交部那个"屁司"对日本政局和中日关系的错误分析。

他由此谈起了读书:"所以我正式劝同志们读一点书,免得受知识分子的骗。什么郭老、范老(指郭沫若、范文澜——引者注)、任继愈、杨柳桥之类的争论。郭老又说孔子是奴隶主义的圣人。郭老在《十批判书》里头自称是人本主义,即人民本位主义。孔夫子也是人本主义,跟他一样。郭老不仅是尊孔,而且还反法。国民党也是一样啊!林彪也是啊!我赞成郭老的历史分期,奴隶制以春秋战国为界。但是不能大骂秦始皇。"[②]

张春桥、王洪文非常仔细地听了毛泽东的这一段话,因为这段话不光是批评了郭沫若,而且把"尊孔反法"跟林彪以至国民党联系在一起。

毛泽东说起了秦始皇:"早几十年中国的国文教科书,就说秦始皇不错了,车同轨,书同文,统一度量衡。就是李白讲秦始皇,开头一大段也是讲他了不起。'秦王扫六合,虎视何雄哉。挥剑决浮云,诸侯尽西来'一大篇,只是屁股后头搞了两句'但见三泉下,金棺葬寒灰',就是说他还是死了。你李白呢?尽想做官!结果充军贵州。走到白帝城,普赦令下来了。于是乎,'朝辞白帝彩云间'。其实,他尽想做官。《梁甫吟》说现在不行,将来有希望。'君不见高阳酒徒起草中','指挥楚汉如旋蓬'。那时神气十足。我加上几句,比较完全:'不料韩

---

① 1988年11月3日,叶永烈采访王力。
② 《中国共产党执政四十年》,中共党史资料出版社1989年版,第363页。

伶不听话,十万大军下历城。齐王火冒三千丈,抓了酒徒付鼎烹',把他下了油锅了。"

毛泽东兴致甚好,说古论今,谈及了共产党的党内斗争:"比如说王明路线吧,各根据地、各白区,主要领导权都拿走了。不到四整年,呜呼哀哉!……一股风来,随风转。多啊,不是少数人。硬着头皮顶住的是少数。幸亏滕代远还没有死,他可以证明那个立三路线怎么斗争法,剩下鄙人一票。就是怕孤立,为什么随风转呢?"

毛泽东的话题,最后还是落到了外交部。他说:"结论是四句话:大事不讨论,小事天天送。此调不改正,势必出修正。将来搞修正主义,莫说我事先没讲。"

那时的外交工作,由周恩来直接领导。毛泽东的话,隐含着对周恩来的批评。

张春桥、王洪文把毛泽东一席话转告江青,江青如获至宝,凭借毛泽东的力量和威信,向来是她的"法宝"。既然毛泽东批评周恩来、郭沫若,批孔尊法,这正是她可以借来"做文章"的好机会。她嘱令手下的"写作组"抓紧"做文章"。

8月5日,江青见到了毛泽东,又提及了郭沫若。毛泽东给她念了自己写的《读〈封建论〉——呈郭老》[①]一诗:

> 劝君少骂秦始皇,焚坑事业要商量。
> 祖龙魂死秦犹在,孔学名高实秕糠。
> 百代都行秦政法,十批不是好文章。
> 熟读唐人《封建论》,莫从子厚返文王。

毛泽东说,郭老的《十批判书》要批判。他又念了自己的另一首诗:

> 郭老从柳退,不及柳宗元。
> 名曰共产党,崇拜孔二贤。

毛泽东对江青说:"历代政治家有成就的,在封建社会前期有建树,都是法家。这些人都主张法治,犯了法就杀头,主张厚今薄古。儒家满口仁义道德,一肚子男盗女娼,都是主张厚古薄今的。"

广东中山大学历史系教授杨荣国抢了"头功"。8月7日,《人民日报》醒目地刊载他的长文《孔子——顽固地维护奴隶制的思想家》。

翌日,江青在政治局会议上,提出要把毛泽东评述中国历史上儒法斗争的谈话内容,写入中共十大政治报告之中。周恩来以"要理解消化一段时间"为理由,委婉地拒绝了,认为不必写入政治报告。

9月23日,毛泽东在会见埃及副总统沙菲时,又说起了秦始皇:"秦始皇在中国是有名的,就是第一个皇帝。中国历来分两派,讲秦始皇好的是一派,讲秦始皇坏的是一派。我是

[①]《建国以来毛泽东文稿》第13册,中央文献出版社1989年版,第361页。

赞成秦始皇,不赞成孔夫子。"

毛泽东的这一段话,又成了江青"做文章"的好题目。

"江记写作组"大造舆论

江青手下,拥有一大帮"秀才",论"做文章",个个是行家里手。

张春桥、姚文元是江青手下的两位"大秀才",掌握着舆论大权。

由江青、张春桥、姚文元直接控制,有四个庞大的御用"写作组"(又称"大批判组")。

一是北京大学、清华大学大批判组,以笔名"梁效"("两校"的谐音)闻名全国,一时间有"小报看大报,大报看梁效"之传言,足见"梁效"的威风。

"梁效"是在1973年10月成立的,最初叫"北京大学、清华大学批林批孔研究小组",由当时两校的军宣队负责人迟群、谢静宜主持。他们占领了北京大学朗润园一座幽雅的小楼,组员多达30余人。这些"秀才"们根据来自钓鱼台的指令,炮制了200多篇文章,内中有30多篇重点文章,成了当时的"学习文件"。他们的文章,连篇累牍在《红旗》杂志、《人民日报》发表,拥有"权威性"。除了常用的笔名"梁效"之外,还用过笔名柏青、高路、景华、安杰、秦怀文、郭平、施均、金戈、万山红、祝小章、梁小章等。

二是中共上海市委写作班子,以笔名"罗思鼎"著称(取义于雷锋名言"做一颗永不生锈的螺丝钉","罗思鼎"为"螺丝钉"的谐音),成立于1971年7月,直属张春桥、姚文元。除了常用罗思鼎笔名外,还用石仑、康立、翟青、齐永红、石一歌、史锋、史尚辉、曹思峰、梁凌益、戚承楼、靳戈、方岩梁等笔名。

三是中共中央党校写作组,笔名"唐晓文"("党校文"的谐音),成立于1973年9月。

四是文化部写作组,笔名"初澜",取义于"青出于蓝","青"即江青,"蓝"乃蓝苹,"初澜"及"出蓝"之谐音。

江青手下的御用写作组,像放鞭炮一样,噼里啪啦,在中国大大小小的报纸、杂志上发表文章,批判孔子,批判儒家。一时间,那"大批判"的文章整版整版冒出,那势头令人记起批《海瑞罢官》的年月:

9月4日,"梁效"的《儒家和儒家的反动思想》在《北京日报》发表;

9月15日,"石仑"的《论尊儒反法》发表于上海《学习与批判》创刊号上,《红旗》第十期予以全文转载;

9月27日,"唐晓文"的《孔子是"全民教育家"吗?》发表于《人民日报》;

紧接着,《"焚书坑儒"辩》、《秦王朝建立过程中复辟与反复辟的斗争——兼论儒法论争的社会基础》、《右倾机会主义和孔子思想》、《资产阶级和儒法斗争》……一连串的"大块文章",从那一个个"江记写作组"里炮制出来。

江青的"重点工程",是指令北京大学、清华大学大批判组汇编了《林彪与孔孟之道》。

1974年1月12日,王洪文、江青致函毛泽东,附上《林彪与孔孟之道》,建议以中共中央名义转发全党,以在全国掀起"批林批孔"运动。

毛泽东批示："同意转发"。

于是，1974年1月18日，中共中央转发了《林彪与孔孟之道（材料之一）》，并发出了《通知》。

《通知》说："资产阶级野心家、阴谋家、两面派、叛徒、卖国贼林彪，是一个地地道道的孔老二的信徒。他和历代行将灭亡的反动派一样，尊孔反法，攻击秦始皇，把孔孟之道作为阴谋篡党夺权、复辟资本主义的反动思想武器。"

《林彪与孔孟之道（材料之一）》共分八个部分：

一、效法孔子"克己复礼"，妄图复辟资本主义；

二、鼓吹"生而知之"天才论，阴谋篡党夺权；

三、宣扬"上智下愚"的唯心史观，恶毒诬蔑劳动人民；

四、宣扬"德"、"仁义"、"忠恕"，攻击无产阶级专政；

五、贩卖"中庸之道"，反对马克思主义的斗争哲学；

六、用孔孟反动的处世哲学，结党营私，大搞阴谋诡计；

七、鼓吹"劳心者治人，劳力者治于人"的剥削阶级思想，攻击"五七"道路；

八、教子尊孔读经，梦想建立林家世袭王朝。

江青借助于中共中央转发《林彪与孔孟之道》，大力掀起"批林批孔"浪潮。1974年1月24日，江青等人在北京召开在京部队的"批林批孔"动员大会。

翌日，江青等人在北京工人体育馆召开在京中央直属机关和国家机关"批林批孔"动员大会。八十有二的郭沫若就是在这次大会上被点名，被迫在万目睽睽下站了起来。

把手伸进部队

1974年1月25日，中共中央发出"中发（1974）3号"文件：

> 各省、市、自治区党委，各大军区、各省军区、各野战军党委，军委各总部、各军、兵种党委，中央和国家机关各部委领导小组或党的核心小组：
> 现将南京军区党委给中央、中央军委、总政治部的报告以及中共陆军第二十军委员会和防化连全体同志给江青同志的来信二件转发你们，供全国党、政、军、民、学批林批孔时的参考。
>
> 中共中央
1974年1月25日

附件：《南京军区党委关于学习江青同志给二十军防化连的信的报告》：

> 中共中央、中央军委、总政治部：
> 最近，江青同志看了解放军报内部参考上刊登的关于二十军军直防化连在批

孔问题上的反映后,于1月13日亲自给防化连全体同志写了信,赠送了北京大学、清华大学编写的《林彪与孔孟之道》及其附件各二百份。随信还附送:(1)《五四以来反动派、地主资产阶级学者尊孔复古言论辑录》一份;(2)《秦王朝建立过程中复辟与反复辟的斗争》一份;(3)《孔子是"全民教育家"吗?》一份;(4)《孔子的中庸之道是反对社会变革的哲学》一份;(5)《读柳宗元〈封建论〉》一份。并派谢静宜、迟群同志专程送到防化连。谢、迟二同志1月15日到部队后,连夜向防化连全体同志宣读了江青同志的信,发了江青同志赠送的学习材料。防化连的全体同志十分感动,正按照江青同志的指示,认真进行学习。二十军党委除帮助防化连搞好学习外,并要求部队把学习江青同志的信,深入批林批孔,作为加强部队思想建设的大事来抓。

1月16日,军区党委接到二十军报告后,除连夜派员赶到防化连,请谢、迟二同志转达我们对江青同志的感谢外,并进行了认真的讨论。我们认为,江青同志的信体现了毛主席、党中央对军区部队广大指战员的关怀,体现了毛主席、党中央关于抓大事、抓路线、深入批林批孔的重大战略措施,体现了毛主席、党中央关于加强调查研究、抓好典型的要求。我们决心进一步学习毛主席关于议军、议政,提起政治思想工作的纲等一系列重要指示,把批林批孔作为深挖林彪修正主义路线的老根,深入批林整风的大事来抓,掀起一个新的批林批孔高潮,加强部队政治思想建设,推动战备训练等各项任务的完成。我们打算通过二十军防化连和南京路上好八连,并要求各军、师都抓一个连队,先学习江青同志送来的材料,取得经验,逐步推广,努力克服不善于抓典型,工作一般化的毛病。我们已将江青同志的信和我们的上述认识,向军区领导机关和各军的同志通了个气,要求他们对当前批林批孔的情况进行一次认真地分析,提出深入批林批孔的意见。军区定于2月4日召开政治工作会议,进一步学习毛主席和党中央指示,学习江青同志给防化连的信,认真讨论深入批林批孔的措施,抓紧意识形态领域的阶级斗争,抓好反修防修教育,加强反侵略战争的准备。

以上如有不当,请指示。

南京军区党委
1974年1月20日

这一中共中央文件,还附发了《中共陆军第二十军委员会给江青同志的来信》:

江青同志:

您1月13日写给我部防化连全体同志的信和赠送的两百份批林批孔材料,已由谢静宜、迟群同志于到达军部的当天晚上面交防化连。收到您的信和材料后,我们和防化连全体同志受到很大的鼓舞,心情十分激动。

我们党委常委对您的信进行了认真的学习,一致认为,您的信不仅是写给防化连的,也是写给我们全军指战员的,是对我们党委抓大事、抓路线、抓政治思想工作的有力鞭策,它必将促进我们进一步重视上层建筑领域的阶级斗争、深入批林批孔,抓好部队的思想建设。

江青同志,您在繁忙的工作中这样关心连队建设、关心战士的成长,使我们深受教育。防化连在我们身边,他们对批孔问题的反映,我们都看过,他们提出的问题也是我们军普遍存在的问题,由于我们对批孔的意义和批孔与批林的关系认识不足,没有很好地去抓,这是应该引为教训的。

为了进一步贯彻十大精神,继续深入搞好批林整风,认真解决部队在批孔问题上遇到的困难,经常委研究:

一、已将您的来信印发到全军各连,把您赠给的《林彪与孔孟之道》,除防化连人手一册外,分发给各师、团。要求各级党委认真学习,带动部队进一步提高对批林批孔意义的认识,在全军范围内掀起一个批林批孔的高潮。

二、军、师、团各级党委都要对部队的批林批孔形势作一次认真的分析研究,总结经验,找出问题,提出深入进行批林批孔的措施。

三、各级在批林批孔中都要深入实际,抓好典型。军党委拟在2月份由负责同志率领机关干部,深入一、两个连队,在进行党的基本路线教育的同时,进行批林批孔教育,认真抓好防化连这个点,总结经验,做出实际成绩来,向您汇报。

谨致
无产阶级革命敬礼!

中共陆军第二十军委员会
1974年元月17日

这一中共中央文件,还附发了《二〇八一部队防化连全体同志给江青同志的来信》:

江青同志:

您请谢静宜、迟群同志专程送来的信和材料都收到了,我们怀着异常兴奋和激动的心情,对您的亲笔信连夜进行了认真学习和热烈讨论。正当我们在批孔问题上遇到困难的时候,您在百忙中给我们送来了马列主义、毛泽东思想,使我们受到一次深刻的路线教育,给我们带来巨大的战斗力量。您的来信传达了毛主席、党中央的战略部署,充分体现了毛主席、党中央对我军建设的亲切关怀,为我们贯彻十大精神,深入批林整风进一步指明了方向。

我们决心反复学习您的来信,深刻领会其精神实质和深远意义。继续搞好批林整风这个头等大事,把批孔作为批林的重要组成部分。我们决不辜负中央首长的殷切期望,在批林批孔斗争中知难而进冲锋陷阵,争当闯将。在斗争实践中,认真读马列的书、读毛主席的书,提高识别真假马克思主义的能力,增强防修反修的自觉性,抓好上层建筑领域的社会主义革命,重视意识形态领域的阶级斗争,热情支持无产阶级文化大革命中涌现出来的新生事物,巩固和发展文化大革命的伟大成果。以基本路线为纲,以您的来信为动力,从政治思想上、组织上、军事上全面加强连队建设,做到居安思危,常备不懈,时刻听从党的召唤,党指向哪里,我们就坚决打到哪里。

敬祝伟大领袖毛主席万寿无疆!

致以

崇高的无产阶级革命敬礼!

二○八一部队防化连全体同志
1974年1月16日

这一中共中央文件的下发,不仅给批林批孔添了一把火,而且大大提高了江青的威信。这时候的江青,处于异常得意之中。

江青把手伸进了部队。

1974年6月发生的一件小事,显示了她在部队中的胡作非为。

后来,据《军事博览报》所载《中国水兵飘带上的一场闹剧》一文揭露:

1974年6月的一天,舷号为"211"的新型导弹驱逐舰出厂才九天,就突然接到一纸紧张命令:迅速赶往天津塘沽执行一项重大任务。当这艘国产新型导弹驱逐舰以二十八海里的时速驶抵塘沽港后,舰长、政委才被告知执行任务的具体内容是:江青要乘该舰视察大港油田。

彩旗满挂,江青在纪登奎、于会泳等随从的陪同下登上了"211"舰的舰首。为表示"中央首长"对舰员们的最大关怀,江青发话要分三批与"211"舰的全体官兵合影。大家迅即做好了合影准备。参加第一批合影的水兵中有一个名叫张建华的,小伙子长得很帅,被安排在江青的身旁。如同其他水兵一样,张建华也非常喜爱自己水兵帽上的两条飘带。照相前,他悄悄将一条飘带拽到胸前。这条飘带不知怎么引起了江青的注意。她忽然皱起眉头,顺手将张建华的水兵帽摘下,指着帽子上的飘带说:"这玩意儿是拿破仑搞的,是纪念诺皮尔的。这是帝国主义造成的。"边说边将飘带弄到水兵帽里边,然后戴到小张头上。

江青的话使准备合影的官兵个个目瞪口呆,但不管如何,身为中央政治局委员、中央文革小组副组长的江青,对飘带下的"指示"如此明确,而且亲自动手"果断"地处理,这无疑就是命令。可想而知,在这张摄于6月26日的照片上,"211"舰数百名水兵的飘带销声匿迹了。

很快,世界上独一无二的"中国式无飘带水兵帽"问世了。直到粉碎"四人帮"之后,蒙冤两载有余的飘带才被"平反昭雪",重新回到中国海军的水兵帽上。

批林批孔批"周公"

"批林"也罢,"批孔"也罢,"批林"跟"批孔"联系起来也罢,反正孔子已经死去那么多年,林彪也已葬身异国。

江青为什么拿出那么大的劲头,批判早已不在这个世界上的孔子和林彪?

王洪文的话,泄露了江青的"天机":"批林批孔运动是第二次文化大革命,第十一次路线斗争开始了!"

那势头,真的有点像发动"第二次文化大革命"。那么,"第十一次路线斗争"要斗谁呢?

只要细细琢磨"江青写作组"抛出的"大块文章",字里行间,已经点明了!

1974年1月4日,《人民日报》所载"唐晓文"的《孔子杀少正卯说明了什么》一文中,特意指出:"孔丘担任了鲁国管理司法、刑狱的司寇,并代行宰相职务。"他把孔子写作"宰相儒"。

当年,江青们在批《海瑞罢官》时,说吴晗"借古讽今"。如今,江青们倒真的在玩弄借古讽今!

"宰相儒"指谁?不就是影射周恩来!国务院总理,据云"相当"于"宰相"!江青们玩弄的政治把戏,就是"批林批孔批'周公'"!

就在这时,江青求见毛泽东,希望从毛泽东那里能够得到支持。毛泽东在1974年2月9日复函江青,要她有事去找中共中央政治局[①]:

> 除少数外大都未看。近日体温升高两度,是一场大病!一切人不见,现在恢复中,你有事应找政治局。
>
> 毛泽东
> 九日

发表在1974年第4期《红旗》杂志上、署名"北京大学、清华大学大批判组"的《孔丘其人》一文中,有一段对孔子的"形象化"描写:"七十一岁,重病在床","还拼命挣扎着爬起来摇摇晃晃地去朝见鲁君",这不是明显地影射周恩来!

文章咒骂孔子是"开历史倒车的复辟狂"、"虚伪狡猾的政治骗子"、"凶狠残暴的大恶霸"、"不学无术的寄生虫"、"到处碰壁的丧家狗",其实是影射周恩来。

1974年5月17日《北京日报》所载"柏青"的《从〈乡党〉篇看孔老二》一文,特意描写了孔子"端起胳膊",更明显影射周恩来。文中用一连串的话,指桑骂槐,攻击周恩来:

"此人极端虚伪奸诈,是一个可恶的政治骗子。……你看他为了骗取到'正人君子'

[①]《建国以来毛泽东文稿》第13册,中央文献出版社1998年版,第372页。

的名声,在大庭广众之中,是如何装模作样的吧。

"他一听到国君召唤,急得不等驾好车,动身就走。……在国君面前,则小心翼翼,局促不安,举止恭顺。孔老二这一套'君君臣臣'表演,真是丑态百出,令人作呕。"

在强大的政治压力之下,尤其是知道毛泽东写了两首诗批判他,郭沫若有点顶不住了。出于无奈,这位一代文学巨匠,史学名家,不得不写两首七律给毛泽东,承认错误。

呈毛主席

读书卅载探龙穴,云水茫茫未得珠。
知有神方医俗骨,难排蛊毒困歧隅。
岂甘樗栎悲绳墨,愿竭驽骀效策驱。
犹幸春雷惊大地,寸心初觉视归趋。

这简直是一首"忏悔诗"!郭沫若竟然把"批林批孔"运动比作了"春雷惊大地"!

郭沫若在另一首诗中则称:"十批大错明如火,柳论高瞻灿若珠。"

即便郭沫若这么步步后退,江青仍不放过他。

已患癌症的周恩来,承担着繁重的工作担子,又承受着"批林批孔批'周公'"的重压,他自己也终于病情日见沉重。

1974年3月11日,周恩来病重,住在医院检查病情。15日下午病情稍好,周恩来就出院。当天晚上回家,在床上批阅积压的文件,达四小时之久。

江青得知周恩来病了,大喜,求见毛泽东,想请毛泽东再为"批林批孔"运动作指示,以便把声势搞得更大一些。

不料,3月20日,毛泽东致函江青拒见并发出了严厉警告。此信全文如下[①]:

江青:

不见还好些。过去多年同你谈的,你有好些不执行,多见何益?有马列书在,有我的书在,你就是不研究。我重病在身,八十一了,也不体谅。你有特权,我死了,看你怎么办?你也是个大事不讨论,小事天天送的人。请你考虑。

毛泽东
74.3.20

毛泽东清楚表明:"批林批孔"他赞成,批"周公"他反对。江青仍一意孤行,因为周恩来已是她最大的"权力障碍",非打倒不可。

大约是毛泽东意识到3月20日给江青的信,口气太严厉了些,又于4月17日给江青回

---

① 《建国以来毛泽东文稿》第13册,中央文献出版社1998年版,第372页。

了两封信,信中分别说①:

江青:
　　两信收。前后不一。党的大势不错,悲观不好。不要动摇。前途是光明的,道路是曲折的。要团结百分之九十五以上的人,不要主观片观〔面〕。千万注意。牢骚太盛防肠断,风物长宜〔放〕眼量。不要请假。钱可略增。无限风光在险峰。

毛泽东
74. 4. 17

江青:
　　两信都收到,并收到春风杨柳。后封信打退堂鼓,不妥。前途是光明的,道路是曲折的,不可主观片面。多休息好,似不宜请长假。

毛泽东
74. 4. 17

周恩来的病情,不断地加重着:
4月28日,发生缺氧病状;
5月19日、23日、25日,相继三次发生缺氧病状。
可是,他的工作是那样忙碌,三个月内由他亲自接待、会谈的外宾有:坦桑尼亚总统尼雷尔,柬埔寨副首相兼国防大臣乔森潘,塞内加尔总统桑戈尔,巴基斯坦总统布托,塞浦路斯总统马卡里奥斯,英国前首相希思,马来西亚总理拉扎克。
据周恩来身边工作人员统计,从1974年1月至6月1日,周恩来除了几次病重不得不卧床外,工作日子达139天,每日工作12至14小时的有9天,工作14至18小时的有74天,工作超过18小时的有38天,工作24小时左右的有5天,连续工作30小时的有1次!
周恩来沉疴在身,如此忙碌地工作着,还要遭受江青一次又一次的攻击。
终于,在1974年6月1日,周恩来心力交瘁,积劳成疾,住进了北京解放军305医院。
从此,周恩来在医院的病床上办公,度过他一生中的最后岁月。
江青知道周恩来住入医院,越发得意。6月22日,江青来到天津小靳庄,跟一个姓周的妇女谈话时,她要那个妇女改名"周克周"。江青说:"你就叫周克周吧! 用咱们这'周',克制他那个'周'!"
他那个"周"是谁? 周恩来!

---
① 《建国以来毛泽东文稿》第13册,中央文献出版社1998年版,第373—374页。